in not asha'd of Gos bec of its Vagness – Unique in Char: incompar: Sol grand & glory (29)
Gos is Unique in its simplicity & ...
ought to und. math: yrs of study are nec. ...
child cannot fathom deeps of doctrine ...
uncls: heathen ie: new ideas the prob of ...
yet beauty of Gos is its simpl'y & in theo. knws ...
easy terms. The simplicity of the Gos is ...
has made the Gos be in. made it use. diff ones ...
diff Gos as presented in the W. How I that ...

II Because of the Power of the Gospel

Power to overcome Obstacles in the first centuries.
id the diffs faced: no means of rapid transport'n, no printed B's, no quar'r for Missy Soc'y, no
at home bch: them, no press "tries" to spur them on, but ev where faced with rel: fanat'c & pres
id the succ & vict'ory won: In 1 gen'n Gos carr'd to all parts of the kn E.: back of
hndm broken, idol overthrown; thous converted Ch' est'd ev where.
id the means employed: This succ not achieved by sup: hum wis – preachers uned
men: not won by force of arms but by Sword of Sp. Not by imperial edict but by Gos
Power to survive the Assaults of its enem'r & of Time.   Ix – power ...

early ages ev. poss: attempt was made to exter Gos but unsucc'y Thro the 19 cent'y
era Gos. has survived tho' most of its contemp's long since dead. In 20th cent'y
not out of date, but new, fresh appro'. Why these thgs? How aft: Gos is the pow of God.
Power to save men fr: Hell & transform their lives. Ix.
word "salvation" denotes & implies a danger to be del: from.
e very little of it in these days: "Flee fr the wrath to come" effete message
e'ns of its power to transform: Paul, Bunyan, Pastor Pshe Ix – power
Power to hold its Converts
strikingly ill'd Ix. Early converts in Rom arena refused to apostasise
testant Xtians in middle ages at Smithfields refused to recant
erted heathen today cast off by rel: & bitterly persec'd, remain true to Xt.
What is the cause of this heroism? Ix – Gos. is the Power of God.

III Because of the Blessings which the Gospel bestows

giveness of sins. 2 Peace of heart & conscience. 3 Eternal life
ily provis'n for all our need in time. 5 Ultimately being made like Xt
living with Him for ever in Glory.

복 있는 사람

오직 여호와의 율법을 즐거워하여 그 율법을 주야로 묵상하는 자로다. 저는 시냇가에 심은 나무가
시절을 좇아 과실을 맺으며 그 잎사귀가 마르지 아니함 같으니 그 행사가 다 형통하리로다.(시편 1:2-3)

to suit for all Ages Nationalities Indiv's because all need a Sav'r.
limitation to "everyone that believeth": none else benefit
have been born of & reared by Xtn parents, taught in S. S'd & sat und preach'g of Gos,
unless bel: profits noth'g – prove by analogy
propriation "believing" means "receiving" John 1:12 4 Exhortation Mark 8:35

Mark 8   Not Ashamed of the Gospel. Rom 1:16
Intro "

1/ With the one except" of the Ld J. the ap P. was dwb't the greatest preacher
  since ev ang't W. had ever seen. He cov'd more gd., overcame greater difficulties endured mor
  displayed greater heroism + met with larger succ in the sav'g of souls than any of them
2/ How can we ac' for this? What is the explan'n of these th'gs? What was the size of him
  1) In nationality he belonged to a race wh. was + is more hated & despised than any oth
  2) In personality neither prepossessing nor attract. Fr. the N.T. we learn that in outw
     he was mean & despicable — 1 Cor 2:3, 2 Cor 10:1,10
  3) In delivery he was no orator but prob. stamm'd & stutt'd — 2 Cor 10:10, Acts 17:18
  The succ of this man lay in his mess, in the Gos he preached & his abs conf. in its pow
3/ In some meas. at least I can make the Tx my own.
Truthfully I can say Tx, & I'll give my reasons why. I'm not ash'd of the Gos. bec:

I Because of the Uniqueness of the Gospel.

In the whole realm of lit + in all the product's of man there is noth'g like the Gos. It
not alone in its subl. grandeur. As there is no poss. compar'n bet'n a lighted cand & shin'g of m
sun so Gos surpasses in its beauty & brill'y all creat's of hum. mind. Consid 3 elements of

1. The Gospel is Unique in its Source or Origin
1/ This glor. Gos. this glad tid'gs of sal'n made kn in S'c' & wh fol'rs ser'v. proclaim is not the invent
   anc'. or mod. It existed bef the 1st X'n Ch. was founded It was the means & instit. wh. brought Ch.
   exist. No! the Ch. did not create the Gos — the Gos. created the Church
2/ This Gos wh is now preached to us. thr. nat'ns on E. & wh has transformed mill's of sin's into saints
   born in minds of ap's. Ap's were frail most sinful creat. like we are. for the most part were unle
   learned fishermen who did not conceive the Gos. but who received it fr. lips of their Sav. & fr
3/ The Gos was not invented by any man or numb of men nor was it devised by the angels of H
   of X't. The Son of God is its Author. So I say I'm not ash'd of Gos. bec its Uniqueness — Unique in its Sou

2 The Gospel is Unique in its Character
This is best seen by contrast'g it with oth th'gs. What can we compare with the Gos
Look for a mom't. at some of the th'gs highly esteemed among men & then contrast the
1/ Human Philosophy — wh endeav'r to explain the myst'f prob's of life tho no 2 sys' agreed
2/   "   Poetry —   " paints word pict. & appeals to the imag'n. & emotions.
3/   "   Science — " utilizes God's prov'n for man & harnesses the forces of Nat
4/   "   Fame wh enables a man to occupy a prom't posit'n in affairs of the W.
5/ Material wealth wh. secures for its possessors the th'gs of this life.

    Now contrast these different th'gs with the Gospel of Christ
1/ The Gos explains a prob wh no hum. phil. can solve — What must I do to be saved?
2/ " " paints a pict no poet so'd even dreamed of — Suff. & wh. makes an appeal to heart see
3/ " " supplies a power wh no hum. sci. can provide — pow. of del fr. sin
4/ " " gives place in fam of God & makes those who bel Sons of King. besides wh all hum fam
5/ " " secures an eter inher wh cannot be valued in dollars & cents

1920년 무렵, 특유의 자세로 책을 읽고 있는 핑크

그는 일상적인 일을 모두 소화하는 동시에 엄청난 양의 독서를 했다. 그의 독서는 상당히 폭넓어서, 1930년대 초반에 이미 성경을 오십 번 이상 통독하고 신학서적을 백만 페이지 이상 읽은 상태였다.

핑크가 출생한 노팅엄 클레어몬트 단지

핑크가 회심한 해인 1908년 노팅엄 트렌트 다리

"1908년에 하나님께서 침실에서 나를 구원하셨다. 그때 나는 또한 하나님께서 나를 그의 종으로 부르셨다는 것을 알았다."

아더 핑크와 베라 핑크(1925년)

아내 베라는 핑크에게 그의 생애에서 회심 다음으로 가장 큰 축복이었다. "내 마음을 사로잡은 것은 '슬기로운 아내는 여호와께로서 말미암느니라'(잠 19:14)는 말씀이었다. 나는 하나님께 그런 사람을 만나도록 인도해 달라고 기도했고, 하나님께서 응답해 주셨다."

무디 성경학교를 떠나 콜로라도 실버턴에서 목회를 시작하다(1910-1912년)

"첫 번째 목회 기간 동안, 나는 개인적인 문화와 개혁으로 구원을 받는다는 잘못된 생각과 싸우는 데 많은 힘을 쏟았다. 그래서 '사람이 거듭나야 한다'는 주님의 말씀에 들어 있는 진리를 주로 강조했다."

실버턴의 제일회중교회와 목사관

1920년대 후반의 시드니 거리
핑크는 호주에서 3년의 사역 기간 중 두 교회에서 목회를 하였다.

호주에서의 사역을 모두 마치고 영국으로 떠나던 날, 시드니 서큘러 선착장에서(1928년 7월 20일)

1934년 미국에서 마지막으로 살았던 펜실베이니아 요크의 토머스 가 531번지

경제적 불황으로 "가장 견디기 어려웠던" 이 시기는 또한 핑크 부부에게 앞으로의 사역 방향을 결정짓는 과도기가 되었다. "매일 서재에서 적어도 열두 시간씩 심한 정신노동을 했지만, 해마다 이처럼 좁은 집에 틀어박혀 있었음에도 건강이 조금도 손상되지 않았다. 아내는 온갖 가사 일을 하면서, 잡지를 발행하기 위해 모든 원고를 타이핑하고 편지 보내는 일을 도맡아 했다."

1930년대 초반, 펜실베이니아 시절의 핑크 부부

루이스 섬 스토너웨이 루이스 가 29번지
1944년 초부터 1952년 7월 15일 핑크가 세상을 떠나기 전까지 이 집 2층에서 살았다.

"핑크가 어려운 길을 따라 하나님의 인도를 받아 가면서 '모든 점에서 나는 많은 실패를 겪었다'고 말하지만, 이제 우리는 그가 피상적인 것들이 횡행하던 날에 어떻게 하나님의 인도를 받아 하나님을 영광스럽게 하는 증인으로 살았는지를 보게 될 것이다."

아더 핑크

Iain H. Murray

The Life of Arthur W. Pink

아더 핑크

이안 머레이 지음 | 김원주 옮김

복 있는 사람

아더 핑크

2013년 4월 30일 초판 1쇄 발행
2013년 5월 24일 초판 2쇄 발행
지은이 이안 머레이
옮긴이 김원주
펴낸이 박종현
도서출판 복 있는 사람
서울특별시 마포구 연남동 246-21
Tel 723-7183 | Fax 723-7184
blesspjh@hanmail.net
영업 마케팅 723-7734
등록 1998년 1월 19일 제1-2280호

ISBN 978-89-6360-112-0

The Life of Arthur W. Pink
by Iain H. Murray

Copyright © 2004 by Iain H. Murray
Originally published in English under the title
The Life of Arthur W. Pink by Iain H. Murray
by The Banner of Truth Trust, 3 Murrayfield Road, Edinburgh EH12 6EL, UK
P.O. Box 621, Carlistle, PA 17013, USA
First published 1981. Revised and enlarged edition 2004
All rights reserved.

Translated and used by permission of The Banner of Truth Trust
through arrangement of rMaeng2, Seoul, Korea.
This Korean edition Copyright © 2013 by The Blessed People Publishing Co., Seoul, Korea.

이 책의 한국어판 저작권은 알맹2 에이전시를 통해 The Banner of Truth Trust와 독점 계약한 도서출판 복 있는 사람이 소유합니다. 신 저작권법에 의하여 한국 내에서 보호를 받는 저작물이므로 무단전재와 복제를 금합니다.

차례

증보판 서문 9

초판 서문 13

1. 영매가 그리스도인이 되다 ___ 17
2. 신임 설교자 ___ 47
3. 스파턴버그 ___ 65
4. 캘리포니아의 천막 집회 ___ 89
5. 저술가와 여행자 ___ 105
6. 호주: 뒤섞인 반응 ___ 125
7. 호주: 두 교회의 목회 ___ 145
8. 할 일이 없는 설교자 *1928-1930* ___ 171
9. 섭리의 비밀 *1931-1936* ___ 197

10. 핑크의 고립에 대한 해석 ____ 227

11. "우리가 믿었으므로 또한 말하노라" ____ 259

12. "이만 통의 편지" ____ 285

13. 지극히 유용한 숨은 사역 ____ 319

14. "모든 것이 다 잘되었도다" ____ 349

15. 교사로서의 핑크 ____ 379

16. 「하나님의 주권」에 대한 핑크의 견해 ____ 415

부록 1_ 아더 핑크의 원고 433

부록 2_ 설교 노트 437

부록 3_ 핑크의 주요 저술 목록 445

주 453

찾아보기 479

증보판 서문

이 책을 작업하며 나는 거의 25년 전에 썼던 전기 「아더 핑크The Life of Arthur W. Pink」를 다시 만나게 되었다. 이 개정증보판을 내게 된 데는 세 가지 이유가 있다.

첫째로, 1981년에는 얻지 못했던 핑크에 대한 정보를 새롭게 입수할 수 있었다. 그때에는 핑크의 많은 노트와 원고들이 내 수중에 없었다. 게다가 1917년에서 1920년 사이에 핑크가 쓴 많은 편지들이 이제는 공개되어 이용할 수 있게 되었다. 이 편지들에 대해서 필자는 사우스캐롤라이나 컬럼비아의 리처드 벨처Richard Belcher에게 은혜를 입었다. 그는 이 편지들을 「스파턴버그에서 보낸 편지Letters from Spartanburg」와 「한 순회 설교자의 편지Letters of an Itinerant Preacher」라는 책으로 출판했다. 또한 벨처 박사는 그의 전기 「타고난 저술가 아더 핑크Arthur W. Pink: Born to Write」(1982년, 그리고 최근에 펴낸 이 책의 증보판)에서 핑크를 이해하는 데 귀중한 사실들을 보태 주었다. 그

밖에도 중요한 정보 자료가 더 나타날 수 있는데, 그렇게 된다면 필자나 출판사들이나 모두 그 자료에 기꺼이 관심을 보일 것이다.

둘째로, 벨처 박사의 「타고난 저술가 아더 핑크」를 보거나 나의 초판 전기를 다시 살펴보았을 때 핑크의 특이한 면이 과도하게 부각되었다는 인상이 들었다. 언제나 전기 작가는 개인의 비상한 점이나 특이한 점에 지나친 관심을 보이는 경향이 있고, 그 때문에 그 인물에 대한 묘사를 왜곡할 수 있다. 필자가 이 점에서 실수했다면, 그것은 부분적으로 필자의 불충분한 지식 때문에 생긴 것이다. 핑크는 자신에 대해 쓴 것이 별로 없을 뿐만 아니라 개인적인 편지들 가운데 남아 있는 것이 또한 거의 없다. 예를 들면, 그의 부모와 아내처럼 그를 가장 잘 알고 있는 사람들과 주고받은 편지들 가운데 남아 있는 것이 전혀 없다.

핑크의 전기들에는 아마도 이렇게 제한된 정보 때문에 아더 핑크에 대해 바른 인상을 전하지 못하는 의견들이 때로 표현되었을 것이다. 최근에 호주의 한 잡지에 실린 '십 년 이상을 칼빈주의자로 지내며'라는 글에서, 저자는 자신이 처음으로 칼빈주의자가 되었을 때 염려하며 자문하던 바에 대해 이렇게 썼다. "나는 분리주의자가 되어 갈수록 더 많은 사람들과 교제가 끊어져서 결국 나 혼자 아더 핑크의 「모음집Collected Works」만을 달랑 들고 있게 될 것인가?"[1] 나는 이 증보판이 그런 오해들을 불식시키는 데 다소 기여할 수 있기를 바란다. 사실 핑크는 이렇게 말할 수 있는 사람이었다. "하나님의 자녀들이 당파의 구획과 교단의 벽에 의해 분리되어 있지만, 우리는 그들을 가족의 식구들로서 공통의 관심사를 가지고 있는 것으로 보아야 합니다. 우리는 이 모든 믿음의 가족을 마음으로 품고 위해서 기도해야 합니다."[2]

나는 핑크의 삶에서 별난 점들이 있다는 것을 부인하지 않는다. 그리고 그 점 때문에 핑크는 다음과 같이 말했다. "나는 나 자신의 영적 이력에 대해 이야기할 생각이 없습니다.……어쩌면 나의 회심에 특이한 사실이 있을 수 있고, 회심 이후 내 영적 이력에 다른 사람들의 경우와 전혀 다른 특이한 일들이 있을지도 모릅니다."[3] 그는 아무도 자기 생애의 일들을 본보기로 삼지 않기를 바랐다.

셋째로, 전기傳記에 꼭 남겨야 할 정보는 적어 두는 것이 옳다. 한 가지 이유를 말하자면, 핑크의 사후에 그의 저술들이 널리 보급되면서 그는 20세기 후반에 가장 영향력 있는 복음주의 저자 가운데 한 사람이 되었다. 그렇지만 그의 삶에 대해서는 알려진 것이 거의 없다는 것이다. 케임브리지 대학교 신학부의 레이디 마거릿 교수(케임브리지 대학교에서 가장 오래된 교수직. 1502년에 헨리 7세의 어머니 레이디 마거릿 뷰포트Lady Margaret Beaufort가 처음에 대학의 강사로 세운 교수직—옮긴이)인 도널드 맥키넌Donald McKinnon이 1974년 에든버러에서 신학교 교수들과 그 밖의 사람들에게 강연을 할 때 "여기에 핑크를 아는 사람이 있습니까?"라는 그의 질문에 반응을 보인 사람은 한 명밖에 없었다.[4] 오늘날에도 여러분은 핑크의 삶에 대해 알고 있을 것이라고 생각하는 곳에서 아무 얘기도 듣지 못하는 경우를 종종 경험할 것이다. 더글러스J. D. Douglas가 편집한 「20세기 그리스도인 전기 사전*Twentieth Century Dictionary of Christian Biography*」에는 그에 대한 항목이 없다.[5] 나는 "몸뿐 아니라 평판의 부활도 있을 것"이라고 한 어느 청교도의 말이 생각난다.

핑크의 삶은 하나님의 영광을 위하는 삶이 무엇인지에 관해 우리에게 많은 가르침을 준다. 그리스도인으로서 그를 아는 사람이라면 그로 말미암아 유익을 얻고 그에게 감사하지 않을 수 없다. 그가 어려운 길을 따라 하나님의 인도를 받아 가면서 "모든 점에서 나는 많은 실패를 겪었다"고 말했지만, 이제 우리는 그가 피상적인 것들이 횡행하던 날에 어떻게 하나님의 인도를 받아 하나님을 영광스럽게 하는 증인으로 살았는지를 볼 수 있다. 우리는 철저히 성경을 사랑하고 한마음으로 그리스도께 헌신하는 그의 모습 앞에서 겸손해지지 않을 수 없다. 필자가 이 책에서 핑크를 묘사하려고 했던 그림이 매우 불충분하지만, 그래도 다 같이 믿음으로 살도록 부름받은 동료 순례자들에게 도움이 될 것이라고 믿는다.

이 증보판을 내면서 세세한 점들에 도움을 준 많은 분들에게 감사를 드린다. 그 가운데서 특별히 톰 화이트와 랄프 아일랜드에게 감사드리고, 탁월한 편집 능력을 보여준 마거릿 시던스에게 감사드린다.

2004년 5월 31일, 에든버러에서
이안 머레이Iain H. Murray

초판 서문

아더 핑크는 그의 월간지 「성경연구 *Studies in the Scriptures*」 1945년판에서 이렇게 쓰고 있다. "편집자[나]는 자신에 대해서 이야기하는 것은 좋지 못한 태도라고 가르치는 부모에게서 양육 받았습니다. 그래서 편집자는 설교할 때든 글을 쓸 때든 회중이나 독자들이 자신에게 관심을 갖게 하기보다는 하나님께 몰두하도록, 하나님의 말씀과 그리스도께 몰두하도록 하는 것을 항상 가장 중요한 목표로 삼았습니다."

그는 이 목표를 고수했고, 그래서 「성경연구」의 연간판年刊版이 32권(1922-1953년)이나 되었지만 이 잡지에는 전기 작가가 수집할 것들이 거의 들어 있지 않다. 「성경연구」에는 거의 없는 자료를 나는 이 책에 풀어 놓으려고 했다. 많은 친구들이 도움을 주지 않았다면, 이 전기는 나올 수 없었을 것이다. 먼저 나는 시드니의 레이 르빅이 「오늘의 종교개혁 *Reformation Today*」에 실은 핑크에 대한 글에 대해서, 그리고 그가 필자를 위해 호주에 있는 친구들에게서 빌려 준 핑크의 편지 사본에 대해서 감사하지 않을 수 없다. 로웰 그린 부부가 제공한 핑크의 95통의 편지는 말할 수 없이 귀중한 자료였다. 「성경연구」가 폐간된 지 정확히 2년 후에 「진리의 깃발The Banner of Truth」이 발간되기 시작했고, 「성경연구」의 열렬한 독자였던 스완지의 더글러스 크레이그가 그 잡지의 중요한 후원자들 중의 한 사람이 되었다. 크레이그는 자신의 지극히 소중한 문헌인 「성경연구」 전권(내가 알기로 영국에서 「성경연구」 전권을 소장하고 있는 사람은 그뿐이다)을 내게 빌려 주었고, 이 책을 준비하는 데 도움이 되는 많은 자료도 제공해 주었다.

1980년 9월에 시드니를 방문했을 때, 핑크의 사역을 여전히 깊이 감사하는 마음으로 기억하고 있는 몇 사람을 만나는 즐거움이 있었다. 나는 핑크가 1927년에 창립하도록 도왔던 독립교회(지금은 사라졌다)의 회의록을 살펴볼 기회를 얻는 데 시드니 듀럴의 앨런 맥커렐에게 큰 도움을 받았다. 핑크가 비교적 최근인 1952년에 죽었지만, 그를 개인적으로 알았던 사람 가운데 살아 있는 사람은 거의 없다. 사정이 이렇다 보니 펜실베이니아 요크의 찰스 프레슬 부부의 도움은 한결 더 소중했다. 이들은 1922년에 처음으로 핑크 내외를 그들 가정에 기꺼이 맞이한 사람들이다. 이 책에서 이름을 밝히지 않은 그 밖의 사람들의 도움에 대해서도 감사를 드린다.

내 책은 동료인 싱클레어 퍼거슨 박사의 사전 작업 때문에 일이 훨씬 더 수월했다. 퍼거슨 박사는 1978년에 핑크 저작물 수탁위원회The Trust에서 출판한 「핑크의 편지들Letters of A. W. Pink」을 편집하는 일의 중추적인 책임을 맡았다. 언제나 그렇듯이 나는 원고와 교정 단계에서 이 출판물을 점검해 준 휴톤에게 감사하지 않을 수 없다. 노팅엄의 피터 루이스 목사는 나에게 그 도시에서 보낸 핑크의 어린 시절 가정에 대한 정보를 알려 주었다.

진정한 의미에서 핑크의 일생 사업은 끝나지 않았다. 그가 발행한 잡지를 보던 사람들보다 훨씬 더 많은 사람들이 지금 그의 저술들을 읽고 있기 때문이다. 세계 전역의 출판사들이 지금 책의 형태로 널리 알려진 자료를 수집한 것은 1953년 이후이고, 거의 전적으로 그 잡지만을 의존한 것이었다.

필자에게 이 책을 준비하는 일은 영적으로 원기를 회복하는 과정이었다. 핑크의 말이 오래전부터 우리 가운데 많은 사람들의 마음을 움직였는데, 우리는 그의 역사에 대해 아는 것이 거의 없다. 핑크를 안다면 그를 예수 그리스도의 겸손하고 충성스런 종으로 사랑하고 존경하게 될 것이다.

1981년 4월 30일

이안 머레이

1. 영매가 그리스도인이 되다

1886-1912

아더 워킹톤 핑크Arthur Walkington Pink는 1886년 4월 1일에 노팅엄에서 태어났다. 노팅엄은 당시 '세계에서 가장 부유한 나라'로 여겨지던 잉글랜드의 중부 지역에 속한 곳으로, 트렌트 강 옆에 자리 잡고 있었다. 빅토리아 여왕이 반세기 동안 융성하는 시기에 군림했고, 솔즈베리의 세 번째 후작인 로버트 세실Robert Cecil 경의 내각이 지구의 사분의 일을 다스렸다. 오십 년 전 가난하고 굶주린 사람들의 폭동으로 노팅엄 성이 파괴되는 결과를 가져왔던 정치적 동요는 지나간 일들이 되었고, 도시는 이때 사회적으로 발달하여 공중목욕탕, 도서관, 공원, 시내 전차와 같은 문화적 설비들이 등장했다.

당시 인구가 20만 명 정도에 달했던 노팅엄도 산업혁명을 피하지 못했다. 노팅엄에는 제철소가 여러 곳 있었고, 레이스, 의류, 자전거를 제조하는 공장들이 있었다. 그럴지라도 주변 지방은 대체로 훼손되지 않은 채로 남아 있었다. 80평방킬로미터에 달하는 이 지역의 상당 부분이 1920년대에 이르기까지 옥수수, 밀, 보리, 귀리 농사 같은 농업에 종사했고, 한편 셔우드 포레스트 같은 오래된 삼림지역은 그대로 남아 있었다.

기독교 교회들은 대체로 국가적 분위기인 낙관적인 태도를 그대로 따랐다. 목소리를 높여 이를 경고한 사람들이 극소수 있었는데, 이들은 인기 있는 견해를 지지하는 대변인들이 잊힌 후에도 오래 기억될 것이다. 리버풀의 주교인 라일J. C. Ryle은 오랜 목회 사역의 끝자락에 이르면서 기회만 있으면 "기독교 교회들이 전체적으로 완고함, 불신앙, 미신, 자기 의에 사로잡혀 있어서 주님 당시의 유대인 교회보다 조금도 나을 것이 없다"고 말했다.[1]

라일의 주장에 동의한 소수의 사람들 가운데 스펄전C. H. Spurgeon이 있었다. 핑크가 태어나던 달, 51세의 이 나이 든 침례교 설교자는 「검과 흙손The Sword and the Trowel」이라는 자신이 발행하는 잡지에 '이때를 위한 말씀'이라는 제목의 글을 한 편 썼다. 거기에서 스펄전은 이렇게 말했다.

> 이 악한 날에 변함없는 위안은 성령께서 지금도 전과 동일한 방식으로 활동하고 계시다는 사실에서 찾아야 할 것입니다. 오늘날 회심은 오백 년 전에 회심의 진정성을 입증했던 모든 표지들을 그대로 지니고 있습니다.……이 세상의 지혜자들이 우리 주님의 복음을 얼마나 심하게 비웃느냐 하는 것은 중요하지 않습니다. 복음은 여전히 태평한 사람들을 일깨우고, 낙담한 사람들을 인도하며, 죄를 느끼고 있는 사람들을 새롭

게 하고, 믿는 사람들을 성결케 합니다.……이것이 실상이라고는 하나, 이 진보적인 사상을 극성스럽게 요구하는 사람들의 외침은 무엇을 의미합니까? 완전한 계시에 진보가 있을 수 있습니까? 어제나 오늘이나 영원토록 동일하신 예수 그리스도보다 나은 것이 있습니까? 우리는 재능과 학식과 영향력이 복음의 전진을 가져올 것으로 믿지 말고, 인내하고 자제하는 가운데 오직 성령만을 의지하도록 합시다. 바울 같은 또 다른 인물이 필요하면 성령께서는 탁월한 지도자들을 일으켜 세우실 수 있습니다. 어거스틴 같은 인물들이 필요하면 학식 있는 문필가들을 찾아내실 수 있습니다. 성령님은 수단이 부족해서 실패하거나 일을 중단하시는 법이 없습니다.

스펀전이 발행하는 월간지가 2만 부 정도 가정에 배포되었기 때문에 아더 핑크의 부모가 이 글을 읽었을 수도 있다. 아더 핑크의 아버지 토머스 클레멘트 핑크Thomas Clement Pink는 핑크가 태어나던 때 38세 정도 되었다. 토머스 핑크는 1849년 노팅엄 근처에서 출생했다. 그의 생애에 대해서는 알려진 것이 거의 없지만, 그가 한 가지 슬픈 일을 겪었던 것은 분명하다. 왜냐하면 1881년에 실시된 인구 조사를 보면, 그의 주소가 체스터필드 코브던 로 15번지로 나와 있다. 이 무렵에 그는 아일랜드 슬리고 카운티 출신인 스물여덟 살의 사라 아우구스타Sarah Augusta와 결혼한 상태에 있었다. 사라 핑크는 인구 조사가 있은 지 얼마 되지 않아 사망한 것이 틀림없다. 왜냐하면 1884년이 되었을 때 토머스 핑크는 노팅엄으로 이사했고, 그곳에서 그해에 벨퍼 출신의 아그네스 헌트Agnes Ann Hunt와 결혼했기 때문이다. 이 두 사람의 장남 아더가 2년 뒤에 태어났을 때, 그들은 노팅엄 프랜시스 가 클레어몬트 단지 4번지에 살고 있었다.

아더 핑크의 출생증명서에는 부친의 직업이 '옥수수 판매상'으로 기록되었지만, 1887년 지역 직업 명부에는 '옥수수 제분업자'로 기재되어 있다. 그는 자영업을 하는 사람이었는데, 어쨌든 사업으로 옥수수 케이크를 가축 사료로 공급하는 일도 했다. 아더가 다섯 살 때, 가족이 뉴스테드 그로브Newstead Grove 9번지에 있는 좀더 널찍한 집으로 이사한 점으로 미루어 볼 때, 그는 열심히 일을 했고 또 성공했던 것 같다. 이 점에 대해서는 아더가 직접 한 말도 있다.

> 내 아버지는 매우 부지런한 사업가였다. 어찌나 부지런했던지 그는 30여 년 동안 3일을 연속으로 쉬어 본 적이 없었다. 아버지는 옥수수 장사꾼이었는데, 시장에서 돌아온 후에는 사무 업무의 많은 부분을 본인이 직접 처리했다. 그래서 오랫동안 그는 토요일 밤 11시 50분이 되어서야 일을 그쳤다.[2]

1901년 인구 조사서를 보면, 토머스 핑크의 나이가 51세로, 그의 아내의 나이는 41세로 나와 있다. 이때 가족에 세 자녀가 있었는데, 아더가 열네 살, 프랭크가 열세 살, 아그네스 루이즈가 열 한 살이었다. 토머스 핑크의 직업은 여전히 같았다.

아더 핑크는 태어나기도 전에 어머니가 그를 하나님께 바쳤다는 사실을 포함하여, 부모님의 독실한 기독교 신앙에 관해 그 밖에 여러 가지 사실을 전한다. 그의 부모는 성경을 매우 진지하게 받아들였다. 아더는 후에 이렇게 회상했다. "우리는 주일을 포함하여 매일 우편물을 받았는데, 우편물 가운데는 사업상 중요한 편지가 있는 경우도 많았지만 주일에는 한 통도 열어 보지 않았습니다. 일요일 신문은 한 번도 집에 들여놓은 적이 없었습니다. 심지어 보어 전쟁이 진행 중에 있을 때도 그랬습니다. 우리가 모두 어렸을 때, 장난감들은 토요일 밤에 치웠고, 그림이 들어 있는 존 번연John Bunyan의 「천로역정The Pilgrim's Progress」과 존 폭스John Foxe의 「기독교 순교사화Book of Martyrs」를 꺼내 놓았습니다."[3]

물론 빅토리아 왕조 시대에는 많은 가정들이 그런 습관을 따랐다. 그러나 클레어몬트 단지에 있는 이 집에서 그의 부모는 그리스도에 대한 따뜻한 신앙심을 가지고 자녀들에게 이 훈련을 시켰다. 핑크는 또 이렇게 쓰고 있다. "어렸을 때, 나는 아버지에게 왜 그렇게 힘들여서 구두를 닦느냐고 여러 번 물었다. 그때마다 아버지는 '나는 지금 주 예수님께서 이 구두를 신으실 것처럼 생각하고 닦고 있는 거다' 하고 답하셨다."

핑크의 부친이 종종 토요일 밤늦게까지 일했다는 점을 앞에서 언급했는데, 그 이야기에 이어서 핑크는 말했다.

하지만 아버지는 안식일 아침에 잠자리에 누워 있지 않고, 자녀들을 데리고 하나님 말씀이 선포되는 것을 들으러 갔다. 아버지는 오후에 아이들을 주일학교에 보내고서 낮잠을 자지 않고, 아이들을 모아 놓고 두어 시간 동안 성경이나 폭스의 「기독교 순교사화」, 번연의 「천로역정」 등을 읽어 주었다. 아버지는 매일 가정예배를 인도했고, 경건한 어머니는 우리가 너무 어려서 저녁 시간에 일어나 앉아 있지 못할 때는 우리를 무릎 주위에 끌어모아 함께 기도했다.

그 외에도 주일에 대한 기억들로, "그날은 아버지가 우리에게 하나님의 말씀을 읽어 주는 것으로 시작되었고," 또 "잠깐 동안 아주 조용히 찬송을 부르기도 했다"는 것을 말했다. 훗날 핑크는 어렸을 때 처음 배운 시를 종종 인용했다.

> 잘 보낸 안식일은
> 한 주간의 만족과
> 내일의 수고를 감당할 힘을 가져다주고
> 더럽힌 안식일은
> 무슨 이득을 보았든지
> 반드시 그 뒤에 슬픔을 달고 온다.[4]

핑크는 열여섯 살 때 우연히 엿들은 부모의 대화를 기억하고 있었다. 이 대화에서 우리는 핑크의 아버지의 성격을 또 한번 얼핏 보게 된다. 1902년 봄날 아침에 아침 식사를 하러 내려오다가 핑크는 부모님이 벌써 식탁에 앉아 있고 아버지는 64년 만에 영국에서 처음 있는 대관식 준비에 대한 소식이 실린 신문을 읽고 있는 것을 보았다. "식사 중간에 아버지는 어머니를 바라보며 말했다. '이런 식으로 말하다니, 참 안타깝군.' 그러자 어머니가 말했다. '뭔데요?' '글쎄, 에드워드 왕자가 이 날에 웨스트민스터 교회에서 왕위에 오를 것이라고 발표되었는데, 주님의 뜻이라면*Deo volente*이라는 말이 없어요.'" 정한 그날에 공교롭게도 에드워드 7세가 될 왕자가 충수염에 걸려 대관식을 연기할 수밖에 없었는데, 일이 그렇게 된 것은 바로 아버지의 그 말 때문이라는 인상이 아더의 마음속에 깊이 박혔다.[5]

핑크의 어린 시절과 청년 시절에 대해 우리가 알 수 있는 지식은 사실상 전무하다. 핑크가 뉴스테드 그로브에서 가장 가까이에 있는 지역 학교에 다녔는지, 그가 다른 많은 청년들과 함께 여름 햇볕을 쬐며 트렌트 강 다리에 앉아 크리켓 경기를 구경했는지, 노팅엄의 최신형 자전거를 타고 셔우드 숲에 갔었는지 등, 이런저런 일들에 대한 기록이 없다. 학업 면에서 핑크의 교육은 당시의 다른 많은 아이들과 달리 훌륭했던 것으로 보인다. 핑크는 열여섯 살까지 학교를 다녔다. 훗날의 생애를 보면 확실히 그는 훈련받은 지성을 소유했고, 영문학과 일반 역사 같은 과목들을 잘 알고 있었음을 알 수 있다. 핑크는 특별히 음악에 관심이 많았던 것 같다. 그래서 자신을 "노래도 하고 연주도 할 수 있도록 훈련받은 음악가"라고 말할 수 있었다.[6]

분명한 점은, 아더와 남동생 프랭크, 여동생 루이즈가 성장했을 때, 어린 시절 받은 성경 교육이 열매를 맺었다는 표증이 전혀 없었다는 것이다. 이 세 남매는 모두 서서히 불신앙의 생활로 젖어 들어갔던 것으로 보인다. 아더의 경우, 그는 자신과 다른 배경을 가진 젊은이들에게 영향을 받았던 것 같다. 훗날 이 시기를 기억하면서, 핑크는 "젊은 날의 믿음 없는 친구들"을 언급하면서, 원기왕성하고 분별없던 시절에 그 친구들과 지내는 가운데 "죽음이 눈앞까지 온, 긴박한 위험에 처한 경우들이 많았다"고 했다. 이 망나니들이 어떤 아이들이었는지, 핑크의 부모는 몰랐을 것이다. 그의 부모에게는 슬픈 일로 결코 잊을 수 없었던 또 한번의 사태가 핑크의 생애에 있었다. 그들의 장남이 자신들의 신앙을 버렸을 뿐만 아니라 신지학神智學에 빠진 것이다.

신지학회는 사이비 종파다. 이 종파는 1875년에야 겨우 단체가 형성되었으면서도, 자기들이 이 종파에 입문한 형제들에 의해 대대로 보존되었다고 여기는 특별한 지식(신의 지혜)을 소유하고 있다고 주장한다. 21세기 초, 이 종파가 영국에서 발행한 출판물 가운데 가장 잘 알려진 월간지 「루시퍼*Lucifer*」는 이 단체의 적그리스도적인 성격을 충분히 보여주었다. 당시 인도 마드라스에 있는 이 단체의 본부에서 매월 발행하는 종파의 유력한 정기 간행물인 「신지학자*The Theosophist*」는, 환생에 대한 믿음을 포함하여 동양 종교들의 '지혜'를 비밀리에 선전했다. 신지학은 하나님의 인격성(그리고 기독교의 초자연성)을 부인하면서 자기들이 모든 종교를 통일시키고 보편적인 형제 관계를 수립할 수 있다고 주장했다. 19세기에 이 종파의 주요 '메신저'는 러시아 여성 헬레나 블라바츠키Helena Blavatsky(1831-1891년)였고, 그 뒤를 애니 베산트Annie Besant(1847-1933년)가 이었다. 베산트는 1873년에 목사인 남편을 떠나 정치, 신비주의, 동양 종교에 몰두했다. 그리고 1907년부터 죽을 때까지 신지학회의 회장직을 맡았다.

무엇 때문에 핑크가 신지학회에 끌렸는지는 알 수 없다. 아마도 다른 사람들의 경우에서처럼, 신비한 현상을 경험할 수 있다는 이 단체의 주장 때문이었을 것이다. 그리고 확실히 이들의 행습은 강신술降神術과 관련이 있었다. 훗날 이 주제에 대해 강연하면서, 핑크는 죽은 자들의 영과 교통이 가능하다고 생각하는 믿음인 강신술은 신지학으로 인도하는 '선도자'라고 했다. 많은 사람들이 순전히 호기심 때문에 이 비교秘敎에 끌렸고, 그 다음에는 이 종파가 영적 세계의 존재에 대해 제시한 증거를 조사하고 싶은 마음에 끌렸다고 말했다. 핑크는 "내가 만난 심령술사는 거의 모두가 처음에는 그 현상을 전혀 믿지 않았다." 그러다가 "사람들은 그 현상이 실제로 나타나는 것을 보면 그에 대한 설명을 받아들인다"고 썼다.[7]

우리는 이 말을 핑크 자신의 자서전적인 기술로 생각할 수도 있을 것이다. 이 사이비 종파가 끄는 힘은 그 시대의 다른 젊은이들의 생활에서도 나타났다. 예를 들면, 윗필드 기네스G. Whitfield Guinness는 케임브리지 학생 시절에 자신과 기독교적 배경을 가진 다른 친구들이 강신술 집회에 참석했을 때 일어난 일에 대해 전기에서 이렇게 밝힌다.

한 20분가량은 아무 일도 일어나지 않았다. 그들이 둘러앉아 있는 테이블을 향해 질문을 던졌지만 아무런 답변도 돌아오지 않았다. 그들이 지루해하기 시작하자, "2분만 더 기다립시다" 하고 영매가 말했다. 그때 테이블이 조금 움직이기 시작했고, 빙글빙글 돌더니 우측으로 구르다가 방을 가로질러 굴렀다. 흥미가 생기자, 그들은 재미 삼아 테이블에 여러 질문을 던지기 시작했다. 테이블이 마룻바닥에 두 번 부닥치면 "아니요"라는 의미였고, 세 번 부닥치면 "예"라는 뜻이었다. 한 사람이 자기 동생이 시험에 합격할지 물었다(그는 그 소식을 방금 듣고 왔다). 테이블이 답을 맞혔다. 또 한 사람은 커튼이 가려진 선반에 책이 몇 권이 있는지 알고 싶어 했다. 그 선반은 영매의 방에 있는 것이 아니었다. 테이블이 42권이라고 했는데, 알아보니 정확히 맞았다. 거의 한 시간 정도, 그들은 계속해서 질문을 던졌고, 테이블은 그 모든 질문에 정확하게 답했다.

한껏 재미가 붙자, 그들은 이제 좀더 진지한 문제들이 생각나서, 자기들이 비법을 전수받으려면 시간이 얼마나 걸리는지, 곧 그들이 강신술 집회에 얼마나 참석해야 영매가 될 수 있는지를 물었다.……(윗필드 기네스는 "열세 번 혹은 열네 번"이라는 말을 들었다). 보이지 않는 어떤 힘에 대한 묘한 느낌이 어느새 그들을 엄습하고 있었고, 윗필드는 불안해지기 시작했다. 그때 윗필드는 요한일서 4:1-3의 구절이 생각났다. "영들이 하나님께 속하였나 분별하라.……예수 그리스도께서 육체로 오신 것을 시인하는 영마다 하나님께 속한 것이요 예수를 시인하지 아니하는 영마다 하나님께 속한 것이 아니니." 그가 조용히 질문을 던졌다. "하나님의 아들 예수 그리스도가 육체로 오셨는가?" 테이블이 약 60센티미터가량 위로 떠오르다가 요란한 소리를 내며 바닥에 부닥치더니 아주 명백하게 "아니요"라는 표시를 했다. 그러자 분위기가 깨졌고, 윗필드는 그 일로 강신술에서 손을 떼었다. 계속 강신술에 재미를 붙인 사람들은 강신술에 처음 발을 들여놓은 이 일에 대해 뒤에 가서 당연히 후회했다. 그 일로 강신술에 사로잡히게 되었기 때문이다.[8]

아더 핑크도 강신술에 발을 들여놓았지만 그리 일찍 빠져나오지는 못했다. 처음 흥미를 가지면서부터 확실히 그는 강신술에 깊이 빠졌던 것 같다. 그는 이 종파의 여러 모임에서 연설했고, 신지학회 런던 본부와도 아주 긴밀한 관계를 갖게 되었다. 그래서 이 시기에 본부 지도자들을 찍은 사진을 보면 핑크가 가운데 자리에 앉아 있다. 이때 런던 본부에서 월간지 「루시퍼」를 발행하기 시작했다.

마드라스에 있는 베산트 부인은 핑크가 유창한 말솜씨로 신지학을 보급하고 있다는 소식을 듣고 핑크와 편지 왕래를 시작했고, 후에 핑크를 이 종파의 지도자 위치에 세울 직함을 수여할 뜻을 보였다. 그것은 직함을 받으면 그와 함께 핑크가 인도로 영전榮轉될 것이 분명한 명예였다. 동료 신지학자이면서 핑크의 가장 친한 친구 한 사람은 그 제안을 달가워하지 않았다. 그는 오페라 가수였는데, 핑크의 바리톤 목소리를 좋게 생각했고, 그래서 핑크에게 성악을 공부하여 자기처럼 오페라 가수가 되라고 권했다. 이 무렵 두 사람이 함께 파리에 갔는데, 핑크는 베산트 부인의 권고가 음악에 대한 매력보다 강해서 부인의 제안을 받아들였다. 훗날 핑크는 베산트 부인의 권고가 "(나의) 자존심을 만족시켰다"고 하며, 신지학회는 "육신을 만족시키고 자긍심을 부추기며 사람을 기쁘게 하는" 것이 특징이라고 평했다. C. S. 루이스Lewis는 자신이 한때 어떻게 이 비학秘學에 끌렸는지를 이야기하면서 같은 점을 말했다.

> 신비한 지식이 있을지라도 그 지식은 극히 소수에게만 알려지고, 아주 많은 사람들에게는 조롱을 받았다는 주장이 그 지식을 더 매력적으로 보이게 만들었다.……그렇다면 그 수단은 틀림없이 마술일 것이라는, 세상에서 가장 이단적인 견해, 곧 기독교의 표준에서 보나 합리론자의 표준에서 보나 지극히 이단적인 그 견해는 물론 내 안에 있는 반역적인 생각과 잘 맞아떨어졌다.[9]

베산트 부인이 핑크에게 그 제안을 한 날짜는 알 수 없다. 아마도 1908년 초였을 것이다. 그해에 핑크가 아직 노팅엄에 있었기 때문이다. 이때 그는 스물두 살이었고, 이 비학에 아주 깊이 빠져 있었다. 그래서 훗날 핑크는 당시에 대해 이렇게 기록했다. "나는 5년 전 영매로 지내면서 투시력과 정신 감응, 주술 치료를 시행했다."[10] 이 시기에 핑크는 사업을 해서 생활비를 벌고 있었다. 또 계속 부모님의 집에서 살고 있었는데, 이 사실에서 우리는 그의 부모가 오랫동안 인내해 왔다는 것을 어느 정도 알 수 있다. 그의 부모는 몹시 슬퍼하며 기도했고, 그러면서도 아주 잠잠히 있지만은 않았다. 핑크의 아버지는 언제나 핑크가 밤늦게 신지학회 집회를 마치고 돌아올 때까지 기다렸고, 많은 경우에 핑크로서는 귀찮았겠지만 짧게 하나님의 말씀을 이야기하고 "잘 자라"는 말을 했다. 1908년, 그런 식으로 지내던 어느 날 저녁, 핑크가 서둘러 아버지 곁을 지나 2층 자기 방으로 뛰어 올라갈 때 아버지에게 받은 성경 본문은, "어떤 길은 사람이 보기에 바르나 필경은 사망의 길이니라"(잠 14:12)는 말씀이었다. 핑크는 그 주 금요일 저녁에 있을 신지학자들의 중요한 연례 모임에서 전할 연설을 구상할 작정으로 침실 문을 닫았지만, 그 말씀이 마음에 남아 생각을 방해하는 바람에 도무지 작업을 할 수 없었다. 그 다음 이야기를 찰스 프레슬 부부는 이렇게 들려준다.

핑크는 자기가 피곤해서 그렇다고 생각하고 목욕을 해서 긴장을 풀려고 했다. 그러나 목욕하는 중에도 머릿속에서는 "어떤 길은 사람이 보기에 바르나 필경은 사망의 길이니라"는 말씀이 맴돌 뿐이었다. 목욕을 끝내고 다시 연설 원고를 쓰려고 했지만, 마음은 온통 잠언 14:12 말씀뿐이었다. 핑크는 더 이상 하나님 말씀을 거부할 수 없어서 울면서 하나님께 기도하기 시작했고, 성령에 의해 죄를 깨달아, 성령의 능력으로 자신이 망한 상태에 있는 것을 볼 수 있었으며, 주 예수 그리스도를 구주로 믿게 되었다고 고백했다. 핑크는 어렸을 때 훈련을 통해 주님에 관해서 배웠지만, 이제는 옛적의 바울처럼 거룩하고 주권적인 하나님이 직접 지명하여 그를 가르치셨다. 거의 3일 동안 핑크는 방을 떠나지 않았다. 그의 부모는 기도했고, 3일째 되는 날 오후 늦게 핑크가 모습을 드러냈을 때, 그의 아버지는 "할렐루야, 내 아들이 구원받았다" 하고 말했다.

핑크는 신지학회 앞에서 연설을 하기로 한 약속을 지켰다. 그가 준비하던 연설은 완성되지 못했지만, 하나님의 은혜로 그는 신지학자들에게 성경의 하나님을 소개했다. 청중들로부터 '신음소리'가 들려왔다. 많은 사람들이 그가 '미쳤고' 휴식이 필요하다고 했다. 핑크가 베산트 부인에게 가기로 되어 있는 것을 알고 있었기 때문이었다.

핑크가 신지학자들 사이에서 행한 이 마지막 연설은 참 하나님과, 유일한 구원자이신 하나님의 아들 예수 그리스도에 대한 복음 메시지였다. 이때 핑크는 그가 몇 년 후에 기록한 내용을 틀림없이 그들에게 전했을 것이다. 그는 "내가 왜 심령술과 신지학을 떠났는가?" 하고 묻고서 이같이 답변했다. "심령술과 신지학은 내 영혼을 만족시키지 못했기 때문이다. 당시에 나는 스스로를 구원하려고 애쓰고 있었다. 짓눌린 양심은 평안이 없었고, 죄를 용서받았다는 확신이 없었으며, 죄를 끊을 수 있는 힘이 없었고, 마음에 만족이 없었다. 나는 스스로 자신을 구원할 수 없다는 것을 깨달았고, 나를 구원하실 수 있는 유일한 분에게 갔다. '오, 그리스도시여! 주님은 내가 원하는 전부이시며, 주님 안에서 내가 차고 넘칩니다.'"[11]

1908년 금요일 밤에 그의 연설을 듣고 그에게 동조하는 사람은 아무도 없었던 것으로 보인다. 그만 홀로 예수 그리스도를 고백했고, 혼자만 신지학회를 탈퇴했다. 후에 핑크는 이렇게 기록하곤 했다. "나는 아직까지 심령술사들 가운데서 그리스도께 무릎을 꿇고 그리스도를 주로 고백하는 사람을 만나지 못했다."[12] 위에서 인용한 그의 증언을 보고서, 마치 그가 회심하기 전에 오랫동안 내적 불만이 있었던 것처럼 생각해서는 안 된다. 다른 곳에서 핑크는 자신이 한창 하나님께 반역하는 생활을 하다가 갑자기 얻어맞고 쓰러졌다고 말하기 때문이다. "핑크가 자기 내면의 필요를 전혀 모르고 있었고 구주를 찾으려는 마음도 전혀 없었을 때" 그리스도께서 "그를 붙잡으신 것이다." 핑크는 진정한 회심이 다 그렇듯이 자신의 회심도 사탄의 세력으로부터 구원받은 것이었고, 이제 사탄의 세력의 성격이 전과 다르게 보였다는 것에는 의심의 여지가 없었다. 눈이 열려서 심령술의 진정한 의미를 보게 된 것이다. 투시력을 가졌다고 하는 자들 가운데는 순전히 사기꾼인 사람들이 있다. 하지만 핑크는 그런 경우가 아니었다. 그는 "그 전체 현상을 자연적인 근거를 가지고 다 설명할 수는 없다"고 확신했다. 영이 전달하는 메시지들 가운데 많은 것이 맞았다. 그러나 그 메시지들은 죽은 자들에게서 오는 것이 아니라 죽은 자로 모습을 드러낸 귀신들에게서 왔다. 하나님께서 이 지극히 깊은 어둠에서 그를 불러내셨다. 그 뒤로 수년 내에 핑크가 이 주제를 깊이 생각했다면, 다시 어느 정도 그 어둠에 사로잡히게 되었을지도 모른다. 1919년, 심령술에 사로잡혀 있으면서 거기에서 구원받기를 바라는 어떤 사람과 오랜 기간 편지를 주고받고 있었을 때, 그는 한 친구에게 이런 말을 했다.

그동안 이 편지 왕래가 내게는 큰 부담이었네. 사탄은 이 편지 왕래로 나를 공격하려고 애쓰고 있네. 내가 다시 심령술에 생각과 주의를 기울일 때마다 그 편지는 항상 내게 해로운 영향을 끼쳤네.[13]

이 중대한 영적 국면을 맞은 뒤로도 2년 동안 핑크는 일상적인 일을 계속했지만, 이제 침실에는 언제나 성경이 펼쳐져 있었다. 그는 일주일 동안 매일 성경을 열 장씩 읽었고, 그 열 장 가운데 한 부분은 특별히 '10분 이상' 깊이 공부하려고 했다. 그뿐 아니라 그는 매일 묵상할 구절을 택해서 종이쪽지에 써 가지고 다녔고, 한가할 때 그 구절을 보면서 "하나님께서 이 구절의 영적 의미를 알려 주시고, 그 의미를 마음에 기록해 주시기를 구했다." 그는 이 습관을 다른 사람들에게 추천하면서 "나는 시내 전차를 타고 다니면서 한 번에 한 구절씩 외워 에베소서 전체를 암기했다"고 했다.[14] 일이 없는 날에는 성경을 아는 새로운 즐거움에 빠져 성경을 공부하는 데 열 시간씩이나 보낼 수 있었다.

이와 같은 집중적인 성경연구는 자신이 일생을 복음 사역에 바쳐야 한다는 그의 확신과 어느 정도 관계가 있었다. 1934년에 쓴 글에서 초기 신앙생활을 간단히 설명하며 핑크는 이렇게 말했다.

> 나는 1886년 잉글랜드에서 태어났다. 열여섯 살에 사업을 시작했고, 이 일에 하나님께서는 내게 큰 성공을 허락해 주셨다. 1908년에 하나님께서 침실에서 나를 구원하셨다. 그때 나는 또한 하나님께서 나를 그의 종으로 부르셨다는 것을 알았다.

그해, 핑크는 처음으로 그리스도인 집회에서 설교를 했다. 그는 1948년에 그 일을 이렇게 회상했다.

> 편집자가 첫 번째 설교를 한 후로 40년이 지났다. 첫 번째 설교는 "내가 복음을 부끄러워하지 아니하노니"(롬 1:16)라는 말씀에 대한 것이었고, 7백 명이 넘는 회중에게 전한 것이었다. 그때가 본인이 공중 앞에서 처음으로 말한 경우는 아니었지만, 특별히 고향인 노팅엄에서 하는 것인 만큼 호된 경험이었다.[15]

핑크가 자랄 때 속했던 교회와 교단에 대한 기록은 없다. 앞으로 보면 알겠지만, 그의 첫 목회지가 회중교회였는데, 이것이 그의 교회적 배경을 말해 주는지도 모른다. 회심 후로 그가 교회에 출석한 일에 대해 우리가 아는 것이라곤 다음의 간단한 말밖에 없다. "가끔 나는 여러 곳에서 예배드렸지만, 주로 한 곳에서 예배드렸는데, 거기가 내 영혼이 가장 큰 유익을 받는 곳이었다."[16] 그는 마음이 맞는 친구들을 찾았고, 이런 친구들 가운데 한 사람(아버지 친구뻘 되는 나이가 지긋한 사람이었다)이 10킬로미터 정도 떨어진 곳에 살았는데, 정기적으로 그 집에 가서 그리스도와 하나님의 말씀에 관하여 이야기했다. 핑크가 이 친구들과 자신의 장래에 대해 의논했을 때, 그들은 핑크가 사업을 일생의 직업으로 삼을 수 없겠다는 것을 금방 깨달았다. 핑크가 받은 일반적인 조언은 잉글랜드에 있는 신학교에 들어가라는 것이었다. 여기에는 핑크가 초신자라도 알 수 있었던 한 가지 문제가 있었다. 당시 잉글랜드에서는 기독교 사역을 위한 교육에 광범위한 변화가 일어나고 있었다. 그것은 성경의 권위에 대한 견해가 바뀐 결과였다. 그리고 그로 인해 복음주의적이고 성경적인 기독교를 고수하는 태도가 널리 약화되고 있었다. 이 변화의 주요 원인은 본래 복음 사역을 위하여 사람들을 훈련하기 위해 세워진 바로 그 학교들에 있었다.

모든 교단들이 이 변화에 영향을 받았는데, 노팅엄에서 그의 가족이 회중교회에 출석했을 것이라는 우리의 추정이 맞다면, 그중에서도 핑크가 속한 교단이 크게 영향을 받았다. 이 시기에 회중교회들은 런던에 있는 템플 시 교회의 캠벨 목사Rev. R. J. Campbell가 주도하고 있는 "신 신학 논쟁New Theology Controversy"의 소용돌이 가운데 있었다. 옥스퍼드 대학교 학생 시절에 캠벨은 기독교는 '성경 기록의 무오성'에 의존하지 않는다고 배웠는데, 이제 그 가르침을 대중화하는 데 열을 올리고 있었다. 1910년 런던에서 개최된 회중교회 지도자들 모임에서 이 문제가 논의되었는데, 이때 당시 일어나고 있는 일을 막는 어떤 행동도 취하지 않기로 하는 결정이 내려졌다. 사실은 '고등비평Higher Criticism'이 이미 워낙 광범위하게 받아들여졌기 때문에 이에 효과적으로 반대할 수가 없었던 것이다.[17]

회중교회들 안에 널리 퍼져 있던 정서에 예외적으로 물들지 않은 한 사람이 있었는데, 런던의 웨스트민스터 교회의 캠벨 모건 박사Dr G. Campbell Morgan였다. 모건 박사가 영국에 있는 동료들보다 대서양 저편에 있는 많은 사람들을 더 친근하게 느낀 것처럼 보인 것은 주목할 만한 사실이었다. 스펄전도 말년으로 갈수록 점점 더 그같은 경향을 보였다. 이제 핑크의 생각은 미국으로 향했다. 사람들은 1870년대와 1880년대 무디의 방문을 아직도 생생하게 기억했고, 그의 단순한 복음 메시지가 준 유익에 대해서 이야기했다. 그래서 핑크는 마드라스가 아니라 시카고로 가게 되었다. "1910년 6월, 내가 존경하는 사람들의 조언에 따라 스물네 살의 젊은 나이에 나는 영국을 떠나 2년 과정의 공부를 위해 무디 성경학교Moody Bible Institute에 들어갔다."[18]

영국에서 통상적인 경로를 따라 사역을 시작하지 않은 이유에 대해 핑크의 입장은 아주 분명했다. 그는 이미 불신앙의 학교에서 훈련을 받았기 때문에 그와 같은 또 다른 학교에 갈 마음이 없었던 것이다.

> 나는 신학교에 들어갈지 말지를 스스로 결정해야 했다. 모든 친구들(부모님은 예외였다)의 조언과 충고를 따르지 않기로 결심했고, 한 번도 그 결정을 후회한 적이 없다. 많은 사람은 다르게 생각하지만, 사람이 교리적 '오물'에 손을 대면 반드시 더러워질 수밖에 없다. "악한 동무들은 선한 행실을 더럽힌다"는 진술 앞에 "속지 말라"(고전 15:33)는 교훈이 오는 데는 이유가 없는 것이 아니다. 그럴 만한 이유가 아주 많다![19]

아더 핑크가 5천 킬로미터 가까이 되는 여행을 어떻게 생각했는지에 대한 기록은 남아 있지 않다. 대서양을 가로지르는 항해에 대해서나, 당시 여행자들이라면 흔히 한마디씩 했던 말馬과 소음과 먼지가 가득한 뉴욕을 처음 본 인상에 대한 언급이 한 마디도 없다. 미시간 호 해변에 물자 집산지인 시카고가 자리 잡고 있는 미국 중서부에 이르는 긴 열차 여행에 대해서도 아무 말이 없다. 십 년 전에 방문한 또 다른 영국인은 시카고의 가슴 뛰는 생활에 대한 첫인상을 이렇게 적었다.

> 시카고에서는 누구나 머리 뒤꼭지에 모자를 쓰고, 일 분에 이백 마디의 말을 하며, 기름기 진한 미국식 식사를 오 분 만에 꿀꺽 삼키고, 모든 사람이 담배를 피우고 껌을 씹는다. 류머티즘에 걸려 절뚝거리며 돌아다니는 영국인이 쏜살같이 지나가는 이런 전기 기계들 사이에서 무엇을 느끼겠는가! 시내에서 만나는 사람마다 머릿속에 피조물을 핥아먹어 치우려는 계획을 품고 다니며……세상에서 가장 거칠게 아주 막무가내로 팔꿈치로 사람들을 밀치고 다닌다.[20]

대학가에 자리 잡은 성경학교 내에서 핑크는 다른 학생들과 다소 다른 견해를 가졌던 것이 분명하다. 핑크에게 제일 중요한 일은, 당시 59세였던 제임스 그레이 박사Dr James M. Gray와 영국 태생의 윌리엄 에반스 박사Dr William Evans가 주로 맡은 매일의 강의들을 듣는 것이었다. 그러나 성경학교에서는 '실제적인 기독교 활동'을 매우 중시했기 때문에, 틀림없이 오전 강의 후에 핑크는 종종 성경학교의 '복음전도 트럭'을 타고 가서 거리 전도를 하거나 교도소나 병원을 방문했을 것이다. 주일이면 다른 학생들과 함께, 딕슨 박사Dr A. C. Dixon가 큰 호응을 받은 복음전도 사역의 마지막 해를 보냈던 무디 기념교회Moody Memorial Church에 갔을 것이다. 다음 해(1911년)에 딕슨은 스펄전 목사가 시무하는 런던 태버너클 교회에서 목회하기 위해 떠나기로 되어 있었다. 딕슨의 시카고 시절을 쓴 전기 작가는 "해마다 5백 명에서 1천 명에 이르는 회심자들이 무디 기념교회에 등록했다"고 쓰고 있다.[21]

핑크가 무디 성경학교에서 지낸 날은 짧았다. 그는 이때를 회상하며 블랙번John C. Blackburn에게 이같이 말했다. "거기에서 6주간을 지낸 후에, 나는 하워드 포프 박사Dr Howard Pope와 면담하고 더 이상 지체하지 않고 목회를 시작하고 싶다고, 괜히 지금 성경학교에서 '시간을 낭비하고 있다'는 생각이 든다고 말했다."[22] 그 대화는 이 몇 마디 말로 표현할 수 있는 것보다 더 분명하게 그 뜻을 전달했을 것이다. 왜냐하면 포프 박사가 이 영국 젊은이를 퉁명스런 말로 내보내기보다는 나서서 목회할 자리를 찾아 주었기 때문이다. 이렇게 해서 1910년 7월 말에 시카고에서 지낸 지 두 달이 채 안 되어, 핑크는 콜로라도 주 산후안 산맥의 약 2,700미터 고지에 위치한 실버턴Silverton이라는 작은 마을의 회중교회를 섬기게 되었다. 그는 8월 2일 수요일에 실버턴에 도착했다.

핑크가 갑작스럽게 계획을 바꾼 것이 무디 성경학교의 가르침에 불만을 품었기 때문은 아닌 것 같다. 그런데 사실 당시 무디 성경학교가 가르치는 수준은 다소 낮지 않았나 하는 생각이 든다. 이

시기에 무디 성경학교를 다녔던 또 다른 학생의 말에 따르면, 보스턴 사투리를 쓰는 그레이 박사는 "잘 깨닫지 못하겠으면 그냥 지나가라"는 식으로 이야기하면서 어떻게 해서든 젊은 학생들을 공부하게 만들려고 애썼다고 한다.[23] 그러나 핑크는 오래전부터 열심히 공부하는 일에 익숙했고 이미 성경을 잘 읽고 있었기 때문에, 교수들이 그 또래의 젊은이들에게 보였던 그런 인내가 핑크에 대해서는 필요 없었던 것이 확실하다. 아마도 핑크는 무디 성경학교에서 중요하게 다루는 책들 가운데 하나인 「스코필드 관주성경 *The Scofield Reference Bible*」에서 그레이 박사의 중요한 사상을 찾을 수 있다는 것을 분명히 알았을 것이다. 핑크는 이 책을 가지고 콜로라도에 갔다. 그곳에서는 이 관주성경에 있는 많은 각주와 해석들을 완전히 습득할 시간을 충분히 가질 수 있으리라 생각했던 것이다.

훗날, 실버턴에서의 첫 번째 목회 사역을 지나가는 말로 언급하면서 핑크는 그곳을 '임시 탄광촌'이라고 언급했다. 그런데 이 용어는 다소 오해를 일으킬 수 있는 표현이다. 콜로라도는 미국에서 다섯 번째로 큰 주로서, 프랑스 땅의 절반 정도 크기이며 국내에서 최초로 금과 은을 생산한 곳이었다. 리오 데 라스 아니마스에 있는 실버턴 마을이 발전한 것은 주변 산맥에서 두루 채광이 진행되면서부터였다. 그러나 핑크가 이곳에 도착할 무렵에 실버턴은 세워진 지 이미 30여 년이나 되었다. 회중교회 교인들이 1880년에 리즈 가와 11번가 모퉁이에 예배당을 지었고, 1885년에는 예배당에 뾰족탑을 설치했다. 이 무렵에 지어진 중요한 다른 건물들로는 1876년과

1880년에 세워진 상점 둘이 있고, 1883년에 완공된 그랜드 임페리얼 호텔이 있었다. 건물들은 20세기 처음 십 년 동안에 많이 늘어났고, 실버턴의 자랑거리인 시청은 핑크가 이곳에 도착하기 전에 완공되었다. 실버턴은 콜로라도 주 서부에서 가장 오래된 사업이라고 자랑하는 지역 신문인 「실버턴 스탠더드*Silverton Standard*」지를 발행하고 있었다. 이 신문은 1910년 8월 6일자에 '신임 회중교회 목사'라는 제목으로 신임 목사의 도착을 이 같은 말로 환영했다.

> 해크A. C. Hacke 전임 교구 목사의 사임으로 공석이었던 회중교회의 목회를 맡기 위해 시카고로부터 청빙을 받은 핑크 목사가 지난 수요일 저녁에 도착했고, 다음 주일에 예배를 인도할 것이다. 핑크 목사는 최근에 영국 노팅엄에서 미국으로 왔다. 그는 연설 솜씨가 좋고 남자다운 품위를 지닌 젊은 신사로, 모든 면에서 새로운 직무를 이행하는 데 누구보다도 적합한 사람이라는 인상을 준다.

새로운 임무가 금방 핑크에게 떨어졌다. 도착한 지 삼 일 후에, 동네에서 가장 나이 많은 사람 가운데 하나인 조지 홀링스워스가 죽은 것이다. 그 다음 주 수요일에 있을 장례식이 그에게 맡겨졌다. 「실버턴 스탠더드」에 따르면, 이 장례식은 "이 도시에서 지금까지 있었던 가장 큰 행사 가운데 하나"였다. 신임 목사는 이 신문이 고인을 "세상의 고귀한 사람들 가운데 한 분"이라고 묘사한 것이 정말로 맞는 말인지 알아볼 기회가 거의 없었다. 「실버턴 스탠더드」

편집장의 말에 따르면, 홀링스워스는 "무덤 저편에 있는 영원히 행복한 땅에서 누릴 영광의 면류관을 위해 이생에서 고난의 십자가를 받아들였다"는 것이다.[24] 이 어조를 보면, 당시 이 도시에 종교적 정서가 널리 퍼져 있었음을 알 수 있다. 오랜 후에 핑크는 이곳에서 겪은 상황을 이와 같이 적었다.

> 첫 번째 목회 기간 동안, 필자는 개인적인 문화와 개혁으로 구원을 받는다는 잘못된 생각과 싸우는 데 많은 힘을 쏟았습니다. 그래서 "사람이 거듭나야 한다"(요 3:3, 5, 7)는 주님의 말씀에 들어 있는 진리를 주로 강조했습니다. 이 말씀은 하나님 나라에 들어가기 위해서는 우리 자신의 어떤 노력보다도 훨씬 더 힘 있고 근본적인 것이 필요하며, 교육이나 고행 혹은 자연인의 어떤 종교적 행위도 사람을 거룩한 천국에 영원히 살 수 있게 하지 못한다는 것을 보여줍니다.[25]

핑크가 남긴 첫 번째 기록들이 아마도 이 시기에 작성한 것들일 텐데, 방금 앞에서 말한 상황을 위해 준비한 설교의 개요가 한 페이지에 들어 있다. '중생'이라는 제목으로 이렇게 쓰고 있다.[26]

> 신생新生은 하나님 편에서 구원을 적용하는 일이다. 그것은 출생이고 부활이며 새로운 창조다. 그것은 초자연적이고 초월적인 경이驚異이며, 단순한 개선이 아니라 기적이다. 하늘과 지옥을 나누는 구분선이다. 모든 인류는 이편에 있든지 아니면 저편에 있다.

1. 신생의 성격
(1) 신생은 개선의 과정이 아니며 악한 마음을 없애려고 애쓰는 사람의 활동이 아니다.
(2) 마음을 깨끗이 씻는 것이 아니다(렘 17장, 요 3:6).
(3) 신생은 하나님의 성품을 나누어 주는 것이다. 영적 영역에서 출생은 자연적인 출생과 비슷하다. 태어나는 것은 모두가 그 부모의 성품에 참여한다(창 1장).

2. 신생의 필요
신생은 절대적으로 필요한 일이다. 제쳐 놓을 수 없고 대신할 수도 없는 일이다. "사람은 거듭나야 한다." "네 스스로 거듭날 수 없다." 그러나 절대적으로 필요한 일이다.
(1) 본래 사람은 단지 약하고 병든 것이 아니라 영적으로 죽었기 때문이다.
(2) 본래 사람은 하나님 나라 밖에 있기(요 3:5) 때문이다. 모두 에덴동산 밖에서 태어났기(엡 2:12) 때문이다.
(3) 영적인 나라는 영적인 성품을 요구한다. 천국은 준비된 사람들을 위해 마련된 곳이다. 이것은 보편적인 법칙을 따른다. 정원에 있는 물고기의 예.

3. 필요한 것은 오직 신생이다. 다른 어떤 것도 신생을 대신할 수 없다. 교육이 대신할 수 없고, 교회나 개혁, 종교가 이를 대신할 수 없다.

4. 신생은 누구에게나 반드시 필요한 일이다.

"사람이 거듭나지 아니하면"(요 3:3). "도둑이나 간음하는 자, 살인자 등이 거듭나지 아니하면"이라는 말이 아니다. 이것은 니고데모에게 하신 말씀이다. 임종 시에 중요한 것은 내가 거듭났는가 하는 것이다.

신생을 일으키는 장본인(요 1:13, 3:6).
신생의 도구(요 3:5).
신생의 특징

(1) 스스로 어떻게 할 수 없는 처지에서 예수께 매달리는 것이다. 그것이 믿음이다. 믿음은 어린 아기의 유추로 설명할 수 있다.
(2) 미움과 죄의 저항. 하나님은 거룩하시고, 내 안에 하나님의 성품이 들어 있다.
(3) 내 '아버지' 하나님을 사랑함. 사랑은 어떻게 나타나는가? 기쁘게 순종하는 데서 나타난다. 형제를 사랑함(요일 3:14). 이 사랑은 애정의 끈으로 묶여 있고, 서로 도우려고 노력하는 데서 나타난다(요일 3:17-18).

적용

여러분은 거듭났는가? 거듭나지 않았다면, 태어나지 않았기를 바랄 날이 올 것이다. 다음 네 가지 테스트를 적용해 보자.
한 번만 태어난 사람은 두 번 죽을 것이다.
두 번 태어난 사람은 오직 한 번 죽거나 전혀 죽지 않을 수 있다.

1911년에 실버턴에서 행한 또 한번의 설교는 핑크가 훗날에 편집해서 인쇄했다. '십자가에 못 박힌 그리스도를 봄'이라는 제목을 붙인 이 설교는 인간의 죄와 하나님의 공의와 은혜를 힘 있게 선포했다. 신자는, 그리스도께서 대신 죄를 짊어진 사람들과 자신을 동일시하시는 것을 바라볼 때 십자가를 자랑스럽게 생각한다고 핑크는 선언했다. "하나님 보시기에 그리스도와 신자는 하나이다. 그리스도께서 나를 대신하셨고, 믿음이 그 사실을 내 것으로 만든다. 나를 대신하시는 분 안에서 나는 하나님 율법의 모든 요구를 충족시켰다. 그리스도 안에서 나는 하나님의 공의가 요구하는 모든 대가를 치렀다. 그리스도 안에서 나는 하나님 앞에 설 수 있다. 왜냐하면 그리스도의 공로로 얻은 완전함을 입고 있기 때문이다"(사 61:10).[27]

핑크가 그리스도인으로서 열망했던 바를 요약하면, 그에게 많은 것을 의미하는 다음의 시로 표현할 수 있을 것이다.

> 주여, 우리가 진심 어린 눈빛으로
> 오로지 주님만 보게 하소서.
> 아무도 다른 데서 볼 수 없는
> 아름다움을 입으신 주님만 보게 하소서.

핑크가 실버턴에서 지낸 한 주간의 일상에 대해 알 수 있는 것이라곤 그가 그곳에 도착한 지 일주일 후에 「실버턴 스탠더드」에 실린 고지告知에서 보는 것뿐이다. '회중교회'라는 제목 아래 다음와 같이 그 일정을 소개했다.

- 1910년 8월 13일 토요일
    오전 7시 30분: 그리스도인 봉사 모임
- 1910년 8월 14일 주일
    오전 10시 30분: 주일학교
    오전 11시 15분: 오전 예배와 설교
    오후 6시 30분: 저녁 예배와 복음 설교
- 1910년 8월 15일 월요일
    오후 8시: 윌킨슨의 집에서 성경공부 모임
- 1910년 8월 18일 목요일
    오후 7시 30분: 기도회 모임과 주일학교 수업 연구

여러분 모두를 진심으로 이 모든 모임에 초청합니다.
핑크 목사.

이 교회는 전통적으로 복음주의 교회였던 것이 분명하다. 그렇지 않았다면, 핑크가 도착한 지 이 주가 채 안 되어서 이런 모든 활동들을 다 진행시킬 수 없었을 것이다.

실버턴에는 이 교회 말고도 두 교회가 더 있었다. 하나는 성 요한 성공회 교회로 담임 목사가 없었고, 또 한 교회는 성 패트릭 천

주교회인데, 이 교회는 1905년에 벽돌로 짓기 위해 건물의 구조를 바꾸었다. 핑크는 이 천주교회 사제에 대해 이야기하면서 "우리는 서로를 잘 알게 되었다"고 했다. 그런데 얼마 있지 않아 두 사람이 영적인 문제로 대화하게 되었는데, 핑크가 예상하지 못한 결과가 일어났다. "그는 모든 교황의 교리와 관습을 뒷받침하는 성경 구절을 제시하겠다고 자청했습니다. 그의 말대로 물어보았을 때(여러 차례 시험해 보았는데), 필자는 그가 하나님의 말씀을 교묘하게 남용하는 것을 보고 경악을 금치 못했습니다."[28] 이 일을 겪고서 핑크는 신성한 사실들에 관해 논쟁하는 것이 쓸데없다는 것을 알게 되었고, 또한 깊고 정확한 성경지식을 갖는 것이 참으로 중요하다는 생각을 확고히 하게 되었다. 그는 오류를 가르치는 선생들이 '자기 입장을 성경적으로 변호하는 일을 할 수 없을 것'이라고 생각하는 것이 '큰 잘못'이라는 것을 알았다. 핑크는 또 다른 경우에 대해서도 이와 같이 적고 있다. "첫 번째 목회 시절에, 나는 성경 안쪽에 이 말씀을 적어 두었습니다. '내가 너희에게 명령하는 말을 너희는 가감하지 말라'(신 4:2). 나는 여기에 출애굽기 4:12 말씀과 이사야 51:16, 55:11 말씀을 추가로 적었습니다. 수년 동안 강단에 서기 전에 그 자리에서 이 구절들을 읽는 것이 내 습관이었습니다."[29]

핑크가 실버턴에서 머문 기간은 2년이 채 되지 못했다. 우리는 더 많은 사실을 알고 싶지만, 1912년 4월 20일자 「실버턴 스탠더드」가 기록하고 있는 것은 아래의 내용이 전부였다.

4월 26일 저녁, 회중교회에서 핑크 목사의 송별회가 열릴 예정이다. 누구나 참석해서 즐거운 시간을 갖도록 초대한다.

2. 신임 설교자

1912-1917

실버턴에서 핑크의 목회 사역이 종료되었음을 고지하는 신문 기사의 어조를 볼 때, 핑크가 그곳을 떠나게 된 것이 무슨 문제나 논쟁 때문은 아니었던 것으로 보인다. 핑크가 실버턴을 떠난 이유는 알려져 있지 않다. 성경을 연구하는 과정에서 핑크가 침례교회의 신앙을 갖게 되었을 수 있다(아마도 이 무렵에 이런 변화가 일어났을 것이다). 그것이 사실이라면 매우 양심적인 핑크로서는 회중교회에 그대로 머물러 있을 수 없었을 것이다.[1] 핑크가 1912년 4월에 콜로라도를 떠난 후 3년 동안 옮겨 다닌 곳을 다 알 수 있다면, 실버턴을 떠난 이유를 좀더 확실히 알 수 있을 것이다. 그러나 콜로라도를 떠난 때로부터 1917년 초여름에 사우스캐롤라이나 스파턴버그 Spartanburg에 정착하기까지 그의 활동은 그의 생애에서 가장 알려져 있지 않은 부분이다.

처음에 핑크는 실버턴에서 캘리포니아로 갔던 것으로 보인다.

1934년 일지를 쓰면서, 그는 "20여 년 전(곧 1914년 이전에), 캘리포니아 가든 그로브Garden Grove에서 자신이 전한" 설교에 대해 간단히 언급했다.[2] 그는 또한 1년 이상 캘리포니아에서 로스앤젤레스 성경학교Bible Institute of Los Angeles: BIOLA와 "긴밀히 접촉하며 지냈다"고 말한다. 이만한 시간을 그의 생애 연대표에서 맞출 수 있는 시기는 이때 말고 없다. 핑크가 성경을 더 깊이 연구할 필요를 느꼈기 때문에 실버턴을 떠날 결심을 했을 수도 있다.[3] 아니면 좀더 개연성 있는 사실로서, 그가 태평양 연안으로 간 것은 그곳에서 목회하도록 청빙을 받았기 때문이었을 것이다. 핑크의 초기 친구들 가운데 한 사람인 헤렌딘I. C. Herendeen은 핑크가 이 시기에 캘리포니아에서 목회를 했다고 믿었다. 핑크의 목회지가 가든 그로브 지역에 있었다면, LA에서 불과 40킬로미터밖에 떨어지지 않은 곳에 있었던 것이다. 핑크는 두 번째 목회지가 정확히 어디였는지 밝히지 않고서, 그에 관해 이렇게 기록하고 있다.

> 나의 두 번째 목회지는 '완전 성화' 혹은 죄 없는 완전주의의 가르침이 무르익은 지역에 자리 잡고 있었습니다. 이 가르침과 싸우면서, 나는 이 세상에 사는 동안에는 어떤 사람에게서도 죄가 완전히 근절되지 않는다는 사실, 곧 사람이 거듭난 후에도 '옛 본성'이 여전히 그의 안에 남아 있다는 사실을 강조했습니다.[4]

필자는 핑크가 이 시기에 연구도 하고 있었다는 것을 안다. 그의 첫 번째 책 「성경의 신적 영감 *The Divine Inspiration of the Bible*」이 1914년 무렵에 완성되었기 때문이다. 1944년 편지에서 핑크는 이렇게 쓰고 있었다. "성경 영감에 대해 쓴 책이 내 첫 번째 저작인데, 30여 년 전에 썼다."[5] 그 책을 헌정하는 글을 읽어 보면 이렇다.

> 어렸을 때부터 내가 성경을 존중하도록 배운 사실에 감사하면서, 사랑하는 부모님께 애정 어린 마음으로 이 책을 헌정한다.

부모님에 대한 핑크의 애정이 다음의 변화를 일으키는 데 작용했다는 것은 분명하다. 핑크의 동생들인 토머스와 아그네스는 핑크가 1910년에 시카고로 갔을 때 장남인 핑크가 2년 동안만 집을 비울 것으로 생각했다. 그런데 핑크가 두 사람을 다시 본 것은 1913년이 되어서였다. 단편적인 정보들을 종합해 보면, 핑크가 1913년 연말을 몇 개월 앞두고 영국으로 돌아왔다고 추측해 볼 수 있다. 1932년에, 핑크는 영국을 언급하면서 "1910년 이후로 2년 반이 채 못 되는 시간을 영국에서" 보냈다고 썼다. 앞으로 보겠지만, 그는 1928-1929년에 8개월 동안만 영국에 있었다. 그렇게 보면 1913-1915년의 시기에 들어가는 것으로 보아야 할 18개월이 남는다(2년 반의 시간을 채우려면). 왜냐하면 1932년까지의 기간에 핑크가 있던 소재지는 다 알려져 있기 때문이다. 게다가 1928년에 핑크는 자신이 "13년 동안" 영국에 있지 않았다고 썼는데, 이 말대로 하면 그 이전에 방문했던 기간이 1915년까지 걸쳐 있었던 셈이 된다. 이 날

짜는 1929년에 미국에서 쓴 또 다른 편지에 의해 확증되는데, 이 편지에서 핑크는 "14년 전에" 런던에서 알았던 한 친구에 대해 이야기한다.

이와 같이 핑크는 캘리포니아에서 돌아와 1915년 전반기까지 18개월 동안 영국에서 지냈다. 그가 세계대전의 발발과 그 전쟁이 일으킨 모든 흥분을 본 것이 이 시기였다. 1916년까지 사람들을 영국 군대로 징병하는 일은 없었다. 그렇지 않았다면 28살에 핑크는 프랑스 전선에 가 있었을지도 모른다. 핑크가 영국에서 지낸 이 시기에 관해 말할 수 있는 것은 그가 많은 곳에서 설교하고 연설할 기회를 가졌다는 것뿐이다.

다음으로 우리가 핑크의 활동에 대해 알고 있는 분명한 정보는, 그가 1915년에 테네시 주 접경에 바로 붙어 있는 남부 켄터키의 버케스빌Burkesville과 올버니Albany에서 '한 달에 두 번 모여 예배를 드리는 두 교회 목회'를 하기 시작했다는 것이다. "그곳은 얼마나 깊은 산골이었는지 60킬로미터 이상 가야 겨우 철도를 볼 수 있었다!"고 핑크는 말했다.[6]

이 시점에서 우리는 다행스럽게 남아 있는 자료인, 핑크가 개요 형태로 설교를 준비하는 데 사용했던 노트들 가운데 가장 두꺼운 노트에서 또 다른 빛을 본다. 핑크는 빈 노트에 번호를 매겼는데, 전부 594페이지에 이르렀고, 손으로 쓴 목차를 두 부분으로 나누었다. 첫 번째 부분은 '성도들에게 전한 설교'라는 제목으로 10페이지에서 269페이지까지 이어진다. 빈 페이지가 290페이지까지 이어졌고, 여기서 제목이 붙지 않은 두 번째 부분이 시작되어 509페이지까지 이른다. 그 뒤의 남은 페이지는 사용하지 않았다. 두 번째 부분에 제목이 붙어 있지는 않았지만, 첫 번째 설교에 '복음을 부끄러워하지 아니하노니(롬 1:16)'라는 제목이 붙어 있는 것을 보면, 복음전도 설교로 구성되어 있는 것이 분명하다.[7]

이 노트에서 보는 증거대로라면, 핑크가 1915년 5월 무렵에 버케스빌과 올버니에서 목회를 시작한 것이 된다. 그에 앞서 영국에서 보낸 18개월을 고려한다면, 핑크가 틀림없이 1913년 가을 무렵에는 캘리포니아를 떠났을 것으로 추정할 수 있다.

그가 켄터키 주에서 목회를 하면서 준비한 첫 설교는 이 두꺼운 설교 노트에 첫 번째로 나온다. 그는 '복음전도를 위한 결심'이라는 세목을 붙이고 고린도전서 2:2의 말씀을 본문으로 삼았다. "내가 너희 중에서 예수 그리스도와 그가 십자가에 못 박히신 것 외에는 아무 것도 알지 아니하기로 작정하였음이라." 그 설교의 메모는 이렇게 시작된다.

오늘 나는 여러분 가운데서 공식적인 목회를 처음 시작합니다. 성경에서 본문만큼 내 목적과 목표를 분명하게 진술하는 구절은 없을 것입니다. 나는 이전의 두 교회에서도 이 구절을 설교함으로써 목회를 시작했고, 여기서도 그렇게 하려고 마음먹었습니다. 나는 정치나 철학, 과학 혹은 사회 개혁을 전하지 않을 것이고 그날의 주요 화제를 다루지도 않을 것이며 오직 그리스도만 전할 것입니다.

그 다음에 핑크는 도입부에서 사도의 그런 결심에 대해 네 가지 이유를 밝힌다. "첫째, 이것은 하나님을 지극히 영화롭게 하는 주제다. 둘째, 이것은 하나님께서 대부분의 사람들을 명예롭게 하시는 주제다. 셋째, 이것은 가장 절실하게 필요한 주제다. 넷째, 이것은 사람들이 가장 사랑하는 주제다." 이 각각에 대해 부연 설명을 하고 나서 설교의 주요 소제목들을 다루었다. 그 소제목들은 다음과 같다.

1. 사도는 자신의 중심적인 사상인 십자가에 못 박히신 그리스도 외에는 아무것도 알지 않기로 결심했다.
2. 사도는 구원의 근거인 십자가에 못 박히신 그리스도 외에는 아무것도 알지 않기로 결심했다.
3. 사도는 자신의 신앙생활의 중심인 십자가에 못 박히신 그리스도 외에는 아무것도 알지 않기로 결심했다.
4. 사도는 기독교 활동의 동기와 목적인 십자가에 못 박히신 그리스도 외에는 아무것도 알지 않기로 결심했다.
5. 사도는 성품의 본보기인 십자가에 못 박히신 그리스도 외에는 아무것도 알지 않기로 결심했다.

이 제목들 각각에는 핑크가 설교하면서 분명히 내용을 채워 넣었을 부제목들이 붙어 있었다. 설교 전체 개요가 두 페이지에 빽빽이 적혀 있었는데, 소제목과 부제목들은 빨간색 잉크로, 다른 메모는 검은색 잉크로 썼다. 때로 설교의 도입부와 종결부의 말을 적은 것은 있지만, 내용 전체를 적어 놓은 설교는 없었다.

이 노트에서 그 뒤에 나오는 설교들을 보면, 핑크는 평소에 성경의 한 구절이나 한 책에 대해 연속적으로 설교하는 방식을 취하지 않았고, 그보다는 다양한 주제를 다루면서 교리적 가르침을 따라 철저히 그리고 경험에 비추어 차근차근 타이르듯이 설교하는 방식을 취했음을 알 수 있다.[8]

핑크가 '성도들'에게 전한 설교들은 이런 제목들이 붙어 있었다. '성경의 신적 영감'(딤후 3:16), '우리에게 있고 우리 안에 있는 죄'(요일 1:7-8), '그리스도의 귀하심'(아 2:16-17), '교회의 소망'(딛 2:13), '기도해야 하는 이유', '사람은 항상 기도해야 한다'(눅 18:1), '기도하는 법'(눅 18:1), '신생, 신생을 일으키시는 분과 신생의 증거'(약 1:18), '생명에 대한 고귀한 견해'(욥 23:10).

이 밖에도 1915년 말 이전에는 교리적 주제와 실천적 주제들을 많이 다루었는데, 성취되지 않은 예언unfulfilled prophecy과, 또 흔히 '칼빈주의적'이라고 하는 진리들을 주로 다루었다. "할렐루야, 주 우리 하나님 곧 전능하신 이가 통치하시도다"(계 19:6)라는 본문에서 '하나님의 통치'라는 진리를 소개한다. 그리고 '구원의 주권'(욘 2:9)을 이야기한 후에 '선택의 교리'를 다룬다. 각기 다른 주제를 가지고 네 번에 걸쳐 설교한 후에, 핑크는 '선택의 증거와 열매'(벧후 1:10)라는 제목으로 동일한 주제를 설교했다.

이 노트를 보면, 핑크가 자신의 역할을 주로 교사로 보았다는 생각은 아주 틀린 것임을 알 수 있다. 이 노트에서 259페이지에 달하는 '성도들에게 전한 설교들'을 보면 회심하지 않은 사람들에게 도전하고 적용되는 내용이 적지 않다. 또한 (잉크와 필적이 보여주듯이) 그는 이 노트의 두 번째 부분에서는 복음전도 설교를 준비하고 있었다. 불신자를 일깨우고 회심시키기 위한 설교들만을 적은 페이지가 219페이지에 달했다. 어떤 기준으로 보더라도, 여기에는 특정한 본문을 근거로 힘 있게 복음을 전하는 설교들로 채워져 있다. 그런 설교를 열한 편 전한 다음에, 핑크는 그리스도의 가상칠언架上七言에 대한 일련의 설교들을 소개했다.

이렇게 세 번째 목회지에서 쓰기 시작한 핑크의 노트는 그의 개인적인 일에 관해서는 거의 아무것도 말해 주지 않는다. 그래서 그가 어떻게 켄터키로 오게 되었는지 전혀 알 수 없다. 그러나 이렇게 손으로 깔끔하게 쓴 기록들을 보면, 그에 대해 알 수 있는 몇 가지 중요한 사실들이 있다. 30세가 되었을 무렵, 핑크는 이미 유능한 연사가 되었음을 알 수 있다. 그의 설교 개요의 구도를 보면, 그가 정확하게 사고할 줄 알고, 성경을 분명하고 잊을 수 없게 제시하는 법을 배운 사람이라는 것이 나타난다. 설교마다 철저하게 준비된 것임을 보여준다. 열심히 공부한 덕에 그는 설교 구도를 짜는 데 능숙하게 되어 설교 문안에 의존하지 않고 자유롭게 말할 수 있었다. 왜냐하면 설교 개요에 달아 놓은 제목들은 쉽게 기억할 수 있거나 한눈에 다 볼 수 있었기 때문이다. 훗날 핑크는 어떻게 해서 이 설교의 구도에 관해 확신을 갖게 되었는지를 한 친구에게 말했다.

나는 젊은 시절에 비판적인 생각을 가졌던 까닭에 내가 들은 대부분의 설교에 매우 실망했었습니다. 그것은 주로 설교자들이 본문에서 아주 벗어나고, 심지어는 전체 주제에서도 벗어난 이야기를 하며, 전혀 상관이 없는 사실을 많이 끌어들이고, (시간을 채우기 위해서) 사방을 헤매고 다녔기 때문입니다. 어떤 설교자들은 설교 한 편에서 거의 신학 전반을 개괄적으로 다루는 것을 본무로 생각하고 있는 것처럼 보였습니다. 그 결과 나는 설교에 빠져들지 못했고, 그래서 하루만 지나면 설교에 대해서 희미한 기억밖에 남지 않았어요. 그런 설교를 들은 다른 사람들에게 물어보았을 때, 그들도 나와 같은 생각을 하고 있다는 것을 발견했습니다. (이는 스펄전이 설교학 강의에서 학생들에게 말한 것과 같다. "너무나 많은 설교자들이 설교할 때 아무 목표가 없고, 그래서 아무것도 이루지 못한다.") 그래서 나는 이 함정을 피하기로 결심했고, 모든 설교에서 통일성을 추구하며, 각 설교에서 한 가지 목적 혹은 목표를 두려고 애썼지요. 이렇게 설교에서 습득한 방식은 글쓰기에도 영향을 미쳤습니다. 어쩌면 이것은 견해의 문제일 수 있어요. 그러나 나는 생을 다시 산다고 할지라도, 주저 없이 이 방법을 택할 겁니다. 못을 깊이 박으려면 못대가리를 망치로 여러 번 치는 것이 필요합니다. 아주 단단하게 박힌 못 하나가 허술하게 박힌 못 서너 개보다 낫거든요. 나는 내 설교를 들은 사람들이 "그의 말에 동의하든지 않든지 간에 그의 말뜻을 오해하는 일은 없을 것이다"라고 하는 소리를 많이 들었습니다.[9]

핑크가 1916년 새해를 위한 첫 번째 설교이자 그 노트에 마흔 번째로 기록된 설교는 빌립보서 3:13-14의 "뒤에 있는 것은 잊어버리고……"라는 말씀을 본문으로 전한 '잊어버리라 하심'이라는 설교였다. 핑크는 교인들에게 이같이 말했다. "1915년이 끝났고, 1916년이 이제 막 밝았습니다. 우리는 알 수 없는 미래, 곧 최종적으로 도달해야 할 목표를 바라보고 있습니다. 우리는 달리고 있는데, 달리면서 잊어버려야 할 것이 있습니다. 무엇을 잊어버려야 할까요? 네 가지가 있는데, 우리가 받은 복, 슬픔, 불화, 과거의 죄들을 잊어야 합니다." 이 요점들을 잘 정리한 것이 그의 설교의 첫 번째 '소제목'이었다. 두 번째 소제목은 '우리가 잊어버려야 하는 이유'였다. "첫째, 과거는 하나님 손에 있고, 여러분은 과거를 되돌릴 수 없기 때문이다. 둘째, 최상의 것이 아직 남아 있기 때문이다. 하나님은 우리가 지금까지 보았던 것보다 더 좋은 것들을 우리를 위해 쌓아 두고 계시기 때문이다. 셋째, 과거에 가치 있던 것이 모두 현재에 포함되어 있기 때문에 과거를 잊어버려야 한다. 넷째, 잊지 않으면 걷는 속도가 느려지기 때문이다." 이어서 요점들을 좀더 설명한 후에, 핑크는 '잊어버리는 방법'에 대해서 이야기했다. 첫째, 목표를 계속 바라봄으로써 잊어야 한다. 둘째, 현재 힘 있게 활동함으로써 잊어야 한다.

이 설교의 적용에 대해서 핑크는 이렇게 적었다. "자, 신년을 맞이하는 여러분에게 전하는 나의(하나님의) 메시지는 이것입니다. 어쩌면 작년에 여러분이 달리는 속도가 느려졌을지 모릅니다. 무엇 때문에 그렇게 되었습니까? 받은 복 때문입니까? 아니면 슬픔, 불화, 죄 때문입니까? 그렇다면 그런 것을 잊어버리고, 하나님을 바라보며, 헌신과 노력과 성장의 새해를 시작하도록 하십시오."

1916년의 신년 설교를 전한 후에, 여섯 편의 설교가 더 나오고, 놀랍게도 그 뒤에 우리는 노트에서 그의 세 번째 목회를 마무리 짓는 것으로 보이는 설교 한 편을 발견하게 된다. 사도행전 20:32의 말씀을 본문으로 전한 그 설교의 제목은 '풍성한 기업에 맡김'이었다. 이 마지막 설교의 서두를 그는 이렇게 시작했다. "아홉 달 전에 나는 고린도전서 2:2의 말씀을 가지고 설교하면서 목회를 시작했습니다. 주마다 설교를 준비했기 때문에, 나는 끊임없이 이 점을 염두에 두려고 노력했습니다.……내가 여러분으로 하여금 하나님의 말씀을 더 사랑하고 존중하게 만들었다면, 여러분이 이 고별 메시지를 마음에 담아 둔다면, 여러분 가운데서 행한 나의 사역이 헛되지 않은 것이 될 것입니다."

이 설교는 1916년 2월경에 전한 것이었다. 이 시점으로부터 9개월을 뒤로 거슬러 가면 1915년 5월경이 세 번째 목회를 시작한 때임을 알 수 있다.[10]

핑크가 이 설교와 함께 세 번째 목회를 끝낸 이유를 조금이라도 암시하는 것이 그 노트에는 일절 없다. 그의 설교 노트를 보면, 자신의 어떤 불행이나 교인들에 대한 불평을 암시하는 흔적이 전혀 없다. 어쩌면 그 이유를 로맨스와 관련지어 설명할 수 있을지도 모르겠다. 이 세 번째 목회지에서는 사택이 제공되지 않았다. 독신인 핑크는 버케스빌에 있는 한 가정에서 하숙을 했다. 핑크가 한 차례 개인적인 내용을 언급하는 글을 짧게 쓴 적이 있다. "1916년에 나는 하나님께 영적이고 경건한 아내를 주시기를 많이 기도했다." 핑크에게 시골 켄터키는 그 기도에 대한 응답을 얻기에 적합하지 않은 곳으로 보였을지 모른다. 그런데 답은 같은 집에 역시 하숙하러 온 또 다른 손님의 손에 있었다. 그 손님은 베라 러셀Vera E. Russell이라는 여자였다. 호리호리하고 쾌활한 그리스도인인 그녀는 켄터키 특유의 느린 말투를 썼는데, 평생 이 말투를 버리려고 하지 않았다. 베라는 양친이 일찍 죽은 뒤에 조부모 손에서 자란 보울링 그린Bowling Green을 떠나 버케스빌로 왔는데, 보울링 그린은 버케스빌에서 약 100킬로미터 정도 떨어진 곳에 있었다. 그녀의 아버지는 외과 의사였다고 하는데, 그녀가 태어났을 때(1893년 1월 8일) 다소 특이한 행동을 한 것으로 알려져 있다. 그녀가 태어났을 때, 죽을까봐 두려워서 그는 "아이를 집 밖에 있는 차디찬 물통에 집어넣어 충격을 주어 깨어나게" 했던 것 같다. 훗날 그녀는 "이 때문에 내가 항상 끔찍이도 추위를 탄다"고 웃으며 말했다.

핑크는 둘이 어떻게 사랑에 빠지게 되었는지에 대해서는 아무 얘기도 하지 않는다. 그러나 한집에 같이 지내는 것이 최상의 상황이었을 리는 없다. 아마도 베라가 이 미래의 남편을 켄터키의 고향 지역에 있는 교회들에 소개했던 것 같다. 왜냐하면 핑크의 이동에 관해 우리가 확실히 아는 다음 사실이, 그가 보울링 그린에서 약 30여 킬로미터 떨어진 스코츠빌Scottsville에 있었다는 것이기 때문이다. 우리는 이 사실을 스파턴버그 신문인 1917년 7월 1일자 「헤럴드 저널

Herald Journal」에서 본다. 이 일자 신문을 보면 그곳 교회의 고지 사항에 다음과 같은 기사가 있다.

> 노스사이드 침례교회는 주일 아침예배와 저녁예배를 모두 드릴 것이다. 최근에 켄터키 주 스코츠빌에서 온 아더 핑크 목사가 노스사이드 교회의 목회자로 청빙받았다. 헨더슨빌의 밀러 목사와 그 밖의 사람들이 예배에 참석할 것으로 보인다. 일반 대중도 이 예배에 참석하도록 특별히 초청했다. 오전예배는 11시 15분에, 저녁예배는 8시 30분에 시작되고, 주일학교는 오전 10시에 시작된다.

물론 이 인용 기사를 보고서, 핑크가 버케스빌을 떠나 다음 해 여름 스파던비그에 가기까지 내내 스코츠빌에 있었다고 단언할 수는 없다. 우리는 1929년에 쓴 기록을 통해서 핑크가 베라의 고향 동네인 보울링 그린에서 서쪽으로 100킬로미터 정도 떨어져 있고, 스코츠빌과 반대 방향에 있는 모턴스 갭Morton's Gap의 그리스도인들과 매우 친해졌다는 것을 알게 된다. 그러나 핑크가 스코츠빌에 있었든지 다른 지역에 있었든지 간에, 이 기간에 목회를 하고 있었다고 생각할 만한 충분한 이유들이 있다. 우리는 핑크가 전부 12년 동안 목회했다는 것을 알고 있다. 이 연수는 1912년부터 1917년까지 기간의 대부분을 핑크가 목회직에 있었을 경우에만 나올 수 있다. 이 확신은 다른 세 가지 사실로부터 입증된다.

첫째로, 베라의 말을 들어 보면, 두 사람은 1916년 11월 16일에 혼인하자마자 목회에 발을 들여놓았던 것을 알 수 있다. 그녀는 이같이 회상했다. "나는 스물세 살이었으니까 젊었고, 그리고 세상 물정 모른 채로 결혼했다. 나는 사모 노릇을 해야 하는 책임을 느꼈다. 그러나 남편이 목회하는 교회의 집사 부인들 가운데 아주 가벼운 도움이나 격려의 말을 한마디라도 해준 사람이 없었다. 도움이 필요한 일들에 조언과 충고를 해줄 수 있었던 부인들 가운데 처음으로 도움을 준 사람은 72세 된 할머니였다. 그 할머니의 신앙적인 말에 하나님께 감사드린다."

둘째로, 핑크의 「요한복음 강해*Exposition of the Gospel of John*」 1권(1923년) 서문에서 그는 자신이 "여러 곳에서 목회하는 동안 각기 다른 다섯 개 반에서 이 책의 내용을 가르쳤다"고 했다. 1916년 이전에 세 곳에서 목회를 했고, 1923년 전에는 한 군데에서만 더 목회를 했으므로, 다섯 번째 목회는 이 시기로 보아야 한다.

셋째로, 세 번째 목회부터 쓰기 시작한 핑크의 설교 노트를 보면, 1916년 늦게 다시 한번 목회를 시작한 것을 알 수 있다. 그해 마지막 설교로 핑크는 "네 하나님 여호와께서 이 사십 년 동안에 네게 광야 길을 걷게 하신 것을 기억하라"(신 8:2)는 말씀을 가지고 '기억하라는 부르심'에 대하여 설교했다. 이 설교의 마지막 '소제목'은 '기억의 결과들에 대하여'였고, 그 제목 밑에는 이런 요점들이 적혀 있었다.

1. 수치를 당함. 과거의 실패와 죄를 생각할 때, 우리는 겸손해지고 마

음이 차분해진다.
2. 우리의 약점과 약함을 드러냄. 즉 하나님의 은혜가 필요한 존재임을 나타냄. 사람은 약하고 하나님을 필요로 한다는 이것이 역사의 중요한 교훈이다.
3. 감사(시 63:5-6). 자비를 받지 않은 생명은 없다.
4. 찬송. "그의 모든 은택을 잊지 말지어다" 그래서 찬송을 드린다. "내 영혼아, 여호와를 송축하라"(시 103:1-3).

적용. 예수 그리스도를 기억하라. 모든 기억은 결국 그리스도에게로 이른다. 인생을 돌아보면 언제든지 두 가지 사실이 나타난다. 우리의 결핍과 그리스도의 충족성이 그것이다. 죄를 기억할 때마다 우리는 다시 십자가로 돌아가게 된다.

1917년 새해를 위한 핑크의 신년 설교는 과거에 전했던 '잊어버리라 하심'이었는데, 분명히 다른 회중에게 사소한 몇 군데만 고쳐서 다시 전한 것이었다. 1917년에 준비한 두 번째 설교는 확실히 핑크가 그 속에서 안정되게 지내게 된 교인들을 위해 전하는 설교답게 들린다. 그는 '경건한 생활로 부르시는 초청'이라는 설교를 다음과 같은 말로 시작했다. "사람을 천국에 들어갈 수 있게 하는 공로는 사람 자신의 공로가 아니라 그리스도의 공로입니다. 여러분 모두 내가 지금까지 이 중대한 교리를 아주 분명하게 말해 왔다는 점에 대해서는 아무도 나를 책잡지 못할 것이라고 확신합니다. 그동안 내가 잘못한 것이 있을지라도, 이 점에서만큼은 잘못하지 않았다고 생각합니다. 또한 교리를 내세우며 교훈을 배척한다든지, 믿음을 강조하느라 경건한 생활이 꼭 필요한 것은 아니라고 말한다면, 이것 역시 위험한 일입니다."

베라는 핑크에게 그의 생애에서 회심 다음으로 가장 큰 축복이었다. 훗날 다른 사람들에게 조언하면서 핑크는 이렇게 썼다. "아내를 선택하는 문제는 쉽게 답을 얻을 수 있는 일이 아닙니다.……개인적으로 나는 매우 천천히 행동했습니다. 30세가 되어서야 비로소 그 문제를 진지하게 생각하기 시작한 것입니다. 그러나 하나님은 모든 사람을 똑같은 방식으로 대하시지 않습니다. 내 마음을 사로잡은 것은 '슬기로운 아내는 여호와께로서 말미암느니라'(잠 19:14)는 말씀이었습니다. 나는 하나님께 그런 사람을 만나도록 인도해 달라고 기도했고, 하나님께서 응답해 주셨습니다."

모든 결혼생활이 그렇듯, 핑크의 경우에도 처음에 실생활의 문제들이 없었던 것은 아니다. 두 사람이 함께 가정을 세우기 시작했을 때의 일을 회상하면서 베라 핑크는 친구에게 이같이 말했다. "나는 요리를 할 줄 알았어. 온갖 음식을 다 만들 수 있었는데, 보니까 남편은 그런 음식들을 먹을 수 없는 거야." 그녀는 보통 전형적인 미국 남부 가정에서 하듯이 음식을 풍성히 차리도록 배웠는데, 그런 음식이 오랜 시간 밖에서 일을 한 사람들에게는 감탄할 만한 것이지만 하루 대부분을 서재에서 지낸 사람들에게는 맞지 않는 것이었다. 베라는 "그래서 모든 것을 다시 배워야 했어" 하고 전한다. 그 결과 이후로 그들 부부는 '아주 간단하고 소박한 음식'으로 생활

했다.[11]

결혼한 지 이십 년이 지나서 베라 핑크는 한 친구에게 이렇게 썼다.

주님께서 주의 백성인 두 사람을 불러 연합시켜 결혼 생활을 하도록 하시는 것은 복된 일이야. 그런 사람들 사이에는 둘이 하나 됨이 있고, 그래서 두 사람의 태도, 생각, 어쩌면 얼굴 생김새까지도 비슷해지는 것은 조금도 이상한 일이 아니야. 그래, 확실히 하나님께서는 우리 두 사람을 서로에게 맞도록 준비해 주신 것 같아. 우리는 처음부터 그 사실을 알았어. 하나님께서 우리에게 그런 선하심을 베풀어 주신 것에 감사드려. 내가 가장 간절히 바라는 바는, 남편이 나를 어떤 영역이나 장소로 데리고 가든지 그에게 도움이 되고 유익한 사람이 되는 것이야.

3. 스파턴버그

1917-1920

핑크가 노스사이드 침례교회에 도착하면서부터는 그의 삶을 훨씬 더 분명히 알 수 있게 된다. 이것은 그가 스파턴버그 시절부터 쓴, 남아 있는 많은 편지들 덕분이다. 1917년 9월 12일자가 적힌 것으로부터 시작해서 이 편지들은 모두 헤렌딘에게 보낸 것이다. 헤렌딘은 펜실베이니아 주 스웬젤Swengel에 있는 성경 진리 보관소The Bible Truth Depot라는 작은 출판사를 경영하는 사람이었다. 헤렌딘은 핑크가 켄터키에서 지내던 때 후반기에 그를 방문했던 것으로 보인다. 그가 핑크의 첫 번째 책 「성경의 신적 영감」을 출판했다.

스파턴버그 교회에는 사택이 없었기 때문에, 핑크는 임대 주택에서 살았다. 집은 겨우 몸 붙이고 살 만했고, 첫 번째 겨울을 맞고 보니 사우스캐롤라이나치곤 날씨가 아주 추웠다. "우리는 (건물의 기초가 없이) 땅에서 조금 띄워 말뚝 위에 나무로 지은 작은 집에 살았습니다. 방마다 작은 벽난로가 하나 있을 뿐이었습니다. 몇 주간 동안 우리는 집안의 온도가 영도를 오르락내리락하는 가운데 지냈습니다. 수도관이 모두 얼어붙어서 마실 물을 길어다 먹어야 했습니다."[1]

제1차 세계대전 때문에 일어난 인플레이션이 이들에게도 타격을 주었다. 이들의 사례금은 2년 동안 꼼짝하지 않았지만, 임대료는 네 배나 올랐고, 물건 값은 천정부지로 치솟아 계란이 한 꾸러미에 1달러, 우유는 4리터에 1달러, 설탕은 500그램에 30센트나 나갔다!

후에 핑크는 이렇게 회상했다. 교회는 "기차역에서 800미터 정도 떨어진 곳에 울타리 없이 세운 작은 목조 건물이었고, 우리는 거기에서 모였다. 나는 그때 막 서른이 넘었는데, 피부가 가무잡잡하고 키는 170센티미터 정도였다."[2]

핑크와 헤렌딘 사이에 주고받은 편지를 읽어 보면, 핑크가 이제는 미국에서 처음 몇 해 동안 알았던 것보다 더 많은 사람들과 접촉하며 지낸 것을 알 수 있다. 핑크는 첫 책을 냈을 뿐만 아니라 소책자들을 쓰기 시작했고, 근본주의 교회 계통에서 활동적인 인물로 받아들여지고 있었다.

근본주의 운동은 주류 교단들에서 나타나고 있는 신앙의 쇠퇴에 대한 반작용으로 일어났다. 근본주의 운동의 많은 지도자들이 교단 활동에서 물러나고, 사경회Bible Conference와 저술 활동을 통해서 나라 전역에 영향력을 넓혀 갔다. 「근본적인 진리들The Fundamentals」(1910-1915년)이라는 제목을 붙인, 열두 권의 보급판

책자에서 이 운동의 지도자들은 자신들이 성경의 권위와 그 밖의 중요 교리들에 대해서 역사적인 기독교의 입장을 취하고 있다고 주장했다. 이 책자들에 글을 기고한 주요 인물들 가운데 한 사람이 뉴욕의 변호사이자 다작을 하는 필립 마우로Philip Mauro였다. '개인적인 증언'이라는 제목을 붙인 장에서, 마우로는 이렇게 글을 시작했다. "나는 마흔이 되던 해인 1903년 5월 24일에 주 예수 그리스도의 구원의 지식을 접하게 되었다."³

「근본적인 진리들」에 글을 기고한 또 한 사람은 아르노 게블린 Arno C. Gaebelein이었는데, 그는 「우리의 소망Our Hope」이라는 유명 잡지의 편집을 맡기도 했다.⁴ 사람들이 「근본적인 진리들」에서 그 차이점을 눈치채지 못했지만, 근본주의 운동은 모든 면에서 역사적이고 복음적인 기독교 신앙의 연장선상에 있지 않았다. 아이언사이드 H. A. Ironside 같은 많은 지도자들이 교단을 떠날 뿐 아니라 자기들 생각과 비슷한 신앙들을 수용했는데, 그들이 포용한 신앙 가운데 가장 두드러진 것은 「스코필드 관주성경」의 주해를 통해 널리 퍼지고 있는 생각이었다. 이 가르침에 따르면, 교회에서 오랫동안 보편적으로 믿어 온 것과 다르게 그리스도께서 다음에 오시는 때가 심판 날이 되지 않고, 역사의 마지막 정점에 앞서 또 다른 '세대'가 오게 되어 있다는 것이다. 대환난에 앞서 그리스도께서 오셔서 교회를 "휴거시킴"으로써 이 세대가 시작될 것이고, 이어서 이스라엘이 회심하고 천년왕국이 올 것이라고 했다. 소위 세대주의 전천년설은 복음주의권 교회에서 아주 널리 보급되어서 신앙의 근본 조항처럼 여겨졌고, 이 주제에 관한 책들이 거의 무한정 쏟아져 나왔다. 그래서 사람들은 야망이 있고 성실한 게블린이 "20세기 처음 이십 년 동안에 천년왕국 운동에 불을 지폈다"고 말한다.[5]

아마도 핑크는 1912-1913년에 캘리포니아에서 지내던 시기에 처음으로 이 집단에 들어갔던 것 같다. 1918년에 그는 이렇게 썼다. "하나님께서는 육칠 년 전에 게블린의 마음이 내게 향하도록 은혜를 베풀어 주셨고, 게블린은 지금까지 나를 항상 친절하게 대해 주었다."[6] 이때는 사경회의 시대였다. 그래서 게블린과 아이언사이드는 1911-1912년 무렵 태평양 연안에서 열린 한 사경회에서 만났다. 두 사람 모두 순회 설교자로서 '성경 사역Bible Ministry'을 했고, 아이언사이드의 전기 작가는 "이 세대에서 그리스도의 대사로서 그만큼 넓은 지역을 여행하거나 수년간에 걸쳐 그만큼 많은 자료를 써 낸 사람은 없다"고 했다.[7] 아이언사이드는 캘리포니아 북부에 있는 오클랜드에 근거지를 두고 있었다. 그곳에서 1914년에 서부 서적회사Western Book and Tract Company를 설립했다. 1930년에 그는 무디 성경학교의 교장이 되었다.

핑크가 헤렌딘에게 보낸 편지 가운데 남아 있는 1917년 9월 12일 자 편지는 자신이 근래에 마우로를 만난 것에 대해 이야기하고, 자신이 노스캐롤라이나 애쉬빌Asheville에서 열린 사경회에 참석했다가 얼마 전에 돌아왔다고 알린다. 애쉬빌에 있는 동안에 핑크는 「성도들의 죄 Sin of the Saints」라는 소책자를 더 이상 나누어 주지 말라는 요구를 받았다. 이것은 앞으로 일어날 일들의 전조가 되는 사건이었다. 그러나 아직까지 그는 게블린이 발행하는 잡지 「우리의 소망」의 환영받는 기고자였다. 1918년에 헤렌딘이 출판한 핑크의 두 번째 책, 「구속주의 귀환 *The Redeemer's Return*」은 그 잡지가 장려하는 가르침과 전적으로 일치했다. 그러는 동안 헤렌딘은 갈수록 핑크의 판단을 더 존중했고, 심지어 출판을 검토해 달라며 보내온 마우로의 글을 비평해 달라고 부탁하기까지 했다.

헤렌딘에게 보낸 핑크의 편지들에서 성취되지 않은 예언에 대한 언급이 이따금씩 나오지만, 1918년 한 해 동안 두 사람 사이에 왕래한 편지들을 보면, 핑크가 주로 생각하고 있었던 것은 다른 주제였다. 핑크는 그동안 언제나 칼빈주의 신앙에 호감을 갖고 마음이 그리로 기울어져 왔던 것으로 보인다. 신앙생활 초기에 그는 로버트 할데인Robert Haldane의 「로마서 주석*Commentary on Romans*」을 알았고, 미국에 온 직후에는 조나단 에드워즈Jonathan Edwards의 저작들을 접하게 되었다.[8] 복음을 전할 때, 핑크는 즉각적인 회개와 믿음을 촉구했지만 당시 근본주의 계통에 널리 퍼진 관행인, 죄인들을 회중 앞으로 불러내어 "그리스도께 헌신하도록 결심하게 하는" 방법을 전혀 사용하지 않았다. 그러면서도 그는 그것을 단순히 방법상의 차이로 간주했을지 모른다. 처음에는 칼빈주의 신앙을 중요한 문제로 생각하지 않았다가 점차 그 중요성을 인식하게 되었던 것으로 보인다. 핑크의 첫 번째 책에는 칼빈주의 신앙에 대한 언급이 전혀 없었다. 그 책에서 인용한 저자들은 칼빈주의 전통에 속하지 않은 사람들이었다.

그러나 버케스빌과 올버니에서 목회하는 동안 전한 설교 제목들에서 보았듯이, 1915년이 되기까지 핑크의 신념은 발전하고 있었다. 복음주의의 관행이 지나치게 사람 중심적인 것이 신학적 결핍 때문이라는 것을 알게 되었다. 그것은 하나님의 위엄과 주권을 낮게 본 결과였다. 신약성경이 은혜를 강조하고, 사람들을 선택하고 구원으로 부르는 일에 있어서 하나님의 주권적인 능력을 강조한다는 사실을 인정하기보다는, 당시 추세는 '자유 의지'를 강조하는 것이었다. 마치 하나님께서 사람을 구원하는 일을 '허락받기' 전에는 아무도 구원하실 수 없는 것처럼 하나님을 소개하는 경우가 종종 있었다. 복음주의는 이와 같이 사람을 겸손하게 낮추기보다는 모든 것이 사람에게 달려 있다는 인상을 주었다. 현대 복음주의자들의 약점은 그들이 전혀 생각하지 않았던 점에서, 곧 하나님에 대한 교리에서 약하다는 것을 핑크는 확신하게 되었다.

"글쓰기란 몸에서 살을 떼어 내는 것만큼 힘든 일이다. 그러나 사람이 시간을 내어 말할 만한 것을 이야기하려고 할 때는 몸이 달아오를 것이다"는 말이 있다. 그렇듯이 1918년에 핑크는 하나님의 주권에 대해 글을 쓰면서 몸이 달아올랐던 것이 확실하다. 핑크는 집필 원고가 헤렌딘에게 보낼 만하게 다듬어지기도 전에 한 장 한 장 쓰는 대로 초고 상태로 헤렌딘에게 보내며 평을 해서 돌려주기를 바랐다. 성경 진리 보관소 출판사의 사장으로서 헤렌딘에게는 부족함 없이 평을 들었다. 그러나 핑크는 미심쩍어 하는 헤렌딘의 마음을 친구로서 안심시키지 않으면 안 되겠다는 것을 발견했다.

그는 1918년 4월 23일에 헤렌딘에게 다음과 같이 편지를 썼다.

> 형제가 '하나님의 주권'을 다루는 5장의 내용을 읽고 복을 받은 것을 알고 대단히 기뻤습니다. 원고를 안전하게 돌려받게 되어 감사합니다. 형제가 여기를 다녀간 후로 나는 하나님께서 형제의 마음눈을 밝혀 주시고 형제의 마음을 넓혀 주셔서 절대적으로 필요하고 중요하며 귀중한 이 진리를 받아들일 수 있게 해주시기를 여러 번 기도했습니다. 나는 이 주제를 지금까지 9년 동안 부지런히 연구했고, 이 교리는 내 영혼의 '큰 닻'이 되었습니다. 하나님께서 이 책의 집필을 마치고 출판할 수 있게 허락하신다면, 이 책에 신랄한 비판이 따를 것은 분명합니다.……하지만 나는 이 책이 주님께서 사랑하시는 사람들이 당면한 실제적인 필요를 충족시켜 줄 것이라고 전적으로 확신합니다. 나는 이제 6장의 집필을 마쳤고 원고를 동봉합니다(할 수 있으면 한 주 안에 보고 돌려주시기 바랍니다).[9]

1918년 5월 5일에 핑크는 한 친구에게 "주님께서 내게 하나님의 주권과 사람의 책임 사이를 이어 주는 접점을 이해할 수 있는 새로운 빛을 주고 계시네"라고 말했다. 그러나 헤렌딘은 '유기遺棄'에 대한 장의 원고를 받았을 때, 핑크가 충분한 빛을 받았다고 도무지 확신할 수 없었다. 7월 18일에 헤렌딘에게 보낸 편지를 보면, 헤렌딘이 핑크에게서 받은 마지막 장은 책에서 빼는 게 좋겠다고 충고했었을 것으로 보인다. 이 편지에서 핑크는 이렇게 썼다.

15일자로 보낸, 고대하던 형제의 편지를 어제 오후에 받았습니다. 9장에 대한 형제의 간단한 평에 실망했다는 말을 하지 않을 수 없습니다.……이 부분의 원고를 넣어야 할지 아니면 빼야 할지에 대해 빛을 주시고 인도해 주시기를 오랫동안 주님께 간절히 기도했고, 주님께서 내가 이 부분을 넣기를 바라신다고 느끼기 때문에, 개인적으로 나는 넣을 수밖에 없습니다. 그러나 이 부분을 거리낌 없이 출판할 것인지 안할 것인지는 형제의 책임이고, 형제가 하나님 앞에서 결정해야 할 일입니다.……유기에 대해 가르치는 페이지는 얼마 되지 않지만 그 가르침은 분명하고 단순합니다. 다른 누구에게나 마찬가지로 형제에게도 그것은 형제가 하나님의 말씀이 말하는 바를 믿으려고 하는지를 묻는 것일 뿐입니다. 형제에게 우선 첫째로 이해하라고 요구하는 것이 아닙니다.……확실히 하나님은 누가 그리스도를 영접하고 안 할지를 미리 알고 내다보셨습니다(창세전에 미리 아셨습니다). 그러므로 하나님께서 그리스도를 영접하지 않을 것으로 아는 자들을 지으실 때, 필연적인 결과로 그들을 멸망에 이르도록 창조하신 것입니다.[10]

헤렌딘은 여전히 이것이 성경을 믿는 '단순한' 문제라고 확신할 수 없었고, 성경적인 증거를 더 요구했던 것이 분명하다. 핑크는 1918년 7월 21일에 로마서 9:13-23에 대해 자세한 설명을 써서 답장을 했다. 이 편지는 다음 날 스웬젤에 도착했고, 헤렌딘은 '흡족하게' 설명되었다고 밝혔다. 7월 24일이 되었을 때, 핑크는 헤렌딘에게 책의 결론 부분을 보낼 수 있었고, 초판으로 5백 부를 인쇄할 것을 권하면서 이렇게 주의를 주었다. "내 생각에는 하나님께서 모든 사람을 사랑하신다는 것을 부인하는 내 주장은 이 책의 모든 내용에 대해서 격렬한 비판을 불러일으킬 것입니다. 그러나 이 책에서 말했듯이, 하나님께서 모든 사람을 사랑하신다는 이 주장이 이 시대의 모든 거짓된 이단과 주의들이 좋아하는 주장이라는 사실을 알 때, 참된 신자들은 그 주장이 거짓임을 충분히 알 수 있을 것입니다." 핑크는 이전 편지에서 "하나님은 죄인들을 사랑하시지 않는다"고 썼다. 핑크의 주장은 하나님께서 그리스도 안에 있는 자들만, 곧 택하신 자들만 사랑하신다는 것이었다. 왜냐하면 성경이 "내가 야곱은 사랑하고 에서는 미워했다"(롬 9:13)고 말하기 때문이다. 출판된 책에 진술되었듯이, 복음은 모든 사람에게 구원을 '제공하는 것'이 아니라, '사람들이 구원 얻을 수 있는 조건들'(곧 회개와 믿음)을 알리는 것이며, "차별 없이 모든 사람에게 그 조건을 이행하라고 요구하는 것"이라는 그의 신념은 이 사상과 일치하는 것이었다.[11]

1918년 11월 말 전에 인쇄된 「하나님의 주권 *The Sovereignty of God*」은 복음주의 교회 계통에서 너무 오랫동안 거의 주목을 받지 못했던 많은 성경 구절을 설득력 있게 다룬 책이었다. 이 책은 뒤에 가서 살펴보겠지만, 그때까지 통상적으로 생각했던 것보다 훨씬 더 진지하게 죄와 사람의 타락한 본성을 설명했다. 하지만 그것은 젊은 사람의 저작이었고, 따라서 그의 결론 가운데 몇 가지는 개정할 필요가 있었다. 책은 시장에 나왔을 때 폭발적인 반향을 일으키지 못했고, 오히려 거의 아무런 주목을 받지 못했다. 몇 달이 지나도 핑크는 아무런 평을 듣지 못했다. 최초의 논평은 근본주의 계통의 잡지인 「섬김과 기다림」의 편집장인 윌리엄 페팅길이라는 사람에게서 왔다. 그 논평을 읽고서 핑크는 혜렌딘에게 이같이 말했다. "이 사람이 이 책을 매도하지 않은 것이 감사하지만, 그는 추천하지도 않아요. 나라도 이 책의 우수한 점에 대해 아무것도 알지 못한다면, 그의 서평을 읽고서 책을 구입할 생각이 안 들 겁니다!" 한편 핑크는 게블린을 위해서 그가 편집장으로 있는 잡지 「우리의 소망」에 창세기 강해 시리즈를 정기적으로 기고하고 있었는데, 그는 아무 말도 하지 않았다. 핑크는 그가 책을 그때까지 읽지 않은 것이 아닌가 생각했다.

그의 책 「하나님의 주권」에 대해 이처럼 반응이 잠잠한 것에 저자는 별로 놀라지 않았다. 1918년 6월에 적힌 서문에 핑크는 이렇게 썼다.

필자가 이 저작이 사람들에게 널리 인정받으리라고 기대한다면 어리석은 일일 것입니다. 현대 신학, 그것을 신학이라고 부를 수 있다면, 그 신학의 동향은 창조주를 영화롭게 하기보다는 오히려 피조물을 신격화하는 데로 항상 향하고 있습니다. 다른 진리들에 대해서는 지적으로 영특한 사람들도 교리에 있어서는 좀처럼 건전한 생각을 하지 못합니다. 오늘날 인간의 전적 타락과 완전한 파멸을 믿는 사람은 정말로 거의 없습니다. 사람의 '자유 의지'를 말하고 사람이 본래부터 구주를 영접하거나 거절할 수 있는 능력을 지니고 있다고 주장하는 사람들은 아담의 타락한 자손들의 진정한 상태에 대해 자신들이 무지하다는 것을 말하는 것뿐입니다. 죄인의 상태가 전적으로 가망 없는 것임을 믿는 사람이 얼마 없다면, 하나님의 절대주권을 정말로 믿는 사람은 훨씬 더 적습니다.

처음에 노스사이드 침례교회에서의 전망은 희망적이었다. 그래서 핑크는 열정적으로 일에 몰두했다. 주일에 두 번 설교하는 것 외에도, 화요일 밤 기도회와 금요일 밤 성경공부반을 인도했다.[12] 이 성경공부 모임에 더 많은 사람들이 관심을 보일 것으로 기대하고, 주택지구 내의 YMCA에 있는 안락한 방으로 모임 장소를 바꾸었고, 모이는 날짜도 목요일 밤으로 바꾸었다. 한동안 이 일은 "매우 고무적"이었으나 예기치 않은 문제들이 발생했다. 다른 곳에서 많은 사람의 생명을 앗아 간 유행성 독감이 사우스캐롤라이나에 이른 것이다. 핑크 자신도 독감에 걸려 한 주간 모임을 인도할 수 없었고, 그 다음 7주 혹은 8주 동안 그 동네에 격리 조치가 취해져 대중 집회가 전혀 허용되지 않았다. 격리 조치가 해제되었다가 곧바로 다시 취해져서 14주 동안에 겨우 네 번 모임을 가질 수 있었을 뿐이다. 이러는 바람에 성경공부 모임에 대한 지속적인 관심이 모두 사라지고 말았다. 이 모임이 결국 1919년 1월 2일에 재개되었을 때는, "하루 종일 비가 억수같이 퍼부었고 저녁때까지 계속되었다. 공부 시간에 날씨가 사나워질 것 같았지만, 나는 주택지구로 올라가 다섯 사람을 놓고 가르쳤다." 1919년 2월 말이 되었을 때, 핑크는 이렇게 말하지 않을 수 없었다. "YMCA에서 모인 성경공부반은 완전히 실패했다. 노스사이드에서 모였을 때보다도 참석하는 사람이 적었다. 그래서 지난밤에 다음 주부터는 공부 장소를 다시 예배당으로 옮길 것이라고 알렸다."

노스사이드에서도 소수의 반대자들이 '매트카프 형제'라는 사람을 중심으로 뭉치자 교인들의 지지하는 힘이 약해졌다. 부분적으로 이것은 교리적인 문제 때문이었는데, 핑크의 책에 들어 있는 것으로 이 기간에 설교했던 하나님의 주권에 대한 내용들과 관련이 있었다. 우리가 볼 때 그의 회중들에게서 일어난 반대에 그럴 만한 이유가 없지 않았지만, 공정하게 말하자면 핑크는 결코 한 가지 주제만을 고집하는 사람이 아니었다고 해야 한다. 헤렌딘에게 보낸 편지들을 보면, 물의를 일으키는 이 책의 주제가 틀림없이 핑크의 설교에서 갈수록 두드러지게 나타났을 것으로 오해할 수 있을 것이다. 그러나 그의 설교 노트를 보면, 특별히 칼빈주의 주제들이 그의 설교에서 주류를 이루고 있지 않았다는 것을 알 수 있다. 교리를 가르치는 설교는 다양했고, 실천적인 면에서는 거룩한 생활을 강조했다. 그리고 때때로 이 같은 말을 하는 것을 볼 수 있었다.

> 어떤 설교든지 믿음으로 말미암아 의롭다 함을 얻는다는 교리를 분명하게 가르치지 않는다면, 그것은 아주 큰 잘못입니다. 여러분 모두 내가 지금까지 이 중대한 교리를 아주 분명하게 말해 왔다는 점에 대해서는 아무도 나를 책잡지 못할 것이라고 확신합니다. 그동안 내가 잘못한 것이 있을지라도, 이 점에서만큼은 잘못하지 않았다고 생각합니다. 또

한 교리를 내세우며 교훈을 배척한다든지, 믿음을 강조하느라 경건한 생활이 꼭 필요한 것은 아니라고 말한다면, 이것 역시 위험한 일입니다. 사람이 개인의 거룩함으로 천국에 들어가는 것은 아니지만, 거룩함이 없이는 구원받지 못할 것입니다.[13]

핑크의 아주 유명한 책들 가운데 하나인 「엘리야의 생애The Life of Elijah」시리즈는 이 3년의 기간 중에 쓴 책들이다. 그는 계속해서 구원의 길에 대한 복음전도 설교를 새롭게 많이 준비하고 있었다. 그럴지라도 1918-1919년 겨울 무렵에는 교인들 가운데 몇 사람이 주권적 은혜에 대한 핑크의 가르침을 호의적으로 받아들이지 않은 것이 그에게 걱정거리가 되었다. 그리고 그가 주일에 몇 번 교회를 떠나 있을 때, 그를 대신하여 강단에 선 설교자가, 교인들이 그동안 하나님의 주권에 대해 자기들 목사에게서 들은 내용을 공공연히 반박했다. 핑크는 1919년 2월 28일에 헤렌딘에게 보낸 편지에서 "나는 앞으로 자리를 비울 때 다른 설교자를 절대 세우지 않기로 결심했습니다"라고 썼다. 이런 상황을 겪고서 핑크는 교인들을 진리로 바르게 세우는 것은 시간이 걸리는 일이라는 것을 깨달았다. "나는 그저 이곳에서 대여섯 번 저곳에서 대여섯 번 설교하고, 또 그같이 하기 위해 다른 곳으로 떠나는, 나비처럼 옮겨 다니는 (순회 설교자의) 방식보다, 하나님 백성 가운데 일단의 사람들과 함께 지내며 지속적인 성경공부를 통해 체계적으로 그들에게 교리를 가르치는 것만큼 하나님을 위해 많은 일을 할 수 있는 것은 없다고 느꼈습니다."

그러나 몇몇 교인들의 불만은 단지 그의 설교에 관한 것만이 아니었다. 헤렌딘에게 보낸 장문의 편지 말미에 이런 분위기가 전조처럼 나타났다. "교회의 헌금이 최근에 줄어들었습니다. 그래서 집사들이 교인들 가운데 목회를 지지하기 위한 헌금을 내고 있지 않은 사람들을 방문했습니다. 상당히 부유한 교인들 서너 명이, 자기들은 서재에서만 시간을 보내고 교인들이 병들지 않는 한 심방하지 않는 비사교적인 목사를 지지할 생각이 없다고 말합니다."

이 비판에는 어느 정도 합당한 이유가 있을 수 있다. 핑크에게 호의적으로 말하자면, 핑크는 병든 사람들을 심방하는 데 부지런했다고 말해야 한다. 예를 들면, 그는 교인이 병원에 입원하면 하루에 두 번 심방했다. 한 여자 교우가 예배당에 오는 길에서 사고를 당했을 때, 그는 예배가 끝나는 즉시로 그 교우를 찾아갔다. 그러나 핑크가 '교인들의 친구' 노릇은 거의 하지 못했다. 그는 '잡담'을 거의 하지 않았고, 사우스캐롤라이나의 문화가 그에게는 맞지 않았다. 이 시기에 그는 "잠잠할 때가 있고 말할 때가 있으며"(전 3:7)라는 말씀에 대해 설교하면서, '말이라는 고귀한 은사'를 성경 말씀을 들어 균형 있게 다루었다. 이 주제를 꺼내면서 그는 교인들에게 말했다. "말을 많이 하는 것은 시간을 낭비하는 것이요, 깊은 영성을 아주 크게 해치는 일입니다. 말을 많이 하다 보면 필연적으로 지혜롭지 못하고 불쾌하며 무익한 일들을 이야기하게 됩니다.……내가 성령 안에서 행하려면 순전히 말하기 위해 말하는 일을 그쳐야 합니다. 우리는 눈이 둘이고 귀가 둘인데 혀는 하나뿐인 것은 마치 우리가 보는 것과 듣는 것을 두 배로 하되 말은 한 번 해야 한다고 알려 주는 것과 같습니다!" 그럴지라도 핑크의 성격이 비사교적이었던 것은 사실이다. 1918년 크리스마스 후에 헤렌딘에게 쓴 편지에서 핑크는 이렇게 고백했다.

> 나는 연휴 기간이 끝나 가서 기쁩니다. 언제나 그렇듯이 연휴가 사회의 풍기를 문란하게 만듭니다. 금년에 우리 교인들은 매일같이 절친한 친구들을 불러 대접하거나 친구들 집에 놀러 갔습니다. 주님의 뜻이면 내일도 나가서 저녁 식사를 하고, 그 다음 날도 또 그렇게 할 것입니다. 나는 이 떠들썩한 잔치 분위기가 어서 끝났으면 좋겠습니다. 나는 천성적으로 혼자 조용히 있기를 좋아하고 내성적입니다. 그래서 거듭난 후로는 한가하게 노는 일에 하나님의 시간을 허비하는 일을 피해 왔습니다. 내가 외출함으로써 누군가를 영적으로 돕거나 나 자신이 유익을 받지 않는 한, 나는 서재에 머무는 것이 훨씬 좋습니다.

지나는 말로 하는 이 고백을 너무 무겁게 생각해서는 안 될 것이다. 뒤에 가면 핑크가 자신을 두고 '비사교적이라'고 하는 비판을 거부한 것을 보게 되기 때문이다. 그가 다른 사람들과 교제를 할 줄 알고 즐겼다는 것은 분명하다. 그러나 성격상 아주 소수의 교인들과는 사교적인 면에서 따뜻한 관계를 잘 맺지 못했던 듯하다. 리처드 벨처 박사는 핑크가 목회 사역에 잘 맞지 않았다는 의견을 피력했는데, 이 점은 후에 다시 생각해 볼 것이다.[14] 그러나 어디를 가든지 그에게 고마워하는 사람들이 있었고, 변함없이 그를 지지하는 사람들이 있었다. 스파턴버그에서 그런 사람이 한 명 있었는데, 핑크는 수년 후에 편지를 쓰면서 그 나이 든 여자 교우에 대해 이같이 말했다.

> 지난번에 목회했던 교회에서 가장 적극적으로 일을 한 사람은 내가 그곳에 있을 때 나이가 일흔둘이었던 여자 교우였습니다. 거기에서 3년 반을 지내는 동안, 그분은 교회의 다른 어떤 성도보다 하나님을 위해 많은 일을 했고, 내게 큰 자극을 주었습니다.[15]

핑크가 스파턴버그에서 개인적으로 당한 큰 어려움은 그 자신이 시작한 프로그램과 관련이 있었다. 사실 그는 세 가지 일을 동시에 수행하느라 애쓰고 있었는데, 일반 사람으로서는 그 가운데 하나만 맡아도 감당하기에 벅찼을 것이다. 그는 성실한 목사였고, 끊임없이 연구하고 글을 쓰는 사람이었다. 그가 들이는 시간을 조절하고 목표를 낮추었다면 이 세 가지 일을 병행할 수 있었을지 모른다. 그러나 그것은 그의 성격에 맞지 않았다. 목회 사역을 가장 중요하게 여겼던 것은 분명하다. 그는 매주 교인들을 위해 세 편의 설교를 준비하는 일을 방해하는 것은 어떤 것도 허용하지 않았다. 그 점에 대해 헤렌딘에게 이렇게 썼다. "나는 마치 오천 명의 회중 앞에서 전해야 할 것처럼 부지런히 설교를 준비합니다. 매주 성경의 세 책에 대해 세 편의 설교를 전하는 것은 결코 가벼운 일이 아니라고 확실히 말씀드릴 수 있습니다." 교인들에게 기도하라고 권하기 위해 그 자신이 기도에 전념했다. 노회에서 파송된 목사가 핑크의 교회를 방문했다는 것이 그에게 명예스러운 점은 아니었을지라도, 다른 면에서 그가 목회에 실패했다고 볼 만한 표시는 없다.

그런데 핑크는 이런 일상적인 일을 다 소화해 내면서 엄청난 양의 독서를 했다. 1915년 무렵이 될 때까지 그는 성취되지 않은 예언에 대해 특별한 관심을 갖고 있으면서 당시 복음주의 계통의 문헌을 두루 많이 읽었을 것이다. 성취되지 않은 예언에 대해 여전히 깊은 관심이 있었지만, 이제는 새로운 부류의 저자들이 그의 주의를 끌고 있었는데, 영국의 청교도들이었다. 이들의 책은 오랫동안 절판되어서 당시 기독교 세계에서는 사실상 알려지지 않은 저자들이었다. 핑크에게 청교도들에 대한 관심을 불러일으킨 것은 아마도 조나단 에드워즈였을 것이다. 1918년 여름에 핑크는 에드워즈의 저작 네 권을 다 읽어 볼 생각을 갖고 있었다.[16]

"책을 띄엄띄엄 대충 읽는 것"은 핑크의 독서 방식이 아니었다. 1919년 1월에 그는 지난 석 달 동안 45권의 책을 읽었다고 쓰고 있다. 1919년 5월 15일자에 헤렌딘에게 보낸 편지에 이처럼 놀라운 진술이 들어 있다. "주님의 뜻이면, 다음 주에는, 토머스 맨턴 Thomas Manton(1620-1677년, 영국 청교도 신학자이자 설교가―옮긴이)의 책 스물두 권을 다 읽게 될 것입니다. 그 다음에는 토머스 굿윈 Thomas Goodwin(1600-1679년, 영국 청교도 목사―옮긴이)의 책 열두 권을 자세히 공부할 작정입니다." 그 후로 두 달이 조금 지난 1919년

7월 26일에 그는 헤렌딘에게 "굿윈의 책 열두 권 가운데 여덟 권에 대한 공부를 이제 막 마쳤습니다"고 말했다. 굿윈의 책들은 분량이 권당 600페이지가 되므로 그가 굿윈의 책들을 계속해서 다 읽을 것이라고 거의 생각할 수가 없다. 그런데 8월 23일에 그는 이렇게 이야기했다. "굿윈의 책 마지막 권을 막 다 끝내서, 이제 오웬의 책 열여덟 권을 읽기 시작할 수 있게 되었습니다." 같은 해(1919년) 말이 되기 전에, 핑크는 12월 9일에 친구에게 "오웬의 책은 지루합니다. 나는 아직도 그의 저작들 중 열다섯 번째 책을 절반도 읽지 못했습니다."

어떤 청교도도 그처럼 청교도 책을 몽땅 다 읽도록 권하지는 않았을 것이라는 생각이 핑크에게는 떠오르지 않았던 것 같다. 그렇게 하는 것이 지혜로운 일인가 하는 의문이 들지만, 그의 열정에 대해서는 탄복하지 않을 수 없다. 이런 고통스런 경험을 한 바가 있어서, 그는 훗날에 젊은 사람들에게 좀더 나은 조언을 해주려고 했다.[17] 지금 나는 그가 공부한 범위를 예를 들어 설명하려 하고 있다. 핑크는 이 모든 것도 충분하지 않은 것처럼, 편지 왕래와 특별히 출판을 위한 집필에도 일정한 시간을 할애하고 있었다. 그래서 「구속주의 귀환」, 「하나님의 신성 *The Godhood of God*」, 「가상칠언 *The Seven Sayings of the Saviour on the Cross*」을 이 시기에 집필을 끝냈다. 사정이 이러니, 헤렌딘에게 보낸 한 편지에서 그가 "벌써 자정이 훌쩍 지났다"고 말하는 것을 볼 때 별로 놀랍지 않다.

이때 핑크는 더 이상 버틸 수 없는 짐을 지고 있었던 것이 분명하다. 그가 자신의 건강을 완전히 무시했던 것은 아니다. 예를 들면, 그는 산책의 중요성을 언급한다. 하지만 건강을 잃지 않고서도 아주 많은 일을 할 수 있다고 생각한 점에서는 확실히 자신을 과대평가했다. 1918년 7월 24일에 헤렌딘에게 보낸 편지에서 이렇게 썼다. "그동안 몸이 영 좋지 않은 것을 느꼈습니다. 그것은 틀림없이 「하나님의 주권」을 집필하는 동안 일을 너무 많이 한 결과일 것입니다. 유전적 질병인데, 그동안 뇌충혈의 징후가 이따금씩 나타났습니다.[18] 그리고 심장에도 문제가 있었습니다. 어제는 거의 종일을 침대에 누워 있었습니다." 그리고 한 주일 후에는 이 말을 덧붙였다. "(기억하실지 모르겠지만) 나는 여기 스파턴버그에 왔을 때 거의 지쳐 있었습니다. 그러면서도 지난 열두 달 동안 맹렬히 일했습니다." 그해 11월이 되었을 때, 그는 "최근에 빠졌던 몸무게와 체력을 완전히 회복하지는 못했지만" 건강이 다시 정상으로 돌아왔다고 믿었다. 그러나 계속해서 힘들게 여러 가지 일을 하자, 1919년 2월이 되기 전에 심한 두통이 그를 덮쳤다. 그래서 3월 말에는 그 자신의 말대로 하자면 그는 "몸 상태가 아주 좋지 못한 가운데 겨우 한 나절" 정도 일할 수 있을 뿐이었다. 6월 말에는 한 주간의 절반을 침대에서 지내고 목요일 성경공부반을 인도하려고 일어나 옷을 입고서 "나가려고 일 분 동안 씨름하다가 포기를 하고 옷 입은 채로 침대에 엎드러져 아내를 보내 사람들에게 자신이 도저히 모임을 인도할 수 없다고 말하지 않을 수 없었다." 이틀 뒤에는 사람을 보내어 의사를 불러와야 했다. "의사가 보니 내 심장과 폐는 아주 건강한데, 신경이 몹시 쇠약해져 있고 혈압은 정상수치보다 한참 아래이며, 전반적으로 상태가 약해져 있다고 했다. 의사는 내가 몇 주 동안 완전히 휴식을 취해야 하고, 약 처방은 하지 않지만 매일 먹는 음식량은 두 배로 늘리라고 말했다."

이때쯤 이르러서는 핑크나 그의 아내나 모두 인생의 진로를 바꾸어야 하고, 목회나 저술 활동 중 한 가지는 포기해야 한다는 것을 분명히 알게 되었다. 1919년 노스사이드에서 일할 때, 12명에서 25명 정도 되는 사람들이 그의 목회를 지지하는 등 그에게 고무적인 사실들이 있었지만, 지역의 친구들은 핑크가 앞으로도 계속해서 자기들 가운데서 일해서는 안 된다는 의견을 피력했다. 그 의견 때문에 핑크가 저술에 전념해야 하겠다는 생각을 분명하게 갖게 되었을 수 있다. 그러나 1919년 한 해 동안에, 훨씬 더 큰 다른 교회들이 그에게 관심을 보인다는 표시들이 있었기 때문에 그런 결론을 내리는 일에 혼란을 겪었다. 이때 게블린이 「하나님의 주권」을 읽었고, 게블린이 이 책의 출판 '자체가 크나큰 실수'라고 말했다는 소식이 핑크에게 전해졌다. 그러나 게블린은 핑크가 아이다호에 있는 교회로부터 청빙을 받게 하려고 노력했고, 그 이전에는 보스턴에 있는 고든A. J. Gordon이 목회하던 교회에 핑크를 고려해 보도록 추천하기도 했다. 이 밖에 핑크가 청빙을 받을 수 있었던 교회들로 캘리포니아 주에 두 곳, 테네시 주에 한 곳(교회의 요청에 따라 그곳을 방문한 후에 핑크는 교회가 '지나치게 세속적'이라고 평가했다)이 있었다. 1919년에 그를 목회자로 청빙하기 위한 조사와 청빙 받을 수 있는 기회들을 접하면서 건강이 이미 심각하게 손상된 때에 추가로 스트레스까지 받았던 것이 확실하다. 아내 베라 핑크가 1919년 6월 22일에 헤렌딘에게 보낸 편지(헤렌딘이 출판한 핑크의 책에 대한 게블린의 비평을 듣기 전) 가운데 남아 있는 첫 번째 편지에서 그녀는 이렇게 말했다.

> 남편이 몹시 걱정이 됩니다. 이곳에서의 일은 매우 실망스럽고, 다른 어떤 일이 시작되기를 기다린다는 것이 남편에게 스트레스를 주고 있습니다. 남편은 아주 의기소침해 있고 신경이 예민해졌으며 조바심을 내고 잠을 이루지 못합니다. 지난주는 그동안 지내 오는 가운데 최악이었습니다.……받은 것이라고는 달랑 제닝스 F. C. Jennings가 보내온 편지 한 장이었어요.……제닝스는 남편이 다시 목회를 해야 한다고 충고했어요. 벌써 남편은 내게 자신이 집필을 해서 돈을 벌어 주님의 일을 하는 것이 지금 여기서 하고 있는 일보다 더 많은 것을 성취할 수 있을 것으로 믿는다고 말했습니다. 게블린에게서 편지가 오지 않은 상황에서 제닝스의 편지를 받고 남편은 마음이 완전히 흔들렸습니다. 나는 주님께서 남편이 다시 목회하기를 바라신다고 확신하지 않습니다. 내가 생각할 때는, 주님께서 남편이 저술하는 일에 시간을 점점 더 쓰기를 바라시는 것 같습니다. 남편이 그의 다른 책들을 읽고서 은혜를 받았다고 하는 사람들로부터 계속 편지를 받는다는 사실이 내가 이런 결론을 내리게 된 요인들 가운데 하나입니다. 하지만 남편이 무거운 책들을 쓴다면, 목회적인 책무들에서는 일체 벗어나야 한다고 생각합니

다. 그런데 정말로 무엇을 해야 할지, 어디로 가야 할지가 곤혹스런 문제입니다.

이 편지를 쓴 지 한 주 후에 의사를 불러와야 했고, 휴식을 취하자 핑크는 쇠약해진 상태에서 건강이 조금 회복되었다. 여름이 지나고 가을이 되었을 때, 다른 교회들로부터 청빙 받는 일에는 구체적으로 진행되는 바가 아무것도 없었다. 건강이 많이 회복되어서, 핑크는 계속해서 꾸준히 목회를 해 나갔다. 그의 전체적인 독서량은 이제 "(전혀 내 뜻과는 다르게) 상당히 줄었지만" 그럼에도 글을 쓸 시간이 거의 없었다. 그래서 그가 결정을 하지 않으면 안 된다는 사실이 두 사람 모두에게 확실해졌다. 1919년 12월 6일에 핑크는 "나는 주님께서 나를 저술에 전념하도록 하신다고 굳게 확신한다"고 썼다. 이제 문제는 그 일을 어디에서 해야 할 것인가 하는 것이었다. 헤렌딘이 핑크 부부에게 스파턴버그에 세 들어 살던 집에서 계속 지낼 것을 제안했지만, 핑크는 자기가 그동안 목회해 왔던 (그리고 어쩌면 계속해서 그의 도움을 필요로 할 수도 있는) 교인들 가까이에 머무는 것은 지혜롭지 못한 일이라고 생각했다. 헤렌딘이 자리를 잡고 있었고 이미 핑크가 방문한 적이 있는, 펜실베이니아 시골의 조용한 마을이 적합한 장소가 될 것이라는 생각이 핑크에게 떠올랐다. 그러나 핑크의 문의를 받고서 헤렌딘은 이웃 사람들 가운데 핑크 부부에게 방 두개를 빌려 줄 수 있는 사람을 찾지 못했다고 답해 왔다. 한 가지 대안은 땅을 사서 집을 짓는 것이었다. 1919년 11월 12일 편지에서 핑크는 5백 달러로 방 네 개짜리 나무 집을 지을 수 있을지 모르겠다고 했다. 집에서 내다보는 전망은 문제가 되지 않았지만, 핑크의 아내는 닭을 키울 수 있는 널찍한 뒤뜰을 갖고 싶어 했다.

  그 뒤로 건축 계획의 실행 가능성에 대해서 많은 편지가 오갔다. 핑크는 필요한 땅과 자재 구입의 문제를 헤렌딘이 대신해 줄 것을 기대했다. 첫 번째 견적서를 받아 보고서 핑크는 가격이 "너무 터무니없이 높다"고 생각했다. 핑크가 원한 것은 "벽난로도 없고 회반죽도 칠하지 않으며 비싼 실내 가구들"도 필요 없이, 서너 평짜리 방 네 개뿐이었다. 마침내 가격이 정해졌지만, 헤렌딘은 실컷 건축 일을 진행시켰다가 핑크가 결과에 실망하게 될 수도 있다는 점에 신경이 많이 쓰였던 것 같다. 핑크는 헤렌딘에게 그런 일은 없을 것이라고 안심시켰지만, 핑크가 계속해서 집의 설계에 대해 이렇게 저렇게 바꾸자는 얘기를 했기 때문에 그의 친구는 걱정할 수밖에 없었을 것이다. 최종적으로 헤렌딘이 필요한 목재와 자재를 구입하고, 헤렌딘의 출판사 땅을 임대해 주기로 정했지만, 실제적인 건축은 핑크 부부가 도착한 다음에 진행하기로 했다. 핑크는 자기들이 "건축이 시작되기 하루 이틀 전에" 스파턴버그를 떠난다면, 10일에서 20일 정도 후에 가재도구가 기차에 실려서 도착하기 전에 집 짓는 일을 감독하고 마칠 수 있을 것으로 판단했다. 1920년 1월 10일에 핑크는 "일을 추진하시고, 내가 보낸 수표만큼 문과 창문에 대한 작업을 발주해 주십시오"라고 썼다. 며칠 후에 핑크는 노스사이드 교회에 3월 초로 목사직을 사임한다고 알렸다. 2월 16일에 헤렌딘에게 보낸 편지를 보면, 핑크 부부는 3월 2일 오후에는 그 시골집에 도착할 것으로 생각했다. 헤렌딘은 새 집이 준비되기 전까지 핑크 부부를 자기 집에 머물도록 초대했다.

핑크가 풀이 죽어서 스파턴버그를 떠났다는 표시는 전혀 없다. 1920년에 스파턴버그에서 마지막으로 시편 63:1-3을 본문으로 전한 '새해 메시지'에서 핑크는 처음부터 "다윗이 슬픔 때문에 하나님과 더 친밀히 결합하게 되었다"는 점을 언급했다. 지나간 세월을 돌아보면서 그는 회중들에게 '실패와 죄'가 슬픔의 원인이지만, 또한 감사의 이유가 되기도 한다고 말했다. "실패와 죄 때문에 어떤 이들은 타오르는 불길에서 급히 꺼내어져 타다 남은 나무토막 같은 상태로 하나님의 가족에 편입되었습니다. 또 약한 자들은 그로 인해 힘을 얻었습니다. 슬퍼하는 사람들은 위로를 받았고, 가족을 잃은 사람들은 부양을 받았습니다. 우리 그리스도인에게는 얼마나 찬란한 소망이 있는지 모릅니다! 1920년이 끝나기 전에 우리가 '영원히 주님과 함께' 있을 수 있다고 생각하는 것은 참으로 귀합니다! 이미 이 약속의 봉오리가 벌어져 말로 다할 수 없는 기쁨의 열매를 풍성히 맺었는지도 모릅니다. 믿음의 봄이 물러가고 승리의 기쁨이 가득한 여름에 들어섰는지도 모르겠습니다."[19]

4. 캘리포니아의 천막 집회

1920-1921

이 시점에서 이야기는 끝이 나고 한동안 잠잠히 지나간다. 우리가 이 시기에 대해 알아보는 데 전적으로 의존하는 헤렌딘과의 편지 왕래가 핑크가 펜실베이니아에 도착하면서 확실하게 끝났기 때문이다. 4개월 이상이 지난 뒤에야 우리는 그간에 사건들이 어떻게 진행되었는지 알 수 있다. 1920년 7월 28일에, 캘리포니아 가든 그로브(핑크가 1913년에 설교한 곳으로 언급했던 장소)에서 핑크가 헤렌딘에게 보낸 편지가 있다. 핑크는 신임 목회자를 기다리고 있던 일단의 사람들로부터 8월 7일까지 설교해 주도록 요청을 받았었다.[1] 그 일정 후에는 오렌지Orange에서 일주일간 집회가 있을 예정이었다. 핑크는 태평양 연안에서 새로운 목회지가 생길 것으로 기대했다. 더 이상 목회에 대해서 생각하지는 않았지만, 이따금씩 갖는 사경회와 복음전도 사역에 대해서까지 마음을 닫지는 않았던 것이 분명하다. 핑크가 그동안 저축했던 돈은 아마도 새 집을 마련하는

데 몽땅 털어 넣었던 것 같다. 그가 몇 년 후에 회상하면서 언급한 것이 바로 1920년 여름에 태평양 연안으로 떠난 이 여행을 가리키는 것이 틀림없기 때문이다.

나는 브루클린Brooklyn에서 열릴 3일간의 집회를 앞두고 있었습니다. 내가 거기서 받을 것으로 보이는 사례금이 캘리포니아로 가는 내 경비(운임료 75달러)를 충당하는 데는 충분할 것입니다. 하지만 아내의 경비를 댈 돈은 한 푼도 없었습니다. 브루클린으로 갈 때는 아내를 두고 가지 않으면 안 되었습니다. 그런데 지난밤 집회 후에 한 여자 교인이 와서 "집에 가면 아내에게 전해 주라"고 하며 봉투 하나를 건넸습니다. 아내가 봉투를 열어 보니, 75달러짜리 수표가 들어 있었습니다. 우리는 그 문제에 관해 사람들에게 입도 뻥긋하지 않았는데도 말입니다. 캘리포니아로 가는 길에 우리는 시카고에서 여행을 멈추어야 했습니다. 그곳에서 기차를 갈아타기 위해 7시간을 기다렸습니다. 아내는 시카고에 가 본 적이 없었습니다. 나는 아내에게 시내를 한 바퀴 둘러보든지 아니면 무디 성경학교를 방문하든지, 좋을 대로 하라고 했습니다. 아내는 후자를 택했습니다. 우리는 신학교 학생들과 함께 저녁을 먹게 되었는데, 우리 외에도 몇몇 방문객들이 있었습니다. 아내 옆자리에 있던 한 부인이 아내의 이름을 물어보더니, 몇 년 전에 잡지 「우리의 소망」에 실린 핑크의 글에서 많은 은혜를 받았다고 하며, 아더 핑크와 무슨 관계가 있는지 물었습니다. 부인과 그녀의 남편은 그 주간 무디 성경학교를 방문한 '손님들'이었던 것입니다. 두 사람은 즉시 우리 대신 식비를 지불하고, 우리에게 풍성한 '저녁 식사'를 제공했으며, 기차역까지 바래다주었습니다. 그때 나나 아내나 로스앤젤레스로 가는 3일간의 여행에 먹을 음식을 살 돈이 거의 없었습니다. 그런데 그 신사가 내게 3달러를 건네고 나서는 한 상점에 들어가 온갖 과일과 견과류, 비스킷 등이 가득 담긴 2달러짜리 바구니를 사주었습니다!

이미 앞에서 언급한 1920년 7월 28일자 편지에서 핑크는 이렇게 썼다.

> 우리는 월요일 정오에 무사히 도착했습니다. 나는 기차를 타고 오는 중에 심한 감기에 걸렸습니다. 머리는 뜨겁고 목이 많이 쉬어서 집회 첫째 날인 지난밤에는 목소리를 짜내듯 해야 겨우 말을 할 수 있었습니다.……오랜 친구인 그윈 루이스Gwynne Lewis가 어제 오후에 들러서 오늘 아침까지 머물렀습니다. 그는 캘리포니아 리버사이드에서 벌써 나를 위해 8일간의 집회를 잡아 놓았습니다. 그 집회에는 교회들 대부분이 모일 것입니다. 게블린은 이번 주말에 거기로 올 것입니다. 루이스는 주님께서 나를 적어도 두 간은 꼬박 리버사이드에 붙잡아 두실 수 있다고 믿고 있습니다. 그런데 지난주에, 루이스의 말에 따르면 전에 내 친구였던 매비 박사Dr Mabie의 가르침(만인구원설)을 리버사이드에 있는 하나님의 백성들이 널리 받아들이고 있다고 하는데, 그 가르침을 좌절시키기 위해서……리 형제Brother Lee는 내가 로스앤젤레스의 성경학교에서 와서 일주일을 보내기를 아주 간절히 바라고 있습니다. 그는 내

가 하나님 말씀을 전하려고만 한다면 새로운 목회지를 확실하게 알아 줄 수 있을 것입니다. 이 점에 대해 하나님의 인도를 구하고 있는 중입니다. 정말로 리버사이드에서는 내 책들이 아주 잘 팔릴 것입니다.

시카고 헌책방에서 히브리어 문법책을 벌써 보냈습니까?

내 책 「하나님의 주권」을 보내 주겠습니까? 이 책은 현관 입구에서부터 두 번째 책장 맨 위 선반에 있습니다. 이 책에 대한 작업을 시작해야 할 것 같습니다.[2]

헤렌딘에게 보낸 이후의 편지들에는 핑크가 전부터 잘 알고 있었던 캘리포니아의 이 지역의 상태가 기록되었다. 그가 일반적으로 본 상태는 이런 것이었다. "그리스도인들은 모두 뒤섞여 있고, 자기들이 믿고 있는 바가 무엇인지 모릅니다. 그 혼란의 정도가 심각합니다. 해든Hadden과 파Farr 같은 사람들은 예언에 대해서만 설교합니다. 신자들에게 인간의 파멸과 하나님의 은혜와 교리를 가르치는 일은 완전히 등한시합니다." 8월 중순경에 핑크는 국립 성경연구원이라는 곳을 운영하는 또 다른 친구의 요청으로 북쪽으로 이동하여 샌프란시스코에 갔다. 집회를 위한 후원은 그 명칭을 생각할 때 기대할 만한 수준에는 미치지 못했다. 그러나 시애틀의 '톰슨 형제Brother Thompson'라고 하는 사람이 그에게 도움을 요청하면서 뜻밖의 기회가 생겼다. 톰슨은 큰 천막을 가지고 다니는 순회 복음전도자였다. 그는 그동안 샌프란시스코 만 건너편에 있는 오클랜드Oakland에서 석 달 동안 설교하고 있었다. 그는 "진정으로 회심한 사람이

150명이 넘었다"고 말했고, 사오백 명에 이르는 그 지역 그리스도인들로부터 후원을 받는다고 했다. 그는 핑크에게 "나는 가르치는 재주가 전혀 없습니다. 수백 명의 사람들이 그리스도 안의 어린아이에 지나지 않아서 선생을 절실히 필요로 합니다"라는 말로 간곡히 청했다. 어떻게 대답해야 할지 확실히 모르는 가운데 핑크는 어느 주일날 밤 오클랜드에 있는 톰슨의 천막으로 갔다. 핑크는 그 천막 집회에 대해 헤렌딘에게 이렇게 썼다. "나는 집회가 시작되기 10분 전에 그곳에 도착했는데, 장소는 사람들로 빽빽이 차 있었습니다. 천 석이 되는 자리를 사람들이 다 차지하고 있었고, 서 있는 사람들도 수십 명 되었습니다. 집회가 시작될 때쯤에는 밀려 들어오는 사람들을 위해 가장자리들 가운데 한 줄이 일어나지 않으면 안 되었습니다. 나는 내가 만든 전도책자인 '구원의 길'의 내용을 따라서 65분 동안 복음을 전했습니다. 사람들은 그 시간 내내 숨을 죽이고 들었습니다. 그런 기회와 특권을 누릴 수 있어서 얼마나 하나님께 감사한지 모릅니다."

톰슨도 고마워하면서 핑크에게 자기와 함께 지내면서 교리적인 설교를 해달라고 설득했다. 4일 후에 핑크는 다시 헤렌딘에게 이런 편지를 썼다.

나는 지금 여기서 영광스런 시간을 보내고 있습니다. 이제까지 경험하지 못한 지극히 놀라운 일과 기회를 누리고 있습니다. 밤에는 칠백 명의 사람들을, 토요일과 주일에는 천 명이 넘는 사람들을, 그것도 하나님 말씀을 갈급해 하고 아주 깊은 관심을 보이고 있는 사람들을 만나고 있습니다. 톰슨 형제는 내가 얼마 동안(언제까지나) 여기 남아서 가르치기를 몹시 바라고 있습니다.

그 뒤로 며칠 지내면서 핑크는 이런 첫인상이 옳다는 것을 확실히 알 수 있었다. 1920년 8월 20일자 편지에서 핑크는 이렇게 썼다. "죄인들 수십 명이 하나님을 찾고, 성도들이 수백 명으로 불어났습니다. 수가 꾸준히 늘고 있습니다." 9월 8일에는 "나는 지난 두 주일 동안 여기 오클랜드에서 일어난 '하나님의 놀라운 사역'을 형제에게 자세히 설명해 줄 수 있게 30분만 짬을 낼 수 있으면 좋겠는데, 도무지 그럴 수가 없군요." 성경 진리 보관소 출판사에서 헤렌딘은 이런 편지들 속에 핑크의 책 전체를 주문하는 개인들의 이름들과 주소가 적힌 긴 명단이 들어 있는 것을 보고 틀림없이 깜짝 놀랐을 것이다.

9월 둘째 주에 핑크는 이전에 약속했던 일들을 이행하기 위해 로스앤젤레스 지역으로 돌아오지 않으면 안 되었다. 로스앤젤레스로 돌아왔을 때, 그의 마음에 새로이 힘이 생겼고, 그러자 그의 설교를 들으러 오는 사람들의 수가 늘어났다. 그러는 사이에 톰슨은 핑크에게 계속 자기와 함께 있으면서 "자신이 대중을 모아 복음을 전한 뒤에 후속 조처를 취해 주기" 바랐다. 그러나 핑크는 자기는 적어도 자기 시간의 삼분의 일은 연구와 저술에 바쳐야 한다고 믿고서 그 제안을 정중히 거절했다. 그는 스웬젤에 있는 친구에게 자기는 현재 작업 진행이 아주 잘되어서 「하나님의 주권」의 교정을 곧 마치고 다음 순서를 기다려야 할 형편이라고 썼다. 헤렌딘에게 이와 같이 격려하는 말도 썼다. "사랑하는 형제여, 앞으로 그날이 오면 분명히 알 수 있을 것인데, 형제는 지금 복된 일에 참여하고 있는 것입니다. 그동안 내가 너무 바빠서 형제에게 편지를 많이 쓰지 못했지만, 형제는 지금까지 내 마음에 크게 자리 잡고 있었고, 형제를 위해 자주 기도해 왔습니다. 아마도 영국 사람의 기질상 나로서는 그 사실을 될 수 있는 대로 감추겠지만, 형제를 주님 안에서 많이 사랑한다는 것을 확실히 말씀드립니다."

1920년 캘리포니아에서 보낸 마지막 편지에서는 헤렌딘에게 10월 30일 토요일에 그들 부부가 집으로 돌아갈 것이라고 말했다. 그 편지를 보면 핑크에게 실제적인 면도 있었다는 것을 알 수 있다. 그는 친구에게 자기들이 돌아갈 것을 대비해서 우유를 약 1리터 정도 준비해 주고, 지나는 길에 들러서 가져갈 수 있게 계란 한 다스와 빵 두 덩이를 마련해 주며, "토요일 아침에 정육점에서 불에 구운 소고기 두 근을 사되, 지방이 좀 많은 것으로 사줄 수 있겠는지"를 물었다.

이 두 사람은 펜실베이니아로 돌아와서, 그해의 남은 마지막 두 달을 스웬젤에서 보냈고, 그들이 1921년 초에 또 다른 약속들 때문에 떠난 후에 편지 왕래가 재개될 때까지 자세한 기록은 더 이상 없다. 그들의 목적지는 다시 캘리포니아 오클랜드와 톰슨 형제와 그의 천막 집회였다. 핑크는 1월 17일 편지에 헤렌딘에게 이렇게 썼다. "우리는 시카고에서 벌링턴으로 가는 노선을 타고 왔습니다. 덴버에서 오그덴으로 가는 중에 리오그란데에 와 있습니다. 이 여행으로 우리는 해발 이삼천 미터에 달하는 고지대에 이르렀습니다. 우리 둘 다 이렇게 고지대에 올라와 보니 매우 힘이 듭니다."

이어서 다른 시련들이 닥쳤다. "이곳에 도착했을 때, 천막 집회에 참석하는 수가 줄어서 밤에는 삼백 명 정도이고, 토요일과 주일에는 오백 명 정도 되었다." 상황이 바뀐 것에 대해 핑크 자신이 부분적으로 책임이 있었던 것이 분명했다. 앞에서 언급했듯이, 오클랜드는 근본주의 계통의 지도자인 해리 아이언사이드Harry Ironside의 본거지였다. 지난번에 핑크가 이곳에 있을 때 아이언사이드는 외지에 나가고 없었다. 그는 서부 서적회사를 운영하고 있었으며, '가스펠홀'에서 모이는 형제Brethren Assembly에 큰 영향력을 행사했다. 아이언사이드가 돌아와 오클랜드에서 사역을 재개하자, 천막 전도 사역과 관련된 일들이 위축되었다. 핑크의 말에 따르면, 사람들이 아이언사이드의 말을 들으러 가기보다는 천막에서 톰슨의 설교를 듣기 좋아했다고 한다. 상황을 개선하기 위해 톰슨은 아이언사이드를 권하여 천막 사역을 함께 했다. 그리고 이 공동 사역은 어느 날 밤 톰슨이 '믿음으로 생활하고' 있는지 않은지에 대해 공개적인 논쟁이 벌어지기 전까지 한동안 계속되었다. 논쟁이 벌어졌을 때 아이언사이드가 자신은 형제회로부터 지지를 받는다고 말했다. 핑크가 한 번 더 방문하기 위해 이곳으로 돌아오기 전에 이런 일들이 있었다. 거의 틀림없이 아이언사이드는 이 영국인의 첫 번째 방문에 관해 여러 가지 말을 들었을 것이다. 예를 들면, 당시 핑크는 한 번 형제회 집회에 참석한 적이 있었다. 그가 집회 후에 어떤 사람들과의 대화에 끼게 되었을 때, "그 사람들이 보통 알고 있는 '형제회' 사람들보다 더 성경적이었다고 생각했기 때문에 자기가 침례교회 교인이라고 밝혔고, 그러자 그들은 정말 '소스라치게 놀랐다.' 그는 '이 곤란한 상황을 피하지 않고 맞서서' 형제회 사람들이 많은 점에서 비성경적이라고 말했다."[3] 이 대화에 대한 이야기가 아이언사이드에게 전해졌던 것 같다. 그때 하나님의 주권에 대한 핑크의 책이 문제가 되었다.

> 어떤 사람이 유기遺棄에 관해 알아보려고 내 책에 표시를 하여 아이언사이드 형제에게 갔다. 아이언사이드는 그 책을 꼭 붙들고서 최대한 활용했다. 그 책은 치명적인 독이 든 술냉이라는 등의 이야기를 했다. 그는 형제회에 속한 사람들에게 모두 내 책들을 불태우고 천막 집회에 참석하지 말라고 했다. 형제회에 속한 사람들 대부분이 그렇게 했고, 젊은 회심자들 가운데 극히 소수는 아이언사이드와 톰슨 사이에 벌어진 분열로 실족하고 말았다.

핑크가 오클랜드로 돌아온 직후에 책방(아이언사이드의 서부 서적회사의 본사)에 들렀을 때, "아이언사이드 형제는 그의 집무실에 있었고, 우리 사이에 유리 칸막이밖에 없었지만, 내게 눈길조차 주지 않았다"고 했다. 며칠 후에 형제회의 순회 설교자 가운데 한 사람으로 시내에 살고 있던 에일서 마셜Alesor Marshall이 핑크에게 톰슨과 함께 만나자고 요청했다. 이 만남으로 인해 핑크의 칼빈주의가 주요 쟁점이었다는 것이 확실히 알려지게 되었다. 분명히 기독교 정신으로 진행된 90분간의 대화에서, 그리스도의 구속 사역에 관하여 '모두' 그리고 '세상'이라는 단어를 말하는 본문들을 포함하여 주요한 차이점들 가운데 많은 부분이 검토되었다. 특별히 디모데전서 2:1-6의 말씀을 다루었다. 핑크는 헤렌딘에게 이렇게 썼다. "그의 주요 논점은 이것이었습니다. 하나님께서 우리에게 모든 족속에게 복음을 전파하라고 명령하셨다는 것입니다. 그리스도께서 오직 택하신 자들만을 위해서 죽으셨다면, 하나님께서 택함 받지 못한 죄인들에게 쓸데없이 구원을 제시하며 괴롭히고 계시는 것이라는 말입니다. 이 점에 대해서 처음에 우리는 복음이 구원을 '제공하는 것'인지 아닌지에 대해 길게 논쟁을 벌였고, 결국 그는 복음이 구원을 제공하는 것은 아니라는 점에 동의했습니다. 우리는 그 이상 더 나아가지 못했습니다." 다른 차이점들에 대해서는 아무런 진전이 없었다. 마침내 마셜은 '한숨을 쉬고 신음을 하며' 톰슨에게 "자, 보다시피 이것이 핑크의 입장입니다" 하고 말했다. 그러고 나서 "더 이상 대화하는 것은 소용이 없겠습니다" 하고 결론을 내렸다. "우리는 악수를 하고 우호적인 분위기 가운데 헤어졌습니다"라고 핑크는 이야기의 결말을 적는다.

한 주일 후에 핑크가 책방에 들러 아이언사이드와 그의 동료들 가운데 한 사람을 잠시 만났을 때, 분위기는 조금 달라졌다. "그들은 겨우 예의를 조금 차리는 정도였습니다.……아이언사이드 형제는 형제회의 '교황'으로 군림하고 있으며, 어떻게 설득했는지 형제회의 삼분의 이가 천막 집회에 가까이 하지 않았습니다. 이것이 통탄할 만한 일이지만, 나는 크게 신경 쓰지 않았습니다. 나는 나만큼 알거나 더 많이 아는(안다고 생각하는) 사람들, 곧 '형제회 사람들'에게 설교하기보다는 교단 내에 굶주리고 있는 하나님의 백성들을 훨씬 더 만나고 싶습니다."[4]

그리스도인들 사이에 벌어지는 모든 논쟁에서 보듯이, 이 논쟁은 제삼자들이 다른 사람들이 말하거나 썼다고 하는 것을 전달하는 과정에서 별로 도움이 되지 않았다. 핑크는 1921년 2월 28일자 편지에서 출처를 이야기하지 않은 채 헤렌딘에게 이렇게 썼다.

> 아이언사이드 측에서 반대가 짐짐 더 거세어지고 있습니다. 아이언사이드는 게블린이 4월에 3일간 천막 집회에 참석하겠다고 약속했다는 이야기를 듣고서 작심하고 게블린 형제에게 편지를 써서 내가 '저주 받을 이단'을 가르치고 있다고 말했습니다. 더 나아가 그는 잡지 「우리의 소망」에 '창세기 강해Gleanings in Genesis'를 싣는 것은 큰 잘못이며, 그 글을 싣는 것을 중단하라고 강력히 충고했습니다. 개인적으로 생각할 때 게블린 형제는 아주 영리해서 아이언사이드의 말에 귀를 기울이지 않을 것이라고 봅니다.

그러는 사이에 톰슨 형제는 몇 가지 중요한 차이점들 때문에 분명히 당혹스러워하긴 했지만 계속해서 핑크를 지지했다. 그는 느긋하고 낙천적인 사람이었다. 두 사람은 아주 달랐지만 사이좋게 지냈으므로, 때로 사람들이 핑크가 그랬을 것으로 생각하듯이 톰슨에게 까다롭게 굴었을 리가 없다. 지난 9월에 톰슨은 핑크에게 그가 "정말로 마음에 든다"고 말했다. 핑크도 톰슨에 대해서 "그는 물론 우리처럼 결점이 있지만 보기 드물게 좋은 사람"이라고 생각했다.

1921년 1월 말 전에, 천막 집회에 참석하는 인원이 평일 밤에 육백에서 칠백 명 사이로 다시 늘었다. 핑크는 매일 밤은 아니지만 자주 설교했고, 보통 때의 저녁 풍경이 이러했다고 전한다.[5]

> 저녁 7시 30분. 사람들이 무질서하게 들어오는 동안 찬양 시간을 갖습니다. 이 시간에는 보통 톰슨 형제가 강단에 서서 3분에서 5분 정도 찬송을 부르는 중간 중간에 이야기합니다. 부르는 찬송의 마지막 절이 끝나면 이야기하는데, 이때 그의 역량이 최고도로 발휘됩니다. 그의 이런 인도 방식은 매우 독창적이지만 저속하지도 천박하지도 않습니다. 7시 50분이 되면 내가 강단에 올라가고 이후에 계속해서 사회를 봅니다. 찬송을 한 곡 더 부르고, 톰슨 형제의 인도로 기도를 하고 나서 간단하게 몇 마디 광고를 한 다음에 8시 정각에 설교를 시작하여 9시 15분이나 20분까지 전하고서 기도로 끝마칩니다. 나는 지금 요한복음 1장을 강해하고 있는 중입니다. 이따금 청중 가운데 어떤 사람이 질문을 할 수 있느냐고 묻고, 나는 설교 내용과 상관이 있으면 하라고 말합니다. 거의 모든 경우에, 그런 사람은 간절히 빛을 찾는 사람들입니다.[6]

참석하는 숫자가 더 이상 줄어들지 않는 가운데서, 핑크는 그들 부부가 주당 6달러로 세 들어 살고 있는 집에서 그리스도인들이 같은 가격에 빌려 주는 침실과 거실 등이 붙어 있는 집으로 2월에 이사했다. 이것은 이때 태평양 연안에서 지내기 힘든 시기에 만난 뜻밖의 도움이었다. 바로 그달에 핑크는 이렇게 적었다. "이곳의 산업 경기는 좋지 않습니다. 수천 명이 실직 상태에 있고, 수백 명의 사람들이 거리를 어슬렁거립니다." 핑크는 요한복음을 강해하면서도 항상 무엇보다 "단순한 복음"을 전하는 데 훨씬 마음을 썼다. 3월 초쯤에, 헤렌딘에게 이렇게 써 보냈다. "참석하는 숫자는 그대로 유지되고 있습니다. 많은 사람들이 복을 받고 있고, 하나님의 복이 아주 분명하게 나타납니다. 나는 지금까지 요한복음을 강해하는 데 50시간 이상을 썼는데, 겨우 넉 장 반 정도를 지나고 있습니다." 주일에는 이런 강해식 설교를 벗어나서 돌아온 탕자, 소경 바디매오, 삭개오 같은 본문을 가지고 복음전도식으로 설교했다. 3월 7일에는 "지난 밤에는 사도행전 17:30을 본문으로 심판 날에 대하여" 설교했다고 적었다. "천 명 이상의 사람들이 큰 자유를 얻었고 엄숙한 시간을 가졌습니다. 많은 사람들이 깊은 감명을 받은 것처럼 보였습니다." 3월 중순경에 핑크가 주일예배 때 전한 주제는 그리스도인의 부활이었고, 그 메시지를 전한 기쁨에 대해 이야기했다.

그처럼 오랜 기간 동안 집회에 참석하는 수가 유지되었다는 것은 설교자로서 핑크의 능력이 탁월했음을 나타내는 것으로 보아야 할 것이다. 1921년 4월, 오클랜드에서 11개월 동안 천막 집회를 가진 후에, 톰슨은 그달 말에 시애틀로 장소를 옮겨야 할 때가 되었다고 생각했다. 톰슨은 시내 복판에 천막을 칠 자리가 있을 것으로 기대하고, 모두 3천 명이 앉을 수 있도록 천막에 회랑을 추가할 계획을 세웠다. 그는 핑크에게 많은 청중이 올 것으로 본다고 말했다. 이 소식을 전하면서 핑크는 "나는 그의 호언장담을 조금 에누리해서 듣는다"고 덧붙였다. 최종 기한을 앞두고서 핑크는 요한복음 강해에 속도를 내었고, 남은 장들에 대해서는 두 번씩만 설교하기로 계획을 잡았다.[7] 4월 한 주 동안은, 천막 아주 가까이에서 사육제謝肉祭가 벌어졌을 때 순전히 호기심 때문에 올 수도 있는 사람들을 위한 복음전도 집회를 계획했다. "톰슨 형제는 그런 군중들에게는 '활기차고 가벼운 이야기'가 필요할 것이라고 했다. 그래서 나는 그런 이야기는 전혀 할 줄 모르니 이번에는 그가 설교하는 것이 낫겠다고 말했다."

1921년 4월쯤에 이르러서는, 핑크가 당시 하고 있던 일에 대해 자세히 알 수 있는 상황이 끝나 간다. 이달 이후로 헤렌딘과 주고받은 편지는 더 이상 남아 있지 않기 때문이다. 톰슨은 핑크에게 함께 시애틀로 가자고 권했다. 톰슨은 거기 가면 "내가 인생에서 다시없이 좋은 때를 만나게 될 것이라고 합니다. 그리고 내 책을 팔도록 해주겠지만, 주권에 대한 이야기는 이제 그만 하면 좋겠다고 합니다."[8] 톰슨의 권유를 받은 지 며칠 후에, 핑크는 헤렌딘에게 "우리가 4월 말에는 여기를 떠나 시애틀로 갈 것으로 생각하지만 실제로 떠나게 될 때까지는 확실히 알 수 없습니다"라고 썼다. 이렇게 앞의 일정을 확실히 알 수 없었던 것은 어느 정도 톰슨이 결정의 과정에서 보이는 변덕 때문이었던 것 같다. 그들이 시애틀로 간 것은 분명하다. 이후에 핑크가 시애틀에서 리처즈라는 이름의 나이 든 그리스도인 부부의 집에서 넉 달을 지냈다고 말했기 때문이다.

5. 저술가와 여행자
1921-1925

핑크가 아마도 1921년 늦여름에 스웬젤에 있는 집으로 돌아왔을 때, 우리는 이 시기에 그의 마음을 사로잡은 것이 무엇인지 아주 분명히 알 수 있다. 태평양 연안에서 큰 집회를 통해 격려를 받았지만, 그는 여전히 집필과 연구가 가장 우선적인 일이라고 생각했다. 1922년에 무디 성경학교에서 그의 대작 「창세기 강해」의 출판을 맡았을 때 이 확신을 굳혔다. 핑크는 다음에 무슨 작업을 할지에 대해 종종 헤렌딘과 논의했는데, 한 가지 결정된 사항은 성경 진리 보관소 출판사가 요한복음 1권을 준비한다는 것이었다. 1923년 5월에 요한복음 1권을 출판할 준비가 되었을 때, 핑크는 서문에서 독자들에게 이렇게 말했다. "이 책은 서둘러서 쓴 것이 아닙니다. 저자는 이미 지난 15년 동안 요한복음을 깊이 연구해 왔습니다." 그러나 사실 핑크는 이보다 앞서 훨씬 더 큰 작업을 진행했다. 1921년 한 해 동안 헤렌딘이 월간지를 발행할 필요성을 핑크에게 이야기했던 것이다. 핑크는 그의 일생에서 가장 중요한 사역이 된 그 일을 결정하기 전에 오래 생각하고 많이 기도했다.

별로 주문도 없는 글을 이미 많이 썼지만, 이 문제를 하나님 앞에 아뢰고, 또 출판사 사장이 이 작업의 사무적인 업무를 담당하겠다는 동의를 받은 후에 우리는 함께 기세 좋게 일을 시작했다.

이렇게 해서 1922년 1월에, 책 표지가 없는 20쪽짜리, 성경연구와 강해를 위한 정기간행물("주님의 뜻이면" 월간지로 낼 것이다)인, 「성경연구」창간호가 나왔다. 헤렌딘이 서명한 '독자에게 드리는 글'이라는 서문은 이렇게 입장을 밝혔다. "우리는 취미 삼아 이 일을 하지 않을 것입니다. 성경을 공부하는 사람들에게 주님의 과거와 현재의 종들에게서 나온 믿을 만한 성경 강해와 연구 자료를 내놓으려고 노력할 것입니다.……우리는 '하나님의 깊은 것'을 사랑하는 모든 사람들의 진심 어린 공감과 협력을 얻기를 기대하겠습니다." 서문에 이어지는 다음 페이지들은 요한복음 강해 시리즈의 첫 회를 포함하여 핑크의 글이 14쪽 실렸고, 그 밖에 좀더 나이 든 저술가들의 글이 실렸다. 발행 첫해 동안 핑크가 끌어들이려고 한 저자들 가운데는 형제회의 작가들이 있었고(그중에서도 특히 찰스 캠벨), 존 브라운John Brown(19세기 스코틀랜드 강해자), 앤드류 풀러Andrew Fuller, 랄프 어스킨Ralph Erskine, 조나단 에드워즈, 스펄전C. H. Spurgeon, 그리고 앤드류 보나Andrew Bonar가 있었다. 원고를 손질하는 것은 전적으로 핑크의 몫이었다. 7월판 서문 '성경연구 가족에게 드리는 글'에서 핑크는 이렇게 썼다.

> 창간호부터 5호까지 발행된 잡지를 주의 깊게 읽어 본 사람들은 「성경연구」가 여러 면에서 기존의 많은 종교 간행물과 다르다는 것을 발견했을 것입니다. 이 출판물에는 대중적인 독자의 마음을 사려는 글은 거의 없습니다.
>
> 이 잡지를 신문을 읽듯이 읽는다면, 그분은 얻는 유익이 거의 없을 것입니다. 우리가 이 잡지의 구독자들에게 바라는 것은 이것입니다. 첫째로, 여기에 실린 글을 하나라도 읽기 전에 독자는 마음을 하나님께로 들어 올리고, 하나님의 진리를 깨달을 수 있는 분별의 영과 받아들일 수 있는 열린 마음을 주시기를 간구하는 것입니다. 둘째로, 이 목적을 위해서 독자는 잡지의 글을 공부할 때마다 앞에 성경을 펼쳐 놓고 인용된 구절마다 짚어 가며 저자가 "주께서 이같이 말씀하십니다"라고 하는 말이 맞는지 확인하는 것입니다. 그리고 셋째로, 글에서 제시하는 내용을 천천히 읽되 생각하면서 비판적으로 읽는 것입니다.
>
> 하나님은 성경에서 "믿는 이는 다급하게 되지 아니하리로다"(사 28:16)라고 말씀하셨습니다. 하나님의 자녀들이 이 교훈에 특별히 주의를 기울일 필요가 있는 때가 있다면 바로 지금입니다. 하나님의 자녀들이 세상 정신에 오염되어 있습니다. 우리 주변의 모든 것에서 특징적으로 나타나는 미친 듯한 돌진, 곧 불신자들이 영원한 죽음을 향하여 마구 달려가면서 무섭게 서로 밀치고 야단을 피우는 태도가 믿음의 식구

들에게도 영향을 끼쳤습니다. 이런 영향에서 자유로운 사람이 전혀 없지는 않겠지만, 거의 없을 것입니다. 우리에게 가장 절실한 필요 가운데 하나는 이렇게 과열된 정신에서 구출받는 것입니다. 왜냐하면 그 정신이 많은 하나님의 백성들에게서 영적 생명력을 급속히 약화시키고 있기 때문입니다. 보통 강단에서 거룩한 말씀을 빠르게 읽는 불손한 태도, 흔히 거룩한 찬송을 저속하게 부르는 태도, 많은 사람들이 지극히 높으신 분 앞에 뛰어 들어가서 그냥 입에서 나오는 대로 말을 지껄이는 믿음 없는 태도가 세상의 이 정신에 오염되었음을 보여주는 사례들입니다. 슬프게도, 우리들 대부분이 하나님 말씀을 읽고, 말씀에 대한 강해를 읽을 때 바로 그 정신을 보입니다. 나는 독자들에게 성경에서 '서다, 앉다, 기다리다, 머무르다'라는 단어를 만나면 기도하는 마음으로 그 단어를 연구하라고 간절히 권합니다.

「성경연구」라는 잡지의 이름은 이 잡지가 게으른 사람들이나 세상일에 너무 바빠서 하나님의 일에 틈을 낼 시간이 없는(사실은 마음이 없는) 사람들을 위한 것이 아니라는 뜻을 함축하고 있습니다. 그렇습니다. 이 잡지는 성경을 연구하는 사람이나 연구하는 사람이 되고자 하는 사람들을 위해 발행하는 것입니다. 여기에 실린 글들은 연구와 주의 깊은 정독, 긴 시간의 묵상을 요구합니다.

끝으로, 이 잡지를 읽는다는 핑계로 여러분 자신이 매일 성경공부하는 것을 그만두지 않기 바랍니다. 그보다는 여러분이 성경에 숨어 있는 지극히 귀중한 보물을 발견하도록 부추기는 자극제로 이 잡지를 사용하시기 바랍니다.

이것은 사실 높은 표준을 정한 것이고, 핑크에게는 무거운 짐이 된다는 것을 의미했다. 그는 모든 글을 직접 쓰고, 적어도 발행일 두 달 전에는 원고를 인쇄업자에게 넘겨야 했다. 헤렌딘은 타이핑과 인쇄를 맡았고, 핑크는 최종 인쇄 전에 교정쇄의 실수를 잡아내는 교정을 책임졌다.

문서 사역을 하는 중에 핑크는 이따금씩 다른 곳에 가서 예배를 인도했다. 예를 들면, 그는 1921년 필라델피아에 있는 스프루스가 침례교회에서 열흘간의 사경회를 인도했는데, 이 사경회로 특별히 중요한 결과를 얻게 되었다. 청중들 가운데 찰스 스탠리 프레슬 Charles Stanley Pressel과 엘지 프레슬 Elsie Pressel이라고 하는 젊은 부부가 있었다. 두 사람은 각각 감리교회와 루터교회의 배경을 지닌 보통 그리스도인들이었다. 엘지 프레슬은 수년 후에 스프루스 가 침례교회에서 열린 그 집회를 회고하며 이렇게 썼다. "우리는 핑크 목사님의 설교를 들으면서 성령님의 역사로 깨어났습니다. 우리는 성경에 대한 그의 깊은 지식과 하나님의 복된 말씀의 귀한 진리를 전하는 하나님께 받은 그의 능력에 '놀랐습니다'(이것은 너무 온건한 표현이다)."[1] 핑크는 1922년에도 스프루스 가 침례교회에 갔었고 1923년 여름에도 갔었는데, 이때는 핑크 내외가 프레슬 부부의 집에 머물렀다. 핑크는 그의 책 「가상칠언」을 "스탠리와 엘지 프레슬 부부에게. 두 분 가정에서 보낸 3주간의 행복한 시간에 대한 작은 기념물로 저자와 아내가 드림. 1923년 6월"이라는 증정의 글을 써서 그들 부부에게 주었다. 핑크가 이렇게 프레슬 부부에게 새 생명을 전달하는 데 쓰임을 받았지만, 뒤에 가서 알게 되겠는데, 얼마 있지 않아 핑크는 조력자로서 그들을 필요로 하게 되었다.

1923년 말이 되기 전, 월간지 「성경연구」를 발행한 지 2년이 되었을 때, 잡지의 미래가 불확실해졌다. 발행 첫해는 구독자가 1천 명을 갓 넘기는 수로 마감을 하면서 손익분기점을 조금 넘겼다. 이 점에 힘입어 헤렌딘과 핑크는 페이지 수를 32페이지로 늘렸고, 판형도 키우고 인쇄도 더 보기 좋게 하면서 값은 그대로 유지하여 구독료를 한 부당 10센트 혹은 1년에 1달러로 정했다. 그런데 발행 부수가 늘기는커녕, 잡지의 페이지 수가 24페이지로 줄어든 1923년 10월에, 핑크는 구독자의 수가 "작년 이때보다 약간 떨어졌다"고 기록했고, 1924년 1월호 인쇄의 마감 시한이 11월 15일이었기 때문에, 그는 독자들에게 내년의 구독 갱신을 지체 없이 알려 주기를 부탁했고, 그렇지 않으면 "1924년 1월호 잡지를 몇 부 인쇄해야 할지 전혀 알 수 없다"고 했다.

1924년이 시작되기 전에, 핑크는 예상했던 것보다 큰 위기에 직면하고 있었다. 1923년 12월판 「성경연구」가 나왔을 때, 적어도 팔 년간 친구로 지냈고 부편집장이자 발행인인 헤렌딘이 사임한 것이다. 헤렌딘이 사임한 이유는 기록되어 있지 않다. 우리가 알고 있는 것은, 헤렌딘이 스웬젤에서 11년을 보낸 후 1920년대 어느 때쯤 오하이오 주 클리블랜드로 이사 갔고, 그곳에서 예전처럼 사업을 벌였다는 것이다. 아마도 이사하는 문제로 사임했던 것 같다. 핑크가 그의 실질적인 도움을 받지 못함으로써 심각한 곤경에 처했던 것이 분명하다. 그 곤경에 대해 수년 뒤에 핑크는 이렇게 썼다.

(『성경연구』를 발행한 지) 두 번째 해가 끝나 갈 무렵, 설교 요청이 사실상 중단되는 것에 아주 익숙해 있던 때에 내 동역자가 일을 그만두었다. 우리의 메시지를 오히려 그리스도인이라고 하는 사람들이 덜 받아들이는 현실을 보면서, 우리는 "지식을 더하는 자는 근심을 더하느니라"(전 1:18)는 말씀이 맞다는 것을 알게 되었다.

나나 아내나 타이핑을 해본 적이 없고 타이피스트를 고용할 수 없는 마을에서 살고 있었기 때문에, 잡지를 폐간해야 할 상황처럼 보였다. 부끄럽게도 나는 다른 희망이 전혀 없었고 완전히 절망에 빠졌다. 그러나 주님께서 은혜와 자비로 내 아내에게 믿음과 희망을 일으키셨고, 아내의 숭고한 노력의 결과로 나는 그 마을에서 필라델피아 도시로 이사했다.[2]

스웬젤에서는 핑크가 언급하는 대로 설교할 기회가 부족했던 것도 사실이었을 것이다. 우리는 스웬젤에 교회가 있었다는 소리를 듣지 못했다. 그러나 헤렌딘이 속해 있던 형제회는 있었다. 그곳 형제회에서는 '버드 형제Brother C. Burd'라는 사람이 지도자로 있었던 것으로 보인다. 버드는 핑크가 스파턴버그에서 이사 오기 전에 약간 염려했던 것 같은데, 이해할 만한 일이었다. 1919년 12월 7일 스파턴버그에서 보낸 편지에서 핑크는 헤렌딘에게 이렇게 썼다.

버드 형제가 우리가 그리로 갈 수도 있다는 것에 대해 좀더 호의적으로 생각하는 것 같다는 것을 알게 되어 기쁩니다. 형제가 버드 형제에게 내가 집회에 관해 쓴 것을 말해 주었으리라 생각합니다. 주님께서 우리를 스웬젤에 데려가신다면, (형제가 흔쾌히 동의하는 경우에) 주간 성경공부반은 형제의 집에서 모이는 것이 가장 좋을 것입니다. 그러면 헤렌딘 형제가 정기적으로 그 모임에서 유익을 얻을 수 있을 것입니다.[3]

스웬젤에 도착한 후에, 핑크는 형제회 운동에 대한 막연한 환상에서 점점 더 깨어났는데, 이것은 그 지역에서 설교할 기회가 적은 탓이었을 수 있다. 전에는 스웬젤이라는 지역이 이상적인 근거지처럼 보였지만, 이제는 핑크에게 아무런 매력이 없었다. 핑크 부부는 더 이상 그곳에 남아 있을 이유를 알지 못했다. 그러나 무엇보다 핑크가 말하는 '절망'의 중요한 원인은 핑크가 엘리야와 같은 심정으로 주시하는, 하나님의 대의 자체가 그 지역에서 쇠퇴하고 있다는 사실이었던 것이 확실하다. 그 때문에 핑크가 의기소침하게 된 것이 변명거리가 되지는 않지만, 그가 37세의 나이에 진리를 생명보다 사랑하지 않았다면 그런 일은 일어나지 않았을 것이다.

필라델피아의 엘지 프레슬의 이야기가 이어지는 것이 바로 이 시점이다. 1923년 연말이 다가오는 어느 날, 그녀는 베라 핑크에게서 걸려 온 전화를 받았다. 그녀는 핑크의 아내가 혼자서 필라델피아까지 여행을 왔고 리딩Reading 기차역에 있다는 사실을 알고 깜짝 놀랐다. 그녀는 프레슬 부인에게 핑크 목사가 '기분이 우울해' 있다고 말하며, 제1차 세계대전 당시 간호사로 일한 적이 있는 그녀에게서 남편의 상태에 대해 조언을 듣고자 했다. 엘지 프레슬은 이렇게 쓰고 있다. "나는 핑크 부인에게 우리 집으로 오라고 강권했다. 택시를 타고 집에 온 후에, 그녀는 핑크의 증상에 대해 이야기했다. 핑크 부인은 내 제언을 받아들였고, 다음 날 집으로 돌아갔다. 얼마 후에 핑크 부부가 집에 왔다. 핑크는 신경 쇠약을 앓고 있었고, 철저한 휴식이 필요했다. 그가 우리에게 일 년에 이만 내지 삼만 페이지가량 책을 읽는다고 말했을 때, 놀라지 않을 수 없었다!"

엘지는 벌써부터 핑크 부인에게 마음이 끌리고 있었다. "핑크 부인은 매우 친절하고 따뜻하며 활달했다. 처음 만났을 때부터 '남부 사람'이 그처럼 친절할 수도 있다는 것을 알게 되었다." 그러나 젊은 프레슬 부부는 아직 이 설교자를 다소 어려워했다. 엘지는 그때를 회상하면서 핑크가 처음에는 말을 자제했는데, 그것은 자기들을 '재어 보고' 있다는 표시였다고 말했다. 처음에 그녀는 핑크가 대하기 편한 환자인 것을 몰랐다. 그녀는 이렇게 쓰고 있다. "그는 결심이 굳은 사람이었다. 그러나 금세 그는 내가 엄격하게 간호 프로그램에 따라 줄 것을 요구하는 기간 동안에는 내 지도를 허용하는 것처럼 보였고, 마침내 너그럽게 내 말에 따랐다. 문제는 그가 독서를 하지 못하게 '족쇄'를 찬 것 같은 상태에 있는 것과, 얼마만큼의 일만 할 수 있다는 말을 듣는 것을 언짢게 생각한다는 것이었다. 하지만 우리들도 대부분 그와 같은 일에는 고집스럽게 행동하지 않는가? 주님께서 우리 부부에게 그가 건강을 회복할 수 있도록 돕는 지혜를 주셨는데, 그것은 그를 3개월 이상 우리와 함께 지내도록 하는 것이었다."

좀더 친숙해질 수 있는 이 기간을 통해서, 주로 설교자로만 알았던 이 사람에 대한 프레슬 부부의 사랑과 존경심이 더 깊어졌다. 때로 엄격하고 웃지 않는 사람처럼 보일 수도 있었지만, 그는 무엇보다 깊이 훈련된 그리스도인이었다. 건강을 회복해 가자 이내 핑크는 프레슬 부부가 성경공부에 사람들을 초대하기를 간절히 바랐다. 그 결과 성경공부를 위해 매주 두 번 모이게 되었는데, 프레슬 부부는 이 모임을 '귀한 시간'으로 기억했다. 이 시간에 20명 내지 30명의 사람들이 필라델피아의 프레슬 부부의 집에 모이곤 했다.

이때쯤 엘지 프레슬은 점심시간에 벌어진 일이 보여주듯이 자기들 손님이 유머 감각이 없지 않다는 것을 알았다. 핑크가 다시 정상적인 생활을 시작하게 되자, 그의 아내와 엘지가 점심 먹으라고 부를 때까지 오전 나절을 위층에서 연구로 시간을 보내는 것이 그의 습관이 되었다. 그런데 감사 기도를 드리고 점심 식사가 시작되고 나서도, 프레슬 부인은 그녀에게 할 일이 아직 남아 있는 것으로 핑크가 생각한다는 것을 알았다. "아주 뜬금없이 핑크 목사님은 내게 '역대하 7:14이나 보통 잘 알려지지 않은 성경 구절을 인용해서 말해 보라'고 했다. 처음 한두 번 그의 말을 들었을 때는 아무 생각도 나지 않았다. 나는 목사님이 듣고 싶어 하는 말이 바로 그 성경에 있다는 것을 몰랐다." 핑크는 여주인이 그런 질문에 확실하게 대답하는 것이 최상의 정책이라고 판단할 때까지, 엄숙한 얼굴로 그녀가 말 못하고 있는 것을 찬찬이 쳐다보는 것 같았다. 그래서 다음에 또 그런 질문을 하자 엘지는 이렇게 응수했다. "음식을 준비하면서 나는 벌써 하나님께 도움을 구했어요. 그러니까 음식을 태우지 않을 것이고 부엌에서 일어나는 어떤 사고로 집에 문제가 생기지 않을 거예요. 내 할 일은 요리하고 섬기는 것이지 목사님이 말하는 구절을 대는 게 아니랍니다. 자, 이제 목사님이 내 대신 그 구절을 말해 보세요!" 핑크는 깜짝 놀라더니, 내 대답을 듣고 정말로 큰 소리로 웃었다. 핑크는 유머 감각이 있었다."

1924년이 되었을 때 핑크는 다시 가정생활을 시작할 수 있게 되었다. 처음에는 잠시 하숙을 했다가, 그 다음에는 크레이톤 가 222번지(1924년 2월부터 1925년 1월까지 「성경연구」에 적혀 있는 주소)에 있는 좀더 안락한 집에 세 들어 살았다. 엘지는 간호사였을 뿐만 아니라 타이피스트이기도 했기 때문에, 그녀의 성기석인 도움으로 잡지가 계속 발행되었다. 그녀는 이에 대해 이렇게 쓰고 있다. "나는 크레이톤 가에 가서 아침 8시 30분부터 저녁 식사 때까지, 때로는 저녁 8시 30분까지 하루 종일 지내면서, 핑크 목사님이 스스로 개발한 속기록 글쓰기를 따라 원고를 불러 주는 대로 타이핑했다. 남편은 하루 일과를 끝낸 후에 와서 우리 모두 함께 저녁 식사를 했다." 핑크는 앞에서 말했듯이, 자기들 부부가 필라델피아로 이사한 사실을 언급한 뒤 곧바로 프레슬 부부와의 우정에 대해 이야기한다.

그곳에서 주님은 우리가 별로 잘 알지 못하는 젊은 부부의 마음을 움직여 안정되게 자리를 잡을 때까지 우리를 그들 가정에서 지내도록 해주었고, 그 아내는 원고를 타이핑해 주었으며 내 아내가 얼마 후에 그 일을 인계받을 수 있을 때까지 타이핑을 가르쳐 주었습니다. 그것은 주님께서 우리를 위해 아주 현저하게 개입하신 일이었습니다. 주님께서 우리가 이 문서 사역을 계속하기를 바라신다는 그런 분명한 표지가 있기 때문에, 하나님께서 우리의 모든 필요를 채우실 것이라는 편집자의 믿음은 그때부터 지금까지 한 번도 흔들리지 않았습니다.

핑크의 생애에서 중요한 이 일화를 마치기 전에, 핑크가 우울증에 걸리기 쉬웠다는 사실에 대한 프레슬 부부의 말을 언급하지 않을 수 없다. 프레슬 부부가 이때와 그 후로 핑크를 더 잘 알게 되었기 때문에, 그들의 판단을 다소 중요하게 생각해야 할 것이다. 프레슬 부부는 핑크가 점점 더 우울해진 것을 그의 기질상 타고난 불안정성 때문으로 생각하지 않는다. 프레슬 부인은 이렇게 쓰고 있다. "전반적인 태도에 있어서 그는 전형적인 영국 사람이었다." 그에게 그만의 '특이한 성격'이 없지는 않았다. "하지만 사람들 대부분이 다 자기 나름대로 특이한 성격이 있으니, 그의 그런 점들을 별다르게 생각할 필요가 있겠는가?"

프레슬 부부가 볼 때, 핑크가 분명히 과로하고 있다는 사실 외에도 1923년 말에 핑크가 의기소침한 상태에 떨어지도록 만든 것에는 적어도 두 가지 원인이 있었다.[4] "우리는 핑크가 그렇게 우울한 기분에 빠지는 것이 어느 정도는 자신이 사탄의 종파에 속해서 보낸 날에 대한 기억, 곧 자신의 과거 행위에 대한 깊은 슬픔 때문이라고 종종 생각했다. 그런데 요즘 핑크는 순전히 자신이 타락한 죄인들을 위해 마련된 은혜로 용서받았다는 것을 알고, 또 성령께서 자신을 어둠에서 불러내어 하나님의 큰 은혜와 자비의 기이한 빛에 들어가게 하신 큰 기적을 생각하고서 의기소침한 상태에서 다시 빠져나왔다."

이 당시 일시적으로 핑크에게 덮쳤던 그 슬픔에 대해 초기의 이 친구들이 제시하는 두 번째 이유는 내가 이미 앞에서 언급한 점이다. 당시 하나님의 이름을 더럽히고 있는 영적 상태가 아주 널리 퍼져 있는 것을 그의 양심이 예민하게 느끼고 있었던 것이다. 사도 바울이 구원받지 못한 사람들에 대해서 또 그리스도 교회의 결함들에 대해서 느낀 슬픔을 핑크도 다소 느꼈던 것이나. 그가 다른 그리스도인들과 마찬가지로 죄악적인 자기 연민의 시험에서 면제되지는 않겠지만, 그의 친구들은 핑크의 주된 염려가 그보다 더 고상한 것이었다는 점은 추호도 의심하지 않았다. "핑크의 생애 목표는 자신의 찬양 받으실 주님을 명예롭게 하는 것이었다."

모든 그리스도인들에게 다 그렇듯이, 핑크의 이런 '의기소침'은 그를 더욱 강한 그리스도인으로 거듭나도록 하기 위해 하나님께서 주신 시련의 일부였다. 1924년판 「성경연구」는 이제까지 세 권으로 묶어서 출판된 것들 가운데 가장 탁월한 잡지가 되었다. 1924년판 「성경연구」에는 '출애굽기 강해 Gleanings in Exodus'라는 새로운 글의 연재가 시작되었고, 똑같이 '위로의 메시지'라는 제목이 붙은 두 편의 글이 실려 있었다. 이 글들은, 핑크가 자신의 개인적인 이야기를 일절 언급하지 않지만 그의 최근 경험과 관련이 있는 것이 분명했다. 이 두 편의 글 가운데, 5월에 발행된 첫 번째(고린도후서 4:17에 대한) 글은 다음과 같이 결론을 맺었다. "우리가 영원히 누리게 될 하나님 우편의 즐거움과 어울리지 않는, 노고와 병과 가난과의 싸움, 박해의 세월은 대체 어떻게 된 것입니까? 낙원에서 불어오는 한 줄기 미풍이 지상의 이 모든 역풍을 잠재울 것입니다. 하나님께서 우리에게 기대에 찬 마음으로 미래를 붙들고 현재의 순간에 그 미래를 누리며 살 수 있는 믿음을 주시기를 바랍니다!" 두 번째 글은 "그러나 내가 가는 길을 그가 아시나니 그가 나를 단련하신 후에는 내가 순금 같이 되어 나오리라"는 욥기 23:10의 말씀을 본문으로 삼아 비슷한 주제에 대해 자세히 설명했다.

핑크는 「성경연구」를 발행하는 일을 자기 사역의 전부로 삼을 뜻이 전혀 없었다. 그래서 1924년 봄과 여름에 건강과 자신감을 되찾자, 좀더 공적인 사역을 시작할 마음을 가졌다. 그가 염려하는 문제는 그 일을 어디에서 시작해야 하느냐는 것이었다. 그가 택할 수 있는 기회들은 확실히 제한되었다. 그가 전에 목회했던 몇몇 곳에서, 특별히 콜로라도와 캘리포니아에서 목사로 청빙할 뜻을 보내왔다. 그러나 특별히 그의 마음을 끈 것은 호주 남동쪽 주인 뉴사우스웨일스의 시드니에서 그에게 보낸 두 통의 편지였다. 편지를 보낸 사람은 시드니에서 기독교 서적 창고를 운영하고, 뉴사우스웨일스 복음전도협회 이사로 활동하고 있는 조지 애딜George Ardill이라는 사람이었다.[5] 「성경연구」의 열독자인 애딜은 핑크에게 호주를 방문해서 끼칠 수 있는 유익을 생각해 보라고 권했고, 10월이 되었을 때 핑크는 '해외 사경회 순회 여행'을 떠나기로 마음먹었다. 하지만 이것은 충동적인 결정이 아니었다. 왜냐하면 핑크 부부가 다음 해 봄이 될 때까지 떠나려고 하지 않았기 때문이다. 1924년에 호주로 떠나기 전 몇 달 동안은 준비하는 일로 일정이 빡빡했다. 「성경연구」에 실을 자그마치 넉 달치 분량의 원고를 미리 준비해야 했고, 핑크가 스파턴버그, 스웬젤, 크레이톤 가에서 지내면서 모아 놓았던 물건들, 그가 소중히 여기는 서고의 일부를 포함하여 그 많은 물건들을 버려야 했다. 그러는 사이, 1924년 11월에 프레슬 부부가 펜실베이니아의 요크York로 이사를 갔다. 그들은 이사 간 새 집에서 매달 잡지를 발송하는 데 따르는 모든 일을 계속 맡았다. 잡지를 인쇄하는 일은 계속 미국에서 진행했고, 핑크는 자료를 제공하고 그 나머지는 프레슬 부부가 맡았다.

이렇게 해서 1925년 1월 5일, 추운 겨울 아침에 핑크 부부는 크레이톤 가에서 세 들어 살던 집을 뒤로하고, 필라델피아에서 육로로 약 사천 킬로미터, 배편으로 약 만 킬로미터에 달하는 여행을 시작했다. 여행의 첫 단계는 콜로라도 덴버까지 3일 동안 기차를 타고 가는 여행이었다. 덴버에서 핑크는 로키 산맥 사경회Rocky Mountains Bible Conference에 주강사로 참가하여 "눈이 높은 회중에게 매일 두세 번씩 설교했고, 주님은 그에게 아주 자유롭게 말씀을 전할 수 있는 기회를" 허락하셨다. 핑크는 이때를 '놀라운 축복의 시간'으로 생각했다. 갈릴리 침례교회에서 여러 번 집회를 가졌고, 핑크는 그 교회의 담임 목사인 그래비트 박사와 교인들과 함께 "한 주간 동안 그리스도인의 교제를 충분히 누렸다." 그 주간에 그는 또 덴버 시와 근교에서 모인 침례교회 목사들 집회에서 강해 설교라는 주제에 대해 강연하기도 했다.

핑크 부부가 다음으로 머문 곳은 캘리포니아 오클랜드였다. 이곳에 대해서 핑크는 "우리는 그리스도인 친구들로부터 더할 나위 없이 극진한 환영을 받았다"고 말한다. 그는 이곳에서 그 다음 6주간 동안 "굶주린 많은 영혼들에게 생명의 떡을 공궤하는 기쁨"을 누렸다.

> 스웨덴 선교 교회에서 열린 첫 집회를 통해 나는 큰 용기를 얻었습니다. 교인들의 진지함, 열심, 기쁨을 보고서 나는 다시 한번 하나님 말씀의 만족케 하는 능력을 확인할 수 있었습니다. 제일장로교회에서 보낸 두 주간은 오래도록 기억에 남을 것입니다. 교회 목사인 시슬리 박사Dr Sisley는 마음이 통하는 사람이었고, 그가 기도로 협력해 준 것이 큰 도움이 되었습니다. 우리는 「성경연구」 독자들에게 하나님께서 시슬리 박사의 손에 힘을 주시고, 하나님의 영광을 위해 그를 힘 있게 써 주시기를 기도해 달라고 부탁했습니다. 그의 교회에서 세 번의 주일 밤에 드린 예배는 지극히 복되고 엄숙한 시간이었습니다. 매번 천 명이 훨씬 넘는 사람들이 참석했고, 회중들에게서 거룩한 정숙을 느낄 수 있었습니다. 예

배가 끝나 갈 때쯤 내가 주님의 재림에 대해서 이야기하고 있을 때는, 좌석을 더 들여놓지 않으면 안 되었습니다. 그 설교가 어떤 열매를 맺었는지는 영원에 가서야 알 수 있을 것입니다.[6]

이 기간에 핑크는 샌프란시스코에서도 설교했고, 버클리에 있는 프렌즈 미팅 하우스Friends' Meeting House(퀘이커 교도 집회 장소—옮긴이)에서 몇 차례 연속적으로 성경을 강해했다. 후자 집회에서 그는 자기 글을 읽고 크게 감사하는 두 사람을 만나고서 격려를 받았다. 첫 번째 인물은 전에 영매로 활동했던 사람인데, 그는 3년 전에 「우리의 소망」에 실렸고, 헤렌딘이 전도 책자 형태로 다시 인쇄한 「강신술의 원리」라는 핑크의 글을 읽고 회심했다고 했다. 하나님께서 그 악한 이교에서 구원하려고 하셨던 사람이 핑크 혼자만은 아니었던 것이다. 두 번째 인물은 「구원받지 못한 자」라는 핑크의 소책자를 보고 그리스도께로 온 사람이었다.

이런 일들을 경험하고 나서, 핑크 부부가 1925년 3월 3일에 "찬양하는 심정이 가득한 채" 샌프란시스코를 떠났다는 말을 우리는 충분히 이해할 수 있다. 핑크 부부가 탄 배는 엿새 동안의 항해 끝에 하와이 호놀룰루에 도착했다. 이곳에서 배가 8시간 동안 정박하는 바람에 그들은 운동할 좋은 기회를 얻었고, 운동하는 중에 일본인과 중국인이 만원을 이루고 있는 곳을 발견하고 놀랐다. 나머지 여행에 대해서는 핑크 자신의 설명을 그대로 다 들어 볼 만한 가치가 있다.

다음에 우리는 호놀룰루에서 배를 타고 사모아 군도로 갔습니다. 꼬박 일주일이 걸린 여행이었습니다. 이 여행으로 열대 지방을 통과하게 되었지만, 신선한 '무역풍'이 상쾌한 바람을 실어 왔고, 덕분에 항해가 편안하고 즐거웠습니다. 우리에게 깊은 인상을 준 것은 밤중에 본 하늘이었습니다. 남반구에서 별은 훨씬 더 가깝고 밝고 그 수도 더 많아 보였습니다. 그 광경을 보고 "하늘이 하나님의 영광을 선포하고 궁창이 그의 손으로 하신 일을 나타내는도다"(시 19:1)라는 시편기자의 말씀이 생각났습니다. 북반구에서 보이지 않는 '남십자성'이 아주 아름답게 보였는데, 남십자성은 네 개의 별로 이루어져 있으며, 별들 하나하나가 1등급 별로 기묘하게 위치를 잡아 정확히 십자가 모양을 띄었습니다.

사모아 군도에 이르는 길은 매우 유쾌했습니다. 우리는 두세 시간 동안 작은 섬들 사이를 들락날락하며 가다가 팡고팡고(지금의 파고파고) 선착장에 도착했습니다. 여기에는 작은 미 해군기지가 있었고, 미국인 가정 2, 30세대가 자리를 잡고 있으며, 나머지 주민은 식인종들의 자손인 원주민들로 이루어져 있습니다. 모르몬교 선교사 두 명이 이곳에 와서 그들의 유해한 가르침을 전파했습니다. 풍경은 말로 다 표현할 수 없을 만큼 웅대합니다. 절벽이 좁은 해변에서 이백 미터에서 삼백 미터에 달하는 높이로 가파르게 서 있습니다. 절벽은 말 그대로 밑바닥에서 정상까지 초목이 울창하게 덮여 있습니다. 많은 비가 거의 매일같이 내리기 때문에, 모든 것이 아주 싱싱하고 푸르렀습니다. 우리가 섬에 도착하기 전날 밤에 이교의 족장이 죽었습니다. 우리는 원주민들이 손에 야자 잎을 들고 열을 지어 가는 장례 행렬을 보았고, 지나갈 때 이상한 애가를 부르는 것을 들었습니다. 곁에 서 있으면서, 이들 가운데 '생명의 말씀'을 들어 본 적이 있는 사람이 얼마나 될까 생각했습니다. 우리는 은혜로우신 하나님께서 우리를 그리스도인 가정에 태어나게 하시기를 기뻐하셨다는 사실에 참으로 감사했습니다!

우리는 3월 16일 팡고팡고를 떠나서 여행의 마지막 단계에 접어들면서, 4시간 동안 아피아 섬을 둘러보았습니다. 이 섬에는 로버트 루이스 스티븐슨Robert Louis Stevenson(1850-1894년, 스코틀랜드 태생의 영국 소설가이자 시인—옮긴이)이 묻혀 있습니다. 적도를 지나갈 때 날씨가 너무 뜨겁지 않고 따뜻했습니다. 거기에서 우리는 완전히 하루를 잃어버리고 수요일에서 껑충 뛰어 금요일로 넘어가 버렸습니다. 금요일 저녁에 우리는 '생의 한가운데서 죽음을 맛본다'는 사실을 생각나게 하는 사건을 겪었습니다. 승객 한 명이 배가 갑자기 한쪽으로 기우는 바람에 배 밖으로 휩쓸려가 버린 것입니다. 그 여자 승객은 열정적인 '기독교인 과학자'였는데, 경고할 틈도 없이 시간에서 영원으로 쓸려가 버린 것입니다. 항상 준비된 자세로 산다는 것이 얼마나 중요한 일인지 모릅니다! 호주에 가까이 다가가자, 그동안 항해해 왔던 어떤 때보다 파도가 거칠었는데, 춘분점(황도와 적도의 교차점 가운데 태양이 남쪽에서 북쪽으로 향해 적도를 통과하는 점—옮긴이) 때문이었습니다. 마지막 이틀 동안 심한 바람을 만나 배가 몹시 흔들리고 곤두박질쳤습니다. 배가 어찌나 요동을 치는지 배가 거의 선착장에 도착할 때까지 의사와 세관원들이 배에 오를 수가 없었습니다. 그러나 파도를 다스리고 바다에 영을 내리시는 분이 우리를 21일 동안 바다에서 지내게 하신 후에 3월 24일 아침, 시드니로 안전하게 데려가셨습니다. 이렇게 신실하신 우리 하나님께서 여행에서 많은 자비를 베푸시고, 바라던 항구로 우리를 데려오셨습니다.[7]

6. 호주: 뒤섞인 반응

1925

서른아홉 번째 생일이 다가오고 있는 무렵 시드니 서큘러 선착장에 도착한 시간부터, 핑크는 속에서 조용히 기쁨이 차오르는 것을 느꼈다. 호주에 아는 이가 단 한 사람도 없고 아무 데서도 재정적 보장을 받지 못했지만, 하나님께서 자기를 인도하셨다는 것을 믿었다. 그는 북아메리카의 추운 겨울에서 정반대편의 늦여름으로 건너왔고, 다시 한번 영국 문화 속에서 편안함을 맛보았다. 그리고 무엇보다도 이제 진지하고 신앙심이 깊은 많은 그리스도인들 가운데 있게 되었다. 하나님 말씀을 배우는 데 열심을 보이는 그리스도인들을 만나는 것이 그에게는 기쁨이었다. 조지 애딜이 편지로 핑크에게 불러일으켰던 기대감을 충분히 만족시켜 주었다. 그는 앞으로 몇 주 동안 핑크가 여러 교회에서 설교할 일정을 빡빡하게 잡아 놓았다. 1925년 4월 22일에, 핑크는 6월호 「성경연구」 원고를 인쇄하도록 미국에 우편으로 부치면서 독자들을 위해 짧은 편지를 덧붙였다. "하나님께서 이곳에서 우리를 위해 지극히 은혜로운 일들을 하셔서 우리로 그의 백성들의 눈에 은총을 입게 하시고, 사역의 문을 많이 열어 주셨습니다. 우리는 벌써부터 많은 초대를 부득이 거절하지 않으면 안 되고, 설교 일정은 몇 달씩이나 예약되어 있습니다. 가는 곳마다 영적 양식에 굶주린 사람들이 정말로 많았습니다. 우리는 앞으로 하늘이 보내 준 복을 즐겁게 누릴 것으로 충분히 생각할 수 있습니다."

그 다음 달 「성경연구」에는 5월 27일 시드니에서 '미국에 있는 동료 그리스도인들' 앞으로 쓴 짧은 편지가 또 들어 있었다. 그는 할 수만 있으면 개인적인 편지를 보내고 싶은데 보낼 수 없는 사정을 이렇게 설명한다.

> 사실 나는 지금 한 주일에 열 번 설교하고, 그 일을 위한 예배 준비와 하나님의 도를 더 온전히 알기를 간절히 바라는 사람들을 면담하는 일에 모든 시간이 들어갑니다.……이곳에서 집회를 가지면서 지극히 은혜로우신 우리 하나님께 마땅히 찬송을 드리지 않을 수가 없습니다. 집회에 참석하는 사람들의 수가 꾸준히 늘고 있고, 회중들이 관심이 있다는 것이 확연하며, 상당수의 사람들이 복을 받고 있습니다. 이곳에 있는 많은 사람들은 지난 몇 달 동안 주님께서 선생을 보내어 그들에게 다함이 없는 성경의 보물들을 열어서 보여 달라고 간절히 기도했습니다. 수백 명의 사람들이 평일 밤에 대여섯 번씩 성경과 노트를 들고 간절한 마음으로 찾아오고 있습니다. 하나님께서 그의 귀한 말씀을 전하는 일에 큰 복

을 주셔서 내가 기쁜 마음으로 막힘이 없이 아주 자유롭게 말할 수 있게 해주십시다. 나는 더 이상 수용할 수 없을 정도로 많은 초청을 받고 있습니다. "우리에게 광대하고 유효한 문이 열린다"(고전 16:9)는 표시를 사방에서 볼 수 있습니다.

1980년대 시드니에는 거의 육십여 년 전 핑크의 설교로 일어났던 영적 부흥이 어떠했는지를 증언할 수 있는 사람들이 있었다. 앨런 맥커렐Alan McKerrell은 이렇게 썼다. "사실 최근에 한 나이 든 부인이 내게 말하기를, 자기는 핑크 목사의 설교를 들으러 매일 저녁 수 킬로미터를 걸었다고 했다. 그 부인은 핑크를 성경에 대해 아주 분명하고 설득력 있게 설명하는 뛰어난 선생이라고 이야기했다. 핑크 목사는 마치 자석처럼 사람들을 끌어당기는 것 같았다. 핑크 목사는 매우 솔직하고 분명하며 단호한 분이었지만 보통 말하듯이 '물 같은' 설교자는 아니었다고 말했다."[1]

이 시기 핑크의 사역을 기억하는 다른 사람들은 그의 설교가 전달하는 방식에서 그리고 내용에서도 흔히 듣는 설교와 많이 달랐다고 했다. 그는 제스처를 쓰지 않았고 큰 소리로 말하지도 않았다. "그는 청중들 앞에 하나님을 위하여 싸우는 충실한 전사처럼 섰다. 그는 이런저런 이야기를 하거나 경구를 들먹이면서 설교의 주제를 벗어나는 법이 없었다. 그 자리에 참석한 사람은 누구나, 그가 찬양받으실 삼위일체 하나님을 명예롭게 하고 하나님 말씀이 우리에게 요구하는 바가 무엇인지 설명하는 것을 유일한 목적으로 삼았기 때문에 시시껄렁한 이야기를 할 틈이 전혀 없다는 것을 알았다."

1920년대 시드니는 인구가 백만에 달하고 전차와 기차가 다니며 주변이 사방으로 뻗어 나가고 있는 도시로, 1804년에 초기 정착민이 읍이라기보다는 야영지와 같다고 표현한, 주민이 675가구밖에 안 되는 상황과는 너무도 달랐다. 19세기 이민 활동에 합류하여 수천 명의 그리스도인들이 이곳으로 왔는데, 여기에는 런던에 있는 스펄전 목회자 대학Spurgeon's Pastors' College에서 훈련받은 사람들도 있었다. 1920년대 시드니에 있는 복음주의 교회들 가운데는 시내 중심가에서 10킬로미터 정도 떨어진 애쉬필드Ashfield에 있는 태버너클 침례교회The Baptist Tabernacle가 아주 유력한 교회였다. 초기에 교회에서 사경회를 맡아 달라고 초청했기 때문에 핑크 부부는 애쉬필드 노튼 가 5번지에 첫 번째 근거지를 마련했다.

핑크는 '교회의 충성스럽고 신실한 목회자'로 여기는 세일 해리슨L. Sale-Harrison의 지원을 받아 1925년 6월 말이 되기 전에 애쉬필드 태버너클 교회에서 두 번의 사경회를 맡게 되었다. 많은 경우에 그는 집회에서 특별히 복음전도에 힘썼는데, 돌아온 탕자, 세 개의 십자가, 신생과 같은 주제로 설교를 전했다. 그렇다고 일차적으로 신자를 대상으로 하는 설교를 배제하지는 않았다. 핑크가 이 시기에 자주 반복하여 전한 설교들에는 '그리스도인의 가장 큰 필요'(눅 10:38-42에 대한 강해), '하나님의 백성을 위한 하나님의 양식'(출 16장), '성도들의 죄'가 있었다.

애쉬필드에서 지내는 시간이 길어지자, 핑크는 좀더 교리적인 면을 가르쳐야 할 필요를 확신하게 되었고, 그래서 후에 이렇게 썼다.

> 애쉬필드에서 두 번째 사경회가 끝나 갈 즈음에, 나는 사람들이 아주 소홀히 생각하지만 지극히 중요한 하나님의 주권과 선택이라는 진리에 대해 연속적으로 하나님 말씀을 전했습니다. 날씨는 눅눅하고 추웠지만 월요일부터 금요일까지 사백 명에서 오백 명에 이르는 사람들이 출석했고, 주일에는 태버너클 교회가 빽빽이 들어차서 추가로 의자를 더 들여놓아야 했습니다. 하나님께서 자신의 말씀을 아주 영광스럽게 하시고, 성도들을 교훈하시며 죄인들을 구원하셨습니다.[2]

핑크가 이같이 좀더 구체적으로 은혜의 교리들에 대해 설교할 때 아주 자유롭게 말했다는 사실은 다음의 글에서 알 수 있다. 6월 18일에 하나님의 주권에 대한 세 차례의 설교 가운데 첫 번째 설교를 결론지으면서 그는 이렇게 밝혔다.

> 자, 교우 여러분, 내가 지금까지 한 시간 반을 설교했는데, 사실은 겨우 말문을 뗀 것에 불과합니다. 끝으로 중요한 이 한 가지 점을 말씀드리겠습니다. 우리는 이 같은 하나님을 향하여 어떤 태도를 취해야 합니까? 네 가지 답변을 말씀드리되, 상세히 설명하지는 않겠습니다. 사람은 하나님을 두려워하고 그 앞에서 떨어야 합니다. 성경의 하나님은 두려워하고 지극한 경외심으로 존중해야 하는 하나님이십니다. 둘째로, 이 같은 하나님에 대해 우리는 어떤 태도를 취해야 합니까? 하나님은 주권자

이시고, 우리는 단지 그의 종들이기 때문에 무조건 순종해야 한다는 것입니다. 하나님은 주권자이시고 우리는 그의 신하들일 뿐이므로, 하나님의 말씀과 그의 명령이 아무리 우리 이치에 맞지 않는 것처럼 보일지라도 그것을 행하고 순종해야 합니다. 셋째로, 이 같은 하나님에 대해 우리는 어떤 태도를 취해야 합니까? 하나님은 모든 것이 우리의 영원한 선을 위해 작용하도록 만드실 수 있습니다. 그는 주권자이고 가장 높은 분이시며 아무도 그를 훼방할 수 없기 때문에 그같이 하실 수 있습니다. 그 점으로 인하여 하나님을 충만히 찬송해야 합니다. 하나님은 찬양을 받으실 분입니다! 끝으로, 이 같은 하나님에 대해 우리는 어떤 태도를 취해야 합니까? 경건한 예배를 드려야 합니다. 그는 전능하신 만왕의 왕이요 만주의 주이십니다. 우리는 하나님 앞에서 그저 티끌 가운데 엎드려 그에게 경배를 드리고 감사를 드려야 마땅합니다.[5]

또 6월 26일, 선택에 관한 네 번째 설교에서 핑크는 이렇게 말했다.

그러면, 이제 결론을 내려야 하겠습니다. 끝으로, 사실 시계가 두어 시간 동안 그대로 멈추었으면 좋겠습니다. 정말 그러면 좋겠습니다. 오늘 오후에 어떤 사람이 내게 이렇게 말하더군요. "저, 해리슨 목사님이 핑크 목사님께 다음 달에도 다시 우리 교회에 오라고 하면, 무엇을 할 생각이십니까? 목사님은 벌써 쉰 번이나 설교했습니다. 이제 통의 물이 바닥나기 시작하지 않았습니까?" 교우 여러분, 들어 보십시오. 신문에서 일화나 기삿거리를 찾는 설교자는 통의 물이 금세 마를 것입니다. 그러나 하나님의 말씀을 전하는 설교자는 아무리 퍼 올려도 다함이 없는 샘을 갖고 있습니다. 교우 여러분, 곤란한 점은 내가 무엇을 가지고 오고 무엇을 놓아두어야 할지 잘 모르겠다는 것입니다. 주께서 도와주시면 나는 십 년 동안 매일 밤 말씀을 전하고 싶습니다. 아마 그때에는 우리 모두가 하나님 말씀을 다소 알게 될 것입니다. 많이 아는 것이 아니라 아주 조금 알게 될 것입니다.[4]

이렇게 말한 사람은 성경을 사랑하고 설교하기를 사랑하는 사람임에 분명하다! 그 용어를 사용하지는 않았지만, 핑크는 개혁자들과 청교도들, 지나가는 말로 잠깐 이름을 언급한 스펄전의 오래된 "칼빈주의" 교리를 전했다.

오, 하나님께서 오늘날 스펄전만큼 사람들의 귀를 사로잡을 수 있고 평이하면서도 충실하게 설교할 수 있는 사람을 일으켜 주시면 좋겠습니다.……물론, 세상의 호의를 구하고 세상 사람들에게서 지원을 받고자 하는 설교자는 이 주제에 대해 입을 다물 수밖에 없을 것입니다. 이 주제에 대해 입을 다문다는 것은 거의 아무 말도 하지 않는다는 것을 뜻합니다. 그런 설교자는 다음 두 가지 이유 가운데 하나 때문에 그렇다고 생각합니다. 그렇게 아무 말도 못하는 것은 다음 두 가지 가운데 한 가지를 입증합니다. 그는 그리스도의 무능한 종이라는 것입니다. 그가 무능한 것은 성경의 기본적인 진리들 가운데 한 가지를 모르기 때문입니다. 그렇지 않으면 그는 그리스도의 성실하지 않은 종입니다. 그가 하나님의 모든 말씀을 전하지 않기 때문에 불성실한 종입니다. 내가 이렇게 말한다고 해서 설교자는 언제나 이 주제만을 전하고 있어야 한다는 뜻이 아닙니다. 전혀 그렇지 않습니다. 진실한 하나님의 종은 누구나 모든 성경이 하나님의 영감으로 기록되었고, 그래서 교리를 전하기에 유익하다고 믿을 것입니다. 따라서 그는 결코 교리를 무시하지 않을 것입니다.[5]

핑크는 이처럼 평이한 말로써 자신이 이 선택의 교리를 설교한 것은 어떤 교리적 논쟁을 일으키기를 바라서가 아님을 분명히 했다. 왜냐하면 이 주제는 "논쟁의 태도가 아니라 공경과 신앙의 태도로 언제나 설교하고 이야기해야 하기 때문이다." 그는 이런 교리들을 주장하는 것이 결코 복음전도를 방해하지 않는다는 점도 강조했다. 그래서 선택에 관한 설교들 가운데 한 설교에서 이런 말로 결론을 맺는다.

> 이제 내가 마지막으로 드릴 말씀은 이것입니다. 사람들은 하나님께서 이 사람은 선택하고 저 사람은 버리는 것은 불의한 일이라고 말합니다. 잘 들어 보십시오. 그것은 불의한 일이 아닙니다. 하나님께서는 정말로 구원해 주시기를 구하되, 마음으로부터 구한 사람에게는 어느 누구에게도 구원을 거절하신 적이 없기 때문에 불의한 일이 아닙니다. 하나님께서는 진정으로 회개하며 자기를 찾는 죄인은 단 한 사람도 외면하시지 않았습니다. 오, 오늘 밤 이곳에 죄인이 있다면, 그 사람은 그 사실

을 직접 한번 검증해 보십시오. 오늘 밤 여기에 죄인이 있다면, 직접 그 점을 시험해 보십시오. 그리스도께서 말씀하셨습니다. "수고하고 무거운 짐 진 자들아, 다 내게로 오라. 내가 너희를 쉬게 하리라"(마 11:28). 여러분이 주님께 온다면, 여러분에게 안식이 있을 것입니다! 지금 당장 그 점을 시험해서 알아보십시오! 지금 당장 그리스도를 시험해 보십시오. 오, 그러면 그것은 목사인 내가 오늘 밤 내내 말해 온 것과 모순된다고 여러분은 말합니다. 아닙니다. 모순된 말이 아닙니다. 죄인은 하나님께서 오도록 이끄시지 않으면 아무도 주님께 오려고 하지 않습니다. 하지만 주님께 나아오는 것은 죄인이 할 일입니다. 그래서 죄인이 오지 않는다면 그는 멸망을 받을 것입니다. 자, 이 점을 분명하게 설명하겠습니다. 죄인이 멸망을 받는 것은 하나님께서 그를 멸망받도록 창조하셨기 때문이 아니고, 그 자신의 죄 때문입니다. 죄인은 자신의 불의에 대해 정당한 보응을 받을 것입니다. 그러나 하나님께 오는 것은 죄인이 해야 할 일이고, 하나님께 온다면 그는 구원받을 것입니다.[6]

핑크 박사(당시에는 그렇게 알려졌다)의 설교를 들으러 여러 교파에서 많은 사람들이 애쉬필드 태버너클 교회에 몰려들었는데, 그들은 그처럼 분명한 설교를 거의 들어 본 적이 없었다. 그래서 틀림없이 적지 않은 사람들은 은혜의 교리들에 대한 핑크의 설명을 지금까지 듣지 못한 기이할 정도로 새롭고 낯선 것으로 느꼈을 것이다. 무디 식의 복음전도가 그동안 영어권 세계를 거반 점령했던 것으로 보였다. 그런 상황에서 핑크의 열정과 깊이는 사람들에게 무척 인상적이었고, 이때에는 참석하는 사람들의 수가 줄어들지 않았다. 호주에서 처음 몇 달 동안 놀랄 만한 상황을 겪으면서 핑크는 이렇게 말할 수 있었다. "하나님께서 많은 사람들의 마음속에 하나님의 놀라운 말씀에 대한 흥미와 기쁨을 깊이 새겨 주고 계십니다. 많은 문들이 우리 앞에 열렸으며, 앞으로 몇 달 동안 설교 예약이 잡혀 있습니다. 멜버른으로부터 초청이 오고 있는데, 시드니와 이 도시 근교를 떠날 수 있으려면 아직 얼마간 더 있어야 할 것 같습니다."[7]

1925년 6월 말에, 애쉬필드에서 집회가 모두 끝나게 되어 또 다른 근교인 아번에서 다음 일정을 진행할 수 있었다. 핑크의 말을 사용하자면, 아번에서 그는 "그곳에서 널리 사랑받는 목사인 클루 블랙Cleugh Black의 아주 진심 어린 협력으로 두 주 동안 매우 행복한 시간을 보냈다." 8월 21일이 되었을 때, 여섯 회에 걸친 사경회를 모두 마쳤다. 한 회마다 평균 3주간이 걸렸고, 이제 막 7회째 집회를 시작하려는 참이었다. 그러는 사이에 「성경연구」를 발행하는 일은 더 많아지고 규모가 커지고 있었다. 인쇄하는 일을 이제는 시드니로 옮겨서 하고 있는데, 시드니에는 잡지에 대한 수요가 많았다. "지금까지 이 나라에서 새로운 구독자들이 수백 명이나 등록했습니다."[8] 핑크가 호주에서 전한 설교들이 잡지의 특별기고란에 실리기 시작했다. (1922년에 시작된) '요한복음 강해'는 아직도 계속 연재되고 있었고, '출애굽기 강해'도 실리고 있었다. 그래서 다른 저자들이 기고하는 자료의 양은 보통 짧은 인용문 정도에 불과했다. 이 저자들 가운데 존 오웬John Owen(1616-1683년, 영국 청교도 신학자—옮긴이)의 이름이 이제는 정기적으로 등장하고 있었다.

이 시기에는 신중함이 핑크의 기질에서 두드러지게 나타나지 않았다. 그러나 당시 시드니 교회들의 영적 상태를 감안할 때, 핑크의 사역에 대한 논쟁은 머잖아 필연적으로 일어날 수밖에 없었던 것이 분명하다. 그는 사람들에게 인기 없는 것을 견디든지 아니면 그리스도의 책망을 감수하든지, 둘 중의 어느 하나를 선택해야 한다는 사실을 직시했다. 오랫동안 많은 교회들에서 성경을 가르치는 일이 거의 없다시피 했다. 핑크가 이때 설교하고 있던 바로 그 진리들을 한때 강력하게 주장했던 장로교회들은 새뮤얼 앵거스Samuel Angus와 그 밖의 사람들이 뉴 사우스 웨일스에서 퍼트리고 있던 자유주의 신학에 대부분 넘어가고 말았다. 핑크가 만났던 형제교회들은 그에게 깊은 인상을 남기지 못했고, 침례교회들은 중요한 교리들을 강조했던 스펄전의 면모를 보이지 못했다. 이 점은 시간이 가면서 나타나게 되어 있었다. 성공회 사람들이 시드니에서 오랫동안 복음을 전해 왔는데, 핑크는 이들과 전혀 접촉하지 않았던 것으로 보인다.

침례교회 목사들과 불화가 발생한 후에야 핑크는 시드니 교회의 상태에 대한 자신의 견해를 「성경연구」에 실었다. 핑크는 여느 때처럼 자신의 견해를 분명하게 밝혔다.

> 내가 찾아볼 수 있는 한, 시드니 전체에서 하나님의 주권, 영원한 선택, 특별하고 유효한 구속, 무조건적인 구원을 선포하고 있는 다른 설교자

는 없습니다.[9]

이곳의 전반적인 신앙 상태는 미국에 만연해 있는 상태와 매우 흡사합니다. 교회들 가운데 태반이 딱한 상태에 있습니다. 철저히 세속적인 교회들은 사람들을 끌어모으기 위해 새로운 방책을 고안하느라 정신이 없습니다. 그 밖에 아직까지 경건의 모양을 유지하는 교회들은 영혼을 위해 중요한 것은 아무것도 제공하지 못합니다. 마음으로부터 그리스도를 심기는 일이 거의 없고, '건전한 교리'를 설교하는 일도 거의 없습니다. 그런데 건전한 교리가 없으면 사람을 믿음으로 확고히 세울 수가 없습니다. '목사들' 대다수는 직업적인 '복음전도자'에게 도움을 요청합니다. '복음전도자'는 두 주간에서 네 주간에 걸쳐 맹렬하게 전도 운동을 벌여서 새로운 '회심자들'을 충분히 확보하여 지난번에 그의 전도 운동이 끝나자 '사라져 버린' 사람들을 대신하도록 합니다. 이 모든 것이 얼마나 우스꽝스러운 짓입니까! 자신들의 실패를 드러내 놓고 인정하는 셈입니다! 스펄전이 해마다 한 달 동안 어떤 복음전도자를 불러서 자기 대신 복음을 전하게 할 필요가 생겼다고 한번 생각해 보십시오! 왜 사례비를 넉넉히 받는 이 '목사들'은 디모데후서 4:5의 말씀을 마음에 두고 스스로 '전도자의 일을 하며 그들의 직무를 다하지' 않는 것입니까?

오늘날 호주에 크게 필요한 것은 하나님께서 보내시고 기름 부으신 사람들입니다. 이들은 하나님의 모든 말씀을 선포하기를 피하지 않을 사람들입니다. 그리스도의 말씀을 풍부하게 간직하고 있어서 바울 사도처럼 "만일 복음을 전하지 아니하면 내게 화가 있을 것이로다"(고전

9:16)라고 말할 수 있는 사람들입니다. 이들은 하나님을 두려워하므로 사람을 두려워하는 데서 해방된 사람들입니다. 먼 나라에 있는 그리스도인 독자들은 추수하시는 주님께서 그의 포도원 가운데 이 구역으로 일꾼들을 더 많이 보내주시기를 나와 함께 매일 기도해 주시기를 바랍니다.[10]

핑크와 침례교 목사들 간의 불화는 핑크가 1925년 6월에 애쉬필드 태버너클 교회에서 가르친 것에서부터 시작되었다. 핑크가 하나님의 주권과 선택에 대한 일련의 설교를 마치기 전에 몇몇 지역에서 반대가 일어나고 있었다. 따라서 8월 4일, 뉴 사우스 웨일스 침례교 목회자 동우회 월간 모임에 강연하도록 부탁을 받았을 때, 핑크는 그동안 자신이 다룬 주제와 관련하여 '인간의 책임'을 다룸으로써 비판을 삼재우려고 했다. 그의 이 강연은 영적인 '능력'(이 능력은 인간이 타락할 때 상실되었다)과 '책임'을 바르게 구별함으로써, 성경적 교리를 확실하게 진술하는 것이었다. "나는 사람의 책임을 부인하는 것이 아니라(사람들이 내가 그렇게 한다고 비난하고 있는데) 오히려 강조합니다. 어쩌면 나는 나를 비방하는 사람들 가운데 누구보다도 그 점을 더 확고하고 충분하게 믿고 있을 것입니다."[11] 강연 후에 그 자리에 참석한 사람들이(당시 이 집회는 '이례적으로 큰 모임'으로 신문에 보도되었다) 점심을 먹기 위해 YMCA로 자리를 옮겼고, 강연자에 대한 감사의 뜻을 "아주 진심 어린 태도로 전달했다." 그러나 회의록은 그것으로 끝나지 않았다. 1925년 8월 11일자「호주 침례교회_The Australian Baptist_」지는 이렇게 보도했다.

> 식사가 끝나자 자리를 위원회실로 옮겨서, 그곳에서 한 시간 이상 핑크 박사는 일련의 후속 질문들을 받았다. 모든 질문에 대해 핑크 박사는 나무랄 데 없이 정중한 태도로 답변했다. 그것은 매우 엄중한 시험이었고, 핑크의 신학적 갑주에 있을 것으로 생각되는 어떤 약점이든지 드러내려는 시험이었다. 핑크 박사의 의견에 전적으로 동의하든지 그렇지 않든지 간에, 그동안 이보다 유익하고 시사하는 바가 많은 동우회가 열린 적이 없었다는 데는 의견이 일치했다.[12]

또 다른 신문은 '뉴 사우스 웨일스 목회자 동우회, 핑크 박사 방문'이라는 제목하에 칼럼 전체를 할애하여 그 모임에 대한 기사를 실었다.

> 핑크 박사는 자질이 뛰어난 성경 교사다. 그가 애쉬필드에서 여러 주에 걸쳐 인도한 집회는 많은 사람들의 관심을 불러일으켰다. 하나님의 주권과 인간의 책임이라는 주제에 대한 박사의 가르침에 상당한 이견이 발생하자, 박사는 인간의 책임을 강연 주제로 삼고서……"나는 극단적 칼빈주의자가 아니라 엄격하고 충실한 칼빈주의자"라고 말했다.[13]

이처럼 비교적 공정하게 보도 기사를 쓴 사람은 "핑크 박사로 인해 부각된 이 중요한 주제들이 근년에는 빛을 보지 못했다"는 점을 인정했지만, 이후로 더 이상 논쟁이 벌어지지 않도록 하는 합의가 있기를 바랐다.

그러나 일은 그렇게 되지 않았다. 뉴 사우스 웨일스 목회자 동우회에서 핑크에게 '감사의 뜻'을 전달했음에도 불구하고 그 동우회는 9월 모임에서 자신들이 핑크 박사의 견해에 대해 "찬성할 수 없다는 것을 만장일치로 결정했다." 동우회 의장과 서기는 그러한 취지의 성명서를 「호주 침례교회」지에 보내어 싣도록 했다.[14] 이렇게 해서 핑크가 시드니에서 더 널리 유용하게 쓰일 수 있는 문이 닫혔다. 핑크는 이런 일을 처음 경험하는 것이 아니었을지라도 틀림없이 다른 어느 때보다 뼈아프게 느꼈을 것이다. 그는 진리가 사람들을 분열시킨다는 것을 알았다. 불성실하고 완고한 목회자들이 있을 뿐 아니라 "교단의 우두머리들을 몹시 두려워하거나, 자기 교인들 가운데 신앙은 없지만 돈 많은 사람들의 호의를 어떻게 해서든지 잃지 않으려고 하기 때문에 아주 많은 경우에 입에 재갈을 물리고 아무 소리도 하지 않는" 목회자들이 있다는 사실을 슬퍼했다.

지금 이 시점에서 핑크가 애쉬필드 강연과 그로 말미암은 논쟁에 대해 얼마만큼 책임이 있는지를 판단한다는 것은 무익한 일일 것이다. 핑크가 호주에 머문 아주 초기에 교리적 설교에 익숙하지 않은 사람들에게 그처럼 '어려운 교의敎義'를 전하는 것이 현명한 일이었겠는가 하는 것은 충분히 생각해 볼 수 있는 문제다. 1925년 6월호 「성경연구」에서 그는 이렇게 썼다. "그동안 호주에서는 성경을 가르치는 일이 거의 없었다." 공공연히 발언한 그런 평은 자기가 교인들을 가르치고 있다고 생각하는 복음주의 설교자들 속에 '옛 사람'의 화를 돋우기에 충분했을 것이다. 또한 핑크를 변호하자면, '칼빈주의'라는 이름이 붙은 교리의 특징적인 요점들을 선포하는 것이 결코 그의 사역의 주요한 특징이 아니었다는 점을 다시 한번 말하지 않을 수 없다. 그의 가장 중요한 관심사는 성경을 강해하고 복음을 전하며 균형 잡힌 생각을 하는 것이었다.

뒤에 가면 알게 되겠지만, 핑크가 좀더 나이가 들었을 때만큼 아직은 균형 잡힌 생각을 하지 못했다는 점은 인정해야 한다. 그래서 때로 핑크는 지혜롭지 못하게 아주 대담한 말을 발설하곤 했다. 그러나 풋내기의 미숙함 때문에 그렇게 한 것이 아니었다. 그는 그 대가가 어떠하리라는 것을 알았지만, 교회가 표류하고 있고 성경에 대한 무지에서 나온 천박한 생각 때문에 성령님을 슬프게 하고 있다는 확신이 그의 속에서 타오르고 있었다. 그는 은혜의 교리들을 설교했는데, 학생들에게 '특별 공부'를 시키듯이 전한 것이 아니라 그 교리들을 하나님을 영화롭게 하는 증거와 그리스도 중심적인 생활과 아주 긴밀히 연결되어 있는 진리로 전했다. 물론 그 점을 깨닫는 것처럼 보이는 사람들이 아주 소수 있었다. 그러나 핑크는 자칭 복음주의라고 하는 교회들에서 나타나는 저급한 사고는 바로 하나님에 대한 저급한 견해에 원인이 있다고 굳게 믿었다. 그래서 핑크는 애쉬필드에 모인 회중에게 이렇게 말했다.

오늘날 어디를 보아도 사람들이 복음의 순결함보다는 복음의 결과에 대해서 훨씬 더 관심이 많은 것이 사실입니다! 사람들은 그리스도의 영광보다는 사람들의 복에 더 관심이 많습니다! 그게 사실이 아닙니까? 오늘날 어디서든지 물어보는 가장 중요한 질문은 이런 것이 아닙니까? 결과가 어떻게 되었지요? 그 성과가 무엇입니까? 작년에 여러분 교회에 구원받은 사람은 몇 명이나 되나요? 나는 지금 이 질문이 중요하지 않다고 말하는 것이 아닙니다. 그것을 제일 중요한 질문으로 생각하고 묻는다면, 그것은 우리가 형편없이 낮은 수준에서 살고 있다는 사실을 보여주는 것뿐이라고 말하는 것입니다! 우리가 마땅히 물어야 할 첫 번째 질문은 이것입니다. 여러분 교회에서 전파되고 있는 복음은 얼마나 성경적입니까? 설교자가 그리스도의 영광을 나타내고 있습니까? 설교자가 그리스도의 완성하신 사역의 절대적인 충족성을 강조하고 있습니까? 설교자가 하나님께서는 죄인에게 무엇을 하라고 요구하시지 않는다는 것, 그리스도께서 죄인을 대신해서 그 모든 것을 다 행하셨다는 사실을 분명하게 전합니까? 오, 교우 여러분, 오늘날 설교자들을 그 기준으로 시험할 때, 그 시험에서 살아남을 사람들은 거의 없습니다. 오늘날 불쌍한 죄인에게 하나님께 마음을 드려야 한다고 말하는 사람들은 참으로 많습니다! 자, 여러분은 그게 옳은 말이 아니냐고 말합니다. 그것이 맞는 이야기입니까? 죄인이 구원을 받으려면 하나님께 자신의 마음을 드려야 하지 않느냐고요? 오, 그런 질문을 한다는 것이 얼마나 큰 비극인지 모릅니다! 사람들은 진보와 전진에 관해 이야기합니다. 아니, 사실 우리는 기독교 신앙의 초보를 가르치는 것이 필요합니다. 기독교 신앙의 초보는 복음입니다! 교우 여러분, 이제까지 죄인이 마음을 하나님께 드림으로써 구원받은 일은 없습니다. 우리는 무엇을 드림으로써 구원받는 것이 아니라 하나님께서 주심으로 구원받습니다.……

오늘날 기독교 사역이라고 하는 우리의 활동 전체를 보면 나는 아버지나 어머니가 마당을 가꾸는 모습을 처음으로 보는 어린아이들이 생각이 납니다. 땅이 준비되면, 그 다음에 씨를 뿌립니다. 그러면 아이는 매일같이 마당에 가서 싹이 트기 시작하는지 보려고 주위를 둘러봅니다. 아무런 표시가 보이지 않으면, 아이는 씨가 정말로 싹을 틔우기 시작하는지 확실히 알고 싶어서, 씨가 묻힌 땅을 파헤칩니다. 아이는 무언가를 보고 싶어 합니다. 교우 여러분, 바로 그것이 오늘날 우리 가운데 많은 사람들이 소위 기독교 사역과 관련해서 하고 있는 일입니다! 오, 우리는 하나님의 '씨앗'이 하나님께서 장차 거두도록 정하신 추수를 일으킬 능력과 충분성을 지니고 있음을 거의 믿지 못합니다![15]

이것이 핑크의 평가였고, 핑크는 그런 평가에 기초해서 교리를 전했는데, 처음에 핑크의 설교를 열성적으로 들었던 많은 사람들이 감당하기에 교리는 너무 무거웠다. 그 점이 뉴 사우스 웨일스 침례교 목회자들이 1925년 9월에 핑크에 반대하는 결정을 내리게 된 주된 이유였던 것이 틀림없다. 이 시기에 핑크는 이렇게 썼다. "물론 반대가 있었습니다. 그동안 이 교리(선택에 대한 교리)를 성경적으로 제시한 곳에서는 언제나 반대가 있었습니다.……많은 사람들이 참석하는 동안에 나를 지지했던 몇몇 사람들이 이제는 나를 떠났습니다. 그러나 나는 주 예수께서 '내 아버지께서 오게 하여 주지 아니하시면 누구든지 내게 올 수 없다'고 선언하셨고, 그러자 '그때부터 그의 제자 중에서 많은 사람이 떠나가고 다시 그와 함께 다니지 아니하더라……제자가 그 선생 같으면 족하도다'(요 6:65-66, 마 10:25)라고 하신 말씀을 봅니다."[16] 후에 같은 주제에 대해 그는 이렇게 썼다. "처음에 우리를 아주 큰 소리로 칭송하던 사람들 가운데 대다수가 아주 변덕스러운 사람이었다는 것이 드러났습니다."[17]

핑크에게 침례교회들에서 문이 닫힌 바로 그달에 또 다른 문이 열렸다. 그가 이전에 전혀 알지 못했던 교단에서 문이 열린 것이다. 영국에서 엄격한 특수침례교회Strict and Particular Baptists는 '침례교회'라는 일반적인 명칭을 쓰고 있던 교회들과 오랫동안 분리된 채 지내 왔다. 이 침례교회의 특징은 영적 교회의 회원이 되는 일에 좀더 '철저한' 주의를 기울이는 것이었고, 이 교회의 신앙적 특징은 칼빈주의 신앙을 명확하게 공언하는 것이었다. 많은 침례교회들이 한때 '보편적' 속죄에 반대하여 '제한적' 속죄를 주장했었지만, 엄격한 특수침례교회는 이 옛날 신앙을 교단적 신앙고백의 특징으로 유지하고 있었다. 1920년대에 이 교단에 속한 세 교회가 시드니에 있었다. 도심 지역에 있는 벨브와 가 교회Belvoir Street Church가 그중 제일 큰 교회인데 지난 열두 달 동안 목회자 없이 지냈다.

벨브와 가 교회 교인들이 그처럼 힘 있게 하나님의 은혜를 선포하는 목사가 뜻밖에도 시드니를 방문한 것을 기쁘게 생각하고 자기 교단 목회자들만 강단에 초빙하는 평소의 제한을 무시한 채 핑크에게 와서 설교하도록 초청한 것은 놀라운 일이 아니었다. 핑크는 1925년 9월 말에 이 초청을 수락했다. 이후에 3개월에 걸쳐 매주 주일과 수요일에 설교해 달라는 초청이 뒤따랐다. 그리고 12월에 가서 다시 한번 3개월 동안 설교해 줄 것을 요청받았다. 이 교회 교인들이 핑크의 설교를 워낙 좋아해서 핑크 박사를 벨브와 가 교회의 목사로 청빙하는 데 방해되는 것은, 그가 교단의 회원이 아니라는 사실밖에 없다고 생각했다. 핑크가 「성경연구」에서 다음과 같이 쓰고 있듯이, 이제 주사위는 던져졌다. "1926년 3월 첫 안식일에, 편집자와 편집자의 아내는 시드니에 있는 엄격한 특수침례교회의 교인으로 받아들여졌고, 교회의 사귐에 들어가게 되었습니다. 이 교회의 신앙고백서 조항들을 면밀히 살핀 결과, 우리는 그 조항들이 진리의 말씀과 완전히 일치한다는 것을 발견했습니다."

7. 호주: 두 교회의 목회

1925-1928

핑크가 시드니 벨브와 가 교회의 목사가 된 이때쯤에, 남반구에서 잊지 못할 그의 첫 번째 여름이 끝나 가고 있었다.[1] 그가 이때만큼 바쁜 적은 없었다. 1925년 12월이 되었을 때, 그 한 해 동안에 삼백 번이 넘게 설교했다. 벨브와 가 교회에서 예배를 인도한 것 외에도, '그리스도의 가난하고 굶주린 양들'을 돕기 위해 시드니의 여러 곳에서 주중에 세 번에 걸쳐 '성경공부반'을 진행했다. 이 성경공부반에는 "평균 이백 명 이상이 참석했다."

그뿐 아니라 「성경연구」의 저작, 인쇄, 배포의 일까지 전적으로 책임을 졌다. "이 잡지를 발행하는 데 많은 시간과 손길이 필요합니다. 아내의 노고가 없었다면, 나는 잡지를 계속해서 제대로 발행할 수 없을 것입니다. 아내는 모든 원고를 타이핑하고, 편지 왕래와 그 밖의 사무적인 일들을 돕습니다." 훗날에 핑크는 이렇게 회상했다. "당시 「성경연구」에 실을 아주 많은 원고를 쓰고, 모든 편지에 답장하는 일을 하자면 우리는 대부분의 날을 새벽 2시까지 일해야 했습니다. 그러나 주님께서 우리를 지탱해 주셔서 병들지 않았습니다." 또 한번은, "여호와를 앙망하는 자는 새 힘을 얻으리니"(사 40:31)라는 본문에 대해 글을 쓰면서 그는 시드니에서의 경험을 바탕으로 이런 예를 들었다. "필자는 호주의 더위 속에서 여기저기로 돌아다니며 일주일에 여섯 번을 설교했는데(한 번 설교할 때 1시간이 채 안 되는 경우는 드물고 보통은 75분에서 90분이 걸렸다), 많은 경우에 밤 10시에 집으로 돌아올 때는 지치고 피곤했지만, 주님께 이 약속을 들어 힘 주시기를 호소하고 얼마간 원기를 회복한 뒤에 4시간 동안 앉아서 열심히 연구해서 잡지에 실을 원고를 썼습니다."[2]

핑크는 기온이 섭씨 30도에서 40도를 왔다 갔다 하는 일이 월에도 이런 일정을 그대로 지속했던 것으로 보인다. 미국에 있을 때, 핑크는 아주 뜨거운 날 연구를 하고 싶을 때는 더운 열기를 처리하는 자기 나름의 방식이 있었다. 헤렌딘이 한번은 핑크가 몹시 더운 날 물통에 발을 담그고 머리에 물 적신 수건을 두른 채 아주 편안하게 성경을 읽고 있는 것을 보았다고 했다! 그럼에도 불구하고 핑크는 한여름의 시드니 더위에 아주 고역을 치르다가 이삼 일간 뜨거운 날씨가 지나간 후에 '남풍'이 불어와 온도를 몇 도 떨어뜨리곤 할 때나 '서늘한 바람'이 활기를 돋울 때는 좋아했다.

마지막으로 목회를 한 지가 6년이 지났지만, 그는 벨브와 가 교회에서 일상적인 사역에 적응하는 데 아무런 어려움을 겪지 않았다. 1926년 5월호 「성경연구」에서 그는 이렇게 쓰고 있다.

시드니에서 이 교회는 지리적으로 매우 편리한 곳에 위치해 있습니다. 그래서 시드니 근교(처음에 내가 5월에서 9월까지 말씀을 전했던 곳)에 있는, 내게 관심을 보인 교회들이 함께 모이는 중심지 역할을 했습니다. 내가 이전 집회들에서 만났던 사람들의 상당수가 계속해서 정기적으로 참석했고, 새로운 사람들이 점점 더 늘어나고 있습니다. 16년간 목회를 해오면서 나는 그리스도의 포도원 가운데 귀한 은총을 받은 이 지역에서 전에 누리지 못한 복과 기쁨을 맛보며 아주 자유롭게 말할 수 있었고, 더할 수 없이 고무적인 반응을 볼 수 있었습니다.

1년 후인 1927년 5월에, 핑크는 그와 그의 아내가 엄격한 특수침례 교회에서 계속 경험하고 있는 행복을 이렇게 적는다. "이곳에서 우리는 주님의 지속적인 복을 누렸고, 주님의 자비로운 은혜를 보여주는 많은 표시들을 보았습니다." 그러나 이때쯤에 심각한 어려움이 일어났고, 1927년 9월에는 어려움이 절정에 달해 결국 그는 교회를 사임하게 되었다. 모든 성경에 포함된 가르침의 어떤 부분에 대해 반감을 갖고 있는 청중들의 편견에도 불구하고 모든 성경을 충실히 가르치려는 핑크의 태도 때문에 다시 한번 어려움이 발생한 것이다. 그는 고생을 일부러 끌어들이지 않았다. 자신은 틀림없이 벨브와 가 교회 목사로서 일생을 끝낼 것으로 생각했다. "편집자와 아내는 마음에 맞는 내 교회를 만났다 싶었고, 주님이 두 사람을 맞으러 오실 때까지 이 교회에 남아 있을 것으로 생각했습니다." 그러나 일은 그렇게 되지 않았다.

문제는 애쉬필드 태버너클 교회에서 일어난 논쟁과 정반대 방향에서 왔다. 핑크는 벨브와 가 교회 교인들이 알미니안주의에 반대하는 과정에서 많은 수가 또 다른 극단으로 치우쳤다는 것을 발견하게 되었다. 현대 복음전도의 손쉬운 믿음주의easy-believism에 적개심을 보이는 어떤 교인들이 어떤 것도 확신할 수 없다고 공공연히 말했고, 그 교회의 교인이 되는 것을 거부했다. 핑크는 그런 교인들을 향해 이와 같이 말했다.

오늘날 그리스도의 대의를 지키기 위해 필요한 것은 군사들, 곧 용감한 사람들입니다. 우리에게는 세상이 고개를 들고 위협하면 겁을 집어먹는 소심한 사람들이 너무나 많습니다. 오늘날은 다니엘과 에스더 같은 사람들이 요청되는 시대입니다. 하나님께서 여러분에게 거룩한 담력을 주시어 길에서 예수님을 따르고, 멸시받는 구주와 운명을 같이하며 그리스도를 명예롭게 하려고 애쓰는 사람들과 함께할 수 있게 해주시기를 구합니다! 사람마다 여러분처럼 한다면 교회가 어떻게 되겠고, 복음을 전하는 것이 어떻게 되겠으며, 말씀의 사역이 어떻게 되겠습니까? 나는 여러분 가운데서 자칭 그리스도인이라고 하면서 교회 밖에서 지내는 사람들을 두고 말하는 것입니다. 모든 사람이 여러분의 길을 따라간다고 생각해 보십시오. 그러면 교회는 하나도 남지 않을 것입니다. 교우 여러분, 여기에 교회가 없었다면, 나는 오늘 밤 시드니에 없었을 것입니다. 벨브와 가 교회가 없었다면, 나는 이 시간 시드니에 없었을 것입니다. 여기에서 복음전도의 문이 열리고, 하나님의 모든 말씀을 지지

하는 사람들이 여기 있는 것은 순전히 하나님의 은혜로 된 일입니다.[3]

그러나 문제는 이보다 더 심각했고, 교인들 가운데 적지 않은 사람들이 그렇게 생각했다. 목사들이 아주 오랫동안 하나님의 주권을 강조해 왔기 때문에 사람이 자신의 회심에서 실제로 행할 역할이나 의무가 전혀 없다고 믿었다. 그런 생각이 벨브와 가 교회에 확고하게 자리 잡고 있었다. 핑크는 그런 생각에 반대하는 것이 피할 수 없는 의무라는 것을 금방 깨달았다. 그래서 1926년 교회에서 누가복음 24:25("이르시되 미련하고 선지자들이 말한 모든 것을 마음에 더디 믿는 자들이여")에 대해 강력한 설교를 전하면서, 핑크는 알미니안주의자들이나 극단적 칼빈주의자들이 어떻게 잘못 생각하여 '모든' 성경을 믿지 못했고 진리의 적절한 균형을 깨뜨렸는지를 설명했다. "슬픈 사실은 오늘날 거의 모든 곳에서 진리의 중요한 한 면이 지나치게 강조되고 있다는 것입니다." 그의 설교의 요지는 매우 중요해서 길게 실을 만한 가치가 있다.

사람의 '자유 의지'를 지나치게 강조하는 바람에 사실상 하나님을 왕위에서 몰아내 버린 알미니안주의자들이 있습니다. 나는 그들의 생각에 조금도 동의하지 못합니다. 그런가 하면 일종의 운명론(나는 이 단어 말고 이 주장을 달리 부를 수 있는 용어를 알지 못합니다)을 제시해서, 마치 사람을 나무 조각에 지나지 않는 것으로 만들고, 사람을 모든 책임에서 면제시켜 주며 자신의 불신앙을 변명할 수 있게 만든 칼빈주의자들이 있습니다. 그러나 알미니안주의자들이나 그런 칼빈주의자들이나 모두 틀렸습니다. 나는 이 두 부류 가운데 어느 쪽이 더 해로운지 잘 모르겠습니다. 칼빈주의자들이 모든 일이 하나님의 예정에 따라 일어난다고 말할 때, 그 말에 나는 진심으로 아멘이라고 말합니다. 나는 기꺼이 칼빈주의자라고 불리기를 바랍니다. 그러나 알미니안주의자가 사람이 범죄할 때 죄는 그 자신이 짓는 것이고, 그가 계속해서 죄를 범하면 반드시 망할 것이라고 하고, 그가 망하면 그 피값은 그의 머리로 돌아간다고 말한다면, 나는 이 알미니안주의자가 하나님의 진리를 따라 말한다고 믿습니다. 물론 나는 알미니안주의자라고 불리고 싶지는 않습니다.

알미니안주의자들 가운데 성경의 어떤 본문들에 대해서는 설교하기를 두려워하는 사람들이 많이 있습니다. 그 설교자들은 "나를 보내신 아버지께서 이끌지 아니하시면 아무도 내게 올 수 없느니"라는 요한복음 6:44의 말씀을 본문으로 설교하기를 두려워할 것입니다. 그들은 로마서 9:18의 "그런즉 하나님께서 하고자 하시는 자를 긍휼히 여기시고 하고자 하시는 자를 완악하게 하시느니라"는 말씀을 본문으로 설교하기가 무서울 것입니다. 그렇습니다. 그런데 칼빈주의자들 가운데도 자신들의 정통 이론이 도전을 받을까 봐, 자신들이 자유 의지를 신봉하는 자라고 불릴까 봐 성경의 어떤 본문들에 대해서는 마찬가지로 설교하기를 두려워하는 사람들이 많이 있습니다. 예를 들면, 그들은 주님의 이런 말씀, 곧 "암탉이 그 새끼를 날개 아래에 모음 같이 내가 네 자녀를 모으려 한 일이 몇 번이더냐. 그러나 너희가 원하지 아니하였도다"(마

23:37)라는 말씀이나 "천국은 침노를 당하나니 침노하는 자는 빼앗느니라"(마 11:12) 혹은 "좁은 문으로 들어가기를 힘쓰라"(눅 13:24)와 같은 말씀을 가지고 설교하기를 무서워합니다.

하나님께서 우리가 진리의 균형을 유지할 수 있도록 도와주시기를 구합니다! 형제자매 여러분, 이 성경에는 선택과 제한적 속죄, 신생에 대한 교훈 외에도 다른 가르침들이 있습니다. 성경에 그런 교훈들이 있지만, 나는 그 교훈들을 약화시키거나 부인하는 말은 한 마디도 하고 싶지 않습니다. 그러나 그 교훈이 성경에 들어 있는 내용의 전부가 아닙니다. 인간의 측면도 다룹니다. 이 성경에서는 인간의 책임을 이야기하고, 죄인의 회개를 말합니다. 죄인이 그리스도를 믿는 것에 대해서도 다룹니다. 구원받지 못한 사람들에게 복음을 전하는 것도 말합니다. 솔직히 말씀드리자면, 교회가 복음을 전하지 않으면 화석처럼 굳어질 것이라고 말하고 싶습니다. 내가 크게 잘못 생각하는 것이 아니라면, 호주에 있는 엄격한 침례교회 가운데 어떤 교회들에서 이미 그 일이 일어났습니다. 한때 건강하게 활동하던 많은 교회들이 이제는 그렇지 않습니다. 어떤 교회들은 벌써 죽은 상태에 있지만 아직 매장되지는 않았습니다. 나는 그렇게 된 중요한 이유들 가운데 한 가지가 이것이라고 생각합니다. 그 교회들은 복음전도가 지극히 중요한 일이라는 사실을 깨닫지 못한 것입니다. 교회가 복음을 전하지 않으면 화석처럼 굳어질 것입니다. 복음전도는 하나님께서 자신의 일을 영속적으로 해나가고 자신의 교회를 유지하시는 방법입니다. 하나님께서는 수단을 사용하여 일하시는데, 성령께서 일하실 때 사용하는 수단은 회심하지 않은 자들에게, 모든 족

속에게 복음을 전하는 것입니다. 사실, 설교는 성령께서 복 주시고 적용하시는 일이 없으면 아무 쓸모가 없습니다. 하나님께서 사람을 일깨우시기 전에는 죄인이 믿으려고 하지 않고, 믿을 수도 없습니다. 그런데 사람은 믿어야 하고, 믿으라고 명령을 받습니다.[4]

이런 설교는 교인들이 평소에 익숙하게 들어 왔던 것과는 전혀 달랐다. 그리고 핑크가 이 설교를 마무리 지으면서 복음전도를 위하여 호소하는 용어도 마찬가지로 생소한 것이었다.

> 왜 여러분은 여러분 자신을 위해서 그리스도를 믿지 않습니까? 왜 여러분 자신을 위해서 그리스도의 보혈을 의지하지 않습니까? 왜 오늘 밤에 믿지 않습니까? 친구 여러분, 왜 이 밤에 믿지 않습니까? 하나님은 준비하고 계십니다. 하나님은 이제 여러분이 믿으면 여러분을 구원할 준비를 하고 계십니다. 피를 흘리셨고, 제사를 드렸으며, 속죄를 이루셨고, 잔치를 배설해 놓으셨습니다. 오늘 밤 여러분을 초청하십니다. "오너라. 이제 모든 것이 준비되어 있다."

후에 그가 전한 맹인 바디매오에 대한 설교도 마찬가지로 직설적이다.

> 어떤 진영에서는 육에 속한 사람은 은혜의 일을 전혀 할 수 없다는 사실을 너무 강조합니다. 피조물의 무력함을 지나치게 강조하는 바람에,

그동안에 교회에 참으로 통탄할 만한 비극적인 무기력이 조장되고 길러져 왔습니다. 나는 오늘 밤 이 자리에 이처럼 아무것도 할 수 없다는 주장에 너무 사로잡혀 있어서 책임의식을 일깨워 주기 위해서 사정없이 흔들어야 할 필요가 있는 분들이 있을까 걱정입니다.[5]

이 무렵에는 집사들이 설교의 내용을 알아듣고 싫어하기 시작했다. 파국이 온 것은, 핑크가 벨브와 가 교회와 연합이 되어 있는 두 교회, 곧 라이드Ryde 교회와 스미스필드Smithfield 교회의 의무 규례에 핑크가 싸워 오고 있는 그 오류들을 명확하게 찬성하는 신앙 조항들이 들어 있는 것을 발견했을 때였다. 슬프고도 유감스러웠지만, 그가 택할 수 있는 유일한 길은 사임이었다. 이 일은 그가 벨브와 가 교회에서 2년 이상 말씀을 전한 후에 일어났다. 핑크의 생애에서 중요한 전환점이 된 이 사건은 그의 한 편지에서 충분히 설명된다. 이 사건의 중요성을 감안하여 이제 그 편지의 전문을 소개한다. 이 편지는 거기에 담겨 있는 말투를 보여 줄 뿐 아니라 핑크 자신의 성격과 영적 감수성을 엿볼 수 있게 하는 적지 않은 통찰도 제공한다.

> 1927년 12월 27일
> 서머 힐, 헐스톤 애비뉴 15번지

친애하는 브룩스 형제에게

그리스도 안에서 형제와 형제의 식구들에게 문안합니다. 그리스도께서 형제를 통해 그리고 형제로 인해 찬양 받으시기를 바랍니다. 몇 달 전에 형제에게 편지를 쓰면서, 내가 벨브와 가 교회를 사임하지 않을 수 없다고 느낀 사실을 있는 그대로 말했습니다. 답장에서 형제는 내가 잘못 생각하거나 지나치게 서둘러 행동하지 않았기를 바란다는 뜻을 표시했습니다. 자신의 행동이 오해를 받거나 그릇 해석될 때 자신을 변호하는 것은 '자기를 비운' 그리스도의 종이 할 일이 아니라는 원칙(감사하게도 나는 오랫동안 이 원칙에 따라 움직여 왔습니다)에 따라서, 나는 자기 변호를 일절 하지 않고, 그 일을 주님께 맡기고 주께서 그동안 나를 움직여 온 동기를 장차 올 그날에 '밝혀 주시기를' 구했습니다. 이는 '우리가 믿음으로 행하고 보는 것으로 행하지 아니하기' 때문입니다. 그러나 환경은 상황을 변화시킵니다.

지난 주일 저녁, 형제의 딸인 사랑하는 콜먼Coleman 자매에게 형제의 안부를 물었을 때, 자매는 내가 벨브와 가 교회를 떠나는 것을 형제가 염려하는 것이 걱정이 된다는 말을 하면서 이달 21일자에 쓴 형제의 편지를 건네주었습니다. 형제의 편지를 읽고 나서, 나는 형제를 괴롭혀 온 것을 이제 형제의 마음에서 제거하는 것이 그리스도인으로서 내 의무라고 느꼈습니다. 지금 나는 있는 그대로의 사실을 대략적으로나마 말씀드릴 수 있을 뿐입니다. 호주로 오기 전 수년 동안, 사랑하는 아내와 나는 모든 교회들 밖에서 지냈고, 우리는 두 번 다시 제도적인 교회에 들어가지 않겠다고 말했습니다. 시드니에서 너댓 달을 지낸 후에, 나는 이전에 그 존재나 신조, 교회 정치 등에 대해 별로 들어 보지 못한 "특수침례교회"와 접촉하게 되었습니다.[6] 나는 그 교회로부터 네 안식일 동안 강단을 맡아 달라는 초청을 받았고, 초청에 응했습니다. 분명히 주님께서 나를 도우시고 말씀에 복을 주셨습니다. 그 다음에 그 교회가 다시 또 3개월 동안 설교해 달라고 부탁해 왔고, 다른 모든 문은 닫혀 있었습니다. 주님의 인도를 구한 후에 나는 그들의 요청대로 했지만, 교회적으로 그들과 연합할 생각은 전혀 없었습니다. 하나님께서 계속해서 "허락의 표시들"을 주셨고, 많은 사람들이 복을 받았습니다. 또 한 번 3개월 동안 설교해 달라는 초대가 왔고, 나는 거기에 응했습니다. 이 기간 동안에 나는 지역 교회에 대하여 그리고 이 세대의 '마지막 날'에 있어서 그리스도인의 의무에 대해서 기도하는 마음으로 다시 신약성경을 연구했습니다. 성령께서 내게 빛을 더 내려 주셨고, 내가 가야 할 길이 더욱 분명해졌습니다. 나는 벨브와 가 교회의 '신앙개조The Articles of Faith'와 '규범들'을 면밀히 연구했습니다. 그리고 사소한 두 가지 점을 예외로 하고, (하나님께서 내게 허락하신 빛의 한도 안에서 보는 한) 신앙개조와 규범들이 성경과 일치한다는 것을 알았습니다. 나는 이 교회가 '은혜의 교리'라고 알려진 것을 그동안 충실하게 지켜 왔고, '하나님의 모든 말씀'을 공공연히 지지했다고 느꼈으며, 하나님께서 힘 주시는 한 이 교회들과 연합하여 그들의 손을 힘 있게 하는 것이 내가 해야 할 바라고 생각했습니다. 그래서 나는 그 교회의 회원이 될 것을 신청했고, 교회 앞에 섰을 때 내가 사소한 두 가지 점, 곧 '주의 만찬'을 아침에 거행한다는 점과 '칭의' 아래 있는 '조항' 곧 율법이 아니라 복음이 신자의 생활의 규범이라는 조항의 용어에 대해 이의가 있다는 사실을 표명했습니다. 나는 1926년 3월에 이 교회 회원으로 받아들여졌습니다.

인간의 책임에 대한 이들의 견해에 결함이 많고, 이들에게 복음전도의 열심이 현저히 부족한 것을 발견하고서, 나는 주의 도우심에 의지하여 이 문제를 고치려고 애썼습니다. '뱀 같이 지혜롭고 비둘기 같이 순결하'게(마 10:16) 되는 은혜를 구하면서, 나는 서서히 그리고 온건하게 일을 시작했습니다. 1926년 4월부터 10월까지 나는 보통 다섯 번 중 한 번꼴로 구원받지 못한 사람들을 위해 설교했습니다. 그 설교들 가운데 마지막 설교는 형제도 듣고 확인한 것으로, 바디매오에 관한 것이었습니다. 나는 기차역으로 내려가는 길에 그 설교에 대해 형제와 토론했지요. 집사들은 이 설교에 대해 나를 비난했습니다. 그 설교를 전한 바로 다음 날 제직회에서, 서기가 그 설교는 '자유 의지'를 주장하는 설교라고 공공연히 비난했습니다. 교우들 가운데 몇 사람이 그 말을 듣고 화를 냈고, 직접 듣지도 않은 설교에 대해 그처럼 함부로 비난하는 것을 두고 밀러를 책망했습니다.

나는 몇몇 교우들의 편을 들고 불만을 표시하기보다 일어서서 이렇게 말했습니다. "개인적으로 나는 우리 교회의 직분자들이 자기 교회의 강단에 선 사람이 그릇된 교리를 소개하고 있다고 느낄 때 이의를 제기하고 비난할 만큼 충분한 은혜를 받았고 용기를 지녔다는 점에 대해서, 그리고 그렇게 하면 교우들 가운데 몇 사람에게 인기가 없게 되리라는 것을 충분히 알면서도 나를 책망할 만큼 진리에 대해 충분한 사랑을 지녔다는 것에 대해서 하나님께 감사하는 마음이 있습니다." 나는 제직들 모두에게 우선 참고 판단을 잠시 유보하며 기도하는 마음으로 주님의 도움을 구하자고 했습니다. 그리고 나서 집사들을 만나 우리가 생각이 다른 점들에 대해서 함께 토론하기 위해 하루 저녁 따로 시간을 내면 좋겠다고 제안했습니다. 이렇게 해서 이틀 동안 저녁 시간을 길게 내서, 형제로서 우호적인 분위기 가운데서 우리는 만났습니다. 그 결과를 서기는 이렇게 적었습니다. "근본적인 교리에서 우리 사이에 아무 차이가 없었다. 그것은 단지 그 진리를 전달하는 내 방식의 문제였다." 즉 나는 모든 설교에서 '교리의 대요 전체'를 설명하기보다는 진리의 한 면만을 강조했던 것입니다. 그 다음 아홉 달 동안, 나는 끈기 있게 일하면서 서서히 교인들에게 주님의 도를 좀더 온전하게 설명하려고 애썼습니다. 그 시간 동안에 선택, 제한적 속죄, 효과적인 부르심에 대해 열두 번 정도 설교했을 뿐 아니라 '인간의 책임과 복음의 책임'에 대해서도 두 번에 걸쳐 설교했습니다. 주님께서 이 설교들에 복을 주시어 교인들 가운데 많은 수가 깨닫도록 하셨습니다.

정점은 갑작스럽게 그리고 나로서는 전혀 예기치 않게 왔습니다. 라이드 교회와 스미스필드 교회에서 온 형제들이 우리 교인들을 만나 국내 전도 사역에서 연합하는 방안에 대해 논의했습니다. 그 다음에 그들은 자기들 교회에서 사용하는 신앙고백서에 포함된 몇 개의 '신앙개조'가 벨브와 가 교회의 신앙고백서에는 없다는 사실을 말했습니다. 이 몇 개의 '신앙개조들'은 아주 분명하게 인간의 책임을 부인했고, '회개의 의무'와 '믿음의 의무'를 단호히 거부했습니다.[7] 이 '조항들'이 벨브와 가 교회의 신앙고백서에 들어 있었다면 나는 두말할 것도 없이 이들 교회의 회원으로 가입하지 않았을 것입니다. 이 조항들이 라이드 교회와 스미스필드 교회의 신앙고백서에 들어 있다는 것은 내게 '새로운 사실'이었습니다. 벨브와 가 교회는 언제나 그 교회들을 '같은 신앙과 규범을 가진 자매 교회들'로 생각해 왔었습니다. 다른 교회들에서 온 이 형제들은 우리 교인들을 믿음에서 떠났다고 비난하며 나를 '자유 의지 신봉자'라고 매도하고, 우리 교회 집사들에게 그들이 나의 설교 내용을 '찬성하는지 않는지'에 대해 명확한 입장을 밝히라고 요구했습니다. 결과는 분명했습니다. 집사들은 복음을 전할 책임에 대한 내 가르침에 견해를 달리했습니다. 그러자 라이드 교회와 스미스필드 교회에서 온 형제들은 "뉴 사우스 웨일스 특수침례교회연합 국내전도국에 라이드 교회와 스미스필드 교회에서 사용하는 신앙개조와 규범을 그들 교회의 교리적 기초로 채택해 달라"는 안건을 제출했습니다. 벨브와 가 교회 대표자들의 다수가 그 제안에 찬성하는 표를 던졌습니다. 일이 이렇게 되자 그동안 내가 나도 모르는 사이에 '세상을 속이고 살아왔다'는 생각이 분명히 들었습니다. 벨브와 가 교회가 '회개의 의무와 믿음의 의무'를 부인했을 때, 비록 벨브와 가 교회가 그 점을 교회의 '신앙개조'에 공식적으로 기술하지 않았지만, 그 상황에서 내가 정직하게 선택해야 할 길은 하나밖에 없었습니다. 즉 이 교회가 사실 교리적으로 무엇을 지지하는지 알게 되었으므로, 이 교회의 목사직을 사임하지 않을 수 없다는 것입니다. 교회의 집사들은 내게 그렇다고 솔직하게 말한 적이 한 번도 없었지만, 만장일치로 그리고 확고하게 인간의 책임을 부인하는 입장에 섰던 것입니다. 내가 믿는 것이 진리라는 것을 그들에게 '설득하려고' 한 시도들은 아무 소용이 없었습니다. 그들은 지난 22개월 동안 내 설교를 들어 왔고, 꼬박 이틀 저녁에 걸쳐 이 문제를 놓고 함께 토론했지만, 그들은 하나님 말씀에 머리 숙이기를 거부했습니다. 하나님께서는 라이드 교회와 스미스필드 교회에서 온 형제들을 통해 그들의 표리부동함과 불성실함을 드러내셨습니다. 복음을 전할 책임에 대한 내 견해를 알고 있으면서 그들이 일찍이 자기들 강단을 맡아 달라고 나를 초대한 것은 잘못이었습니다.

이들에게서 나온 이래로, 주님은 내 입장을 인정하신다는 증거를 분명하게 그리고 풍성하게 주셨습니다. 성령님이 내 안에서 더 이상 '소멸되지' 않은 것입니다.

이 한 가지 점을 말씀드립니다. 브룩스 형제, 그렇습니다. '주님께서 재림하시기 전'에는 세상에서 완전한 교회는 결코 없을 것입니다. 나는 그런 교회를 기대하고 있지 않습니다. 그러나 외적인 방식, 곧 교회의 규범이 모든 일에서 하나님 말씀에 따라 규정되고 일치하는 지역 교회들은 있어야 합니다. 누가복음 1:6의 말씀을 들어 불완전한 사람에 대해서 말할 수 있다면, 불완전한 교회들에 대해서 말하지 못할 이유가 있습니까? 빌립보서 2:16 말씀은 그리스도의 모든 교회가 목표로 삼고 도달할 은혜를 구해야 하는 기준을 우리에게 제시합니다!

요약하자면 이렇습니다. 벨브와 가 교회에서 말씀을 전하는 자리에 내내 참석했던 사람들 가운데 확실한 다수는 이와 같은 점들을 증언해 줄 것으로 믿었습니다. 내가 한쪽 진리만을 줄곧 이야기한 것이 아니라 진리의 균형을 유지하고, 하나님의 모든 말씀을 선포하려고 노력했다는 것, 인간의 책임을 과격하게 강조하는 것과 다르게 (대부분의 경우) '여기서 조금 저기서 조금' 인간의 책임 문제를 다루었다는 것, 그리고 이제까지 내가 그 점에 관해서 성급하게 교회와 다른 입장을 보이지 않고 거의 2년 동안 교인들의 입장을 오래 참았다는 점을 증언해 줄 것이라고 믿었습니다. 인간적으로 말해서, 라이드 교회와 스미스필드 교회에서 온 형제들과의 모임에서 그 문제에 대한 내 입장을 밝히도록 강요되지 않았다면, 나는 지금 교인들과 함께 지내면서 여전히 그들을 진리 가운데로 인도하려고 애쓰고 있었을 것입니다. 그러나 내가 확신하고 있는 것이 비성경적이라는 입장을 교회가 표명하고 있다는 것을 알았을 때, 그대로 교회에 머물러 있었다면 나는 자신이 급료를 받고 변호하기로 되어 있는 것과 반대로 설교하는 부정직하고 불충한 현대 사상가라고 하는 사람들과 하나도 다를 바가 없게 되었을 것입니다. 집사들 가운데 몇 사람은 자기들이 빛을 더 많이 받고 있다는 것을 내게 믿도록 하려고 했고, 서기는 차이점은 단지 표현 형태에 불과한 것이라고 믿게 하려고 했지만, 사실 2년간의 목회 끝에 우리가 근본적인 교리에 있어 완전히 정반대에 있다는 것을 알았을 때, 다른 대안이 없었습니다. '분쟁하는 집'마다 서지 못할 것이기(마 12:25) 때문입니다! "두 사람이 뜻이 같지 않은데 어찌 동행하겠느냐?"(암 3:3). 여전히 여러분 모두에게 그리스도인으로서 진심 어린 인사를 드립니다.

하나님의 기이한 은혜로 형제 된
아더 W. 핑크 올림

벨브와 가 교회에서 목회를 끝내고 호주를 떠나기 전까지 10개월 동안 핑크가 어떤 생각을 했는지 알기는 쉽지 않다. 벨브와 가 교회

교인들 가운데 45퍼센트가량도 핑크로부터 아무 요구를 받은 일이 없이 교회를 떠났던 것으로 보인다. 1927년 9월 27일에 이전 교회 교인들 가운데 26명이 모여서 핑크 박사를 목사로 청빙하여 독립교회를 세웠다. 그들은 시드니 서머 힐 구역에 있는 리버풀 로의 프리메이슨 홀을 주일에 사용하기 위해 6개월간 건물을 임차했다. 회의록을 보면 1927년 9월 28일부터 1928년 4월 15일까지의 기간에 대한 기록이 남아 있다. 그 기록을 보면 이 교회의 역사를 얼핏 볼 수 있다. 이 기간 동안에 교인들의 수가 꾸준히 증가해서 처음 수의 거의 배가 되었다. 에빗 부인Mrs Ebbett과 같은 사람이 프리메이슨 홀에서 핑크의 설교를 듣고 복음의 구원하는 능력을 경험한 첫 번째 경우였다. 회의록은 그 일을 이렇게 기록하고 있다.

> 부인은 자신이 길을 잃은 사람이라는 것을 깨달았지만 어떻게 해야 할 줄을 몰랐고, 스스로 온갖 일을 해보았지만 이내 무기력해지는 자신의 모습을 보게 되었다고 말했다. 어느 날 핑크 박사가 설교를 했는데, 주제는 "그리스도께서 경건하지 않은 자를 위하여 죽으셨다"(롬 5:6)는 것이었다. 이때 부인은 그리스도께서 자기를 위해 죽으셨다는 것을 깨달았고, 은혜로 하나님께 자신의 상태에 대해 모든 것을 말씀드리고 예수 그리스도로 말미암아 자신을 받아 주시기를 하나님께 구할 수 있었다.

조지 애딜은 커먼웰스 가와 레저브와 가에 있는 가스펠 홀을 그들에게 주중에 모이는 기도회 장소로 빌려 주었다. 이 건물은 세례를 줄 때도 사용되었다. 1927년 11월 2일, 세례식에서 목사는 "신자의 세례라는 주제에 대해 말하면서 성령의 도우심을 받아 아주 자유롭게 말하여 매우 인상적인 설교를 전했다"고 기록되었다. 이 회의록에 있는 다른 정보들에는, 이 교회가 '생키Sankey'의 1,200곡과 독창곡들을 교회 찬송가로 채택했고(125권을 구입했음), 성찬기 세트와 아마포를 구입했으며, 발효시키지 않은 포도주를 성찬용 포도주로 정했으며 1년에 두 주일은 선교 활동을 위해 헌금을 하기로 정했다는 사실들이 들어 있다. 인도에 의복을 보내고, 유대인들에 대한 복음전도를 위해 도움을 주었다는 기록도 있다. 핑크의 사례금에 대해서는 1928년 1월 22일 제직회 회의록에서 읽을 수 있다.

> 그는 전에 이렇게 많은 사례금을 받아들인 적이 없었다. 핑크 목사만큼 복음을 영리 목적으로 사용하는 것을 개탄하는 사람이 없었다. 지난 여섯 달 동안 그는 매주 7파운드씩 받았고, 그중에서 가구가 딸린 주택의 임대료로 주당 3파운드 10센트를 지불했는데, 그렇게 한 이유는 딱 한 가지였다. 잡지를 발행하는 일의 중압감이 너무 커서 그처럼 조용한 환경이 절대적으로 필요하다는 것이었다. 이전에 쓰던 공간만을 가지고는 그 일을 할 수 없었던 것이다.

이 회의록은 핑크 목사가 자기를 더 이상 '핑크 박사'로 부르지 말아 달라고 요청한 사실도 기록하고 있다. 이 회의록에 기록된 가장 특이한 사항은 아마 다음의 사실일 것이다.

목사는, 주님께서 자기 백성을 본향으로 데려가시기 위해 이 땅에 오시는 일이 가까워진 경우에 혹은 교회를 해산하는 경우에, 교회의 재산을 처분하는 것에 대해 교인들의 생각이 어떤지를 물었다. 어떤 경우가 되든지 교회의 재산을 팔게 되면, 판 금액을 영국성서공회The British and Foreign Bible Society에 기탁하기로 결정했다.

다음 회의에서 교회는 교회의 기탁금을 받을 수 있는 수령인의 이름을 삼위일체성서공회Trinitarian Bible Society로 바꾸었다.

성서공회를 후원하는 일에는 아무 망설임이 없었던 것이 분명하지만, 선교 활동을 위해 조성된 협회들을 지원하는 일에 대해서는 주저했다. 호주 원주민들 가운데서 일하는 '독케비 형제Brother Dockaby'라는 사람에게 "선교 협회를 위해서 일하는 것은 비성경적이나"라고 했다.[8] 그래서 교회는 그 형제에게 필요한 도움을 제공하는 것이 좋을지에 대해 논의했다.

필자가 1980년대에 시드니에서 살았을 때, 일찍이 60년 전에 핑크의 설교로부터 받았던 영적인 복을 기억하는 사람들이 여러 명 있었다. 그 가운데 한 사람인 비다 맥컬리Vida McAulay는 비록 핑크가 목회하는 교회의 교인은 아니었지만 자주 어머니와 자매들을 데리고 주중 예배에 참석하여 그의 설교를 들었다. 1980년에 필자와의 대화에서 맥컬리 여사는 핑크의 말씀 사역이 자신과 자기 가족이 들었던 다른 어떤 목사의 설교보다 그들에게 많은 유익을 주었다고 했다. 그 무렵 그녀는 이미 신앙을 가지고 있었고, 맥체인

M'Cheyne의 「회상과 유고 *Memoir and Remains*」 같은 책들을 읽었다. 그러나 그녀는 그때를 생각하며 이렇게 말했다. "핑크 목사님이 내게는 아주 알맞은 때에 오셨어요. 그 일을 결코 잊지 못할 거예요. 목사님은 다른 누구보다도 내게 많은 것을 가르쳐 주셨고, 나의 모든 것을 변화시켰어요. 내 두 자매도 똑같은 얘기를 했어요." 그는 설교 원고를 읽지 않았고 막힘이 없이 말했으며, "아름답게 말하고 노래하는 목소리를" 가졌다고 했다. 필자가 맥컬리 여사에게 핑크가 젊은 사람들이 듣기에는 너무 길게 설교하는 목사라는 것을 상기시키고, 특별히 무엇이 그렇게 그녀의 주의를 사로잡았는지 물었더니, 그녀는 "성령님이셨어요.……목사님은 놀라운 설교자였어요" 하고 답했다.

또한 맥컬리 여사는 이런 점도 기억했다. "핑크 목사님은 이곳 밖에서는 인기가 없었어요. 목회자 두어 명은 몹시 그를 반대했어요." 그가 아내를 때렸다느니, 모텔에서 나가는 것을 보았다느니 하는 주장들과 같은 이야기들이 날조되었다. "핑크가 괴짜였는가"라는 질문에 그녀는 손사래를 치며 답했다. "오, 아니에요! 목사님은 매우 분별 있는 분이었어요." 그녀가 어머니와 함께 핑크가 세 들어 사는 집에 초대되어 대접을 받을 때마다, 언제나 핑크가 "매우 친절하다"는 것을 알았고, 다른 인간적인 면들 가운데서 핑크가 운동에 관심이 있는 것을 알게 되었다. 그녀는 핑크가 교인들을 대하면서 별로 말을 하지 않는 경우가 있었다는 것을 시인하는 듯했다. "나는 핑크 목사님이 친절하지 않았다고 생각하지는 않아요. 그러나 교인들을 칭찬한 적은 한 번도 없었어요. 목사님은 잘못된 것은 즉시 고쳐 주려고 했지요." 한번은 여성 피아노 반주자가 핑크 목사가 설교를 시작하기 전에 피아노에서 일어나 다른 자리에 앉으려고 강단 앞을 꼿꼿이 서서 지나갔을 때, 핑크 목사는 즉시 그 반주자에게 다시는 그렇게 하지 말라고 말했다! 맥컬리 여사는 사람들이 핑크 목사를 반대한 진짜 원인은 구원에 대한 개혁신앙의 가르침이 전반적으로 인기가 없었다는 데 있다는 것을 의심하지 않았다. 그녀는 핑크가 어떻게 반대에 맞섰는지를 이와 같이 기억했다. 사람들이 "당신이 선택을 믿는다면, 왜 설교하는가" 하는 질문을 받으면 핑크는 곧바로 "설교하라고 명령을 받았기 때문이다!"고 답했다.

핑크의 설교를 들었던 또 한 사람의 생존자인 앨런 맥커렐은 이렇게 썼다. "확실히 하나님의 복이 프리메이슨 홀에서 모이는 이제 막 개적한 이 교회에 임했던 것 같다." 그는 이어서 이렇게 쓰고 있다.

지금도 내 친구로 있는 한 사람은 핑크 목사님의 말씀을 듣고 회심하고 목사님에게 세례를 받았는데, 그는 목사님의 사역으로 복을 누렸던 그 시절을 지금도 종종 이야기한다.

아버지와 우리 식구가 서머 힐에 있는 교회에 출석하기 시작했는데, 바로 이곳에서 우리는 매 주일 두 번 설교하고 오후에 주일학교와 성경공부반을 운영하는 핑크 목사님을 처음 만났다. 우리는 주일 온종일을 예배당에서 보내곤 했는데, 집에 갔다가 저녁 예배에 맞춰 다시 오기에는 길이 너무 멀었기 때문이다.

> 내가 처음으로 죄를 깨닫게 된 것이 이 기간이었다. 그 시절에 나는 새파란 청년에 지나지 않아 핑크 목사님의 사역에 관해 개인적으로 기억할 수 있는 것은 로마서 6:23을 본문으로 한 설교에 대한 것뿐이다. 하나님의 때에, 하나님의 섭리 가운데서 나는 이 본문 말씀을 통해 나 자신이 영원한 죽음을 받아 마땅한 죄인이라는 것을 알게 되었고, 얼마 지나지 않아 하나님의 은혜로 인도를 받아 참된 복음의 회개에 이르러 통회의 눈물을 쏟았고, 우리 주 예수 그리스도를 믿는 믿음에 이르렀다.[9]

이와 같은 고무적인 사실에도 불구하고 핑크는 1928년 3월에 자신이 그들의 목사가 된다는 결정은 아직 시기상조라는 결론에 이르렀다. 교회를 개척하는 데서 발생한 어떤 면들 때문에 그는 힘들어했고, 그래서 3월 25일에, 교인들이 간절히 원한다면 설교로 그들을 돕겠다는 약속을 하고서 목사직을 사임했다. 3월 25일에 목사로서 마지막 주일 저녁 예배를 인도하고 나서 교인들에게 말을 하는 가운데, 그는 교회를 새로 개척하는 데 끼어들었던 것으로 여겨지는 동기들 때문에 곤혹스러워했음을 넌지시 비쳤다. 교인들의 머릿속에 하나님의 영광이 가장 중요한 것으로 자리 잡고 있지 않았던 것이다. 회의록은 "핑크 목사는 그 잘못의 주요한 책임이 자기에게 있다고 생각했다"고 적고 있다. 그러나 성취되지 않은 예언에 대한 핑크의 견해와 특별히 그처럼 많은 교회에서 나타난 배교에 대한 견해가 그의 판단에 영향을 미쳤다는 것 또한 분명한 사실이다. 순전히 이론적인 방식으로 신앙을 주장하는 것은 그의 습관이 아니었다. 핑크는 1920년에 사우스캐롤라이나에 있는 침례교회 목회에서 물러나게 된 원인이었던 그 영적 상태가, 신앙을 고백한다고 하는 이 교회에도 그대로 자리 잡고 있는 것이 아주 분명하다고 생각했다. 프리메이슨 홀의 회의록 작성자는 이렇게 적었다. "칠 년 전에 핑크 목사는 교회라는 배가 이미 파선했다는 것을 지금처럼 분명하게 보았다. 그래서 교회를 세우는 것은 하나님의 계시된 뜻에 맞지 않는다고 생각했다. 그런데 그는 인간적인 감정에 영향을 받았고, 벨브와 가 교회에서 나온 사람들이 소속 교회가 없이 지낼 것을 생각할 때 마음이 흔들렸던 것이다."

회의록은 "사도행전 2장을 언급하면서 핑크 목사는 모든 일을 마음을 같이하여 할 수 없다고 말했다"는 점도 은연중에 기록하고 있다. 이것은 아마도 그들이 모든 절차를 철저히 신약의 말씀에 맞게 진행하기를 바랐다는 사실을 언급하는 말일 것이다. 필자는 '독케비 형제'가 그 말을 들었다면 그가 과거에 자신을 후원하는 문제와 관련해서 핑크에게서 들었던 조언을 어떻게 생각했을지 궁금하다.

핑크의 결정에 영향을 끼쳤을 다른 요인들이 있었을지도 모른다. 그는 독립교회의 정치를 믿었지만, '분파주의'는 싫어했다. 그리고 새로 개척한 이 교회가 그 위험을 피하지 못했다고 느꼈을 수도 있다. 싸움을 좋아하는 타고난 불독과는 거리가 먼 그는 갈수록 '말다툼'(시 31:20)을 피하고 싶어 했고, 어쩌면 자신이 그 교회에 있는 것이 시드니에서 논쟁을 더 부추기는 계기가 될 것이라고 생각했을지 모른다. 육체적으로 지친 점이나 고향으로 돌아가고 싶은 마음(이때까지 그의 양친이 다 생존해 있었고, 1915년 이후로 한 번도 고향에 가지 못했다)이나 그 어느 것도 핑크가 사임하게 된 동기를 고려하는 데서 배제할 수 없을 것이다.

그러나 필자가 볼 때는 그의 이런 행동 과정의 중심에는 성취되지 않은 예언에 대한 그의 생각이 관계되어 있었을 수 있다. 앞에서 지적했듯이 한동안 그는 제도적인 교회 활동의 미래에 대해 근본적인 회의를 품고 있었다. 1927년에 그는 "현세대가 그 과정을 거의 다 달려갔다는 암시들이 많이 보인다"고 썼다. 그리고 1931년에는 '호주 시드니를 떠난 것'에 대해 이야기하면서, "호주에서는 더 이상 교회로서 그리스도를 증거하는 일을 할 수 없었다"고 했다.

우리가 그 상황을 어떻게 해석하든지 간에, 핑크 자신의 말을 들어 보면 "하나님께서 그를 호주로 불러서 맡기신 사역이 끝났다는 것을 분명히 보이셨다"고 확신하게 된다. 이렇게 해서 1928년 7월 20일, 핑크 부부는 영국으로 향하는 배를 탔다.

앨런 매커렐은 오몬드 호가 서큘러 선착장 부두를 떠날 때의 이별 장면을 이렇게 회상했다.

작별 인사를 하기 위해 모여 슬퍼하는 형제자매들에게 핑크 목사님은 배에서 고별사로 사도행전 20:32 말씀을 큰 소리로 외쳤습니다. "지금 내가 여러분을 주와 및 그 은혜의 말씀에 부탁하노니 그 말씀이 여러분을 능히 든든히 세우사 거룩케 하심을 입은 모든 자 가운데 기업이 있게 하시리라."

배가 계류 장치를 풀고 항구를 미끄러져 나가기 시작했을 때, 작은 무리가 찬송을 불렀습니다. 우리는 핑크 목사님 부부를 육체로 다시 보는 특권을 누리지 못했습니다. 그러나 감사하게도 영광의 나라에서 우리는 다시 만날 것이고, 우리가 하나님의 보좌에 둘러서서 새 노래를 부를 때, 지금 우리를 아는 것처럼 서로를 알아볼 것입니다. "우리를 사랑하사 그의 피로 우리 죄에서 우리를 해방하시고 그 아버지 하나님을 위하여 우리를 나라와 제사장으로 삼으신 그에게 영광과 능력이 세세토록 있기를 원하노라. 아멘"(계 1:5-6).

9일이 지났을 때, "시드니 만에서 연락선을 탔을 때와 같이 평온하게" 4천 킬로미터를 여행한 후에 프리맨틀Fremantle(서호주 남서부의 스완 강 어귀의 도시―옮긴이)에 가까이 다가가면서, 핑크는 호주의 절친한 두 친구인 호레이스 콜먼Horace Coleman 부부에게 보내는 편지를 마무리 지었다.

나는 하나님께서 시드니에서 두 분과 함께 우리에게 아주 은혜롭게 내려 주신 행복한 교제의 시간을 결코 잊지 못할 것입니다. 분명히 이 시간을 하늘에서도 회상할 것입니다. 단순히 암시로서가 아니라 '기념책'(말 3:16)에 기록된 것으로 기억할 것입니다. 주님은 우리에게 참으로 선하셨습니다. 주님께서 좋은 것은 아무것도 우리에게 거절하지 않으셨습니다!

18년 후에 핑크는 호주에서 보낸 시간을 '지극히 행복하고 더할 수 없이 바빴던 3년 반'으로 기억했다.[10]

8. 할 일이 없는 설교자

1928-1930

핑크는 인도양을 가로질러 수에즈 운하까지 가서 지중해를 통과하여 대서양에 이르는, 2만 킬로미터에 달하는 항해를 '돌풍 같은 것도' 없이 끝냈다. 대체로 잡지에 실을 글을 준비하거나 편지를 쓰는 일로 평온하게 40일을 시낸 후에, 핑크 부부는 1928년 8월 30일 런던에 도착했다. 앞에서 적었듯이, '지극히 행복하고 더할 수 없이 바빴던 3년 반'의 세월이 그들 뒤로 지나갔다. 그리고 8년간의 시련이 앞에 있었다. 영국에 도착한 시간부터 1936년까지, 핑크 부부는 열두 번이나 거처를 옮기며 살아야 했다. 대부분의 사람들이 안정적인 직업 활동을 할 때인 42세에서 50세 사이에, 핑크는 그렇게 끊임없이 거처를 옮기면서 만나는 일자리보다는 좀더 영속적인 천직을 찾는 초라한 처지에 있었다.

물론 그는 하나님께서 일이 그렇게 되도록 뜻하셨다는 것을 믿었고, 그런 확신이 있기에 시련을 통해서 더 철저히 훈련받는 겸손한 그리스도인으로 거듭나게 되었다. 그럴지라도 그 시험은 매우 혹독했고, 때로는 마음을 낙담시켰다. 이야기가 더 진행되면, 그 점을 좀더 분명하게 알게 될 것이다. 그러나 핑크의 생애에서 이 시기를 설명하는 열쇠는, 교회에 대한 그의 견해와 복음 사역자로서 자신의 소명에 대한 그의 견해에 있다는 점을 처음부터 지적하는 것이 필요하다.

1925년 애쉬필드에 있는 태버너클 침례교회에서 핑크는 성실하지 않은 복음 사역자들에게서 떠나야 하는 의무에 대해 설교했다. 그 후 이어진 2년간의 경험 뒤에 사실상 그는 기존 교단들의 상태가 아주 심각해서 교단에서 하루 속히 나오는 것이 그리스도인의 의무가 되어가고 있다고 확신했다. 핑크가 엄격한 특수침례교회에서 나올 때 함께 나온 사람들에게 전한 첫 설교가 히브리서 13:13의 "우리도 그의 치욕을 짊어지고 영문 밖으로 그에게 나아가자"라는 말씀에 대한 것이었다는 사실은 중요한 의미가 있다. 이 설교를 「성경연구」에 "영문營門 밖으로"라는 제목으로 실었는데, 이후로 그는 이 표현을 자주 사용했다.

그러나 어떤 경우에 핑크는 "그냥 집에 계시면서 하나님 말씀을 읽으세요"라고 말하고 싶은 생각이 있지만, 교회와의 관계를 끊으라는 조언은 전혀 하지 않았다. 그는 "저자가 생각할 때, 구원받은 다음에는 그리스도의 교회들 가운데 한 교회에 속하는 것", 말하자면 신약의 참된 특징을 지니고 있는 회중에 속하는 것이 '모든 신자의 가장 큰 특권'이라고 밝혔다.[1] "너희가 하나님의 교회를 업신여기느냐"(고전 11:22)는 본문에 대해 강해하면서 그는 이렇게 주장한다. "자기가 속한 교회를 별로 중요하거나 가치 있게 생각하지 않고, 그래서 교회에 가입하지도 않는 하나님의 백성들이 이런 일을 합니다."[2] 핑크가 존 칼빈이 그의 「기독교 강요Institutes」 4권 첫머리에 적고 있는 진리, 곧 조직된 교회는 "하나님께서 우리를 불러 그리스도와 교제케 하시고 그 교제 안에 존속시키는 데 쓰시는 외적인 수단 혹은 도움"이라는 진리를 모르지 않았다는 것이 분명하다. 1929년 3월에 그가 이렇게 쓴 것을 보면 알 수 있다. "매일 은혜의 수단들을 사용하고 신자들과의 교제를 통해서만 우리는 보존됩니다."[3]

목회 활동에 대한 핑크의 생각도 그와 비슷했다. 불성실한 목회자들과 그들을 지지하는 교단들에 대해 경계의 말을 하면서도 그는 목사의 직무 자체를 무시하는 말은 전혀 하지 않았다. 형제회 사람들이 가르치도록 권한을 받은 목사와 설교자들을 거부했지만, 핑크는 거기에 전혀 동조하지 않았다. 한번은 '누구나 설교할 수 있다'는 견해에 마음이 기울어져 있는 형제교회 출신의 젊은이에게 글을 쓰면서 핑크는 중생하지 않은 목사들을 전혀 지지하지 않았지만 이렇게 충고를 했다. "가짜가 진짜를 무효로 만들지 않습니다! 형제가 주의를 기울여야 할 한 가지 문제는 신약성경이 무엇이라고 가르치는가 하는 것입니다. 설교하고 가르치는 일이 책임 있는 지도자의 손에 있었습니까? 아니면 보통 사람들 또는 극히 평범한 사람들, 아무나 모임에서 자유롭게 일어나 말을 했습니까?"[4]

1928년에 핑크는 다소 분파주의를 주장하는 것 같은 형편에 처해 있었지만, 하나님께서 주신 복음 설교자로서 소명을 포기하지 않았던 것은 분명하다. 핑크가 그 시기에 설교자로서 소명을 포기하고 어느 구석에서 작가로 조용히 일할 준비를 했다면, 그 뒤에 이어진 고초들 가운데 많은 일을 면했을 것이 틀림없다. 그러나 설교자로서 자신의 소명에 대해 굳은 확신이 있었기 때문에, 그 소명은 그에게 선택 사항이 아니었다. 시드니에서 종종 설교 뒤에 겪은 많은 괴로운 일들도 그에게서 그리스도를 전파하거나 동료 신자들을 만나는 즐거움을 앗아가지 못했다.

이렇게 1928년에 영국으로 돌아왔지만 그렇다고 해서 핑크가 공적인 사역에서 은퇴한 것은 아니었다. 항해하는 동안에 콜먼 부부에게 쓴 편지에서 그는 이렇게 말했다. "나는 지금 하나님의 뜻이면 우리 부부가 런던에 도착할 수 있을 것으로 생각하고, 하나님께서 우리를 그의 굶주린 많은 양떼에게 데려다 주시며, 그들의 눈에 은총을 얻게 하시고, 그들을 '필요한 양식'(잠 30:8)으로 먹일 수 있게 해주시기를 구하기 시작했습니다." 핑크는 런던에서 겪을 어려움을 어느 정도 알고 있었다. 그래서 「성경연구」의 독자들에게 이렇게 말했다.

나는 누구의 부름이나 초대를 받지 못했습니다. '열린 문'은 전혀 보이지 않는 것 같습니다. 런던에는 우리가 알고 있는 하나님의 백성들이 거의 없습니다. 우리 소식을 들은 사람들 대부분은 우리가 모든 교회 조직

의 밖에 있기 때문에 우리에 대해 편견을 갖고 있기가 쉽습니다.[5]

이 글은 핑크가 호주를 떠나기 전에 쓴 것이다. 결과적으로 후에 그는 다음과 같은 사실을 이야기했다. "그 다음 6주 동안 배에서 입을 닫고 지냈고(우리는 오백 명에 달하는 승객들 가운데서 그리스도인을 단 한 명도 만나지 못했습니다), 그 다음에 뭍에 오른 뒤에는 4주 동안 아무런 활동이 없이 지냈습니다." 1928년 9월 말에, 런던(이들 부부는 런던 근교 서비턴에 있는 동생 프랭크의 집에 머물러 있었다)이나 미들랜즈(핑크는 이제 나이 든 부모님이 계시는 이곳을 틀림없이 방문했을 것이다)에서 사역할 수 있는 기회가 전혀 보이지 않자, 그는 데번Devon(잉글랜드 남서부 주―옮긴이)의 시턴Seaton에 있는 「성경연구」의 한 독자가 자기 집으로 오라고 한 초대를 받아들였다. 그리고 이 초대는 "이웃 지역에 말씀을 전하는 기회"가 되는 결정적 요인이 되었다.

시턴에서 그는 용기를 얻어 활발하게 말할 수 있었는데, 이곳에서 잠깐 지낸 후에, 목사가 없는 한 첼트넘Cheltenham의 교회로부터 뜻밖의 초대가 날아들었다. 그 교회는 자신들이 "성경을 중심으로 세워졌다"고 주장하며 후임 목사로 "말씀의 선생"을 원한다고 했다. 핑크는 콜먼 부부에게 보낸 편지에서 이렇게 전한다. "우리는 그리로 갔지만 첫 주가 지나자 당회에서 내게 예배 인도하는 일을 더 하지 않아도 되겠다고 알려 왔다." 그 편지는 이어서 이렇게 쓰고 있다.

하나님께 빛을 보여주시고 길을 인도해 주시기를 간절히 구한 후에, 우리는 하나님께서 우리에게 데번의 시턴으로 돌아가라고 하신다고 느꼈습니다. 그렇게 느낀 것은 첫째로, 시턴이 하나님께서 처음 우리를 데려가신 곳이기 때문이었습니다. 둘째는, 우리가 첼트넘에 있는 동안에 시턴에서 온 편지들을 보면 주님께서 그곳에서 우리를 통해 많은 사람들에게 전한 그 말씀에 복 주시기를 기뻐하셨다는 것을 분명히 알 수 있었기 때문입니다. 이곳에 있는 '형제회'의 유력한 사람이 자신이 최근에 하나님의 절대주권이라는 이 복된 진리를 알게 된 것은 "마치 두 번째 회심을 경험한 것과 같았다"는 편지를 보내 왔습니다. 셋째로, 시턴에 있는 성도들에게 복음을 전할 수 있는 사람들은 많이 있지만 교사는 전혀 없고, 많은 사람들이 교사를 갈망하고 있기 때문이었습니다. 넷째로, 우리는 잡지 발행을 위해서 거처를 정해야만 하는데, 주님께서 우리에게 시턴 말고 다른 어떤 곳을 거처로 암시한 적이 없다고 생각했기 때문입니다. 다섯째로, 생활비가 런던보다 싸게 들기 때문입니다. 그래서 우리는 열흘 전에 이곳으로 돌아왔습니다. 우리가 도착한 날 주중에 드린 밤 예배에서 사람들이 우리를 진심으로 환영해 주었고, 많은 사람들이 주님께서 우리를 그들에게 돌려보내 주신 것을 기뻐했습니다. 그런데 토요일 아침에 '유력한 그 형제'가 자기들에게 '곤란한 문제가 있다'고 말했습니다. 형제들 가운데 세 사람이 하나님의 주권에 대한 내 가르침에 이의를 제기했고, 집회에서 계속 내게 말씀 전하는 일을 맡긴다면, 자기들은 '함께 떡을 떼는' 모임에서 나갈 것이고, 다른 사람들도 자기들과 같은 생각이며, 내 가르침에 동의하는 사람들이 내가 계속해서 가르치도록 허용해야 한다고 주장한다면, 교회에 '큰 분열'이 있을 것이라고 공표했다는 것입니다. 따라서 그 토요일 저녁에(한 주일 전 밤에) '감독직'을 맡고 있는(집사들과 동등한) 일곱 형제들의 긴급회의가 소집되었는데, 이 반대자들 가운데 두 사람이 이 감독 회의에 속해 있었습니다. 나머지 다섯 사람은 하나님께서 내게 힘을 주셔서 가르친 것을 듣고 크게 기뻐했고, 그 말씀에서 많은 도움을 받았습니다. 그래서 그들은 몹시 마음이 아팠지만 화평을 유지하고(그들은 지금까지 이 집회가 서 온 칠 년 동안 사실 한 번도 싸움을 겪은 적이 없었다고 합니다) 분열을 막아야 한다고 생각했습니다. 그래서 그들은 당분간 내게 말씀을 전하지 않도록 하는 데 동의했고, 그 가운데 두 사람이 토요일 밤 늦은 시간에 내게 들러 그들의 결정을 알려 주었습니다.

이렇게 해서, 공적으로 말씀을 전할 수 있는 문이 당분간 굳게 닫혔습니다! 나와 아내 둘이서만 지냈지만, 주님은 시편 25편의 말씀으로 기운을 북돋아 주셨고, 이 일이 로마서 8:28에서 말하는 '모든 것' 가운데 들어 있으며, 우리가 주님만을 의지하면 모든 것이 잘될 것이고 결국에는 바르게 될 것이라는 충만한 확신이 들었습니다.[6]

이후로 시턴에 있는 형제회와 그 문제를 논의했지만, '문'은 다시 열리지 않았다. '감독회의'에 있는 다섯 사람은 핑크의 설교를 듣기를 바라는 사람이 50명에서 70명 정도로 많지만, 핑크가 더 이상 설교를 하면 회중이 둘로 나뉘게 될 것이라고 말했다. 1929년 1월호 「성경연구」의 맨 마지막에 덧붙인 '개인 소식란'에서 핑크는 이렇게 썼다.

> 이곳에서 지난 넉 달 동안 우리는 딱 두 번 아주 간단하게 말씀을 전한 일이 있었습니다. 현재로는 모든 것이 우리 앞에 굳게 닫힌 것처럼 보입니다.……우리는 겨울 동안에 작은 바닷가 동네의 작은 집에 세 들었습니다. 이곳에서 우리는 이 잡지를 발행하는 일에 전념하고 있습니다. 우리는 하나님께서 그의 정하신 좋은 때와 좋은 방식으로 그의 배고픈 백성들을 만나게 해주시기를 기대하고 있습니다.……설교를 생각할 때, 근사하고 기분 좋은 복음주의적인 연설들은 지금도 들립니다. 그러나 아주 드물게 예외적인 경우가 있긴 하겠지만, 건전한 가르침은 더 이상 용인되지 않습니다.

시턴의 시드머스 로에 있는 작은 집에서 핑크는 1929년 1월 10일에 다시 한번 콜먼 부부에게 편지를 썼다. 핑크는 하나님의 크심과 변치 않으심, 이 진리가 자기들 부부의 마음에 "여전히 있다"고 하며, 그 두 가지 사실을 찬미한 후에, 이어서 다음 몇 가지 소식을 전했다.

> 한 친구에게서 나를 천거받았다는, 리버풀에 큰 전도센터를 가지고 있는 부자 그리스도인이 우리에게 후원할 뜻을 보이는 편지를 썼습니다(사실 이 편지는 우리가 가서 자기를 대변해 줄 수 있는 뜻이 있는지 '떠보는 것'이었습니다). 이 편지에서 그는 자기가 "많은 대중에게 말하

면 언제나 환영을 받았다"고 했습니다. 답장에서 나는 그의 경험이 선지자들과 주님 자신과 사도들의 경험과는 아주 다르다는 사실을 지적했습니다. 그 후로 그에게서 더 이상 아무런 얘기도 듣지 못했습니다! 노리치Norwich 가까이에 있고, 어느 교단에도 소속되어 있지 않은 또 한 군데 전도센터에서 내 이름을 들었습니다. 그들은 목사를 찾고 있었고 나와 교섭을 시작했습니다. 그들에게 보내는 편지에서 나는 하나님의 종들은 "성도에게 단번에 주신 믿음의 도를 위하여 힘써 싸우도록" 부탁받은 사람들이며, 그 믿음의 매우 중요한 부분은 하나님의 절대주권과 선택에 있어서 하나님의 차별하시는 은혜라는 중대한 진리이며, 그 믿음의 또 한 가지 지극히 중요한 부분은 구원받지 못한 사람들에게 영원한 형벌을 전하는 것이라고 말했습니다. 답장에서 그들은 "이곳에서 청빙하고자 하는 사람은 화평을 추구하는 착실한 목회자"라고 말했습니다. "하나님께 영광을 돌리고 그리스도를 높이는 신실한" 목사를 바라는 것이 아니라는 사실에 주의하시기 바랍니다. 14년 전에 친하게 지냈던, 런던에 있는 또 한 사람이 내게 편지를 보내서 설교해 줄 수 있는지 물었습니다. 나는 하나님의 무한하신 은혜로 내가 전하기를 애쓰는 '설교'가 어떤 것인지를 아주 솔직하게 써서 답장을 보냈습니다. 그 이후로 그에게서 아무 얘기도 듣지 못했습니다! 디모데후서 4:3-4은 참으로 맞는 말씀입니다!

1928년에서 1929년에 걸친 겨울이 끝나고 봄이 돌아왔지만, 상황은 여전히 변함이 없었다. "우리 집에서 아주 소수의 사람들이 성경공부반으로 모이는데, 다른 사람들도 그 모임에 관심은 있지만 참석하기를 꺼려했습니다."[7] 핑크는 친구들이 돌아오라고 간곡히 권하고 있고, 몇 군데서 사경회를 인도해 달라는 초청을 보내고 있는 미국으로 생각이 서서히 돌아갔다. 1929년 4월 11일이 되었을 때, 그들은 결정을 하고 5월 2일에 배를 타고 사우샘프턴Southampton을 떠났다. 핑크 부부는 잡지를 발행하느라 일이 끝이 없었지만, 지난 여섯 달 동안을 그리스도께서 제자들에게 말씀하셨던 것처럼(막 6:31) "한적한 곳"에서 잠깐 쉬는 것과 같은 것으로 보았다. "우리는 지난 7월에 호주를 떠날 때, 주님께서 활발하게 봉사하도록 우리를 영국으로 데리고 가신다고 생각했습니다. 그런데 하나님께서는 다른 계획들이 있었습니다.……12월 1일 이후로 우리는 완전히 격리되어서 지냈습니다. 영적인 관점에서 말하자면 '광야'에서 지냈습니다. 그러나 주님께서는 아주 놀랍고 복되게 자신을 우리에게 나타내셨습니다! 주님은 '가라'고 말씀하시지 않고 '오라'고 하셨습니다. 우리는 내내 주님과 함께 있었습니다."

핑크 부부의 목적지는 핑크 아내의 고향 주인 켄터키였다. 이곳 켄터키 주의 모턴스 갭Mortons Gap이라는 작은 시골 읍에서 두 사람은 그들을 잘 알고 있는, 침례교회를 세운 사람들 가운데서 정착하기를 바랐다. 뉴욕에 도착했을 때, 핑크는 그를 면접한 이민국 직원과 나눈 대화를 재미있어 했다. "그 사람은 내가 복음 사역자로서 소명을 계속 수행할 의사가 있는지 물었습니다. 나는 그 사람에게 '하나님께서 은혜를 주시면 그렇게 할 겁니다' 하고 대답했습니다.

그러자 그 사람이 말을 덧붙였습니다. '두 분은 상한 영혼들을 고치러 여기에 오는 겁니까?' 그 말에 우리는 이렇게 대답했습니다. '아니요. 우리는 상한 영혼들을 고치는 것이 아니라 주님의 손에 들린 도구로서 죄로 죽은 사람들을 살리러 오는 것입니다.' 그러자 그의 얼굴이 밝아지더니 이렇게 소리쳤습니다. '좋습니다. 듣고 싶었던 얘기요!'"[8]

두 사람이 첫 번째로 머문 곳은 펜실베이니아 요크였다. 프레슬 부부와 함께 머물렀는데, 그들은 두 사람이 마지막으로 만난 후로 지난 4년 6개월 동안 잡지 발행의 미국 책임자로 일했다. 그 다음에 앨투나Altoona(펜실베이니아 블레어 카운티에 있는 도시―옮긴이)에서 다른 친구들을 잠깐 만난 뒤에, 두 사람은 5월 30일에 모턴스 갭에 도착했다. 베라는 '고향'에 돌아온 것이어서 더할 수 없이 좋았고, 핑크도 새로운 상황을 좋아했다. 두 사람은 집("크기가 적당한 방이 세 개 있고 현관이 딸려 있었다")을 한 채 임차할 수 있었는데, 40파운드로 그 집에 "중고지만 깨끗하고 산뜻한 가구"도 마련할 수 있었다. 우선 무엇보다 좋은 것은 그리스도인 간의 사귐을 가질 수 있는 것이었다. 그곳 교회에는 핑크를 "진리의 조력자"로 환영하는 것으로 보였던 목사가 있었고, 이웃 지역에서 설교할 수 있는 기회들도 있었다. 1929년 7월 1일자 콜먼 부부에게 보내는 편지에서 핑크는 이렇게 이야기한다.

> 어제 나는 농촌 지역에 있는 작은 시골 교회에서 소박하고 순진한 사람

들에게 두 번 설교할 수 있는 특혜를 누렸습니다. 안식일 오전과 오후에 마태복음 16:24의 말씀을 가지고 그리스도인 생활의 십자가에 대해 전했습니다. 주님께서 나를 도와주셨습니다. 교인들 가운데 많은 수가 은혜를 받았다고 생각합니다. 다시 일하게 되니 좋습니다. 나는 지금 일일이 응대할 수 없을 만큼 많은 '초청'을 받고 있습니다. 우리 두 사람 모두 지금 더할 수 없이 건강합니다. 형제들도 그러리라 믿습니다.

그러나 또다시, 이 기회들은 오래가지 못했다. 이후 1929년 8월 19일에 콜먼 부부에게 보낸 편지는 영적인 이야기들로 가득했지만, 편지를 끝맺기 전에 모턴스 갭에 있는 교회에서 영적 고향을 찾으려고 한 그들의 처음 소망이 실현되고 있지 않다는 것을 간단하게 암시한다.

나는 오늘 아침 7시 45분부터 거의 저녁 식사 시간까지 다음 주 초에 발송되기를 바라는 10월호 「성경연구」를 교정하는 일에 꼬박 매달렸습니다. 지금 좀 피곤하긴 하지만, 오늘 아침에 받은, 7월 14일자 형제의 아주 친절하고 항상 고마운 편지에 답장을 하면서 서면으로 형제와 몇 마디 이야기해야 할 것이 있습니다. 내가 무슨 '얘기'를 할 것 같습니까? 오, 아니면 누구에 대해서 얘기할 것 같습니까? 나는 두 분 모두가 (더할 수 없이 놀랍고 크신 은혜로 말미암아) 내가 어떤 사실들이나 우리 자신에 관해 무엇을 말하는 것보다 '사람의 자녀들보다 아름다우신' 분에 관해 말하는 것을 훨씬 더 많이 들었을 것이라고 믿습니다.

오, 우리를 살리기 위해 죽으શ, 찬양 받으실 그분을 우리가 항상 생각하고 묵상하며 연구하고 사랑하는 것만큼 가치 있는 일이 어디 있겠습니까! 영광의 주께서 이루 다 헤아릴 수 없는 수욕을 받는 자리로 내려오셨습니다! 모든 복을 주시는 분이 우리를 위해 저주를 받는 대상이 되셨습니다! 우리가 잠시 멈추고서 놀라고 기이히 여기며 경배하는 것이 당연합니다. 그러나 감사하게도 십자가가 끝이 아니었습니다. "그는 사망에 매여 있을 수 없었습니다"(행 2:24). 그리스도는 무덤에서 당당하게 일어나셨고 하늘에 오르시며 하나님 우편에 앉으셨습니다. 왜 그렇게 하셨습니까? 주님 자신의 안락함이나 평안 혹은 기쁨을 위해서였습니까? 아닙니다. "그리로 앞서 가신 예수께서 우리를 위하여 들어가셨습니다"(히 6:20). 나는 주님의 모든 사상을 다룹니다. 나의 관심사는 오직 그리스도에 대한 것입니다. 그러나 그리스도께서 하신 일은 그것이 전부가 아닙니다. 그리스도께서 그의 구속하신 모든 사람을 자기와 함께 있게 하시기 전까지는 그리스도께 천국은 온전히 천국답지 못할 것입니다. 우리를 위해 처소를 예비하러 가신 것에 만족하지 않고 그리스도께서는 우리를 자기에게로 영접하기 위해, 그래서 주께서 계시는 곳에 우리도 있게 하려고 다시 오실 것입니다. 주께서는 "아버지여, 내게 주신 자도 나 있는 곳에 나와 함께 있어 나의 영광을 그들로 보게 하시기를 원하옵나이다"(요 17:24) 하고 말씀하십니다.……그러니 우리가 얼마나 기뻐하고 찬양 드리며 예배하는 사람들이 되어야 마땅하겠습니까! 우리는 우리 자신에게, 다른 사람들에게 혹은 일들에 너무 마음을 빼앗기고 있습니다. 오늘날 주님의 사랑하시는 백성들 가운데 많은 사람들이 자기 기업을 누리지 못하게 되는 주요 장애물들 중의 하나는 그들이 잘못된 자리에 있고, 그리스도께서 계시지 않는 곳에 있는 것이라고, 곧 그리스도께서는 조직된 모든 것의 밖에 계시기 때문이라고 나는 굳게 믿습니다. 그리스도께서 계시지 않는 곳에 있는 것은 복 받는 위치를 놓치는 것이고, 우리의 평화를 어지럽히는 것이며, 그리스도와 함께 행하지 않고 있는 사람들 때문에 타락하게 되는 것입니다. 오늘 나는 우리가 있어야 할 곳이 '영문 밖'이라는 것을 14개월 전보다 지금 더욱 굳게 확신합니다. 그곳은 '비난받는' 자리이고 외로운 자리이며 시련의 자리입니다. 그러나 그곳은 그리스도께서 계시는 곳이기 때문에, 반드시 복과 평안과 기쁨이 있는 자리입니다. 결코 실수하시지 않는 우리 하나님께서 선한 섭리로 우리를 있게 하신 이 지역이 우리가 그동안 지냈던 모든 곳보다 낫지도 않고 나쁘지도 않다는 것만을 말씀드리고, 그 이상으로 이곳의 상태를 말씀드려서 두 분의 귀를 더럽히고 싶지 않습니다.

그러나 이렇게 자신이 '영문 밖'에 있어야 한다고 말은 했을지라도 핑크는 진리를 받아들일 것으로 기대되는 교회들의 청빙을 수용할 마음이 여전히 있었다. 10월에 그는 콜먼 부부에게 다시 이렇게 말한다.

1929년 10월 18일, 금요일에 나는 여기서 약 560킬로미터 떨어져 있는, 작은 시골 침례교회로 길을 떠났습니다. 그 교회 목사님은 지난 넉 달 동안 나와 많은 편지를 주고받았습니다. 그 목사님은 경건이 뛰어난 분인 것 같았고, 지금까지 신약의 교회와 같은 교회를 세우고자 애써 왔으며, 그곳에는 내 가르침을 귀중하게 생각할 사람들이 스무 명이 있다는 등의 말을 분명히 했습니다. 나는 이 교회가 규칙의 예외적인 경우가 될 수 있으며, 사막의 오아시스와 같은 곳이 될지도 모른다고 생각했습니다. "사랑은 악한 것을 생각하지 아니하기"(고전 13:5) 때문입니다. 슬프게도 내 소망은 이루어지지 않았습니다! 그 목사님은 아내와 여섯 명의 자녀를 데리고 있었지만 가정예배를 드리지 않았습니다. 그 '교회'는 그동안 4년 이상을 주의 만찬을 시행하지 않았습니다. 그 교회에서 영성이 있어 보이는 단 한 사람이 내게 말했습니다. "이해하는 분별력을 타고난 사람이 간혹 있는데, 기존의 상태에서는 그런 분별력이 있다는 것이 놀람감이 될 것입니다." 나는 주님께서 그의 잃어버린 양 가운데 단 한 마리를 위해 나를 거기에 보내셨다고 믿습니다. 그는 지금까지 양심이 편치 않고 모든 평안과 기쁨을 잃은 채 그 '교회'(?)에 남아 있지만 다른 대안이 없다고 말했습니다. 나는 그곳에 두 주 동안 있으려고 갔지만, 8일째 되는 날 일정을 끝냈습니다. 그런데 뜻밖에 주님께서는 내가 오후에 두 번, 밤에 세 번 말씀을 전한 곳에서 또 다른 문을 열어 주셨습니다. 그곳은 다소 부유한 사람들이 있는 한 도시 '교회'였습니다. 나는 주중에 드리는 여전도회 예배에서 말씀을 전해 달라는 부탁을 받고, 베드로전서 3:1-6 말씀을 본문으로 45분간 설교했습니다. 나는 좀더 자유롭게 말할 수 있었지만 마음을 슬프게 하는 것이 많았습니다. 나는 주로 마태복음 16:24-25의 말씀을 강조하려고 힘썼는데, 이 말씀을 나 자신이 더욱 실천할 수 있게 해주시는 은혜를 간절히 구하고 있습니다."[9]

시드니에 있던 핑크의 친구들, 곧 핑크가 한 주일에 여섯 번 설교한 것을 알고 있고, 그 설교의 영적 영향력을 경험했던 사람들은 그에게 설교의 문이 더 닫혔다는 이 소식을 듣고 마음이 아팠을 것이 분명하다. 1929년 12월 11일에 다시 편지를 보내면서, 핑크는 자신을 "하나님 백성들과의 가시적인 모든 교제에서 실질적으로 끊어진" 사람들로 생각하면서도, 콜먼 부부에게는 이런 말로 안심시킨다. "우리가 겪는 일과 운명에 대해 전혀 걱정하지 마십시오. 우리는 걱정하지 않습니다. 하나님의 은혜로 우리는 지극히 만족하게 지내며 전에 없이 우리 영혼은 행복하고 하나님의 임재를 더욱 느끼고 있습니다." 1930년 3월 9일에 핑크는 또 말한다. "우리는 이곳 모턴스 갭에서 시턴에 있을 때보다도 사람을 적게 만납니다. 돌아다니는 소문은 내가 공부를 너무 많이 해서 미쳐 버렸다고 한답니다. 우리 두 사람 가운데 아무도 우체국과 상점 외에는 어디에도 가지 않습니다. 거의 1년 이상 신문을 보지 않았기 때문에 지금 세상에서 돌아가고 있는 일에 대해서는 아주 깜깜합니다. 그러나 주님께서 우리와 함께 계시고, 그것이 가장 중요한 사실입니다. 주님은 필요한 모든 것을 계속해서 공급해 주십니다."[10]

그때 핑크는 1929년에 켄터키에 다시 정착할 수 없었던 이유에 대해서는 아무 설명을 하지 않았지만 1946년에 그때의 경험을 회상하면서 이렇게 썼다. "나는 우리가 지난 12년 동안 잘 달려 왔는데 더 이상 달리지 않고 있고, 사람들과 행복한 교제를 누리기보다는 그들 옆구리에 가시와 같은 존재가 되었다는 것을 발견했습니다." 필자는 핑크가 성숙하지 못해서, 그 때문에 이전에 알고 지내던 몇몇 사람들이 그를 더 받아들이지 않게 된 것은 아닌가 하는 생각이 든다. 모튼스 갭 교회에서 믿고 있는 칼빈주의 교리가 전에도 핑크에게 흡족하지 못했었는데, 이제는 더 부족한 것이 보였다. 핑크가 생각할 때 교회에는 "사람들이 회심하기를 간절히 바라는 열망"이 있어야 했다. "우리가 칼빈주의 '5대 교리'를 설명했으면, 그것으로 하나님의 모든 말씀을 다 선포한 것입니까? 나는 그렇다고 생각지 않습니다."[11] 핑크에게는 기독교의 경험적인 측면이 갈수록 점점 더 중요해졌는데, 그가 주위에서 듣는 말씀에는 그 측면이 두드러지지 않았던 것 같다. 1931년에 핑크는 이렇게 썼다. "나이가 들면서 나는 하나님을 더 깊이 알고, 그래서 성령께서 그의 말씀을 우리 마음에 힘 있게 적용하는 것을 경험하는 일이 크게 필요하다고 느낍니다. 나는 진리를 이론적으로 아는 것과 내적으로 경험하는 것의 차이가 너무도 크다는 것을 점점 더 배우고 있습니다."[12] "전반적으로 마음을 무시하는 태도가 오늘날 기독교 국가가 슬픈 상태에 처하게 된 근본 원인입니다."[13]

위에서 언급한 편지들에서 발췌한 몇몇 글만으로 핑크를 판단한다면, 이 당시 그의 모든 활동은 비관론에 물들어 있다고 생각할 수 있을 것이다. 그러나 핑크가 이때 맡은 그 외의 일을 보면 알 수 있듯이, 사실은 그렇지 않았다. 핑크는 그동안 헤렌딘과 계속 접촉해 왔고, 1929년에 헤렌딘은 핑크가 교정한 「하나님의 주권」의 개정판을 출판했다. 그해에 헤렌딘은 핑크에게 「성경연구」(계속해서 월간으로 발행했던 것 같다) 외에, 특별히 주일학교 교사들을 위한 월간지를 또 하나 준비하자고 제안했다. 핑크는 그 제안에 동의했고, 「주일학교 수업 도우미 Helps on the Sunday School Lesson」라는 제목이 붙은 창간호가 1930년 1월에 클리블랜드 성경 진리 보관소 출판사의 발행으로 세상에 나왔다. 그달의 각 주를 위한 수업 내용이 2단으로 빽빽하게 인쇄된 8쪽짜리 잡지였다. 3월에 3호 잡지가 나왔을 때, 헤렌딘은 '개인 소식란'에 이렇게 적었다. 구독자 수가 133명이었는데, "그리 많은 수는 아니지만 그래도 상당한 수입니다. 이것은 시작입니다.……핑크 목사는 수업 자료를 준비하기 위해 아주 많은 시간을 연구하고 힘들게 일하고 있습니다." 3월호부터 이 잡지는 계간지가 되었고, 분량이 24페이지로 늘었다. 그러나 그해 마지막 판, 곧 1930년 10-12월호에는, 잡지가 "당분간 발행이 중지될" 것이라고 알리며 "우리를 도울 수 있기 위해 할 수 있는 일을 다해 준 모든 독자들에게 감사드리고 싶다"는 간단한 메모가 들어 있었다.

계간지 「주일학교 수업 도우미」의 발행이 너무 짧게 끝나 버려서, 핑크의 에너지와 어린이들을 돕는 데 대한 그의 관심을 보여주었다는 것 외에, 잡지의 분량을 보면 그가 결코 사람들로부터 물러나 고립되어 지내지 않았다는 것을 알 수 있다. 그런 사실이 없었다면, 그 잡지는 언급할 만한 가치도 없는 것처럼 보일 수 있다. 사람들의 반응이 별로 없었던 것이 그 내용 때문이라고 말할 수 없다. 그 잡지만큼 성경의 교훈에 집중하고, 그 교훈을 신중하게 전하며 훌륭하게 적용하는 그런 유의 잡지는 달리 없었을 것이다. 그는 결코 다른 사람들을 비판하는 태도로 글을 쓰지 않았다. 마태복음 7:1-5에 나오는 '형제를 판단하는 일'에 대한 그의 교훈의 개요를 보면 그가 따르려고 애쓰는 규범이 어떤 것인지 알 수 있다.

> 첫째로, 주님께서 금하시는 것은 공정치 못하고 부당하게 판단하는 일입니다. 즉 사람들의 좋은 점은 보지 않고 하찮은 악에만 집착하는 것입니다. 둘째로, 주님께서 여기서 호되게 꾸짖는 것은 돌아다니면서 형제들의 결점과 흠을 찾으려고 하는 버릇을 갖는 것입니다. 셋째로, 주님이 막으시는 것은 나 자신의 명백한 죄는 인정하지 않으면서 다른 사람의 약점들을 위선적으로 비난하는 것입니다. 마태복음 7:2에서 주님은 우리가 이 일에서 뿌리는 대로 거둘 것이라고 엄하게 경고하십니다. 비판하는 사람은 그 자신이 비판을 받을 것입니다. 다른 사람에게 무자비한 자는 그 자신이 가혹한 평결을 받을 것입니다(약 2:13).

핑크가 이 두 번째 잡지의 발행을 포기한 한 가지 이유는, 아마도 그들 부부가 켄터키에서 문서 사역에만 남은 생애를 바쳐야 한다는 것이 하나님의 뜻임을 확신하지 못했다는 사실일 것이다. 1930년 4월 초에, 잡지 두 권을 발행하는 일이 임박했음에도 불구하고, 그들은 태평양 연안의 로스앤젤레스 북부 근교까지 약 5천 킬로미터나 떨어진 곳으로 이사했다. 한 해 전에 핑크에게 다시 미국에서 말씀을 전할 것을 생각해 보도록 만든 것은 바로 그 지역에서 온 편지들이었다. 1930년 4월 11일에, 그는 캘리포니아 글렌데일Glendale 알라미다 가에서 콜먼 부부에게 써 보낸 편지에서 이렇게 말한다.

다시 한번 주님은 우리에게 장막을 옮기도록 하셨고, 그의 선하신 손에 이끌려 우리는 어제 위 주소에 안전하게 도착했습니다. 전부터 알고 지내던 믿음직한 많은 친구들의 아주 진심 어린 환영을 받았는데, 그들 가운데는 우리가 지난 십 년 동안 보지 못했던 친구들도 다수 있었습니다! 주님께서 이곳에서 우리를 위해 무엇을 마련해 놓으셨는지 아직 모릅니다. 우리는 조용히 주님을 모시고 있습니다. 글렌데일은 로스앤젤레스 근교인데, 지금은 오히려 시드니보다 큰 도시입니다. 이곳의 상태는 다른 모든 곳과 마찬가지입니다. 즉 파멸이 사방에서 눈앞에 닥쳐 있습니다. 그러나 이처럼 큰 곳에는 아마도 아주 소수라도 '하나님의 사람들'이 있을 것입니다. 이들 가운데 어떤 이들은 기존의 상태를 괴롭게 생각하고 있다는 것을 나는 이미 알고 있습니다. 즉 그들은 비슷한 마음을 가진 사람들과 교제하기를 갈망하고 영적 가르침을 듣기를 간절히 바라고 있습니다. 나는 무엇인가를 '조직하려고' 하거나 '새로운 것을 시작하려는' 생각이 전혀 없습니다. 그러나 조직 '밖에서' 성경공부반을 진행하는 것이 하나님의 뜻일 수 있습니다. 어떻든 나는 "믿는 이는 다급하게 되지 아니하리로다"(사 28:16)라는 말씀을 염두에 두고 있습니다. 우리는 지금 한 그리스도인(우리보다 아주 조금 더 나이가 들었습니다) 가정에 머물고 있는데, 일찍이 9년 전 시애틀에 있을 때 바로 이 가정에서 넉 달을 지냈습니다. 그들은 리처즈 부부입니다.[14]

3월 4일자에 보낸 형제의 친절한 편지가 3.4파운드의 우편환이 동봉된 채 모턴스 갭으로부터 회송되어 안전하게 전달되었습니다. 내가 섬기기를 힘쓰는 분의 복되신 이름으로 형제에게 진심으로 감사를 드립니다. 우리 주님의 복이 선물을 준 분과 이 선물에 임하기를 구합니다. 우리가 배를 타고 시드니를 떠난 지 거의 2년이 되었습니다. 그 이후로 내가 설교한 것이 3주간도 안 되지만, 주님께서는 모든 필요를 넉넉히 채워 주셔서, 우리는 아무것도에 부족함이 없었습니다. 하나님을 찬양합시다! 주님께서 형제를 대하신 일과 형제의 경험, 마음의 수고에 대해 이야기해 주어서 감사드립니다. 우리 각 사람은 믿음으로 행하고 보는 것으로 하지 않을 수 있게 해주시기를 매일 기도할 필요가 있습니다.

로스앤젤레스 북쪽에 있는 글렌데일은 예전에 그 지역을 방문한 경험이 있어 핑크에게는 친숙한 곳이었다. 그러나 여기에서도 그는 상태가 심각해지고 있는 것을 발견했다. 핑크가 성경공부반 하나를 시작할 수 있었지만, 1930년 9월 1일자 핑크 부인이 콜먼 부부에게 보낸 편지는 그 결과를 이렇게 전했다.

우리는 시작했던 성경공부반을 그만두었습니다. 이 반에 온 사람들은 이 악한 도시에 만연해 있는 신앙적 견해들에 여전히 물들어 있고 이 도시와 교제를 끊으려 하지 않습니다. 표면상으로는 이 공부반에 가장 열성을 보인 한 사람이 지난 화요일에 밤새도록 투표수를 세는 일을 했습니다. 게다가 여자의 몸으로 말입니다. 또 어떤 사람은 그녀가 세상과 교제를 끊으라는 말에 전혀 동의하지 않았다고 말하는 등의 일이 있어서, 핑크 목사에게는 다시 한번 문서 사역 외에는 모든 문이 닫히게 되었습니다. 모든 교회들의 사정은 아주 끔찍합니다. 그렇지만 계속해서 교회에 다니면서, 자기들은 단지 "주중에 일 때문에 볼 수 없었던 친구들을 보기 위해" 간다고 말하는 사람들이 있습니다.[15]

그러는 동안에 핑크 부부는 로스앤젤레스 베이츠 가 1339번지에 임차한 그들의 거처로 옮겼다. 그리고 또 다른 두 편지에서 핑크 부인이 이야기하듯이, 두 사람이 새로운 경험을 한 곳이 바로 여기였다.

(1930년) 9월 1일, 토요일 오후 4시 30분경에 핑크 목사는 우리의 작은 거실에서 연구하고 있는 중이었고, 나는 부엌에서 주일에 먹을 음식을 요리하면서 싱크대에 기대어 사과를 깎고 있었습니다. 그때 갑자기 마치 거대한 화물차가 바로 지붕으로 돌진해 오는 것처럼 우르르 하는 소리가 들렸습니다. 말하자면, 이 소리를 들으면서 나는 배가 바다에서 거대한 파도를 만난 것처럼 집이 솟아오르는 것을 느꼈습니다. 싱크대가 내게서 멀어졌습니다. 나는 몹시 비틀거렸고 놀랐습니다. 그 뒤에

두 번 그런 일이 일어났는데, 두 번째는 첫 번째나 마지막보다 더 분명했습니다. 이 세 번의 진동이 4초 동안 지속되었다고 말씀드릴 수 있을 것 같습니다. 그것은 우리 중 어느 누구도 경험해 보지 못한 첫 번째 지진이었습니다. 그러나 우리 두 사람은 즉각적으로 그것이 무엇인지 알았습니다. 나는 잠시 동안 현기증을 조금 느꼈습니다. 남편은 내가 창백해 보였다고 말했지만 나는 조금도 무섭지 않았습니다. 충격이 갑작스럽게 왔고 집이 배처럼 흔들린 것 때문에 남편은 약간 욕지기와 두통을 느꼈습니다. 후에 나는 "여호와께서 땅을 진동시키려고 일어나실 때"(사 2:21), 그것은 틀림없이 이러할 것이라고 생각했습니다. 이것은 매우 가벼운 지진이었지만, 사람들이 지난 십 년 동안 이곳 로스앤젤레스에서 겪은 지진 중에 가장 심한 것이었습니다. 신앙이 없는 이웃 사람들은 흥분하고 겁을 먹었지만, 하나님의 은혜로 우리는 하던 일을 계속할 수 있었습니다.[16]

로스앤젤레스에서 핑크는 교회 소식지들을 통해서 듣거나 읽은 사실들 때문에 (아마도 처음에는) "근본주의" 교회들에서 설교하기를 사양했던 것으로 보인다. 지금은 그 사실을 언급만 하고 그 이유들을 생각하는 일은 뒤로 미루도록 하겠다. 핑크는 1931년 1월 4일에 호레이스 콜먼에게 쓴 편지에 이렇게 말했다. "우리는 1930년 한 해 동안 어느 '교회'에도 속해 있지 않았고, 날이 가고 달이 갈수록 사람들을 점점 더 보기가 어렵습니다." 개인적인 이 소식을 「성경연구」의 독자들에게 전달하지 않았지만, 1930년에 잡지에 실은

'경종을 울려라'라는 제목의 글에서 그는 이렇게 썼다.

> 지금 거의 모든 '교회'들에 만연해 있는 섬뜩한 상태를 생각할 때, 진정한 하나님의 자녀가 해야 할 일은 무엇입니까? 독자 여러분은 이 문제에 답하기 위해 성경을 살펴볼 생각이 있습니까? 그런 뜻이 있다면, 아무도 이 문제에 대한 하나님의 뜻에 조금도 의심을 가질 필요가 없습니다. "다수를 따라 악을 행하지 말라"(출 23:2). "너희는 열매 없는 어둠의 일에 참여하지 말고 도리어 책망하라"(엡 5:11). "너희는 믿지 않는 자와 멍에를 함께 메지 말라"(고후 6:14).
>
> 나는 '교회에서 나오는 것'이 모든 그리스도인의 의무라고 말하지 않습니다. 왜냐하면 내가 모든 '교회'를 개인적으로 알고 있지 않기 때문입니다. 하지만 이 말은 합니다. 교회 회원으로 받아들이는 일이나 권징을 시행하는 일, 설교하는 일, 그리고 공적 예배에 관한 모든 것에서 성경적인 '교회들'이 있다고 하더라도, 나는 어디 가서 그 교회들을 찾아야 할지 모릅니다. 나는 세계를 완전히 한 바퀴 여행했고 많은 곳에서 하나님 말씀을 전했지만, 내가 계속 교인으로 지낼 수 있는 교회는 찾지 못했습니다. 만일 여러분이 모든 일에서 성경을 따르고, 교회의 목사와 직분자들이 하나님을 두려워하며, 매일의 행위에서 하나님을 명예롭게 하는 교회의 교인이라면, 온 마음으로 하나님을 찬송하며 그들이 힘 있게 일하도록 하기 위해 할 수 있는 모든 일을 다 하십시오. 이 글은 하나님의 참된 종들을 공격하기 위해 쓴 것이 아닙니다. 또 '플리머스 형제회Plymouth Brethren'로 알려진 사람들이 따를 지시사항으로 쓴 것도 아

닙니다.[17]

그렇지만 이 모든 일을 겪은 후에 핑크는 1934년 편지에서 주저 없이 이렇게 말했다. "나는 1910년에 목회를 시작했는데, 그 일을 후회한 적이 한 번도 없습니다."[18]

9. 섭리의 비밀

1931-1936

1931년 3월 31일 핑크는 마지막으로 로스앤젤레스와 태평양 연안을 떠났다. 그의 45세 생일 전날이었다. 활동 근거지를 바꾼 이유는 이번에도 똑같았다. 그가 친구 존 블랙번에게 말한 대로, "주께서 영문 밖에 있는 작은 그룹들에게 하나님 말씀을 전할 수 있는 사역의 문을 열어 주셨기" 때문이다.[1]

핑크가 말하는 그룹들은 펜실베이니아에 중심지를 두고 있는, 정말로 작은 무리들이었다. 그러나 그들이 있다는 사실에 핑크는 온 길을 돌려 약 5천 킬로미터를 가서 미국 동부에 이르렀다. 「성경 연구」에 다시 하나님 말씀을 전하는 '행복한 특권'을 누리게 될 것에 대해 간단히 언급한 뒤에 "우리 주님의 영을 우리에게 '배나' 부어 주시기를" 기도해 달라고 부탁했다. 설교가 효과가 있으려면 성령의 도우심이 반드시 필요하다는 사실이 그의 마음을 가득 채우고 있었던 것이 확실하다. 그는 이렇게 쓰고 있다.

순전한 설교가 아니면 아무도 그리스도께로 이끌 수 없을 것입니다. 지극히 충실하고 성경적인 설교가 아니면 아무도 이끌 수 없을 것입니다.……우리 목회자들 대부분은 '자신의 일'인 '영혼 구원하는 일', 다시 말해 설교하는 일에 너무 열정적으로 달려가는 바람에 주님께 성령을 부어 주시기를 분명하고 공손하며 끈덕지게 구할 시간이 없습니다. 오, 형제 여러분, 여러분은 나와 함께 성령을 합당하게 대하지 못한 죄를 하나님께 인정하며 깊이 회개하도록 합시다![2]

하나님을 기도를 들으시는 분으로 믿었기 때문에 핑크는 생활에서 매우 실제적으로 기도했다. 오랜 후에 그는 1931년 이 기간에 일어난 일로서, 하나님께서 기도에 응답하신 두 가지 예를 기록했다.

첫 번째 예는 글렌데일의 베이츠 가에 있는, 가구가 딸린 작은 단층집에 대한 것이다. 핑크 부부는 한 유대인 여자에게서 이 집을 임차했다. 두 사람이 떠나게 되었다는 것을 알리자, 주인은 자연히 집 앞에 '세놓음'이라는 표시판을 설치하고 지역 신문에도 광고를 냈다. 그런데 핑크가 주인에게 세를 구하는 사람들에게 주일에는 집을 보여주지 않게 해달라고 간절히 청했지만, 그 여자는 전혀 들어주지 않았다. 이 일에 대해 핑크는 이렇게 쓰고 있다. "그녀는 우리가 주일을 거룩하게 지내고, 매 주일 저녁에는 우리 집에서 적은 수가 모여 예배를 드리는 것을 알고 있으면서도, 광고를 보고 찾아온 사람들에게 집을 보여주는 것은 자기 권리라고 주장했습니다. 우리가 강하게 항의했지만 그녀는 들으려 하지 않았고, 자기에게는 언제나 '주일'이 세놓기에 가장 좋은 날이라고 했습니다. 그래서 우리는 주인에게 우리 하나님께서 오는 안식일에는 세를 구하려고 하는 사람들이 가까이 오지 못하게 해주실 것이라고 하자, 그녀는 듣고서 코웃음을 쳤습니다. 그 주 토요일 저녁에 나와 아내는 그 문제를 주님 앞에 아뢰고 주께서 주의 천사를 보내어 우리를 둘러 지키게 하여 주시고 모든 침입자들을 물리쳐서 우리를 보호해 주시기를 간절히 구했습니다. 구름 한 점 없이 맑은 날인 안식일 동안에 우리는 계속해서 하나님의 얼굴을 구했고, 하나님께서 여주인 앞에서 우리를 곤란에 빠지게 하시지 않을 것이라고 확신했습니다. 그날 단 한 사람도 와서 집을 둘러보는 일이 없었습니다. 그날 밤 우리는 여느 때와 같이 전혀 방해를 받지 않은 채 작은 집회를 가졌습니다! 다음 날, 여주인은 이와 비슷한 집을 두 채나 가지고 있는데, 지난 십 년 동안 세를 놓아 보았지만 주일에 세 들어 올 사람을 구하지 못한 것은 이번이 처음이었다고 말했습니다."[3]

두 번째 일은 두 사람이 펜실베이니아로 가는 긴 열차 여행 중에 일어났다. 핑크는 1950년에 그 일을 회상하며 「성경연구」에 실었다.

> 우리가 탄 기차가 시카고를 지나 피츠버그로 들어가고 있을 때(1931년 4월), 곤경에 처해 있는 한 그리스도인 부인을 만났습니다. 짐꾼이 잘못해서 그 여성을 급행열차에 태웠고, 이 열차를 타고 가면 그녀는 목적지를 지나서 수백 킬로미터나 더 가게 될 것이었습니다. 검표원은 기차

를 그녀의 동네에 세울 가능성은 없다고 알려 주었습니다. 나와 아내는 그 부인에게 아무리 힘든 일도 하나님께서 해결하지 못하실 것은 없다는 사실을 기억하라고 말해 주었습니다. 우리는 특별 기도를 드렸고, 그녀에게 주님께서 기차를 세워 주실 것이라고 확신 있게 말할 수 있었습니다. 몇 시간 후에 그녀는 내릴 준비를 하라는 말을 들었고, 기차는 잠깐 동안 멈추었습니다. 펜실베이니아에 있는 독자들 가운데 몇 분은 이 사건을 기억할 것입니다. 왜냐하면 그분들은 아내가 받은 그 부인의 감사 편지를 보았기 때문입니다. 편지에서 그녀는 그 경험으로 인해 어떻게 자신이 기적을 행하시는 하나님을 더 전적으로 의뢰하게 되었는지를 말했습니다.[4]

핑크가 그 사건들이 있은 뒤로 오래도록 그 일을 말하지 않은 한 가지 이유는, 그가 다른 사람들에게 기도하는 '방법'을 조언하는 것이 옳지 않다고 생각했기 때문이다. 그는 한 친구에게 이렇게 써 보냈다. "사람은 '규칙에 맞추어 기도할' 수 없습니다. 참된 기도는 성령께서 불러일으키시는 것으로 기도하지 않을 수 없도록 마음을 무겁게 만드는 것입니다. 나는 '기도표'를 작성하는 요즘 방법에 찬성할 수 없습니다. 또 나는 정확하게 시간에 맞춰 기도하는 일을 해본 적도 없습니다! 나는 설교자들과 그 밖의 사람들이 '주여, 우리에게 기도를 가르쳐 주옵소서'라는 말씀에 말을 보태서 '우리에게 기도하는 **방법**을 가르쳐 주옵소서'라고 바꾸는 잘못을 범하는 일이 참으로 많다고 종종 생각했습니다. 사람은 '방법'에 신경을 쓰나 하나님께서는 '기도'에 마음을 쓰십니다. 이 기도라는 말이 종종 말할 수 없는 탄식이라는 말로 쓰이기도 합니다!⁵

핑크 부부가 1931년 초에 시작된 긴 여행에서 피츠버그를 떠나 한동안 여행한 후에 첫 번째로 멈춘 곳은 그들의 오랜 친구인 헌터 부부의 집이 있는 앨투나였다. 핑크는 콜먼 부부에게 보낸 편지에서 이렇게 쓰고 있다. "우리는 십 년 전에 거기 있으면서 참으로 영광스런 시간을 보냈고, 한 그리스도인 가정의 친절한 대접을 받았는데, 그 가정은 정말로 '벧엘'과 같은 곳이었습니다. 우리는 밤마다 예배를 드렸고, 안식일에는 세 번 예배를 드렸습니다."⁶ 두 사람은 거기를 떠나 계속해서 270킬로미터 정도를 여행하여 요크에 있는 프레슬 부부에게 이르렀다. 이곳에서 그들은 8주간을 머물며, 매주 두세 번의 성경읽기 모임을 열고 그들과 함께 모인 아주 소수의 사람들에게 히브리서 11장에 대해 가르쳤다. 핑크는 앞에서 말한 편지에서 콜먼 부부에게 말했다. "나는 또 주님께서 내게 매달 한 번씩 주말을 필라델피아에서 보낼 수 있는 길을 열어 주실 것이라고 기대하고 있습니다. 필라델피아는 시드니만큼이나 큰 도시인데, 이곳에서 우리는 호주로 가기 전에 18개월을 살았습니다."

핑크 부부는 집에서는 언제나 사려 깊은 손님들이었다. 아주 절친한 친구 집에서도 그들은 꼭 필요한 기간 이상으로 머물지 않았다. 핑크는 두 가족이 한 집에서 함께 사는 것을 지혜로운 일이라고 생각지 않았다. 이제 그들 앞에 놓인 문제는 그들이 살 집을 어디로 정하느냐는 것이었다. 1931년 6월에 그들은 유니언 카운티Union

County의 밀몬트Millmont에 있는 페인트칠을 하지 않은 목조주택으로 이사하기로 결정했다. 밀몬트는 뉴욕에서 160킬로미터가 좀 안 되고, 그들이 1923년에 떠났던 스웬젤에서는 2킬로미터도 채 안 떨어져 있었다. 두 사람에게 이 집을 쓸 수 있다는 것을 알려 준 사람은 아마도 헤렌딘이었을 것이다. 그가 1930년에 클리블랜드에서 스웬젤로 돌아와 있었기 때문이다.

한동안 핑크는 마침내 안식처에 이른 것처럼 보였다. 이곳에서는 말로 복음을 전할 기회도 있을 것으로 생각했다. 1931년 7월 11일에, 핑크는 콜먼 부부에게 열일곱 명이나 되는 많은 사람들이(헌터 부부와 프레슬 부부를 포함하여) 몇 주간 동안 모였다는 소식을 쓸 수 있었다. "우리는 하나님의 보좌 앞에서 말씀을 중심으로 모이는 귀한 시간을 보냈습니다." 이 무렵에 그는 한 주일에 이틀 밤을 글렌홀덴Glenholden에 있는 '작은 그룹'에 말씀을 전하는 일도 하고 있었다. 핑크 부부는 '바로 그런 시골'에 있는 셋집에서 한적하고 평화롭게 지내는 것을 좋아했다. 물론 그런 집에 사는 까닭에 매일 우유를 구하기 위해서는 1.6킬로미터 되는 길을 걸어서 왕복해야 하는 수고를 감당해야 했다. "우리는 아무런 방해를 받지 않고 기도하고 연구하며 집필할 수 있었습니다. 우리가 듣는 소리라곤 새들의 지저귀는 소리와 이따금 지나가는 차 소리밖에 없었습니다."

1931년에서 1932년에 걸친 겨울에 문제들이 발생했지만, 그런 문제들에도 불구하고 두 사람은 이 집을 포기하지 않았다. 이 집에는 전기가 들어오지 않았고, 기온이 영하로 떨어질 때 두 사람은 부억 난로에 불을 피워 둔 채로 자러 갈 수밖에 없었다. 목조 주택에서 거주하는 데 따르는 화재의 위험을 그들은 밤마다 하나님을 의뢰하는 믿음으로 이겨 냈다. "우리가 '신실하신 창조주'이시며 언약의 하나님이신 그분의 팔에 안겨 누울 때면, 두려움은 사라지고 단잠을 자게 되었다"고 그는 쓰고 있다. 또 그는 그 같은 취지로 스펄전의 말을 인용한다. "하나님의 약속만큼 부드러운 베게는 없고 그리스도와의 확실한 관계만큼 따뜻한 이불은 없다."[7] 밀몬트에서 겪은 겨울의 혹독함에 대해서 더 말하자면, 핑크 자신도 후에 이렇게 회상했다. "나는 큰 양동이 두 개를 들고 6에서 8센티미터가량 쌓인 눈길을 헤치며 약 1킬로미터 정도 되는 오르막길로 물을 날라야 했다."[8]

1932년 말이 가까워 오면서, 다시 한번 혹독한 겨울을 맞게 되었을 때, 핑크는 연례 편시에 이렇게 썼다.

또 한 해 동안에 편집자와 아내는 단 하루도 아프지 않았습니다. 이 얼마나 감사한 일인지 모릅니다! 편집자가 매일 서재에서 적어도 열두 시간씩 심한 정신노동을 했지만, 해마다 이처럼 좁은 집에 틀어박혀 있었음에도 건강이 조금도 손상되지 않았습니다. 이제 편집자는 성경을 오십 번 이상 통독했고 신학서적을 백만 페이지 이상 읽었음에도, 아직 안경을 쓰지 않으며, 아주 작은 글씨를 25년 전이나 똑같이 편하게 읽을 수 있습니다. 편집자의 아내는 온갖 가사 일을 혼자 다 합니다. 음식을 준비하고 자신의 옷을 만들며, 마당을 가꿉니다. 또 200리터 가까이 되는 과일과 야채를 설탕이나 소금으로 절여 보존 식품을 만듭니다. 그리고 이 잡지를 발행하기 위해 모든 원고를 타이핑하고 편지 보내는 일을 도맡아 합니다. 몸이 약한데도 불구하고 하나님께서 아내를 은혜로 지탱해 주셨고 필요한 모든 힘을 내려 주셨습니다.[9]

말할 수 있는 기회들이 이 시기에 핑크가 누린 즐거움 중의 하나였음이 분명하다. 그는 1932년 7월 21일에 콜먼 부부에게 이렇게 썼다.

언제나 반가운 형제의 6월 20일자 편지를 어제 받았습니다. 답장을 하기 위해 펜을 들었을 때, 나는 우리 부부가 배 타고 시드니를 떠난 것이 정확히 4년 전 오늘이라는 것이 생각났습니다. 지난 4년간은 주님께서 풍성한 선하심으로 마무리 지어 주신 복된 시간이었습니다. 나는 그 시간이 유익했다고 믿습니다. 주님께서 우리가 복된 외로움 가운데서, 곧 '말다툼'에서 떨어져 지내는 동안 우리에게서 불필요한 것들을 잘라 내고 정련해 오셨다고 믿습니다.……두 분도 하나님께서 우리가 이따금씩 수행하는 말씀 사역도 인정해 주고 계시다는 소식을 들으면 기뻐할 것입니다. 6월 한 달 동안에, 두 가정이 우리의 허름한 거처에서 두어 주를 지내면서 주님의 보좌 앞에서 말씀을 중심으로 한 교제를 갖기 위해 차를 타고 800킬로미터를 달려왔습니다. 그들 중 한 가족은 열다섯 살 된 조카딸을 데려왔는데, 하나님께서 주권적인 은혜로 그녀를 만나 주시기를 기뻐하셨습니다. 그 아이가 집으로 돌아간 후에 보낸 편지들에는 죄의 곤경에서 구원받았다는 아주 분명한 표시가 들어 있습니다.

할렐루야!

밀몬트에서 2년 이상 지낸 후에, 아주 평화로운 이 시기는 1933년 가을 초에 끝이 났다. 세 들어 살던 집의 주인이 그 집을 팔기 원해서, 핑크 부부는 다시 한번 이사하지 않으면 안 되었다. 두 사람이 이 통지를 받았을 무렵에, 핑크는 잡지의 여백에 좋아하는 시구를 집어넣었다.

> 주께서 주시는 것이면 병도 우리의 선이고
> 주께서 복 주시지 않으면 선도 악이 되나니,
> 그것이 주님의 기쁘신 뜻이라면
> 아무리 잘못된 것처럼 보일지라도 그 모든 것이 옳은 것이네.

핑크 부부는 1933년 10월경에 친구인 프레슬 부부가 살고 있는 요크로 다시 이사 왔다. 여기서 그들 부부는 토머스 가 531번지에 있는 집을 세로 얻었고, 핑크는 서재 벽에 페인트로 "주는 영존할 것이요"(히 1:11)라고 쓴 팻말을 걸어 두었다. 핑크가 친구에게 "우리는 좋은 위치에 방이 여덟 개나 있는 집(한 번도 살아 보지 못한 3층 집)에 세 들어 살면서 한 달에 18달러밖에 내지 않았다"고 말할 수 있었던 사실에서 알 수 있듯이, 이때는 여전히 경제적으로 큰 불황을 겪고 있던 시기였다. 이 집은 그들이 미국에서 마지막으로 거처하는 곳이 되었다. 1934년에 핑크가 말로 복음을 전할 수 있는 기회라고는 일주일에 한 번 프레슬 부부 집에서 다른 한두 사람과 함께 모이는 집회뿐이었다. 필라델피아에서 말씀 사역의 문이 열리기를 바랐던 희망은 실현되지 않았다. 그는 앞으로 취할 길은 영국으로 돌아가는 것이라고 생각하게 되었다. 1934년 8월 19일자 로웰 그런에게 보낸 편지에서 그는 이렇게 썼다.

> 그동안 하나님께서 늘 복을 베푸셨는데, 이제는 하나님의 복이 나의 문서 사역에 아주 분명하고 은혜롭게 임하고 있습니다. 그러나 내가 사람들을 직접 만나서 말씀을 전하는 사역은 거의 완전히 실패했습니다. 오늘 아침 서재에 혼자 앉아서 지난 2년을 돌아보면서 내가 아주 진작에 미국을 완전히 떠났어야 했음을 깨닫고 나니, 의례적인 편지를 쓸 마음조차 생기지 않습니다.[10]

그의 사역이 오직 문서 사역에만 국한된다면, 그 일은 영국에서도 할 수 있었다. 그러나 핑크는 어쩌면 자신이 조국의 공중 앞에서 말씀을 전하는 일을 하게 될지도 모른다는 희망을 여전히 품고 있었다. 그래서 그는 독자들에게 "하나님께서 그의 길을 우리 앞에 순탄케 해주시고, 자비를 베풀어 사탄에게 속는 일이나 조금이라도 제 고집대로 행하는 일에서 우리를 보호해 주시기를" 기도해 달라고 도움을 청했다.[11]

마지막으로 프레슬 부부와 함께 머문 뒤에, 핑크 내외는 (그의 책들을 포함하여) 모든 짐을 트렁크 세 개와 박스 여섯 개에 담고서 기차를 타고 뉴욕으로 출발했다. 1934년 9월 5일, 그들은 마제스틱 호를 타고 떠났다. "우리는 배가 강을 따라 내려가며 자유의 여신상을 지나치는 동안 갑판에 그대로 있었습니다. 나는 멀어져 가는 바닷가를 보면서 만감이 교차했습니다. 영국에서 태어나고 교육을 받았지만, 1910년 이래로 영국에서 지낸 시간은 2년 반도 채 안 되었기 때문이었습니다."[12]

영국에서 그들의 목적지는 첼트넘이었다. 첼트넘은 글로스터셔 Gloucestershire(영국 남서부의 주―옮긴이)에 있는 인구 5만 명의 쾌적한 온천 휴양지였다. 영국에서 무급으로 잡지 발행의 일을 맡아 온 윈스턴 부부가 그곳에 살고 있었다. 그들은 "친절하고 충직한 친구들"이었는데, 아마도 핑크 내외가 1928년에 이 마을에 잠깐 방문했을 때 처음 만났을 것이다. 6개월간 방을 빌리기로 계약한 첼트넘의 노스 플레이스 31번지에 새 주소를 정하고 나서, 핑크는 잡지 독자들에게 최근의 항해 소식을 간단하게 이야기하고 이어서 이렇게 썼다.

> 우리의 매일 기도는 추수의 주님께서 은혜를 베푸셔서 우리가 주의 말씀을 말로 전할 수 있는 문을 열어 주시라는 것입니다. 우리가 자유롭게 들어갈 수 있을 곳은 거의 없습니다. 왜냐하면 지금 그리스도의 거룩한 이름을 빙자하여 벌어지고 있는 많은 일들을 우리가 그 자리에 있는 것만으로도 시인하는 일을 하고 싶지 않기 때문입니다. 하지만 밖에서 말

섭리의 비밀

씀을 전할 기회를 얻는다는 것은 거의 불가능한 것처럼 보입니다. 우리는 매주 수요일 저녁에 가르치는 장소를 한 군데 빌렸지만, 이제까지 겨우 몇 사람만 모였습니다.

하나님의 자녀들에게 기도해 주시기를 간절히 부탁드립니다. 우리의 주된 일은, 하나님이 힘 주시면, 매월 발행하는 이 작은 사자를 계속해서 발행하는 일이 될 것입니다. 이 사자는 우리가 여기 남부 지역에서 도무지 만날 수 없을 것으로 생각되는, 하나님의 흩어진 많은 자녀들에게 도달합니다. 그럴지라도 우리가 펜으로뿐 아니라 말로도 설교하고 가르칠 수 있는 기회를 갖는 것은 우리의 간절한 열망입니다.

틀림없이 이 영국 제도諸島의 어딘가에 이 잡지의 글과 기조가 같은 말씀 사역을 환영할 회중이나 그룹들이 여전히 있을 것입니다. '하나님의 모든 말씀'을 환영할 곳들이 확실히 있을 것입니다. 하나님께서 우리를 그런 회중이나 그룹들과 만나게 해주시고, 우리로 그들의 눈에 은총을 입게 하여 주시며, 우리를 사용해서 그들이 주님과 더 친밀하게 동행하고 주님의 부요한 복을 충만히 맛보게 하여 주시기를 기도해 주십시오. 하나님의 백성이 "지식이 없으므로 망한다"(호 4:6)는 것은 옛날과 마찬가지로 오늘날도 대체로 사실입니다. 다시 말해, 하나님의 백성들이 충실한 복음 설교가 없고, 건전한 교리적 가르침이 없으며, 이 세상에서 그들을 위해 하나님이 마련하신 최선을 맛보는 방법에 대한 실제적인 교훈이 없어서 망하는 것입니다. 그 필요는 참으로 크고 상황은 절박합니다. 이 모든 것이 믿음을 보이고, 기도를 보이며, 믿는 결과를 보이라는 도전입니다!

1934년에서 1935년으로 넘어가는 겨울 중반의 몇 주 동안, 핑크 자신이 일시적으로 그 "도전"을 이겨 내지 못했다. 첼트넘에서 모이는 작은 집회에는 아무런 전망이 보이지 않았다. 한 주에 열세 명이 왔고, 더 많은 수가 참석할 것을 바라고 모임 시간을 월요일 밤으로 바꾸었지만 아무 차이가 없었다. 보통 핑크는 날씨 상태에 별로 영향을 받지 않는데, 영국의 "으스스 춥고 축축한 날씨와 햇빛이 없는 어두운 날들"이 그에게 중압감을 더했던 것 같았다. 그가 잡지를 통해서 말씀을 전할 수 있는 가능성을 알아본 물음에도 아무런 답이 없었고, 잡지 독자들로부터 오는 통상적인 편지도 줄어들고 있었다. 한동안 그의 어투는 "내 영혼이 위로 받기를 거절하였도다"(시 77:2)는 시편기자의 말과 같았다. 핑크에게 월리스 니컬슨 Wallace Nicolson이라는 친구가 있었는데, 그는 이때 스코틀랜드 자유장로교 Free Presbyterian Church of Scotland에서 목회하기 위해 공부하고 있는 중이었다. 그에게 쓴 편지에서 핑크는 속내를 털어놓았다.

첼트넘 노스 플레이스 31번지
1934년 12월 30일 안식일에

그리스도 안에서 사랑하는 형제에게
그의 거룩한 말씀으로 "우리에게 우리 날 계수함을 가르치사 지혜로운 마음을 얻게 하소서"(시 90:12)라고 기도하기를 가르치시는 분의 찬양받으실 이름으로 문안하네. 이 말씀은 이 시기에 묵상하는 데 적절한 구절이지. 우리의 책무는 '해'를 단위로 평가하지 않고 '날'을 단위로 평가한다고 생각하네. 매일 새날이 밝아 오듯이, 육체노동 하는 사람이 정확하고 부지런하며 끈기 있게 손을 놀려 작업을 하듯이, 우리는 지혜를 얻는 데 마음을 쓸 필요가 있네. 그런데 이런 일에 우리는 원래 스스로 지혜가 없지. 하나님께 '배울' 필요가 있네.

27일자 형제의 친절한 편지와 동봉한 신년 연하장에 감사하네. 지난번의 내 편지가 형제에게 걱정을 끼쳤을 것이라는 것을 알았네. 그런데 요즘에는 더 이상 유쾌한 소식을 전할 것이 없어서 안타깝네. 현재 나는 자신에게 짐이 되고 친구들에게는 슬픔이 되었어. 지난 두 주 동안은 내가 지금까지 많은 세월을 지내 온 동안에 영적으로 최악의 상태였네. 나는 혼수상태에 있고 깨어날 수 없을 것 같은 느낌이 들어. 누군가가 나를 설득하려고 하거나 내게 조언하려고 하는 것은 내 상태를 더 악하게만 만들 뿐이네. 그래서 내 사랑하는 아내는 누구도 집에 와서 나에게 말을 걸도록 허락하지 않고 있다네. 주님께서 나를 위해 기이한 방식으로 자신을 확실하게 나타내 보여주기를 기뻐하시지 않는 한, 아무것도 소용이 없을 것 같아. 주님께서 그렇게 해주시지 않는 한, 나는 파리해질 것이네. 비탄에 잠긴 사람이 될 거야. 무엇을 읽어도 마음에 전혀 와 닿지 않네. 편지들도 마음을 몹시 낙담시키기는 마찬가지네. 잡지를 새로 구독하는 사람과 선물하는 사람들의 수가 작년 같은 달에 비할 때 50퍼센트가 떨어졌어. 주님의 미소가 우리에게서 떠난 것처럼 보이네. 랭커셔에 있는 엄격한 침례교회로부터는 더 이상 아무런 소식이 없고.

그래, 나는 사람들의 말과 약속은 별 가치가 없다는 것을 오래전에 배웠네. 하지만 주님께서 내가 다른 사람들에게 확실하게 주었듯이 다른 사람들도 내게 주도록 움직이게 하실 것이라고 기대해 왔어. 지난 25년 동안 나는 많은 설교자들을 돕기 위해 각별한 노력을 기울여 적지 않은 일을 했지만, 그들 가운데 나를 도우려는 사람은 아무도 없네. 비극적인 사실은 내 친구들 가운데 끔찍이도 나를 도울 것 같은 사람들은 도울 힘이 전혀 없다는 것이지. 반면에 도울 힘이 있는 사람들은 도울 마음이 없고. 그리고 앞으로 한두 해가 지나서 나를 돕는다고 하면 그때는 너무 늦을 것이네. 지난 칠 년 동안 겪은 일들이 내게 신체적으로나 정신적으로 아주 큰 부담을 주고 있어서, 오래지 않아 나는, 설령 내게 문이 열린다고 하더라도 일을 할 수 없게 될 것이네. 나는 주님의 지극히 기쁘신 뜻에 복종하여 "내 원대로 마시옵고 아버지의 원대로 되기를 원하나이다"(눅 22:42) 하고 말할 수 있는 은혜를 주시기를 구하는 것 외에 아무것도 생각할 수가 없네.

그러니 형제가 신년에 우리 집에 오지 않은 것은 잘된 일이야. 형제가 왔더라면 형제를 우울하게만 만들었을 것이네. 현재 마음의 상태로서는 아무도 도울 수 없네. 그리고 나를 도울 수 있는 사람도 아무도 없고. 주님께서 나를 위해 일하시지 않으면, 나는 완전히 낙담하고 말 것이네.

그러나 형제, 걱정하지 말게. 지금 형제는 그리스도를 위해 무슨 고통을 겪고 있는 것이 아니기 때문이네. 그리스도를 위한 고난은 나중에 충분히 겪을 것이네.

하나님의 사랑이 피조물의 도덕적 불완전이나 변화 때문에 줄어들지 않는다고 말하네. 그것은 사실이네. 하지만 형제는 하나님의 사랑과 그 사랑의 표시, 그것은 또한 우리가 하나님의 사랑을 누리는 것이기도 한데, 그 사랑의 표시와 하나님의 사랑을 면밀히 구별할 필요가 있네.

요즘 아가서의 말씀은 너무 높은 곳에 있어 내 마음에 와 닿지 않는다네. 내가 그런 주제를 다룰 만큼 영적인 상태에 다시는 이를 수 없을 것 같네.

자, 횡설수설하는 내 우울한 이야기는 이제 끝내는 것이 좋겠네. 형제는 내 짐 말고도 형제 자신의 짐만으로 걱정거리가 충분할 테니까. 어쩌면 곧 구름이 걷히고 해가 다시 내게 비칠 수도 있네. 모르겠어. 지금은 믿음도 소망도 내게 아무런 힘을 발휘하지 못하네. 사탄이 지금 나를 키질하고 있고, 사탄이 내 안에 일으켜 놓은 먼지와 쓰레기 구름 때문에 아무것도 볼 수가 없어. 나는 여전히 하나님께서 주신 복들을 인하여 아무 생기 없이 기계적으로 감사를 드리네. 내 앞날이 지금보다 훨씬 더 어려워질 수도 있겠지. 주님께서 우리 각 사람과 주의 사랑하시는 모든 백성을 돌보아 주시기를 구하네!

주님의 풍성한 자비로 형제 된
아더 W. 핑크가

추신. 형제는 그리스도의 인격에 대하여 좀더 직접적으로 전하는 설교를 한두 편 준비해 둘 필요가 있네. 시편 45:2의 말씀을 가지고 직접 설교를 작성해 보기 바라네!

위 편지의 추신에서 볼 수 있듯이, 암울한 가운데서도 그는 믿음이 있었다. 그러니 위 편지만을 가지고 핑크를 판단하는 것은 그에게 불공평한 일일 것이다. 그처럼 가라앉은 상태는 핑크의 생애에서 일상적으로 나타나는 모습이 아니었다. 이때 그는 주로 낙담과 씨름하고 있었고, 그가 다른 사람들에게 해주었던 위로가 없이 한동안을 지냈다. 1933년 9월 16일자 콜먼 부부에게 보낸 편지에서 그는 이렇게 썼다. "하나님의 사랑하시는 자녀들 가운데 많은 이들이 우울하고 낙담해 있는 시기를 경험합니다. 어떤 경우에는 그것이 기질 때문에 옵니다. 천성적으로 우울한 기질이 있습니다. 또 어떤 사람들에게는 그 시기가 신체적 상태 때문에 옵니다. 그러나 나의 경우는 하나님께서 자기 백성들을 위해 정하신 믿음의 시련, 곧 어둠 가운데서도 하나님을 의뢰하는 믿음을 단련하기 위한 것입니다."

이 시기에 발행된 「성경연구」의 면면을 보면, 핑크는 독자들을 우울하게 만들기보다는 위안을 준다고 알고 있는 진리들을 독자들에게 제시하고 있었다. 월리스 니컬슨에게 편지를 보낸 바로 그달에 발행된 1934년 연례 편지에서 그는 "주 안에서 항상 기뻐하라. 내가 다시 말하노니 기뻐하라"(빌 4:4)는 말씀에 대해 이야기했다. 그는 이렇게 썼다. "맞습니다. 우울한 기질이 마음에 슬픈 생각을 집어넣을 수 있습니다. 달갑지 않은 환경은 마음의 활달한 기운을 꺾어 놓는 경향이 있습니다. 고된 상황이 사람을 괴롭힐 수 있고, 복된 성도들과 교제를 누리지 못하는 것이 마음을 슬프게 할 수 있습니다. 하지만 성령님은 그런 일들로 제한을 받지 않으십니다. 성령께서 그리스도의 일들을 우리에게 보여주시면 우리는 기뻐하지 않을 수 없습니다."

핑크는 「성경연구」에서는 니컬슨에게 보낸 개인적인 편지에서와 같이 쓰지 않았다. 그는 한 번도 침울한 것을 영적인 태도라고 말한 적이 없고, 오히려 이렇게 가르쳤다. "항상 밝은 표정을 보이는 것이 그리스도인의 의무입니다.……복음의 대의를 믿는다고 하는 사람들 가운데 많은 사람들이 보이는 시무룩한 표정, 슬픈 모습, 침울한 태도만큼 복음의 대의에 해를 끼친 것은 없습니다."[13] 그는 독자들이 그도 또한 배우는 사람일 뿐이라는 것을 알기를 바랐다. 1935년 3월호 「성경연구」에서, "내 아들아, 주의 징계하심을 경히 여기지 말며 그에게 꾸지람을 받을 때에 낙심하지 말라"는 히브리서 12:5의 말씀을 강해하면서 그는 절망이 죄가 된다고 말했다. "형제 여러분, 여러분의 불평하는 태도나 우울한 모습 때문에 다른 사람들이 걸려 넘어지지 않도록 절망이라는 이 태도와 열심히 싸우십시오. 절망을 경하게 여기지 말고 절망에 낙심하지 마십시오!" 그는 여기에 "하나님의 은혜가 저자와 독자를 모두 보존해 주시기를 구합니다"라는 말을 덧붙였다.[14] 다음 해에 개인적인 신상에 대한 언급이 또 한번 나왔다. "나는 자신에 대해서 글을 쓰기가 매우 조심스럽습니다. 하나님의 은혜와 인내를 찬미하는 것처럼 보이지만 사실은 자신이 매우 겸손하다는 평판을 얻으려고 하게 될까 봐 그렇습니다. 나는 영적으로 올라갔다 내려갔다 하고, 잘했다 잘못했다 하며, 믿음과 불신앙이 계속 뒤바뀌는 경험을 합니다. 은혜의 보좌 앞에 가서 **자비**를 구해야 하는 일이 없이 단 하루도 지나가는 법이 없습니다."[15]

핑크가 몇 차례에 걸쳐 약하게 '실신한 일'은 그가 염려한 대로 지속되지 않았고, 실제적으로는 다른 사람들을 위한 그의 사역에 더 큰 유익을 끼치게 되었다. 이처럼 자신에 대해 절망하고 있었을 때, 그는 (「성경연구」가 보여주듯이) 매우 유용한 그의 저작들 가운데 몇 권을 써 내고 있었다. 마틴 로이드 존스D. M. Lloyd-Jones가 자신이 가장 애독하는 시리즈 가운데 하나라고 말한 바 있는, 「연합과 친교Union and Communion」에 대한 연재 기고문이 1935년에 시작되었다.

그러나 시련들을 감수했다고 해서 핑크가 벌어진 일들과 환경을 피동적으로 수용했다는 뜻은 아니다. 그는 이때까지 수년 동안 교회와 교제가 끊어져서 지내 온 정도가 심하다는 사실 때문에 괴로워했고, 그래서 니콜슨이 1934년 12월 30일자 핑크의 절망하는 편지를 받고서 스코틀랜드 북쪽으로 이사 오라고 권했을 때, 그는 니콜슨의 권고를 진지하게 생각했다. 역사적 기독교 신앙이 어쩌면 잉글랜드보다는 스코틀랜드 땅에 더 많이 남아 있을지 몰랐다. 그리고 그곳에는 「성경연구」를 구독하는 몇몇 독자들이 있었고, 그 독자들 가운데는 자유장로교회에 속한 목회자도 두어 명 있었던 것으로 보인다. 니콜슨은 핑크가 자신과 공통점이 많은 교단의 사람들 가운데서는 편하게 지낼 것이라고 확신했다.

1935년 3월에 핑크는 니콜슨의 제안에 따라 글래스고Glasgow 그레이트 웨스턴 로 386번지(어느 자유장로교회 부인의 집)에 숙소를 정했다. 니콜슨이 핑크 내외를 대신해서 이 일을 준비했고, 그 자신도 거기서 그리 멀지 않은 곳에 살았다. 북쪽으로 여행하기 전에, 핑크가 이 스코틀랜드 친구에게 보낸 편지에서 그들 내외가 가져갈 다양한 상자들을 다루려면 드라이버와 쇠막대기가 필요할 것을 설명할 때 유머를 잃지 않았다. "내 손목은 이 두꺼운 철사를 풀 만큼 튼튼하지 않아서, 아마도 어떤 스코틀랜드인의 삼손과 같은 강한 손목의 도움을 받아야 할지 모르겠네."

핑크는 편지에서, 750권이나 되는 그의 책을 놓을 선반이 필요할 것이고, 첼트넘보다 날씨가 추울 것으로 예상하고서 자기들 대신에 석탄을 미리 주문해 주기를 바란다고 썼다. 또 그들의 짐에는 새장에 넣고 키우는 '디키'라는 애완용 새가 있을 것이라고도 했다. 핑크는 편지를 이렇게 끝맺는다.

> 나는 형제에게 지난 몇 해 동안 우리가 겪은 모든 일들을 대강 이야기해 줄 수 있을 것으로 보네. 그 이야기를 듣고 나면 형제도 내가 앞날을 비관적으로 생각하는 것에 놀라지 않을 것일세.……그러나 "혹시"(암 5:15) 일단 우리가 글래스고에 정착하고 나면 우리 모두에게 상황이 더 밝아질 수도 있겠네. 그렇게 되리라고 더 굳게 믿을 수 있으면 좋겠네. 그러나 "소망이 더디 이루어지면 그것이 마음을 상하게"(잠 13:12) 하지. 어쨌든 나는 지극히 지혜로우신 우리 하나님께서 겪게 하신 경험들 때문에 적어도 우리가 낙담해 있는 다른 사람들에 대해 더 오래 참고

온유하게 대할 수 있게 되기를 바라네. 그렇게 된다면, 우리의 시련이 전혀 무익하지는 않은 셈이 될 것일세.

지난 6년 동안 보지 못한 동생 집이 있는 서비턴Surbiton을 방문한 후에, 핑크는 1935년 4월 1일 오전 10시에 기차로 런던을 떠나서 그날 저녁 6시에 글래스고에 도착했다. 잡지의 독자들에게 전하는 간단한 개인 소식란에서 핑크는 이렇게 썼다.

> 우리는 주님께서 다음에는 스코틀랜드에 거처를 정하도록 부르셨다고 믿습니다. 오, 이것이 '그 동료에게 간'(행 4:23) 경우가 되었으면 좋겠습니다. 그리스도인 친구들이 하나님께서 녹스Knox의 땅에 있는 그의 백성들로 가난한 우리 영혼에 복이 되게 하여 주시고, 또 우리로 그들을 섬길 수 있게 해주시기를 기도하는 친절을 베풀어 주면 좋겠습니다. 우리는 그동안 머물렀던 어떤 나라보다도 안식일을 더 엄격하게 지키고, 개혁자들과 청교도들의 교리를 더 널리 고수하는 땅에서 좀더 편하게 지낼 것으로 생각합니다.[16]

잡지에는 핑크 부부가 스코틀랜드에서 보낸 시간에 관해서 더 이상 어떤 언급도 나오지 않았다. 핑크는 그 시간에 대해 침묵의 휘장을 쳤다. 핑크는 시드니에서 지낸 이래로, 사람들에 대한 비판이 들어 있는 말은 일절 하지 않았다. 그러나 그가 주고받은 서신들을 종합해 보면 사실들을 알 수 있다. 알고 있는 대로, 핑크가 전에 스코틀랜드에 와 본 적은 없었지만, 글래스고에서 사람들이 자신을 즉각적으로 받아들이는 일이 있을 수 없다는 것을 인정할 만큼 스코틀랜드에 대해 충분히 알고 있었다. "우리가 사람들의 신뢰를 얻으려면 몇 달은 걸릴 것이 분명합니다. 스코틀랜드 사람은 널리 알려진 대로 아주 '신중하거나' 보수적이며, 아무에게나 금방 '손을 내밀지' 않기 때문입니다."[17]

그 도시에 도착하고서, 핑크 부부는 자유장로교회에 애착을 가지고서 두 달 동안 모든 예배에 참석했다. 그 교회에서 두 사람은 로데릭 맥켄지 Roderick MacKenzie 목사에게 따뜻한 환영을 받았다. 그 교회의 나이 많은 장로들 가운데 한 사람은 감사하는 마음으로「성경연구」를 읽는 독자였다. 이 새로운 교제가 고마워서 핑크는 이 교단에 속한 다른 교회를 방문하기 위해 5월 초에 북쪽으로 여행하기까지 했다. 그는 1935년 5월 10일에 에블린 소렐즈 Evelyn Sorrells에게 이렇게 쓰고 있다.

나는 '스코틀랜드 북부 고지'에서 열린 일주일간의 특별집회에 참석하고서 막 어젯밤에 돌아왔습니다. 할 일이 밀려 있기 때문에, 길게 이야기하고 싶지만 간단하게 말할 수밖에 없습니다. 이 편지가 벌써 오늘만 해도 열 번째로 쓰는 편지입니다. 나는 그 집회의 설교에 다소 실망했습니다. 교리는 건전했지만(그 점에 대해서는 감사한 마음입니다) 힘이 부족했습니다. 그리고 두 번의 기도회에 참석했는데, 토요일 밤과 안식일 오전 8시에 있었습니다. 이 집회들은 정말로 내 영혼의 원기를 북돋

아 주었습니다. 매우 경건한 사람들을 많이 만나 볼 수 있는 특권을 누렸습니다.[18]

핑크는 이 교단에서 목사가 없는 곳이면 자신이 어디든 가서 사례금을 받지 않고 설교할 수 있다고 알렸다. 물론 자신이 자유장로교회에 정식으로 가입할 수 없다고 생각하는 점을 고려할 때, 인간적으로 말해서, 과연 어디서 그를 청빙하는 일이 있을지 의심스러웠던 것은 사실이다.

그는 곧 최악의 상황을 맞이하게 되었다. 1935년 5월 중순에 인버네스Inverness에서 자유장로교회 노회가 열렸을 때, "자기 사람들이 다른 교단 사람들에게 기도를 인도하거나 아니면 그들의 예배를 돕도록 요청하는 일을 금하도록 하자"는 의견이 제시되었다. 한 목사가 그 동의에 찬성하면서 이렇게 못 박아 말했다. "우리는 다른 교단 사람들과 허물없이 사귀고 싶지 않습니다." 핑크 부부는 맥켄지에 대한 애정 어린 관심을 보이기 위해서 그곳에 갔었다. 맥켄지는 노회를 마치고 돌아오는 길에 핑크에게 "우리는 아주 배타적인 사람입니다"라는 말로 미안한 마음을 표시하지 않을 수 없었다.[19] 그가 자유장로교회의 입장을 전적으로 찬성하든지 아니면 공중 기도하는 일조차 자유롭게 참여하지 못하게 될 것을 받아들여야 할 상황에 직면했을 때, 새롭게 시작한 교제에서 조용히 물러나기로 결심한 것은 이해할 수 있는 일이었다. 1935년 6월 6일자 콜먼 부부에게 보낸 편지에서 그는 이렇게 쓰고 있다. "(사람의 마음에는 '많은 꾀'가 있기 때문에) 주님께서는 나를 자유장로교회 교인들 가운데 겸손하게 일하도록 하기를 기뻐하시는지 모르겠습니다. 다시 말해 교리적인 면에서 그들은 내가 아는 다른 어느 누구보다 나와 가깝고, 행실에 있어서 어느 누구보다 세속에 물들지 않은 사람들이며, 또 그들은 일손이 매우 부족하기 때문에 이따금씩 그들의 빈 강단에서 말씀을 전하도록 하실지 모르겠습니다. 그러나 하나님께서는 다른 뜻을 가지고 계셨습니다. 그동안 이곳 글래스고에 있는 그들 교회의 목사는 지금까지 매우 친절하게도 여러 번에 걸쳐 내게 공중 기도를 부탁했었습니다."

말씀을 전할 수 있으리라고 기대하고서 미국에서 돌아왔지만, 핑크는 1935년 8월 25일에 존 블랙번에게 자신이 "금년에 단 한 차례도 설교하지 못했다"고 말할 수밖에 없었다. 8월 18일자 편지에서 프레슬 부부에게도 같은 사실을 알리며, 핑크는 끝머리에 이런 가정 소식을 전한다. "디키가 이제 한창 털갈이를 하는 중입니다. 지난해보다는 6주나 빨리 털갈이가 시작되었습니다. 디키는 작지만 확실히 용기 있는 녀석입니다. 매일 조금씩 계속해서 노래를 합니다. 디키를 보고 있으면 부끄러운 생각이 듭니다."

1935년 가을에 쓴 공적 설교라는 주제에 대한 핑크의 마지막 열렬한 호소를 「성경연구」 12월호에 실린 그의 연례 편지에서 볼 수 있다.

독자들 가운데 초교파적인 운동이나, 영국 어디에 있든지 진리의 사람을 환영할 "독립" 교회나, 성경적 방침에 따라 운영되며 그 사경회에서 설교할 수 있는 기회가 있을 "선교회"를 아는 분이 있습니까? 내 설교는 본 잡지의 글과 같은 기조를 따릅니다. 독자들 가운데는 발이 넓어서 그런 적합한 자리를 알 수 있는 분들이 계실 것입니다. 하나님께서 그분들을 쓰셔서 영혼을 교훈하는, 타협하지 않는 나의 메시지를 환영할 곳들을 만나게 해주시기를 구합니다. 이 일을 위해 기도해 주시고, 아시는 곳이 있으면 내게 편지를 보내 주시기 바랍니다.[20]

이 글이 인쇄되어 나갈 때쯤 해서 사실 몇몇 기회가 스코틀랜드에서 생기고 있었다. 잡지의 독자로 형제교에 속한 사람이 1935년 10월에 글래스고를 방문했고, 핑크를 형제교회에 속한 그 지역의 독자들에게 소개하는 일을 맡았다. 핑크는 스코틀랜드에서 아마도 이런 방식을 통해서 폴커크Falkirk(글래스고와 에든버러 중간에 있는 마을)의 카멜레온정착지에 있는 베다니 홀에서 처음으로 강연하게 되었을 것이다. 이때 그는 '성경의 신적 영감'을 강연 주제로 잡았다.[21] 1935년 12월 22일에 핑크는 글래스고에 있는 큰 형제교회 한 군데서 처음으로 설교를 했다. 그것은 "애통하는 자는 복이 있나니 그들이 위로를 받을 것임이요"(마 5:4)라는 말씀을 본문으로 삼은 진지하고 엄중한 성경적인 설교였다. 그는 그곳에서 설교 부탁을 다시 받지 못했다. 「성경연구」에 실린 그 설교는 '크리스마스 주일'에 듣기에는 돌연한 것일 수 있는 말들이 있었지만 어조가 논쟁적이라기보다는 오히려 영적이었다. 그는 형제교회 교인들에게 애

통해하고 심령이 가난한 것은 거듭난 사람들의 도덕적인 모습에서 반드시 빼놓을 수 없는 부분이라고 말했다. 기뻐하는 것만이 그리스도인의 확실한 표지인 것은 아니다. 왜냐하면 예수께서 돌밭 같은 청중에 대해 말씀하시면서 그가 말씀을 "기쁨으로" 받았지만 "그 속에 뿌리가 없다"(마 13:21)고 하셨기 때문이다. 핑크는 이어서 이렇게 말했다. "오늘날 기독교 국가의 정통 교회권에 그런 사람들이 많다는 것은 크게 두려워할 일입니다. 어떻게 해서든지 즉각적인 보이는 '결과'들을 확보하려는 피상적인 복음전도의 결과는, 사람들이 회심을 하지만 그것이 죄의 자각과 통회에서 나온 것이 아니라는 것입니다."[22]

핑크 자신은 이 형제교회에서 말씀 사역의 문이 닫힌 것은 그 설교 때문이라기보다는 그 전에 발생한 어떤 일 때문이라고 믿었다. 핑크가 설교하기로 된 예배에서 B양이 독창곡을 부르고 또 한 부인이 하프 연주도 할 것이라는 신문의 공고를 읽고서 그는 형제교회의 지도자에게 그 주일에는 그 순서들 없이 예배를 인도할 것을 개인적으로 부탁할 수 있는지 물었다. 그 일을 논의한 후에 그 지도자는 그렇게 하기로 동의했지만, 핑크가 "너무 경직되어 있다"고 불평했다. 1936년 1월 7일에 두 사람이 오찬 회의를 갖기로 약속을 잡았고, 그 자리에서 핑크는 성경공부반을 인도하는 강사를 섭외하는 또 한 형제를 만나기로 되어 있었다. 그런데 결과적으로 핑크는 아무도 나오지 않아서 혼자 점심을 먹을 수밖에 없었다. 핑크가 주중에 있는 형제교회의 집회에서 그 사람에게 약속이 깨어진 사실을 상기시키자 그는 그 형제에게 편지를 해서 다시 약속을 잡겠다고 다짐했다. 핑크는 1936년 2월 2일자 미국에 있는 로웰 그린에게 보낸 편지에서 "나는 그 후로 아무 얘기도 듣지 못했다"고 썼다.

1936년 초 몇 달 동안에는 핑크가 말할 수 있는 기회가 글래스고 주변에서 연속적으로 몇 번 있었다. 그가 글래스고 시에 있는 버클리 홀에서 강연하도록 초청을 받은 것은 아마도 그의 초기 저작들 가운데 몇 권이 얻은 명성 때문이었을 것이다. 그로서는 성취되지 않은 예언에 대해서 말하지 않고 '영광을 얻게 하는 은혜'에 대해 전할 수 있었던 기회였다.[23] 하지만 글래스고에서 그런 기회가 더 늘어날 가능성은 없었다. 형제교회 사람들 가운데서 그의 사역에 동조하는 사람들은 그에게 런던이 "그런 기회가 늘어나기를" 바랄 수 있는 가장 적합한 곳이라고 장담했다.[24]

스코들랜드에서 시낸 시 1년이 채 안 되었을 때, 핑크 내외는 1936년 3월 23일에 잉글랜드 남쪽 해안에 있는 호브Hove로 이사했다. 그들은 이 조용한 해변 마을에서 한 집의 2층을 세로 얻었다. 여기서 그들은 사실상 팔 년째 떠돌고 있는 생활이 끝나기를 바랐다.

핑크는 공중을 대상으로 하는 모든 활동에서 물러날 것을 아직 결심하지는 않았다. 핑크 부부가 남쪽으로 가는 기차를 타기 전에 핑크는 로웰 그린에게 "우리는 하나님께서 뜻하시면, 이따금 있을 설교 약속을 위해 한 시간이면 런던에 닿을 수 있는 곳에 지낼 것입니다"라고 썼기 때문이다. 그러나 그 뒤 몇 주 동안에 핑크는 그의 생애의 중요한 결정들 가운데 하나를 정하기에 이르렀다. 우리는 핑크가 런던에 있는 형제교회 그리스도인들 사이에서 얼마나 더 실망을 겪었는지는 모른다. 그러나 1936년 6월이 되었을 때 그는 하나님께서 앞으로 공중을 대상으로 사역할 생각을 버려야 한다는 뜻을 아주 분명하게 지시하셨다고 믿었다.

1936년 6월 11일에 핑크는 콜먼 부부에게 이렇게 썼다.

> 나는 이제 우리의 여행이 끝났다고 믿습니다. 우리가 교제를 나눌 수 있거나 아니면 기껏해야 나를 활용할 생각을 가질 사람들을 찾기 위해 팔 년 동안 이곳저곳을 헛되이 돌아다니고 나서, 나는 마침내 말씀을 전할 기회를 찾으려는 모든 희망과 노력(기도나 다른 방식으로 하는)을 단념했고, 모든 공중 활동에서 물러났습니다(정말로 어쩔 수 없이 이 결정을 내렸다고 분명히 말씀드릴 수 있습니다). 사실 나는 "소망이 더디 이루어지면 그것이 마음을 상하게 하기"(잠 13:12) 때문에 결국 이런 과감한 조처를 취하지 않을 수 없었습니다. 잇따른 심한 실망감은 내가 문서 사역을 해나가는 데 적합하지 않았습니다. 문서 사역 자체가 큰 부담입니다. 이제 나는 잡지 발행이라는 이 행복한 사역과 그에 따라 발생하는 편지 왕래에 내 모든 에너지를 쏟아부으려고 합니다.

1936년 연례 편지에서 핑크는 독자들에게 간단히 이렇게 말했다. "나는 말로 복음을 전하는 사역을 다시는 할 수 없을 것으로 보입니다." 1937년 말에 핑크는 자신의 예상이 확인되었다고 적었다. "나는 1937년 한 해 동안에 단 한 번도 공중 앞에서 입을 연 적이 없습니다. 이것은 큰 슬픔입니다. 그러나 나는 하나님의 주권적인 뜻에 순종하는 은혜를 구하고 있습니다."

이것은 한때 한 해에 삼백 회씩이나 설교를 했던 사람의 공적 사역의 결말치고는 참으로 기이했다. 그러나 그것은 매튜 헨리Matthew Henry가 쓴 것과 같은 이치였다. "하나님의 지극히 사랑하시는 종들이라도 언제나 바라는 모든 것에 만족을 누리는 것은 아니다. 하나님을 기뻐하는 사람들이 마음의 모든 소원이 다 만족을 얻는 것은 아니지만 '꼭 바라는 한 가지 소원'(시 27:4)은 성취되는 법이다."

일찍이 핑크는 욥기 37:21 말씀을 본문으로 "밝게 빛난 구름"에 대해 설교한 적이 있었다. 그는 자신이 그때 그리스도인 경험의 신비에 대해서 한 말의 의미를 좀더 이해하게 되었다. 그는 그 설교의 메모에 이렇게 적었다. "많은 경우에 인생이 실현되지 않은 이상, 깨어진 기대, 짓밟힌 희망들로 점철된 것처럼 보입니다. 그러나 어느 날 우리는 당혹스럽게 만들었던 그 기이한 일들을 다른 관점에서 볼 것이고, 그러면 비로소 모든 것을 바르고 균형 있게 보게 될 것입니다. 지금이 아니라 장차, 더 좋은 땅에서 그렇게 볼 수 있을 것입니다."

10. 핑크의 고립에 대한 해석

앞의 두 장에서 우리는 핑크에게 공중 설교 사역의 문들이 어떻게 닫혔는지를 살펴보았다. 이 문제는 그가 호주에서 돌아온 시간부터 1936년에 자신의 설교자로서의 사역이 끝이 났다는 사실을 최종적으로 받아들일 때까지 계속되었다. 1928년에 이르기까지 18년간 대부분을 은사가 있고 영향력 있는 복음전도자요 교사로 지내온 사람에게 그것은 정말로 비상한 경험이었다.

핑크의 이 후반기에 대해 해석을 하기로 하면, 즉각 한 가지 설명이 나온다. 그것은 핑크가 너무 비판적이고 자기와 뜻이 맞지 않는 많은 사람들을 너무 성급히 판단하며, 기질이 지나치게 까다로운 것이 아닐까 하는 것이다. 어느 교단의 교회와도 뜻을 같이 하지 못함으로써, 그는 다른 사람들과 참을성 있게 일하면서 개선해 나갈 수 있는 기회를 잃어버렸다는 것이다. 그보다는 그의 잦은 이사와 통상적인 복음전도 형태를 벗어난 그의 태도 때문에 그는 개인주의에 빠졌고, 이 개인주의적 성향 때문에 자연히 그의 동시대인들이 그의 사역을 받아들일 수 없었다고 한다. 달리 말하면, 그의 고립은 대체로 자초한 것이라고 말할 수 있다는 것이다.

이런 비판에 일리가 없다고 말한다면 어리석은 일일 것이다. 성경의 가르침에 따를 때, 그리스도인이라면 누구나 지역 교회를 생활과 봉사의 가장 중요한 영역으로 생각해야 한다. 핑크가 취한 독립적인 태도의 정도를 정당하다고 변호할 수 없을 것이다. 때때로 사람들이 그를 받아들일 수 없도록 만든 것이 그의 부족에 원인이 있었던 것도 분명하다. 신실해야 한다고 해서 모든 문제에 대해 그 자리에서 있는 그대로 다 말해야 할 필요는 없다(잠 29:11). 선생의 눈에 바꾸어야 할 습관이 많은 사람들에게서 선생이 신뢰를 얻는 데는 시간이 걸리는 법이다.

같은 시기에 영국의 또 다른 지역에서 마틴 로이드 존스 박사는 근본적으로 핑크의 가르침과 같은 메시지를 설교하고 있었다. 그것도 그런 가르침에 익숙하지 않은 교인들에게 전하고 있었다. 그러나 존스 박사가 후에 말했듯이, 그의 정책은 핑크의 정책과 달랐다.

> 내가 핑크처럼 행동했다면 나는 아무것도 이루지 못했을 것이다. 전혀 아무것도. 유일한 희망은 진리가 스스로 그 중요성을 사람들에게 납득시키는 것임을 나는 알 수 있었다. 그래서 나는 아주 오래 참아야 했고 사물을 아주 멀리 보아야 했다. 그렇지 않았다면 나는 목사직에서 물러났을 것이고 모든 일은 끝났을 것이다.[1]

하지만 로이드 존스는 자신이 자라난 교단에서 처음 사역을 시작했기에 핑크가 누리지 못한 이점을 가지고 있었다는 사실도 말해야 할 것이다. 우리는 핑크가 목회를 했던 12년의 기간에 대해 아는 바가 별로 없기 때문에 그가 한곳에 오래 있지 못한 점이 그의 잘못이라고 말할 수가 없다.[2] 앞에서 지적했듯이, 콜로라도 실버턴에서 처음 목회했을 때 양심상 그가 떠나지 않을 수 없었던 것은 유아세례에 대한 교회의 신앙에서 자신의 입장이 바뀌었기 때문이었을 수 있다. 시드니 벨브와 가 교회의 경우에는, 그가 사임할 수밖에 없었던 것은 교회가 극단적 칼빈주의 신앙개조를 공식적으로 채택했기 때문이었다.[3]

호주에서 수년을 지낸 후 1928년에 잉글랜드로 돌아왔을 때, 그는 사실 침례교회에서 목회를 할지 아니면 형제교회에서 목회할지를 선태하지 않으면 안 되었다. 침례교회에서 설교하는 것은 교단에 가입한다는 의미가 되었을 것이다. 세례에 관한 그의 신앙적 입장에 관해서 그는 아무 어려움이 없었다. 다른 이유들 때문에, 십중팔구 그가 역사적 칼빈주의에 헌신한 것 때문에 침례교연합교회Baptist Union Churches나 복음표준 엄격한 침례교회Gospel Standard Strict Baptists로부터 모두 배척당했을 것이다.

한동한 그에게는 형제교회들 사이에서 목회할 가능성이 더 있는 것처럼 보였지만, 그렇지 않다는 것이 드러났다. 그는 형제교회들 사이의 일반적인 가르침에서 너무 멀리 나갔다. 그러나 핑크가 편협한 신조를 고집하고 있어서 다른 사람들과 아무 연합을 이룰 수 없었던 것은 아니다. 1929년 6월호 「성경연구」에서 그는 앞에서 인용했듯이, '하나님의 모든 말씀'을 설교한다는 것이 단지 '칼빈주의 5대 교리'를 상세히 설명한다는 의미가 아니라고 썼다. 또 이어서 이렇게 말했다. "확실히 우리는 그리스도께 더 헌신하고, 영혼들을 더 사랑하며, 복음을 설교하는 일에 더 열정과 능력을 얻기를 간절히 기도해야 할 필요가 있습니다."

핑크에게 호의적인 전기 작가 리처드 벨처 박사는 핑크가 과연 지역 교회의 목회에 적합한 사람이었는가 하는 문제를 제기했다. 그는 핑크는 그리 사교적인 사람이 아니라고 기록했다. "그는 사람들과 함께 지내며 사귀는 것을 좋아하는 것 같지 않았다." 벨처 박사는 이어서 말하기를, 게다가 핑크는 쓸데없이 무뚝뚝했다. 그가 호주에서 전한 선택에 관한 설교를 시작하면서 한 말이 그 점을 입증한다. "나는 오늘 밤 성경에서 가장 미움 받는 교리들 가운데 한 가지, 곧 하나님의 주권적 선택이라는 교리에 대해서 이야기하려고 합니다."[4]

나로서는 벨처 박사의 견해를 평가하는 것이 쉽지 않다. 핑크는 기질상 내성적이었고, 말을 적게 하려고 했다기보다는 진실하게 말하려고 했다고 본다. 다른 한편으로 그가 진실한 목사의 마음을 가졌다는 증거는 충분하다. 그 증거 가운데 몇 가지를 후에 살펴볼 것이다. 그는 사람들에게 마음을 썼다. 여러 곳을 떠난 지 오랜 후에도 그의 편지들을 보면 그가 도우려고 애썼던 다양한 사람들이 잘 있는지에 대해 늘 깊은 관심을 가지고 있었음을 알 수 있다. 예를 들면, 시드니에 있는 콜먼 부부에게 편지를 쓰면서 그는 모든 사람들의 이름을 일일이 들며 안부를 묻곤 했다. 또한 한번 맺은 우정은 그냥 끊어지도록 내버려 두지 않았다. 조지 애딜은 1924년에 핑크를 호주로 초청한 사람인데, 그는 1932년에도 여전히 핑크를 후원하고 있었다. 핑크와 그의 아내가 여러 차례 함께 살았던 프레슬 부부는 다른 사람들과 마찬가지로 일생 동안 친구로 지냈다. 그는 진정으로 사람에게 관심이 있었고, 그랬기에 변함없이 사람들의 애정을 받았던 것이 분명하다. 한번은 핑크 부부가 미국의 어떤 지역을 떠나려고 할 때, 그와 작별하려고 많은 사람들이 기차역에 나왔다. 그 사람들은 핑크 부부에게 여행을 위한 선물들을 한가득 쥐어 주었는데, 주로 과일이었다. 그러나 핑크는 기차 여행을 오래 하기도 전에 받은 과일들의 얼마를 한 흑인 노동자에게 주었다. 그 사람은 전혀 예상치 못한 핑크의 친절에 거의 감정이 북받치다시피 했다. 왜냐하면 그는 오랜 기간 병을 앓았고, 그 때문에 가족이 몹시 곤궁해진 상태에서 이제 막 일을 다시 시작했기 때문이었다. 사람들에 대한 사랑과 배려는 핑크의 됨됨이에서 빠트릴 수 없는 덕목이었다.

오늘날 대부분의 독자들이 핑크의 생애를 읽으면서 좀처럼 쉽게 믿지 못하는 점은, 당시 만연된 영적 상태에 대한 핑크의 평가다. 각 세대의 그리스도인마다 자칫하면 자기 시대를 이전 세대보다 더 악한 것으로 보기 쉽다. 어쩌면 핑크는 그 점에 관해서 근본적으로 잘못 생각했을 수도 있다. 이것은 중요한 고려 사항이다. 왜냐하면 핑크가 '신앙을 고백하는' 교회들을 비난하는 일에 큰 잘못을 범했다면, 그의 고립은 전적으로 그 자신이 자초한 것이라는 비판이 확실히 옳기 때문이다.

이 점에 대해 더 이야기하기 전에, 핑크가 분명한 복음적 신앙을 가진 다른 설교자들과 직접 만나는 데 더 많은 시간을 낼 수 있었다면, 그가 자신의 평가를 일반화하는 데 좀더 신중해졌을 수 있다는 점은 인정해야 할 것이다. 예를 들면, 시드니에 있을 때 그가 애쉬필드 지역에 살았지만 그 지역 장로교회의 매우 보수적인 목회자인 맥고완R. J. H. McGowan 목사를 만났다는 표시가 전혀 없다. 또 같은 견해를 지닌 성공회 사람들을 만난 것 같지도 않다. 시드니에 있는 침례교연합교회의 설교자들 중에는 그리스도에 대한 경건이 생생한 존 리들리John G. Ridley 목사 같은 진지한 사람들이 있었지만, 핑크는 그들을 알지 못한 것으로 보인다. 리들리 목사가 자신의 경험에 관하여 쓴 글을 보면, 핑크 자신도 그와 같이 썼을 것이었다.

"공의를 뿌린 자의 상은 확실하니라"(잠 11:18)는 본문을 인용하면서, 리들리는 어떻게 자신이 1920년대에 종종 다시 그 약속의 말씀을 붙잡을 수밖에 없었는지를 회상했다.

> 주님의 칭찬을 받을 먼 훗날을 위해 "소망을 품고 씨를 뿌리러" 나갈 용기를 얻기 위해서 그 약속을 붙잡았다. 현실은 내가 바라던 것, 곧 설교의 전율과 죄를 깨달은 회중들의 열렬한 시선, 그리스도께 복종하는

영혼들의 즉각적인 반응과 전혀 달랐다. 사실 설교하는 일이 거의 없었고, 회중들의 반응도 거의 없었으며, 말없이 전도책자로 씨를 뿌리는 일이 많았고, 시골의 태평한 사람들에게 은근히 거절당하는 일이 많았다.[5]

핑크가 이런 사람들과 좀더 교제를 나누었다면, 그의 길이 그처럼 외롭게 보이지 않았을 것이다. 그는 자기 앞에 있는 일에 온 마음을 집중했기 때문에 다른 사람들을 만나는 데 시간 쓰는 것을 중요하게 생각하지 않았던 것 같다. 그런데 그의 상대적인 고립이 당시 상태에 대한 그의 전반적인 판단에 영향을 끼쳤다는 것을 인정하면서도, 1920년대와 1930년대는 영어권 세계의 기독교 역사에서 매우 낮은 골짜기를 형성하고 있었다고 충분히 말할 수 있는 증거가 있다고 생각한다. 영국에서, 그리고 미국에서는 상당히 심하게, 주류 교단들의 강단이 지난 세기에 신학 대학들이 허용했던 의심의 회오리바람이 지나간 결과를 겪는 중이었다. 성경적 신앙을 해체하는 데 열심인 지도자들이 있었고, 다른 사람들은 그들의 영향력에 맞설 수 있는 준비가 전혀 되어 있지 않았다. 이런 교회들에서는 불신자들에게 함부로 경의를 표하는 일이 흔했고, 성경을 굳게 지키는 사람들은 '반계몽주의자'로 불리기 십상이었다. 잉글랜드의 침례교연합교회의 지도자인 글로버 T. R. Glover 박사는 스펄전의 신념을 지닌 사람들이 사라진 것을 자랑으로 여겼고, 1932년에는 이렇게 공언했다. "오늘날 여러분이 정말로 오래된 반계몽주의 대학을 찾고 싶다면, 그런 대학을 새로 세워야 할 것입니다."[6] 정확히 이것은 스펄전과 라일J. C. Ryle(1816-1900년, 빅토리아 여왕 시대의 위대한 복음주의자—옮긴이) 같은 사람들이 각각 1892년과 1900년에 죽기 전에 예측했던 시대 상태였다.

핑크가 이 시대 교회들이 저급한 상태에 있다고 본 것이 옳았음을 보여주는 그 밖의 증인들 가운데 1921년에 죽은 프린스턴 신학교의 워필드B. B. Warfield를 들 수 있다. 그가 죽기 직전에, 동료인 그레셤 메이첸J. Gresham Machen은 워필드가 교회의 그런 상태를 알아차렸다는 인상을 받았다. "그는 자연론naturalism(종교적 진리는 자연에 대한 연구에서 얻어진다는 주장—옮긴이)이 판을 치는 교회는 아주 냉랭하고 무감각해질 것이며, 사람들은 영적 생활을 교회 밖에서만 찾을 수 있다고 알게 될 것이며, 이렇게 해서 새로운 단계가 시작될 수도 있다는 것을 예상한 것 같았다."[7]

다른 어떤 말을 하더라도, 핑크가 침체된 상황에서 일했던 주된 이유는, 당시 신앙생활의 풍조가 그가 사랑하도록 배우며 자란 진리들에서 멀리 떨어져 있었다는 것이다. 이 시기의 많은 설교자들이 선택할 수 있는 길은 당시 범람하고 있던 유행하는 풍조를 따라가든지 아니면 영향력을 잃고서 별 볼 일 없는 사람처럼 지내는 수밖에 없었던 것 같다. 그래서 핑크가 1936년에 우연히 호브에서 만난 뉴질랜드 출신의 설교자는 이렇게 말했다. "내가 30년 전에 글래스고 성경학교에서 배운 것을 설교했다면, 아내와 나는 진작 굶어 죽었을 것입니다." 핑크는 경솔하게 다른 길을 택하지 않았다. 그해에 핑크의 아내가 친구에게 편지를 썼는데, 그들 부부가 뜻을 같이하는 동료들을 찾지 못한 것을 이야기하면서 다음과 같은 이야기를 통렬하게 언급했다. "핑크 목사는 사실 청교도입니다. 그는 종종 내게 말하기를 자기는 그의 시대에서 이삼백 년 뒤쳐져 있다고 합니다."[8] 균형 잡힌 영적 교훈을 가르치는 데 청교도들이 "사도 시대 이래로 오늘날까지 어떤 사람보다도 하나님께 더 많이 쓰임을 받았다"고 믿는 것은, 청교도의 교리가 스펄전과 함께 소멸된 지 40년이 지난 이즈음에 배우기에는 값비싼 교훈이었다. 핑크가 "지식을 더하는 자는 근심을 더하느니라"는 전도서 1:18의 말씀을 종종 언급한 데는 그만한 이유가 있었다.

핑크가 1935년에 "하나님은 여전히 일하고 계시다"고 썼는데, 자기 인생에 대해 기술하면서 다음과 같이 쓸 만한 이유가 있었다고 필자는 생각한다.

또한 나의 운명은 "작은 일의 날"(슥 4:10) 가운데 지내도록 정해졌습니다. 오늘날 영적 상태를 오십 년 전의 상태와 비교해 보면, 그 차이가 아주 뚜렷합니다. 진리를 신실하게 전하는 설교자들의 수와 가정 제단이 유지되고 있는 가정의 수와 정말로 유익한 책들을 필요로 하는 요구에서 그 차이가 아주 현저합니다. 이같이 현저한 차이가 나는 원인을 다음 두 가지 면에서 찾아볼 수 있을 것입니다. 첫째로, 그 원인은 하나님의 주권에 있습니다. 하나님은 획일적으로 일하시지 않기 때문입니다. 어떤 시기는 다른 시기보다 햇빛과 비를 훨씬 더 풍성하게 누립니다. 이것은 자연 영역에서와 같이 영적인 영역에서도 해당되는 사실입니다.

둘째로, 하나님의 백성들의 불성실함에 있습니다. 빛이 주어졌는데 빛 안에서 행하지 않고, 큰 특권을 받았는데 거기에 상응하는 열매를 맺지 못할 때, 성령께서 슬퍼하시고 소멸되며, 그러면 더 이상 복이 베풀어지지 않습니다. 이 두 가지 요인이 모두 현 상태를 설명합니다.[9]

핑크가 자유주의 신앙을 용인하는 교단들에서 안식처를 찾으려 하지 않았다는 것은 이해할 수 있는 일이다. 그 점보다 오히려 이해하기 다소 어려울 수 있는 사실은, 왜 미국의 근본주의 교회들이 그와 친밀하게 지내게 되었느냐 하는 것이다. 핑크가 가장 괴롭게 생각하는 교제의 중단은 바로 근본주의 교회와의 사이에서 발생한 것이었다. 왜냐하면 한때 핑크는 많은 근본주의 교회들에서 환영을 받았고, 그들의 사경회에서 말씀을 전했으며, 그 교회권 안에서 인기 있는 저자였기 때문이다. 결국 이런 상황을 맞이하게 만든 그의 사고의 어떤 면이 이미 분명히 나타났겠지만 여기서 그 점을 간략하게 설명해 보겠다.

핑크는 근본주의가 복음을 전하는 면에서 심각한 잘못을 범하고 있다고 확신했다. 근본주의는 사람이 구원을 받으려면 회개하고 믿고 그리스도께 와야 한다고 가르치지 않고, 구속이 마치 모든 사람을 위해 이미 획득된 것으로 전했고, 이 '사실'을 '받아들이는 것'이 사람을 그리스도인으로 만든다고 가르쳤다. 그러나 이런 형태의 알미니안주의적 신앙은 웨슬리교파의 복음주의적 알미니안 사상보다 한층 더 해로웠다. 왜냐하면 그런 가르침은 '그리스도를 영접하는 것'을 사실상 외적으로 고백하는 것이나 '결단하는 것'과 같은 뜻으로 취급했기 때문이다. 그 결과, 많은 사람들이 어떤 신체적 행위(회중 앞으로 걸어 나오거나 손을 드는 것과 같은)를 수행했다는 사실만으로도 자신들이 '거듭났다'고 생각하도록 배웠다.

핑크는 은혜의 교리를 좀더 충분히 알기 전에도 A. C. 딕슨이 시카고에서 '결단의 요청decisionism'(설교 후에 그리스도를 영접하는 사람은 강대상 앞으로 나옴으로써 믿음을 표시하도록 결단을 요구하는 행위―옮긴이)을 시행하는 것을 보았는데, 근본주의 교회들에서 전반적으로 유행하고 있던 그 행습을 그는 받아들이지 않았다. 로웰 그린에게 보낸 편지에서 핑크는 이렇게 썼다.

구원받지 못한 사람들에게 설교할 때, 나는 잡지의 글에서 말하는 것 외에 아무것도 하지 않았습니다. 즉 내가 알고 있는 한 하나님의 진리를 전했고, 성령께서 기쁘게 생각하시는 대로 그 진리를 적용하고 복 주시기를 맡긴 것입니다. 나는 한 번도 '집회 후 모임'을 가져 본 적이 없고, 죄인들에게 그들이 그리스도를 영접했다는 외적인 표시를 나타내 보이라거나 자기들을 위해 기도해 주기를 바란다는 의사를 표시하라고 요구하지 않았습니다. 누군가가 집회 후에 나와 이야기하기 위해서 기다린다면, 나는 그들을 도울 수 없다고 솔직하게 말하고, 집에 가서 하나님의 말씀을 읽으라고 권했습니다. 스펄전도 '그물 던지기casting out the nets'나 '회개석penitent forms' 등의 이런 알미니안주의적인 방법들 중 어느 것도 사용하지 않았는데, 이는 그리스도께서도 그의 사도들도 그렇게 하지 않았다는 단순하지만 충분한 이유 때문이었습니다! 물론 나는 종종 비판을 받았습니다. 그러나 장차 올 그날에 밝혀지겠지만, 하나님께서는 내 믿음을 명예롭게 하시기를 기뻐하셨습니다.[10]

핑크는 1930년대 초 근본주의 교회들의 이런 상태를 눈여겨보았기 때문에, 결신決信을 요청하는 복음전도가 교회 안에 중생하지 않은 교인들을 양산해 낸 것에 책임이 있다고 믿었다. "기독교 국가는 오늘날 지난 두어 세대 동안에 악한 씨를 뿌린 것들에 대해 수확하고 있는 중입니다. 특별히 눈에 보이는 '결과들'을 요구하고 수를 늘리려는 열망에서 그동안 사용해 온 비성경적인 '복음전도' 방법들의 작물을 걷고 있는 중입니다. 수많은 사람들이 '신앙고백을 하도록' 요구받았고 서둘러 '교회에 가입했던 것입니다.'"[11]

또 그는 같은 주제에 대해 이렇게 쓰고 있다.

아주 대다수 사람들의 신앙은 자기 죄가 용서받았고, 영혼은 영원히 안전하다는 굳은 확신 정도에 지나지 않습니다. 그들은 자신의 구원을 의심하는 것을 큰 잘못으로 생각하고, 그들의 경험은 모두 '믿음'과 '기쁨'에 관한 것뿐인데, 자기들의 죄가 지워졌다는 믿음과 장차 영원한 복을 확실히 얻을 수 있다는 것입니다. 그러나 하나님의 거룩한 법에 순종하는 것이 없고, 이기심과 이기주의 때문에 하나님 앞에서 슬퍼하는 것이 없으며, 겸손도 없고 마음이 상하는 일도 없습니다. 누군가 그들에게 "자기를 살피고"(고전 11:28) 자신의 기초를 조사하며 그리스도의 명에를 메라고 하면, 그들은 당장에 "율법주의다, 위험한 가르침이야!" 하고 아우성을 칩니다. 그런 자들이 죽은 직후에 깨어나서 얼마나 소스라치게 놀랄지 알 수 없습니다![12]

더 나아가서 그는 이 가르침이 개인들의 영원한 운명에 영향을 끼칠 뿐 아니라 교회 자체의 생활도 변화시키고 있는 것을 보았다. 이제 교회의 예배는 중생하지 않은 교인들의 비성경적인 입맛에 맞도록 바뀌어야 했다. 이런 데서 '여흥'이 필요한 청중의 비위를 맞추는 설교자들의 경박스런 행위가 나왔고, 하나님을 엄숙하게 찬양하는 데 필요한 단순한 음악 대신에 사람들의 귀를 즐겁게 하기 위해 계획된 '매력적인 음악적 요소들'을 끌어들이게 되었다. 1930년대 캘리포니아에서는 "거의 모든 곳에서 주일 밤 복음 집회는 사람이 하나님을 만나기 위해 한마음으로 기다리기보다는 30분간의 '준비 찬송'으로 시작한다"고 그는 쓰고 있다.[13]

근본주의 신앙은 많은 면에서 하나님께 대한 예배를 '수직적인 것'에서 '수평적인 것'으로 바꾸었다. 그래서 하나님께 대한 예배가 '영혼 구원'에 지나지 않는 경우가 종종 있었다. 핑크는 예배라는 주제를 좀더 면밀히 살펴보고 나서 다음과 같은 결론에 이르렀고, 1930년에 캘리포니아에서 결론대로 행했다. "내가 도저히 가입할 수 없는(엡 5:11) '교회들'이 많이 있습니다. 이렇게 말하면 화를 내는 교회들이 있겠지만, 나는 주님께서 내 마음을 아실 것이라는 생각에 위로를 받습니다."[14]

핑크가 근본주의 교회들과 갈리게 된 데에는 또 다른 문제가 있었다. 신자가 최종적인 구원에서 떨어질 수 있다는 옛날의 알미니안주의적인 교훈은 당시 인기 있고 거의 모든 사람들이 받아들인 가르침인데, 이 교훈에 반대하여 근본주의 교회는 '영원한 안전 eternal security'을 주장했다. 이 주장은 일단 누구든지 '그리스도를 영접하면' 그의 구원을 의심해서는 안 된다는 것을 의미하는 것으로 해석되었다. 신앙을 고백하는 그리스도인은 누구나 그의 행위나 품행과 상관없이 '믿음'으로 구원받는다. 선한 행실과 구원이라는 주제에 대해서 잘못된 중요한 생각이 두 가지 있다고 핑크는 주장했다. 즉 '행위로 말미암은 구원과 행위 없는 구원'에 대한 생각이 있다고 했다. 전자, 곧 행위로 말미암은 구원은 로마 가톨릭 교회의 가르침이고, 행위 없는 구원을 주장하는 후자의 교훈은 19세기에 "정통파 신자의 옷을 입은 체한 사람들이 널리 전파했는데, 많은 사람들이 그들의 말에 귀를 기울였다.……그리스도인들에게서 나오는 선한 행실이 바람직한 것은 분명하지만 절대로 필요한 것은 아니며, 그런 선한 행실이 없으면 단지 '천년왕국'의 명예는 잃지만 천국 자체를 놓치는 것은 아니라고 그들은 가르친다."[15]

1930년이 되었을 때, 핑크는 교회들에서 아주 흔히 들을 수 있게 된 이런 설교가 경건과 그리스도인 생활의 기준을 낮추는 주요 원인이라고 보았다. 핑크는 "한번 구원받았으면 영원히 구원받는다는 분별없는 무조건적인 선언에 필자는 찬성할 수 없다"고 쓴다. 그 선언에 동의하지 않는 이유를 설명하기 위해 핑크는 널리 알려진 한 성경학교에서 출판하는 간행물의 글을 인용하는데, 그 간행물에서 저자는 자신이 사형집행을 기다리고 있는 감옥의 한 살인자를 방문한 이야기를 하면서 다음과 같이 말했다. "나는 그에게 국가의 사면 조치를 제공할 권한이 없었다.……그 대신 그에게 갈보리의 십자가를 지신 분에 대해 이야기할 수 있었다. 감사하게도, 그는 하나님의 구원의 계획에 대해 잘 알고 있었다. 수년 전에 하나님 말씀을 듣고 예수님을 자신의 구주로 영접했던 것이다. 그런데 세월이 지나면서 그는 냉담하고 무관심하게 되었다. 그는 구원을 잃은 것은 아니지만 주님과의 교제를 잃었다. 그리고 그 결과는 죄의 생활이었다."[16]

그런 말은 분명한 모순이라고 핑크는 주장했다. "구주는 자기 백성을 '그들의 죄에서' 구원하시는 하나님의 거룩하신 자이시다"(마 1:21). 그들을 죄 가운데 있는 상태로 구원하시는 것이 아니다. 죄를 사랑하고 죄의 지배를 받는 데서 구원하는 구주이신 것이다. "누구든지 그리스도 안에 있으면 새로운 피조물이라. 이전 것은 지나갔으니 보라 새 것이 되었도다"(고후 5:17). 하나님의 구원은 초자연적인 결과를 일으키는 초자연적인 활동이다. 그것은 바로 황무지에 장미꽃을 피우는 은혜의 기적이다. 하나님의 구원은 그 열매로 알 수 있다. 나무가 악한 열매를 맺는데 좋은 나무라고 하는 것은 거짓말이다. 의롭다함을 받았다는 사실은 거룩한 생활로 입증된다. 신생은 새로운 생활로 나타나게 된다.

이 시기에 이 주제에 대해 핑크처럼 말한 소수의 선생들 가운데 토저A. W. Tozer(1897-1963년)가 있었다. 근본주의에서 볼 수 있는 장면을 대략 훑어보면서 토저는 이렇게 썼다.

> 이신칭의以信稱義의 교리, 열매 맺지 못하는 율법주의와 무익한 자기 노력에서 구출하는 성경적 진리이며 복된 구원을 전하는 이 교리가 우리 시대에 악한 사람들의 손에 들어갔고, 많은 사람이 이 교리를 그릇되게 해석함으로써 사실상 사람들이 하나님을 알지 못하게 만들었다.
>
> 종교적 회심의 전 과정이 기계적이고 생기 없는 것이 되어 버렸다. 그래서 이제 도덕적 생활에 대해 갈등하지 않고 또 아담적인 자아로 인한 당혹스러움을 느끼지 않고도 믿을 수가 있게 되었다. 이제 그리스도를 영접하는 사람의 영혼 속에 그리스도에 대한 특별한 사랑이 일어나지 않아도 '받아들일' 수가 있다. 그 사람은 '구원을 받았다'고 하지만 하나님에 굶주리지 않고 목말라하지도 않는다.[17]

역사적인 기독교 신앙은 성도들이 거룩함과 성화를 통해서 끝까지 견딘다고 가르쳤다. 그러나 근본주의는 칭의(그리스도인이 하나님 앞에 서는 일)와 중생(성령으로 새롭게 된 성도의 내적 상태)을 분리함으로써 이 진리를 훼손할 뿐만 아니라 거룩함을 판단하는 규범인 하나님의 율법을 거부했다. 산상수훈에 나오는 도덕법과, 그 법의 영적 의미에 대한 그리스도의 해석이 그리스도인들을 위한 규범이 아니라고 근본주의자들은 주장했다. 이렇게 해서 도덕법을 복음과 대립시켰고 그래서 복음이 율법이 나타내는 그 거룩함을 회복하도록 하기 위해 주신 것이 아닌 것처럼 되었다. 그리스도인이란 은혜로 말미암아 이제는 "하나님의 법을 즐거워한다"(롬 7:22)고 말할 수 있는 사람으로 설명하기보다는, 율법은 그리스도인들과 아무 관계가 없다고 사람들에게 가르치고 있었다. 알미니안주의적인 복음전도에 의해 그리스도인에 대한 부적절한 정의가 이입되었다면, 거기에 이어서 반율법주의라는 오류는 교회 내에 세속적인 생활을 용인하는 태도를 광범위하게 퍼트렸다. 핑크는 이렇게 말했다.

> 오십 년 전 많은 설교자들과 '성경 교사들'이 크나큰 손해를 끼친 오류들이자 어리석은 생각들 가운데 하나, 곧 볼 눈이 있는 사람들은 이제 확연히 알 수 있는 끔찍한 결과들 가운데 하나는, 구약 시기에 하나님의 백성들은 하나님의 은혜로 구원받지 못했고 엄격한 율법의 통치 아래 있었으며, 그리스도께서 세상에 오신 것은 그 가혹한 통치를 파기하고 훨씬 더 부드러운 시대를 가져오기 위해서였다는 것이었다.[18]

핑크는 콜먼 부부에게 보낸 한 편지에서 십계명의 주제를 다루면서 그들에게 "하나님의 율법이 그리스도인의 생활 규범이라는 것을 부인하는 사람을 마치 지독한 독사를 보듯이 피하라"고 권한다.[19] 또 한 편지에서는 무디 성경학교 교장이 그리스도인들이라고 하는 사람들에게 이야기했다고 하는 말, 곧 "여러분이 도둑질하는 것부터 살인하는 것에 이르기까지 무엇을 하든지 여러분은 영원히 구원을 받을 것이다"라는 말을 인용한 후에 이렇게 쓴다. "수많은

'근본주의자들'은 그런 가르침이 성도의 영원한 안전을 제시함으로써 하나님의 은혜를 나타낸다고 무턱대고 생각하고서, 지극히 사탄적인 잘못된 생각에 박수갈채를 보낸다. 그러나 하나님께서는 자기 백성을 죄의 길에서 지내도록 보호하시지 않고 그들 안에 그런 죄에 대한 미움을 일으킴으로써 보호하십니다!"[20]

이제 우리가 마지막으로 살펴볼 주제는 근본주의자들이 도덕법을 그리스도인의 생활 규범으로 받아들이지 않는다는 것이다. 이 점 때문에 핑크가 근본주의와 완전히 소원해지게 되었다. 사역 초기에는 핑크가 근본주의자들을 결집시킨 중요한 점, 곧 보통 세대주의로 알려진 성취되지 않은 예언에 대한 그들의 가르침에 대체로 동조했다는 사실은 앞에서 언급했다. 이것은 그리스도께서 세상의 마지막 전에 다시 오셔서 천 년 동안 다스리신다는 전前천년주의 신앙을 정교하게 발전시킨 것이다. 보통 전천년주의 시각에서 사건들을 이해할 때, 먼저 눈에 보이지 않게 그리스도께서 오시는 일이 있다. 이것을 '비밀 휴거a secret rapture'라고 하는데, 이때 지상에 남아 있는 교회가 '대환란' 전에 옮겨질 것이고, 그 다음에 이스라엘 민족이 회심하여 다른 민족들에게 복음을 전하는 도구가 될 것이다. '휴거' 후 칠 년, 곧 다니엘서 9장에 나오는 "일흔 이레"라고 하는 날수가 끝났을 때, 교회가 그리스도와 함께 세상에 돌아올 것이다. 이와 함께 천 년 통치가 시작될 것이고, 이 통치의 마지막에 그리스도께서 다시 오셔서 모든 역사를 끝내실 것이다. 이때를 '주의 날'이라고 한다.

그러나 세대주의는 미래 역사뿐 아니라 과거 역사도 새롭게 보았다. 세대주의는 하나님의 구원하시는 목적이 시대 혹은 '세대'가 달라짐에 따라 달랐다고 주장한다. 세대주의자들은 역사를 '세대'로 나누어야 한다고 말했다. 그래서 '하나님의 나라'가 유대인들에게 그들의 순종을 조건으로 제공되었다고 했다. 이것이 '율법 세대'였고, 그리스도의 가르침도 그가 죽으실 때까지 이 세대와 일치했다는 것이다. 그러나 유대인들이 그리스도와 '하나님 나라'를 거부하자, 하나님께서 다시 이스라엘을 구원하려는 뜻을 시행하기 전에 '교회 시대'를 집어넣으셨다. 이 시대 동안에 '그리스도의 몸'을 이루기로 계획된 모든 사람들이 구원받을 것이라고 했다.

1930년대 초에 핑크가 성취되지 않은 예언에 대한 생각을 바꾸는 것이 그리 중요한 일 같지 않아 보일 수도 있다. 어쨌든 그가 수년 동안 취한 방침은 이론적인 성격의 논쟁적인 문제들을 잡지에 싣지 않는 것이었다. 그는 1929년에 블랙번에게 이렇게 썼다. "개인적으로 나는 논쟁적인 설교나 글이 성도들에게 전혀 도움이 되지 않는다고 믿습니다. '내 양을 먹이는 것'이 목사의 임무입니다." 그러나 이제 그는 세대주의가 단지 이론의 문제가 아니라는 것을 확실히 알게 되었다. 세대주의가 함축하고 있는 광범위한 영적 사실들을 본 것이다. 그래서 1933년 1월부터 1934년 6월까지 연이어 게재한 열여덟 편의 글에서 그는 자기가 믿는 바를 상세히 설명했다.

하나님께서 이스라엘을 대하시던 시기가 '율법 세대'였고, 그래서 '은혜'와 '교회'는 오직 오순절에 이르러서야 왔다면, 구약의 약속과 명령들, 심지어 오순절 전에 하신 주님의 교훈에 나오는 약속과 명령들은 순전히 유대인에게만 속하는 것으로 보아야 한다는 것을 핑크는 알았다. 지도적인 세대주의자인 아이작 헬드먼Isaac M. Haldeman은 주님이 가르치신 기도는 "그리스도의 교회에서 시내 산의 우레 소리나 레위기의 제물보다 나을 것이 없는 것이다"라고 단언했다.[21] 핑크는 성경에 그런 구분을 적용하는 것에 반대하여 이같이 썼다.

> 신적 영감과 성경에 기록된 약속들의 진실됨의 문제에서는 중생한 자들의 믿음을 흔들 수 없다는 것을 알고서, 사탄은 좀더 교묘한 공격(이 공격을 받는다면 그만큼 효과가 있는)을 시도했습니다. 하나님의 약속의 대부분은 구약에 기록되어 있으므로 유대인들만의 전유물인 까닭에, 그 약속들이 그리스도인들에게는 전혀 해당되지 않는다는 것을 우리에게 설득하려고 한 것입니다.
>
> 정말로 마귀는 하나님 말씀의 더 많은 부분의 중요성과 가치를 약화시키는 이 전투를 영리하게 밀어붙였습니다. 마귀가 이 악한 싸움에 고용한 대리자들은 공공연한 무신론자와 이교도들이 아니었고, 성경의 완전 영감을 믿는다고 하는 정통 신앙의 옹호자로 자처한 사람들이었습니다. 이렇게 해서 부주의한 사람들의 신뢰를 얻었습니다. 처음에는 '세대주의 진리'를 전하는 교사들의 과격하고 혁명적인 이론이 순진한 사람들에게 다소 불안을 일으킬 수 있지만, 많은 경우에 그들은 '근

본 원리들'에 그처럼 신실하고 그리스도께 그처럼 충성되며 성경에 그토록 정통한 그런 교사들이 '틀림없이 옳을 것이다'라는 생각으로 두려운 마음을 잠재우고 스스로를 안심시켰습니다. 게다가 이 사람들은 하나님께서 "그들 앞의 모든 사람보다 자기들에게 하나님 말씀에 대한 빛을" 훨씬 더 많이 비춰 주셨다고 주장했습니다. 이런 주장은 그들의 말을 듣는 사람들의 자긍심을 한껏 높여 주었습니다. '시대에 뒤처지기를' 바라는 사람이 누가 있겠습니까? 예레미야 36:23에서 우리는 유다 왕 여호야김이 선지자가 하나님으로부터 온 메시지를 낭독하는 것을 듣고서 "칼로 그것을 연하여 베었다"는 말을 듣습니다. '세대주의의 진리'를 전파하는 선생들이 이 사건을 종종 언급했는데, 이들은 이 사건을 '고등비평가들'이 사용한 유해한 방법들에 적용했습니다. 이런 태도 또한 세대주의 선생들의 말에 귀를 기울이는 사람의 마음에 있을 수 있는 불안감을 달래는 데 기여했습니다. 그런 태도를 볼 때 그는 자기의 선생들이 "하나님의 모든 말씀을 위하여 싸우고 있다"고 생각하고, 또 그들이 '근대주의'와 '진화론'을 맹렬히 비판한다는 인상을 받고서 그들의 모든 주장을 받아들이고 따라가면 안전할 것이라고 생각합니다. 마귀가 얼마나 교활한 존재인지 모릅니다! 아무튼 실제로 발생한 결과에서 보자면 '세대주의자들'의 노고가 '고등비평가들'의 활동만큼이나 믿음에 파괴적이었다는 사실은 그대로 있습니다. 즉 고등비평가들은 구약의 많은 부분이 가짜라고 단언했고, 세대주의자들은 그 부분이 우리에게 해당되지 않는다고 주장한 것입니다. 어떤 경우든지 간에, 믿음으로 그 현재적 실효성과 효력을 받아들이는 문제에서는 하나님 말씀의 더 큰 부분인 구약이 죽은 문자가 되어 버리고 만 것입니다."[22]

핑크는 이 주제에 대한 마지막 글에서 전에는 감싸고돌던 세대주의 교사들에 대한 열 가지 '고발'을 개략적으로 다루었다. 그 고발들 가운데는 이런 주장들이 들어 있었다. "세대주의 교사들은 도덕법이 오늘날 그리스도인을 위한 생활 규범인 것을 부인합니다. 그들은 성경의 완전한 통일성과 사랑스런 조화를 드러내기보다는 불쾌하게도 성경과 성경을 대립시키려고 합니다."[23]

1930년대에 그런 결론에 도달한다는 것은 오늘날 생각해 봐도 기절초풍할 만한 일이었다. 왜냐하면 세대주의가 근본주의 교회 전체에 널리 퍼져 있었기 때문이다. 1830년대에 형제교회 교사들이 전하기 시작한 세대주의는 후에 무디 D. L. Moody 같은 전도자들에 의해 널리 선전되었고, 1909년에 옥스퍼드 대학교 출판사에서 스코필드 C. I. Scofield의 세대주의적 주해를 잔뜩 실은 성경을 출판했을 때, 그 성경이 세계 전역에 걸쳐서 권위를 얻었다.

1945년이 되었을 때는 「스코필드 관주성경」이 이백만 부 이상이나 팔렸다. 사실상 모든 성경학교에서 스코필드의 주해들을 그대로 따랐고, 복음주의 출판사들은 같은 해석을 따르는 저자들을 찾는 일에 서로 앞을 다툴 지경이었다. 그런 해석 방식이 완전히 새로운 성경 주석에 근거하고 있음에도 불구하고 미국과 영국의 개신교 교회들을 통해서 그처럼 널리 그리고 깊숙이 퍼질 수 있었다는 것은 특이한 일이다. 그러나 세대주의가 그렇게 퍼졌다는 것은 확실한 사실이다. 성취되지 않은 예언은 그 시기에 **최**고의 주제였고, 그 주제가 다루어지는 곳에서는 어디든지 확실히 많은 사람이 모였다.[24]

핑크가 충격을 받은 것은 그 가르침이 잘못되었다는 것뿐만이 아니었다. 그 가르침은 교회의 진정한 영적 곤경을 해결하는 데 아무 도움이 되지 못하는 생각들로 그리스도인들을 혼란스럽게 만들고 있었다. 1930년대 초에 세계 대공황이 발생했고, 유럽에는 새로운 독재자들이 일어났다. 그러나 근본주의자들의 회의는 그리스도인들에게 이 어려운 시기에 사는 방법을 가르치기보다는 주로 '예언의 문제들'과 '시대의 징조'를 해석하는 데 열을 올렸다.

핑크는 1932년에 이렇게 썼다. "슬프게도 하나님의 사랑하시는 허다한 자녀들이 열 처녀의 비유가 '기독교 국가'를 다루는지 아니면 '환란기'에 처한 유대인들을 가리키는지, 혹은 아마겟돈 전쟁이 골짜기에서 치러질 것인지 산에서 치러질 것인지에 대한 문제로 혼란에 빠지도록 지금까지 교육 받았습니다. 오늘날 우리가 그런 문제들을 다룬다면 로마가 불타고 있는 동안에 빈둥거리고 있었던 네로 꼴이 될 것입니다! 기독교 신앙에서 영적으로나 세속적으로나 우리의 현재 복지에 속하고, 주로 깊이 생각할 필요가 있는 문제는 실제적인 면입니다."

로이드 존스 박사는 핑크가 여기서 언급한 것과 똑같은 열광적인 분위기를 회상하면서 이렇게 말했다. "1939년에 몰로토프Molotov와 리벤트로프Ribbentrop가 협정에 서명했을 때, 어떤 사람들은 곡과 마곡 그리고 북부 대연합군에 대한 에스겔의 예언이 성취되고 있는 것이라고 굳게 확신했다."[25]

로이드 존스가 1954-1955년에 세대주의에 반대했을 때 그의 청중들 가운데 많은 사람이 충격을 받았다는 사실은, 그 가르침이 복음주의 교회들에 얼마나 오랫동안 깊이 스며들어 있었는지를 확실히 보여주는 또 하나의 증거였다. 그보다 이십 년 전에는 거의 핑크 혼자서만 세대주의를 비판했다. 오스왈드 앨리스Oswald T. Allis가 1945년에 영향력이 있는 그의 책「예언과 교회Prophecy and the Church」를 출판했을 때, 적극적으로 세대주의를 반대하는 사람으로 그가 거명할 수 있었던 것은 필립 마우로와 핑크 두 사람뿐이었다.[26]

그렇다면 핑크가 외롭게 지낸 것은 당연한 일이다. 그 사실을 설명하기 위해 우리는 그의 기질이 괴팍했을 것이라는 어떤 가정도 끌어들일 필요가 없다. 핑크는 1934년에 이렇게 썼다. "참된 하나님의 종들, 건전한 교사들은 이제 땅에서 거의 사라져 버렸습니다. 디모데후서 4:3의 말씀이 지금 눈앞에서 이루어지고 있습니다. 사람들이 '건전한 교훈을 받지 아니합니다.'"[27] 진지함, 자기 부인, 생활의 경건을 권하는 호소가 환영받지 못한다는 것을 깨달은 동시대의 또 다른 설교자가 있는 것을 볼 때, 핑크의 그 말이 옳다는 것을 부분적으로라도 확인할 수 있다. A. W. 토저는 "나는 이 나라의 모든 사경회 강단에서 내가 믿는 바를 분명히 전했다"고 말했다. 그리고 근본주의 교회들에 대한 그의 평가로 인해 핑크처럼 말씀을 전하는 문들이 그에게 닫히게 되었다. 그의 말을 들어 보자.

선지자의 목소리는 잠잠해졌고, 저술가가 신자들의 마음을 손에 넣었다.……공인되지 않은 성직자단이 그리스도인들이 믿어야 할 것을 결정했다. 성경이 아니라, 저술가가 성경의 의미라고 생각한 바가 기독교의 신조가 되었다.……사람이 고안해 낸 극단적인 세대주의 이론이 그리스도인에게서 회개와 순종을 없애고 진정한 의미에서 십자가를 지는 일을 제거했다. 신약성경의 모든 부분을 교회에서 빼앗아 '진리의 말씀을 나누는' 엄격한 체계를 따라 처분했다. 이 모든 것은 결국 그리스도에 대한 참된 믿음에 해로운 종교적 상태를 가져왔다.……은혜가 값이 없는 것이 아니라 값싼 것이 되었다. 오늘날 우리는 사람들이 기존의 생활 방식에 아무런 불편을 겪지 않고도 복음의 모든 은혜를 누릴 수 있다고 세상에 열심히 전하고 있다. "세상에서 마음껏 살고 천국도 간다"는 것이다. 현대 기독교에 대한 이런 묘사가 보편적으로 적용될 수는 없겠지만, 오늘날 그리스도인이라고 하는 사람들 가운데 절대다수에게 해당되는 말이다.[28]

핑크가 논쟁을 즐겨 하지 않는 사람이고, 세대주의의 교훈에 대해 비판하는 경우에는 글을 쓰면서 고통스러운 이유를 덧붙였다는 증거가 있다. 사실 그는 자신을 비판하고 있었다. 그의 초기 노트들을 보면 그가 이제는 부인하지 않으면 안 되는 것을 얼마나 철저하게 연구하고 가르쳤는지를 알 수 있다.[29] 그의 저술들 가운데 성취되지 않은 예언을 다룬 책이 두 권 있는데, 「구속주의 귀환」(1918)과 「적그리스도 *The Antichrist*」(1923)가 그것이다. 그는 이 책들이 전천년주의에 대해 얼마만큼 잘못 가르쳤는지 충분히 알지 못했다. 그러나 그는 자신이 잘못된 생각을 가르쳤다는 것을 알았고, 그의 양심이 성경에 아주 밀착되어 있기 때문에 그 잘못을 참으로 깊이 느끼지 않을 수 없었다. 자신이 이전에 무지했고 잘못된 것을 확신했다는 사실을 깨닫고 겸손해졌다. 그는 1934년 3월 17일에 한 친구에게 이렇게 썼다. "내가 볼 때 하나님께서는 사람의 교만을 꺾는 대단한 것을 '예언'에 두셨네!" 다음 달 「성경연구」에서 그는 이렇게 고백했다. "젊은 시절에 나는 우러러 보았던 사람들에게서 율법과 은혜는 물과 기름처럼 섞일 수 없다고 배웠습니다. 주님께서 내가 초기 저작들 가운데 몇 권에 이 그릇된 생각을 쓴 것을 용서해 주시기를 구합니다.……율법과 은혜는 모순되는 것이 아니라 서로를 보충합니다. 이 둘은 십자가에서 충만한 영광으로 빛나고, 참된 복음 안에 모두 들어 있습니다."

1934년 2월 3일자 존 블랙번에게 보낸 편지에서 핑크는 예언에 대한 자신의 초기 교훈을 수정하게 된 연유에 대해서 말했다.

> 나는 이제 전천년주의 교리에 대해서는 사랑이 완전히 식었습니다. 사람은 그가 사귀는 친구로 알 수 있는데, 그것은 교리에 대해서도 적용됩니다! 초기 '전천년주의자들'의 생활을 연구하고 오늘날의 전천년주의자들을 관찰했을 때, 다시 말해 그들을 경건한 청교도들과 비교해 볼 때, 의심이 더욱더 일어났고 그래서 전천년주의자들의 기초를 새롭게 조사해야겠다고 결심했습니다. 사람이 한 극단에서 또 다른 극단으로

치우치기가 참으로 쉽고, 또 사람이 어떤 주제에 대해 아무런 편견 없이 접근하기가 참으로 어렵다는 것을 알기 때문에, 나는 그만큼 더 천천히 그리고 신중하게 조사에 임하려고 애썼습니다. 이 일은 5년 이상 계속되었고, 이제 몇 가지 명확한(아마도 변치 않을) 결론에 이르렀습니다. 나는 아직 나 자신의 입장을 분명하게 활자로 알리지 못했습니다.[30]

핑크가 오랫동안 세대주의 가르침에 접촉해 있었던 까닭에 1920년대에 '영문 밖에' 있는 것에 대해 생각한 견해를 더욱 굳게 붙들었을지도 모른다. 세대주의의 가르침은 천년왕국 전에는 교회 안에서 좀더 밝은 상태를 기대할 수 있는 아무런 희망을 제시하지 않았다. 사실상 세대주의는 복음주의자들에게 비관론을 정통신앙의 요점으로 생각하도록 만들었다. 우리는 앞에서 핑크가 1927년에 품었던 확신, 곧 "현 세대가 그 과정을 거의 다 달려갔다"는 그의 생각을 언급한 바 있다. 이 가르침은 핑크가 경험했던 우울한 날들과 때로 관계가 있었던 것이 분명하다. 그가 이 가르침이 정확한지에 대해 의문을 품었던 만큼, 현재 증거의 효과에 대해 더 큰 희망을 품게 되었던 것 같다.

한 가지 사실은 분명하다. 핑크가 1930년대에 겪은 시련들에도 불구하고 시무룩하고 낙담한 그리스도인이 되지 않았다는 것이다. 그런 시련들에는 목적이 있었다. 그가 점점 더 편협하고 분파주의적인 사람이 되기보다는, 「성경연구」의 곳곳에서 볼 수 있듯이 그는 균형에 대한 필요성, 형제애와 기독교의 관용에 대한 필요성을 점점 더 강조하게 되었다. 영성과 신중함이 더 깊어졌고, 이로 인해 그의 후기 저작들은 초기 저작들보다 훨씬 더 가치 있게 되었다. 나이 쉰이 되어 강단에 설 수 있는 기회가 열렸을 때 그는 과거보다 더 폭넓은 시각을 지닌, 좀더 부드러운 사람이 되어 있었다.

그는 1935년 3월호 잡지에서 이렇게 썼다.

사소한 일들, 다시 말해 하나님의 자녀들이 필시 이 땅에서는 결코 일치를 보지 못할 일들을 너무 깊이 생각하기보다는, 우리 모두가 다 같이 지금 누리는 중요한 사실들을 많이 생각해야 합니다.

나는 어느 교단이나 이론 혹은 어느 그리스도인 집단에 있는 작은 결점 하나하나를 변호할 생각이 없습니다. 반면에 필자는 그런 것들 모두에서 하나님께 속한 것은 무엇이든 얼마든지 기쁘게 인정할 마음이 있습니다. 나 자신이 교회에 속해 있지 않고 어느 그룹의 일원도 아니지만, 주님을 사랑하고 매일의 생활에서 주님을 기쁘시게 하려는 마음을 보이는 모든 사람과 그리스도인으로서 교제를 갖기 원합니다. 나는 어떤 한 '교회'나 집단 혹은 사람이 모든 진리를 다 소유하고 있지 못하다는 것과, 사람은 나이가 들수록 다른 사람들에게 모든 점에서 성경에 대한 자기 해석을 채택해야 한다고 요구하는 사람들을 참기 힘들어진다는 것을 깨달을 만큼 상당히 오래 살았고 여행도 충분히 했습니다.[31]

핑크가 전천년주의 신앙을 버렸지만, 우리가 알기로 전천년주의를 공격한 적이 없다는 사실이 이런 태도를 보여주는 실례이다. 그는 예언에 대한 견해들이 세대주의와 다르게 근본 진리들을 뒤집어엎지 않는다면, "성도들이 반드시 멀리해야만 하는 것으로" 보지 않았고 또 그는 부차적인 문제들에 대한 논쟁에 관여하기를 피했다.[32] 1937년 연례 편지에서 그는 이렇게 썼다.

> 나는 사람들이 새로운 것을 금방 받아들이는(철저히 생각해 보지 않고) 위험에 대해서 꽤 신경을 쓰지만, 젊었을 때 품은 생각에서 벗어나는 것이 참으로 어렵다는 것을 경험을 통해서 알고 있습니다. 예언에 대한 내 견해는 지난 몇 해 동안에 상당히 수정되었습니다. 나는 미래의 사건들에 대해 그동안 충분할 만큼 육체적인 사색을 많이 해보았다고 생각합니다. 교만, 호기심, 감각적인 것을 사랑함, 남 앞에 나서기를 좋아함은 모두 본래 육체에서 나오는 것들입니다. 우리가 침착하고 겸손해지며 솔직하게 "모릅니다" 하고 말할 수 있으려면 하나님의 은혜가 필요합니다. 성취된 예언 가운데는 그 예언이 성취된 후에도 바르게 알지 못하는 것이 아주 많다는 사실을 생각할 때, 우리는 성취되지 않은 예언과 관련해서 함부로 이론을 세우고 독단적인 주장을 삼가게 될 것입니다.
>
> 성경은 "주의 강림이 가까우니라"(약 5:8)라고, 곧 계속해서 가까워지고 있다고 단언합니다. 그리고 우리는 그 사실에 만족해야 합니다. 어느 누구도 "주의 강림이 가까이 왔다"고 말해서는 안 됩니다. 여러분은 내가 이 주제에 대해 편지를 주고받을 생각이 없다는 점을 너그러이 이해해 주시기 바랍니다. 내가 이 점에서 잘못하고 있다고 생각한다면, 나를 위해 기도해 주시기 바랍니다. 여러분도 잘못 생각할 수 있으므로,

여러분 자신을 위해서도 기도하시기 바랍니다.

이 태도는 세례에 대한 견해에서도 나타난다. 1936년에 그는 이렇게 썼다. "편집자는 이 주제에 대해 분명한 확신이 있었지만, 14년 동안 그 견해를 이 잡지에 싣기를(심지어 말하는 것도) 삼가 왔습니다."[33]

이렇게 넓은 시각으로 보게 된 견해들로 인해 핑크가 조직된 교회와 생각을 같이하는 것이 틀림없이 더 쉬워졌을 것이지만 또한 그 견해들로 인해 방해도 받았다. 왜냐하면 1935년에 글래스고에서 경험했듯이, 그로서는 반드시 필요한 것으로 볼 수 없는 사실들이 교제의 조건들이 된다는 것을 거듭 발견했기 때문이다. 그는 1936년에 이렇게 썼다.

> 그리스도의 양들 가운데 어떤 이들을 그의 양 무리에 들어가지 못하도록 배척하는 분파주의의 장벽이 얼마나 무서운지 모릅니다! "그러므로 그리스도께서 우리를 받아 하나님께 영광을 돌리심과 같이 너희도 서로 받으라"(롬 15:7)는 것이 하나님의 명령입니다. 이 말씀은 교회의 교제에 '받아들이라'는 뜻이 아닙니다(롬 12:4-8 말씀에서 보듯이, 로마의 성도들은 이미 그 교제 안에 있었습니다). 그리스도인 형제자매 각각을 여러분의 마음에 '받아들이고' 그래서 여러분이 그들의 복지에 관심을 갖고, 그들의 일시적인 유익과 영원한 유익을 증진시키기 위해 할 수 있는 모든 일을 다 하라는 뜻입니다. 그런데 오늘날 대체로 침례교

도들은 '침례교도들'만을 '받고' 장로교인들은 '장로교인들'만을, '형제교회에 속한' 사람들은 자기들과 '관계가 있는' 사람들만을 '받습니다.' 바로 그것이 내가 분파주의에 대한 항의로 여전히 교회에 속해 있지 않는 한 가지 이유입니다.

오늘날은 형제로서의 친절, 애정 어린 동정, 그리스도인의 사랑이 얼마나 부족한지 모릅니다! 서로의 짐을 지기보다는, 어떤 사람들은 형제에게 짐을 더 지울 수 있으면 좋아서 어쩔 줄 모르는 것처럼 보입니다. 우리의 하찮은 차이점들은 숨기고, 하나님의 전 가족과 실제로 연합하고 교제하기를 구하는 은혜가 있으면 좋겠습니다. 주께서 사랑하시는 사람들을 사랑하고, 주께서 보혈로 구속하신 사람들을 사랑하는 가운데 행하는 은혜가 있으면 좋겠습니다. 그러나 이렇게 하려면 아주 많은 경우에 자기 부인과 자기 희생이 필요합니다. 하나님의 진리를 희생하거나 기독교의 원칙을 희생하지 않으면서 남보다 뛰어나기를 좋아하는 육체의 교만을 죽이는 일이 필요합니다.[34]

이것은 은둔자의 목소리가 아니라 훈련받은 그리스도인의 목소리다. 그의 시련들은 참으로 호된 것이었지만, 그 시련들을 겪고 나서 핑크는 다른 사람들을 돕기에 더 적합한 사람이 되었다. 그것은 핑크가 1937년 8월 15일자 로웰 그린에게 보낸 편지에서 볼 수 있다.

견디기 어려운 상황들(광야에 있던 이스라엘이 겪은 것과 같은)은 하나님께서 자기 자녀들을 훈련하시는 데 반드시 필요한 것입니다. 우리는 모두 우둔한 학생들입니다. 우리는 살면서 배워야 합니다. '경험은 최고의 선생'이라는 옛 속담이 있는데, 나는 거기에 수업료가 비싸다는 말을 덧붙이고 싶습니다.

11. "우리가 믿었으므로 또한 말하노라"

사람들은 지금까지 핑크의 생애에 대해 살펴본 것을 놓고서, 그가 나이 쉰이 되기 전에 진작 문서 사역에만 전념해야 하는 것을 깨달았어야 한다고 쉽게 말할지 모른다. 하지만 지금 우리가 분명히 알 수 있는 것이 그때는 결코 그렇게 분명하지가 않았다. 핑크가 가르치려고 했듯이, "은혜에서뿐 아니라 섭리에서도 하나님의 길을 '찾지 못하는'(롬 11:33) 경우가 종종 있는데, 우리 자신뿐만 아니라 우리를 바라보는 사람들도 찾지 못한다. 이것은 마치 욥의 친구들이 욥에 대한 하나님의 길을 오해한 것과 같다."

사실, 그의 저술 활동이 많은 유익을 끼칠 수 있을 것으로 보기 어려운 환경들이 많이 있었다. 첫째로, 기독교 세계 전반에 걸쳐서 "성경에 대한 영적이고 유용한 설명"에 대한 요구가 현저히 부족했다. 강단講壇도, 기독교 출판계도 일반적으로 그런 요구에 맞는 음식을 준비하지 않았다. 당시의 기독교 저술들에 대해 이야기하면서 핑크는 1929년 7월호 「성경연구」에 이렇게 썼다.

> 호기심 있는 사람들에게 흥미를 불러일으키는 책이 많고 지성인의 마음을 *끄*는 책은 많지만, 양심을 살피거나 영혼에 먹을 것을 주는 책은 별로 없습니다. 최상의 잡지들이 이 시대의 종교적 소식은 많이 전하지만 슬프게도 하나님과 더 가까이 동행하기를 장려하는 소식은 별로 이야기하지 않습니다. 월간지 「시대의 표지 *Signs of the Times*」는 흥미 있게 읽을 수 있지만, 사람들을 그리스도와 더욱 친밀한 교제를 갖도록 인도하지는 않습니다.……칠 년 반 전에 순전히 성경연구만을 다루는 잡지를 발간하자는 요청을 받고 내가 거기에 동의했던 것은 사람들에게 말로든 글로든 강해 설교를 전하는 일이 부족했기 때문이었습니다. 나는 지금까지 이 의무를 이행하려고 노력해 왔습니다. 그러나 내가 생각했던 것만큼 이런 유형의 설교를 환영하는 사람이 그리 많지 않다는 것을 알게 되었습니다.

핑크의 초기 저작들은 출판에 성공을 거두지 못했다. 1922년 뉴욕에 있는 게블린이 속한 출판사 '우리의 소망 Our Hope'에서 핑크의 첫 주석서인 「창세기 강해」를 출판했다. 이후에 핑크가 점점 더 근본주의 운동에서 벗어나자 그의 글을 출판할 수 있는 문이 닫혀 버렸다. 스웬젤에 있는 성경 진리 보관소 출판사의 헤렌딘이 1920년대 중반에 핑크의 「요한복음 강해」를 출판하기 시작했다. 그러나 1929년에 「요한복음 강해」 네 권 중 셋째 권의 출판을 알릴 때쯤에, 핑크는 「성경연구」 독자들에게 책이 많이 보급되지 않아서 가격이 비싸졌다(권당 2달러나 되었다)는 점을 설명하지 않을 수 없었다.[1] 그런데 상황은 더 안 좋아졌다. 그는 1938년 2월 27일에 로웰 그린에게 이렇게 썼다. "나는 헤렌딘이 주문이 부족해서 애를 먹고 있다는 말을 들었을 때 전혀 놀라지 않았습니다." 형편이 이러니, 성경 진리 보관소 출판사에서 핑크의 이름으로 책을 내는 것을 더 이상 고려할 수 없었다. 그래서 「성경연구」에 실린 '하나님의 징계'에 대한 핑크의 글들을 모아서 출판해야 한다고 주장하는 로웰 그린에게 핑크는 이렇게 대답한다. "안 됩니다. 미안하지만 '하나님의 징계'에 대한 내 글들을 모아 책으로 발행하는 것은 거의 실행하기 어려운 일인 것 같습니다. 이 글들을 조금 요약해서 낸다고 하더라도 분량이 꽤 되는 소책자가 될 것입니다. 그 책자를 천 권 인쇄하려면 비용이 백 달러가 들 텐데, 오늘날은 이런 책에 대한 수요가 아주 형편없이 적어서 출판업자가 수지 타산을 맞출 만큼 책을 팔 수 없을 것입니다.[2]

작가로서의 핑크에 대한 사람들의 관심은 이렇게 1930년대에 이르기까지 점차 줄어들었다. 인간적인 견지에서 말하자면, 그의 저술들이 '청교도 쪽'으로 가까이 가면 갈수록 청교도 저자들이 당시에 받았던 보편적이라고 할 수 있을 만큼의 무시를 당할 가능성이 더 컸다. 그것은 마치 보수적인 신학 저술가들의 책이 사람들의 기억에서 잊힌 것과 같았다! 헌책들이 있는지 알아봐 달라는 로웰 그린의 요청에 답하면서 핑크는 이렇게 쓰고 있다. "지난번에 나는 런던의 중고 책방들을 '샅샅이 뒤졌는데' 스물네 군데 책방들 가운데 스물두 군데서 말하기를 자기들이 신학책을 가져다 놓지 않은 지가 오래되었다고 합니다. 신학책에 대한 수요가 전혀 없다는 것입니다!" 그는 그린에게 토머스 맨턴, 존 오웬, 토머스 굿윈의 책들을 추천하면서 "구입할 수 있다면"이라는 말을 덧붙인다.[3]

둘째로, 진지한 기독교 서적에 대한 관심이 사람들 사이에 전반적으로 부족했을 뿐만 아니라 특별히 핑크의 잡지가 영향을 미쳐야 했던 1936년의 상황은 밝은 전망을 갖기에 별로 희망적이지 않았다.

십 년 전에, 그러니까 1926년 끝 무렵에 핑크는 잡지에서 구독료를 지우고 대신에 "이 잡지를 구독하기를 바라는 모든 분에게 무료"라는 말을 집어넣었다. 그는 "너희가 거저 받았으니 거저 주라"(마 10:8)는 원칙을 그대로 시행하고자 하는 마음에서, 또 부분적으로는 구독료를 낼 수 없는 사람들을 도움으로써 잡지가 더 많이 배포되기를 바라는 희망에서 그렇게 했던 것으로 보인다.

처음의 결과들은 전망이 있어 보였다. "1927년에 잡지의 발행 부수는 이전의 어느 해보다도 많았다."[4] 그런데 무료로 잡지를 받아서 정말로 읽을 사람이 누구인지를 판단하기가 상당히 어렵다는 것이 금방 분명해졌다. 핑크에게 주소를 보낸 사람은 누구든지 책값을 지불하지 않고 잡지를 한 권 받았다. 물론 핑크는 구독료를 낼 수 있는 사람들의 도움을 바란다고 말했고, 기부금이 들어왔다. 그럼에도 불구하고 1929년 3월호에 실린 간단한 메모에서 볼 수 있듯이 그는 재정난에 직면했다. "이 잡지를 인쇄하고 발송하는 데 매주 25달러의 비용이 듭니다. 독자 여러분이 해야 할 일은 무엇입니까? 우리는 1928년 내내 구독료를 전혀 내지 않은 천 명이 넘는 사람들에게 「성경연구」를 발송했습니다!"

핑크는 잡지로부터 어떠한 금전적인 보수도 받은 적이 없었다. 오히려 이 시기에 그는 자신의 얼마 안 되는 재정에서 잡지 발행을 후원한 것이 거의 확실하다. 그는 1928년 시드니에서 마지막으로 사례금을 받았다. 그때부터 1930년 말까지 그는 설교에 대한 사례금으로 2백 달러가 못되는 돈을 받았다. 1929년 말에 그는 '개인 소식'란에서 잡지의 재정과 관련하여 "심각한 시험을 받았다"고 말했다. 생각해 보면, 이때는 핑크가 미국에 돌아와 있어서, "이 나라에 불어닥친 유례없는 재정적 붕괴와 그에 뒤따른 장기간의 극심한 산업 불황을 함께 겪고 있었다"는 것을 알 것이다. 1930년 말에 그는 '개인 소식'란'에 자신의 곤경에 대해 더 이상 언급하지 않았다. 그리고 1946년에 가서야 비로소 1930년이 "필자에게 가장 견디기 어려운 해였다"고 밝혔다. "나는 조금이라도 빚을 지기보다는 잡지 발행을 중단하기로 굳게 마음먹었고, 계속해서 엎드려 여호와 이레를 구하며 필요한 자금을 주님께 호소했습니다.……11월 30일 (필자의 회계연도가 마감되는 날) 아침에 나는 1달러 75센트(7실링)가 부족했고 우편함에는 들어온 것이 아무것도 없었습니다! 이제까지 우편물이 무엇을 가져다준 적이 거의 없지만 오후에 우편물이 있었습니다. 그날 오후에 편지 한 통이 왔고, 그 속에 3달러가 들어 있서 나는 장부에 5실링을 기록한 채로 연말 결산을 마감했습니다. 그렇습니다. 우리 하나님께서 일을 이렇게 끝내시는 것이 당연합니다. 하나님께서는 굳건하게 자기를 의지하는 사람들을 결코 실망시키지 않으십니다!"[5]

1930년대 내내 잡지를 유지할 수 있을 만큼의 독자를 확보하려는 씨름은 계속되었다. 해마다 관심이 있을지 모르는 새로운 사람들에게 잡지를 보냈지만, 많은 경우에 답장이 없으면 그들이 새로운 독자가 아니었다고 생각해야 했다. "나는 해마다 수백 명에게 잡지를 보내었지만 다음 해에는 그들 가운데 대부분에게 발송을 중단할 수밖에 없었다"고 핑크는 1933년 12월 22일에 존 블랙번에게 쓴 편지에서 말했다. 그해에 잡지를 받았던 350명이 이렇게 해서 발송 명단에서 제외되었다. 그는 「성경연구」의 칼럼에서 이렇게 썼다. "여러분에게 언짢은 일을 한 가지 말씀드립니다. 나는 관심이 없는 사람들에게나 다른 사람의 관대함을 부당하게 이용하려고 하는 사람들에게 쓸데없이 잡지를 보낼 생각이 없습니다." 1934년, 그러니까 설교의 기회들을 잃어버린 바로 그해에 그는 "지난 수년 동안 잡지 발송 명단에서 독자들의 이름이 조금씩이지만 꾸준하게 줄어들고 있다"고 이야기했다. 이 사실이 알려진 뒤에 구독자가 늘어나긴 했지만 그 추세가 유지되지는 않았다.

1935년 한때 그는 자신의 개인 계좌에서 일시적으로 이체하여 잡지 발행의 재원을 조달하지 않으면 안 되었다. 미국에서 잡지 발행을 대행하고 있던 친구인 스탠리와 엘지 프레슬 부부에게 그는

1935년 7월 14일자 편지에서 이렇게 말한다.

"틀림없이 독자들 대부분이 직접 목사님에게 편지와 기금을 보낼 것"이고, 아마도 그 가운데 일부는 지금 받고 있을 것으로 안다는 스탠리의 결론은 아주 당연한 것이지만, 슬프게도 현실이 아닙니다. 미국, 캐나다, 호주의 독자들 거의 모두가 무덤처럼 조용합니다. 사실, 잉글랜드와 스코틀랜드 독자들에게서 오는 것이 없었더라면 나는 지난 4회에 걸쳐 발행한 「성경연구」를 인쇄할 수 없었을 것입니다. 형제가 받은 적은 금액 외에 미국으로부터 받은 잡지 기부금의 총액은 4월 31달러, 5월 13달러, 6월 27달러, 7월 지금까지 6달러가 전부입니다!

1935년 9월호 「성경연구」의 간단한 메모에서 그는 이렇게 쓰고 있다. "나는 잡지의 발행 부수가 줄어드는 것이 큰 걱정입니다. 한때 이 잡지를 좋아하던 많은 사람이 이제는 더 이상 좋아하지 않습니다. 옛날 독자들 가운데 아주 많은 수가 죽음으로 인해 명단에서 빠져나갔고, 그들의 자리를 새로운 독자들이 채우고 있지 않습니다. 여러분은 이 월간 메신저를 귀하게 생각할 하나님의 백성 몇몇을 우리에게 소개해 주시지 않겠습니까?" 잡지 발행을 중단해야 할 수도 있는 위험이 현실적인 문제가 되었다. 1935년에 핑크는 "이 잡지를 다른 그리스도인들에게 알리려고 하는 일에 협력하는 사람이 거의 없다"고 썼다. "우리가 후원이 부족해서 어쩔 수 없이 잡지 발행을 중단하게 된다면 그 일을 정말로 유감스럽게 생각할 사람이

"우리가 믿었으므로 또한 말하노라" 265

얼마나 되겠습니까? 이 일을 막기 위해서 노력하고 있는 사람들이 얼마나 됩니까?" 1936년, 그러니까 핑크가 호브로 이사한 해 첫 달에, 그는 이렇게 말한다. "요즘 기금이 좀더 넉넉하게 들어와 잡지를 발행할 수 있게 되었습니다(감사하게도 필요한 기금이 채워졌습니다). 그러나 구독자 명단은 여전히 9백 명이 채 안 됩니다!" 1938년이 되었을 때, 명단은 그 어느 때보다 적었다. 그래서 그는 「성경연구」에서 이렇게 말한다. "구독자의 수가 줄어드는 것을 보면 종종 낙심이 되지만, 현재 구독자로 있는 분들에게 감사하는 마음이 있습니다. 내가 끈기 있게 일하는 것은 바로 이처럼 정말로 관심을 갖고 있는 소수의 독자들 때문입니다." 다음 해, 구독자 명단에서 거의 70명이 더 줄어드는 바람에 형편은 더 악화되었다. "1939년에 잡지의 발행 부수가 현저히 줄어들었지만, 진심으로 이 월간지를 고마워하는 소수의 사람들을 위해서 한 해 더 잡지를 발행할 수 있게 해줄 충분한 독자가 있기를 바랍니다."

어쨌든 이들은 어떻게 해서든지 계속해서 일을 꾸려 갔다. 1940년대 초에, 잡지를 발송한 명단의 수는 약 7백 명 정도였던 것 같다. 백 부는 여전히 호주로 발송되었고, 가장 많은 부수인 '2백여 부'는 미국으로 발송되었다. 제2차 세계대전이 끝날 때까지 영국에서 잡지에 대한 수요는 그 숫자를 넘어가지 않았다. 게다가 잡지를 받아 보는 사람들의 수는 열성적인 후원자들의 실제 숫자보다 항상 많았다. 오랫동안 그의 독자들 가운데 실제적인 핵심 인원은 백 명이 조금 넘는 정도였을지 모른다! "백여 명 정도 되는 이 사람들이 구독자들에게 잡지를 보낼 수 있도록 매년 기부금을 보내 주지 않았다면, 나는 오래전에 잡지 발행을 중단하지 않을 수 없었을 것이라"고 그는 1948년에 썼다.

「성경연구」나 핑크의 편지들로부터 이 구독자의 수를 찾아내는 것은 결코 쉽지 않다. 그 수에 대한 언급이 매우 드물고, 「성경연구」나 편지들에서 문맥과 상관없이 위의 인용문들을 발췌하는 것에는 그 글들로 인해 핑크가 불평하는 편집자의 모습으로 보일 수 있는 위험이 있기 때문이다. 그것은 핑크의 실제 모습과는 전혀 달랐다. 핑크가 자신의 어려움에 대해 이야기한 것은 극심한 곤경에 처해 있었던 때 몇 번뿐이었고, 그것도 주로 기도해 주기를 부탁하기 위해서 언급했을 뿐이다. 직접적이든 간접적이든 돈을 보내 주기를 호소하는 것과 같은 말을 그는 몹시 싫어했다. 그런데 핑크가 자신의 공적인 소명이 이제는 문서 사역을 통해서 이루어지게 되었다고 믿게 되었지만, 그것이 외적인 형편을 보고서 쉽게 끌어낸 결론이 아니었다는 것을 보여주기 위해서는 위의 인용문들이 필요하다! 상황만을 보고서 그가 그런 결정을 내릴 수는 없었을 것이다. 그보다 핑크는 "네 떡을 물 위에 던져라"(전 11:1)는 명령이 들어 있는 성경에 또한 "풍세를 살펴보는 자는 파종하지 못할 것이요 구름만 바라보는 자는 거두지 못하리라"(전 11:4)는 경고의 말씀도 들어 있는 것을 기억했다. 무엇보다 중요한 사실은, 「성경연구」를 발행한 기간 내내 그 일은 믿음의 사역이었다는 것이다. 그는 그 사실을 1937년에 이렇게 썼다.

사실, 잡지를 계속 발행할 수 있을 만한 독자를 확보하는 이 문제는 지금까지 그래 왔고, 지금도 말 그대로 '그날그날을 살아가는 식'입니다.……그리고 잡지와 관련해서 내가 겪는 이 경험은 그리스도인 독자 각 사람도 생활에서 이런저런 형태로 겪는 것이 아닙니까? 하나님께서는 "우리가 믿음으로 행하고 보는 것으로 행하지 아니하도록"(고후 5:7) 하기 위해 일을 그렇게 정하신 것입니다.[6]

베라는 자신도 많은 몫을 맡아 감당했던 그 사역과 관련해서 동일한 믿음을 받았다. 에블린 그런에게 보내는 편지에서 그녀는 이렇게 쓰고 있다.

구독자의 수가 줄어드는 것은 우리 두 사람 모두에게 큰 시련이었습니다. 그러나 감사하게도 우리는 하나님의 은혜로 그 문제를 하나님께서 가장 기뻐하는 대로 처리하시도록 맡겼고, 그래서 그 문제로 더 이상 걱정하거나 한때 그랬던 것처럼 낙심하지 않게 되었습니다. 우리가 너무 약해서 그 문제 때문에 근심했던 것이 유감이지만, 모든 수단이 닫히고 있는 것처럼 보였을 때는 「성경연구」의 발행도 중단될 것이라고 생각하는 것은 힘든 일이었습니다.[7]

다시 2년 후에 그녀는 잡지를 발행하는 이 일에 대해 에블린 그런에게 이렇게 말한다.

주님께서는 지금까지 거의 이십 년 동안 우리를 선대해 오셨습니다. 어떤 종파나 교단 혹은 "유명인"이 책임을 맡지 않고 주도하지도 않는 이 일을 꾸준히 해나가는 데 필요한 모든 것을 선하게 공급해 주신 것입니다. 주님께서 지금까지 우리에게 행하신 일을 조금이라도 말하려면 책으로 몇 권을 낼 수 있을 것입니다. 그 일은 책 한 권을 가지고도 다 말할 수 없지만 "무릇 사람이 할 수 없는 것을 하나님은 하실 수 있느니라"(눅 18:27)는 간단한 이 몇 마디로 표현할 수 있는 것 같습니다. 오직 주님께만 모든 영광을 돌립니다![8]

핑크 부부가 분명하게 인도받았던 실제적인 한 가지 문제가 있다. 매달 묶지 않고 단권으로 발행한 「성경연구」 외에도 핑크는 매년 연말이 되면 12개월분을 한 권으로 묶은 「성경연구」를 아주 조금 발행했다. 1936년에 핑크는 독자들에게 3실링 7센트나 1달러를 보내면 잡지를 한 권씩 12개월 동안 보내거나 4실링에 한 권으로 묶은 책을 보내겠다고 말했다. 표지가 없이 모두 낱권으로 발행한 잡지들은 대개 틀림없이 수명이 짧았을 것이기 때문에, 이후로 「성경연구」의 사역이 영속적으로 영향을 끼치도록 만들 수 있는 것은 무엇보다 한 권으로 제본한 잡지였다. 그런데 한 권으로 묶은 이 책들도 아주 드물게 되었는데, 이는 핑크가 한 해가 지나가면 재고분을 보관할 수 없었기 때문이었다.

1930년대의 「성경연구」 사역에 관해 이 시점에서 언급하지 않을 수 없는 몇 가지 점들이 있다. 이 잡지는 이후로 계속 이 형태를 취하게 되었다.

호주에서 지내던 기간에 내용의 대부분을 차지했던 설교들이 사라졌고, 다른 작가들의 글에서 발췌한 긴 인용문들이 그 자리를 대신했다. 핑크는 본인이 집필한 다양한 글들을 균형 있게 싣는 습관을 들였다. 기도, 자기 부인 혹은 믿음 같은 영적 주제에 대한 짧은 편집자의 글을 실은 후에, 첫 번째 자리에는 많은 경우 강해 설교를 연재했다. '히브리서 강해'는 1928년 1월부터 1938년 7월까지 연재되었고, 그 뒤를 이어서 '산상수훈 강해'가 실렸다. 강해 설교 형태로 실린 그 밖의 자료 가운데는 '다윗의 생애'(1932년부터 1939년 12월까지 연재)가 있고, 그 다음에 '엘리야의 생애'(1940년 1월부터 1942년 11월까지 연재)가 있었다. 이와 더불어서 타락, 견인, 칭의, 성화와 같은 주제를 다루는 교리적 연재물뿐 아니라 좀더 연구해 볼 만한 영적인 인물에 대한 글이 항상 실렸다.

1930년대 잡지 내용의 수준은 잡지를 발행한 처음 팔 년 동안의 수준보다 높았던 것은 분명하다. 모든 시간을 다 바치는 사역이 아니었더라면, 그것은 핑크로서는, 아니 사실 어느 누구에게도 불가능한 일이었을 것이다. 1930년대에 독자들의 관심이 줄어든 것이 자기 입장에서 수준을 조금이라도 낮춘 것 때문이었는가 하고 핑크는 한 번도 의심해 본 적이 없다. 그는 일부 독자들의 관심이 떨어지고 있는 것은 자신이 점점 더 사람을 구별하고 점점 더 성경적으로 되어가고 있기 때문이라고 믿었는데, 바른 판단이었다. 세대주의를 반대하는 글들은 틀림없이 그에게서 독자들을 앗아 갔을 것이다. 성경적인 경건과 진실한 그리스도인의 생활을 지속적으로 강조한 것이 그와 같은 결과를 가져왔다. 1945년에 그는 이런 글을 쓰게 되었다.

> 지난 이십 년 동안 아마도 거룩함의 표준을 제시하려고 하는 내 노력이 사람들에게 별로 인기가 없고 입맛에 맞지 않았기 때문에 수백 명의 독자들을 잃었을 것입니다. 이 악한 날에 그리스도인이라고 하는 대다수가 그저 '듣기 좋은 것들'만 듣고 싶어 하고, 그들의 양심을 살펴서 세속적인 생각을 책망하고 음란함을 정죄하는 말에는 분을 냅니다.[9]

또한 많은 사람들이 '승리하는 그리스도인의 생활'을 매일 경험한다고 떠들어 대고 있는 시대에, 그가 그리스도인의 특징인 영성을 과장하지 않았다는 것이 핑크가 적지 않게 유익을 끼친 면이었다. 그는 '완전주의'와 '패배주의'를 다 배격했다. 반면에 청교도들에게서 볼 수 있는 그리스도인 생활에 대한 높은 견해를 제시했다. 그는 이렇게 말한다.

> 하나님의 자녀들 가운데 가장 훌륭한 사람들이라도(가장 훌륭한 사람이 있다고 한다면) 갑작스럽게 불신앙이 생기고 사랑이 식어지는 일이 종종 있습니다. 오늘은 그들이 선한 일들을 행하자고 열심히 제안도 하고 그런 일을 하기로 굳게 마음먹지만, 내일이 되면 그 열심이 시들해

져 버립니다. 이렇게 그들의 애정은 믿을 수 없고 변덕스럽습니다. 지금은 소망을 품고 있지만 이내 낙담하고, 지금은 하나님을 찬양하는 노래를 부르지만 이내 수금을 버드나무 가지에 걸어두게 되며, 지금은 하나님께 순종하여 그의 교훈의 길을 걷지만 이내 곁길로 빠집니다. 이들도 여느 사람들과 마찬가지로 많은 갈등과 씨름을 겪습니다. 어떤 사람들은 이런 조건에서 하나님을 영화롭게 하지만 다른 조건에서는 하나님의 이름을 더럽힐 것입니다. 하나님께서 그들을 낮추고 계시는 동안에는 거기에 합당하게 행동하다가도 그들을 높이시면 하나님께 대해 불평하는 수가 있습니다. 그와 반대로, 어떤 사람들은 번창할 때는 조용히 걷다가 역경의 찬바람이 불어닥치면 온갖 불평을 늘어놓습니다.[10]

그런가 하면, 또 핑크는 1939년에 사무엘하 23:5에 나오는 다윗의 마지막 말에 대해 이같이 말한다.

신자는 인생의 말년에 이르면, 본래 신분의 비천함을 생각하고 그 다음에는 하나님께서 주권적인 은혜로 자기를 세워 두신 높은 위치를 깊이 생각할 뿐만 아니라 또한 자신의 어리석은 행위들을 돌아보며 자신의 실패를 한탄하고, 하나님께서 베푸신 선에 대해 자기가 돌려드린 초라한 보답에 대해 슬퍼하게 됩니다. 이것이 경건한 사람들의 공통적인 경험입니다. 즉 경건한 사람들은 이 광야를 여행하면서 깊은 물을 지나고 치열한 전투를 많이 치르는 가운데 혹독하게 시련을 받고 단련을 받으며, 믿음을 유지하지 못하고 쩔쩔매는 경우가 많습니다.

하나님의 은총받은 성도들,
곧 하나님의 사자와 선견자들은
죄와 의심과 두려움 가운데서
좁은 길을 걸어왔습니다.

인생의 마지막에 이들은 대체로 자기와 가장 가까운 사랑하는 사람들의 타락에 대해 슬퍼하며 "내 집이 하나님 앞에 이같지 아니하다"(삼하 23:5)라고 외치지 않을 수 없습니다.[11]

앞에서 이미 살펴본 대로, 「성경연구」를 발행하는 핑크의 사역에서 주목할 만한 사실은 잡지의 글들이 핑크 자신의 경험 때문에 해로운 영향을 받는 일이 극히 적었다는 것이다. 혹독한 시련과 낙심이 이따금 그의 개인적인 몇몇 편지에 그랬듯이, 잡지에 싣는 그의 글에 우울한 분위기를 드리울 것으로 생각될 수 있는 때에도 그는 자신의 개인적인 상황을 전혀 개의치 않는다. 예를 들면, 우리는 1930년에 그가 이렇게 쓴 것을 본다.

주님께서는 황송하게도 내게 맡기신 이 일에 지금까지 선을 베풀어 주셨습니다. 나는 더할 수 없이 귀한 이 기회를 받았으므로 미국의 대통령직이나 영국의 수상직과도 자리를 바꾸지 않을 것입니다. 그럴 생각이 전혀 없습니다. 하나님의 은혜로 나는 세상 명예의 월계관을 쓰는 것보다 훨씬 더 나은 일에 종사하고 있습니다. 나는 만왕의 왕의 대사大使입니다. 그리스도와 함께하는 상속자가 된 사람들을 섬기는 것은 나의 복된 특전입니다. 나는 영원한 추수를 가져올 씨를 뿌리고 있는 중이고, 달마다 성령께서 내 바구니를 가득 채우십니다. 나는 어떻게 해서든지 이 문서 사역에 끊임없이 전념하는데도 일이 결코 물리지 않습니다. 하나님의 영원한 말씀은 활력을 주는 기이한 능력이 있습니다. 하나님 말씀의 목초지는 항상 '푸르고' 신선합니다(시 23:2). 심신을 상쾌하게 하는 하나님 말씀의 샘은 다함이 없습니다.

1930년대 완전히 "의기소침하여 지낸" 최악의 시기에서도, 그러니까 첼트넘에서 지내던 1934년 12월에, 어떻게 핑크가 독자들이 그의 내적 갈등을 눈치채지 못하게 하면서 잡지를 계속 발행했을 뿐만 아니라 다음 해에는 그의 가장 고귀한 연재물 두 가지를 싣기 시작했는지를 언급한 적이 있다. 자신의 임무는 자기 경험을 쓰는 것이 아니라 하나님의 말씀을 가르치는 것임을 그는 알았다. 앞에서 언급한 대로, 그가 월리스 니컬슨에게 절망적인 편지를 써 보낸 우울한 12월 그날 이후로 두 달이 지났을 때, 콜먼 부부에게 이렇게 편지를 썼다.

내가 '성화'에 대해 글을 쓰고 있다는 것이 마치 자신을 조롱하는 것처럼 여겨지는 때가 있습니다. 그래도 다행인 것은, 내가 지금까지 나 자신에 관해 많은 이야기를 하거나 나도 모르는 사이에 독자들이 눈치채도록 많은 사실을 흘려 버리는 일을 하지 않았다는 것입니다. 나는 12월에 내 뿌리까지 흔드는 매우 혹독한 시간을 겪었습니다. 주님께서 사탄에게 나를 완전히 옭아맬 긴 밧줄을 주신 것처럼 보였습니다. 나는 아직 그 타격에서 완전히 회복하지 못했습니다. 그 혹독한 시련으로부터 하나님께 찬송을 드릴 열매들이 나올 수 있기를 바랍니다.[12]

핑크는 실패뿐 아니라 회복도 많이 경험했다. 그는 시편기자처럼 "여호와께서 내가 어려울 때에 나를 구원하셨도다"(116:6)라고 말할 수 있었다. 그가 기도에 대해서, 그리고 그리스도로부터 오는 상쾌함에 대해 글을 썼을 때, 그의 글을 그토록 힘 있게 만드는 것은 바로 그 자신의 생생한 경험이었다. 그의 글들은 그냥 기계적으로 뽑아낸 것이 아니었다. 주님으로부터 빛과 은혜를 새롭게 공급받아 누린 결과물이었다. 그 점을 넌지시 알게 되는 것이 아니라, 우리는 '연합과 친교'라는 글을 보면 핑크 자신이 걸어온 길을 분명히 짐작할 수 있다. 예를 들면, 이런 것이다.

우리가 사망의 음침한 골짜기를 지나가도록 부름을 받을 때에는 그리스도 외에는 아무도 우리에게 충분하지 못할 것입니다. 그리스도 외에는 아무도 우리에게 실질적인 유익을 줄 수 없습니다. 우리에게 필요한 것은 그 진리를 정말로 믿는 것입니다. 하나님께서는 그것이 사실임을 우리에게 입증하려고 많은 애를 쓰시지 않습니까? 하나님께서 이것을 치우고 저것을 보류하시는데, 이는 우리 마음이 거기에 너무 몰두해 있는 것을 아시기 때문입니다. 우리는 어떤 것이 매우 기분 좋고 유익할 것으로 생각하고 그것이 없으면 지낼 수 없을 것으로 생각합니다. 그것을 얻을 수만 있다면 큰 만족을 얻을 것으로 여깁니다. 그런데 하나님께서 그것을 허락하시지만 우리가 기대했던 것과 다른 것을 발견하지 않습니까? 우리는 꿈을 꾸고 공중누각을 지으며 공상의 낙원에서 많이 살지만 결국은 쓰디쓴 실망을 맛볼 뿐입니다. 하나님께서 그런 실망거리들을 주시는 목적은 우리로 세상을 단념하고 세상에 넌더리를 내며, 여기 땅에 있는 모든 것은 "헛되어 바람을 잡으려는 것"(전 1:14)일 뿐임을 가르치시려는 것입니다.

독자 여러분, 우리가 자신의 모든 일을 경영하는 것을 그리스도의 손에 맡기면 평안과 복을 얻는 데 큰 도움이 될 것입니다. 우리는 하나님께 고집을 피우는 일에서 우리를 구원하시고, 우리 안에 주의 거룩한 뜻에 대한 완전한 순종과 만족을 일으켜 주시기를 끊임없이 기도할 필요가 있습니다. 본래 우리는 불안과 탐욕과 불만이 가득한 존재입니다. 즉 우리에게 있는 것으로 결코 만족하지 못하고 항상 우리에게 없는 것을 갈망합니다. 그러나 하나님의 은혜로 우리는 이 땅에서 겨우 먹을 것과 입을 것밖에 없는 때에도 왕자보다 행복하게 살 수 있습니다. 그렇습니다. 우리가 오직 그리스도에게서만 모든 만족을 구하고 찾는다면 그렇게 살 수 있을 것입니다. 바울과 실라, 번연과 러더퍼드Rutherford, 마담 기용Madame Guyon과 그 밖의 많은 사람들의 비범한 생애를 이해할 수 있는 열쇠가 여기 있습니다. 그들 중에는 오랫동안 감옥에서 지낸 사람들도 있는데, 어떻게 그들이 감옥에 있으면서 그처럼 만족하며 기뻐했겠습니까? 하나님께서 그들에게 은혜와 위로를 배나 더하셨던 것이

분명합니다. 그러나 참된 설명은 그들이 마음을 그리스도께 완전히 빼앗겨 있었기 때문이라는 것입니다.[13]

핑크에게는 슬픈 일이든 기쁜 일이든 모두 그리스도가 그 중심에 계셨고, 그리스도인의 생활을 전혀 우울하거나 고된 것으로 생각지 않는다. "내 멍에는 쉽고 내 짐은 가벼움이라"(마 11:30)는 말씀에 대해 그는 이렇게 말한다.

> 우리가 이 세상에서 그리스도인의 생활을 구름 없는 맑은 날씨와 같고 아무것도 섞인 것이 없는 지극히 순수하고 복된 생활이라고 단언할 수는 없지만, 신자의 생활이 전혀 부러워할 만한 것이 아니고 현세에서는 불신자보다 형편이 더 어렵다는 인상을 주지 않도록 주의해야 할까요? 그렇지 않습니다. 전혀 그렇지 않습니다! 그리스도인이 하나님이 정하신 수단을 부지런히 사용한다면, 그리스도 안에서 그를 위해 마련된 충만을 의지한다면, 매일 그리스도와 교제하는 습관을 들인다면, 그리스도의 계명의 길로 행한다면, 그는 모든 지각에 뛰어난 평강을 소유하고 세상이 전혀 알지 못하는 기쁨을 경험할 것입니다. 세상은 그리스도인에게 얼굴을 찡그리며 마귀는 몹시 분개하겠지만, 정죄하기보다는 인정하는 그의 양심, 그를 향하여 환하게 웃으시는 하나님의 미소, 다른 신자들과 누리는 즐거운 친교, 사랑하는 주님 앞에서 누릴 영원한 복에 대한 확신이 충분한 보상으로 주어지므로, 그는 대저택에 사는 백만장자나 궁궐에서 지내나 그리스도를 모르는 왕과 자리를 바꿀 수 있다고

할지라도 바꾸지 않을 것입니다.[14]

좀더 가까운 친구들에게 핑크는 어떻게 그의 글들이 "마음으로 깊이 생각하여 힘들여 집필한" 것인지에 대해 이따금 말했다.[15] 이 점을 보여주는 한 예가 1941년 8월 10일자로 적힌 콜먼 부부에게 보낸 편지에 나온다. 핑크는 로뎀 나무 아래에 있는 엘리야에 대해(왕상 19:5) 글 쓸 준비를 방금 마치고 나서 편지를 이렇게 시작한다.

> 그리스도인으로서 생활하고 나서 처음으로 나는 오늘 '로뎀 나무' 아래에서 몇 시간을 행복하게 지냈습니다. 사실을 말하자면, 나는 그동안 거기에서 지극히 불행한 시절을 보냈습니다. 하지만 오늘은 전혀 달랐습니다. 글을 쓰기 위해 조사를 하는 가운데 나는 엘리야 선지자의 낙담에 관심을 기울이기보다는 하나님의 사랑과 은혜에 마음이 사로잡혔기 때문입니다. 하나님의 말씀은 참으로 놀라운 책입니다! 우리의 형편이 어떠하든지 간에, 우리의 필요에 꼭 맞는 교훈이 거기에 있습니다. 우리의 사정이 어떠하든지 간에, 곧 산꼭대기에서 환호성을 지르고 있든지 아니면 낙심의 수렁 The Slough of Despond(「천로역정」 1장의 제목―옮긴이)에서 당황해하고 있든지 간에, 하나님의 종들의 이런저런 형편에 맞는 교훈이 하나님 말씀에 정확히 기술되어 있는 것을 봅니다.

핑크는 기질상 야망이 있는 사람이었다. 그 기질이 그리스도인으로서 그의 안에서 방향을 다시 잡았지만, 많은 사람들이 전성기에 이르는 나이에 자신의 영향력의 범위가 좁아 보인다는 사실 때문에도 틀림없이 낙심하게 된다는 것을 이따금씩 핑크는 알았다. 마귀는 그리스도인이라면 어느 누구도 자유롭지 못한 자존심을 부추기는 방법을 알고 있다. 자존심을 세우려고 하는 시험은 지극히 훌륭한 사람들 속에서도 완전히 사라진 것이 아니다. 하나님께서 잡지가 점점 더 많이 배포되고, 더 많은 사람들에게 유익을 끼칠 수 있게 해주시기를 오랫동안 구한 핑크의 기도는 응답되지 않는 것처럼 보였다. 그는 이 시험을 믿음의 방패와 점점 더 원숙해지는 겸손으로 물리쳤다.[16] 외형적으로 하찮아 보이는 이 사역의 중요성을 판단하는 것이 자기에게 맡겨진 일이 아니라는 것을 좀더 분명하게 알게 되었다. 이 점에 관해서는 그가 종종 다른 사람들에게 인용하던 시를 보면 그가 무엇을 중요하게 생각했는지 알 수 있다.

> 우리가 위대하다고 생각한 행위들이
> 죄일 뿐이었다는 것을 보여주시고
> 우리가 까마득히 잊어버린 물 몇 잔이
> 주님을 위한 것이었다고 주님은 말씀하실 것이네.

그러나 문서 사역이 좀더 확산되기를 바라는 핑크의 마음 중심에는 하나님의 말씀을 더 깊이 알고자 하는 사람이 너무 적다는 근심이 있었다. 힘들게 살아가는 허다한 그리스도인들이 양식을 먹지 못한 채로 지낸다는 사실이 그를 괴롭혔다. 한번은 그가 자신의 심정을 바울과 비교하면서 있는 그대로의 진실을 말했다. "바울이 아덴에서 온 성이 우상숭배에 빠져 있는 것을 보고 '마음에 격분했는데' 나는 많은 사람들이 하나님의 말씀을 분별없이 불손하게 다루는 것을 보고, 또 그런 태도가 많은 사람의 마음과 생활에 일으킨 해로운 결과들을 목격할 때, 거룩한 분노라고 할 수 있는 것이 일어났습니다."[17] 그가 더 많은 독자가 그의 잡지를 읽기를 기도한 것도 바로 이 정신에서 비롯된 것이다. 앞에서 말했듯이, 이 기도는 응답받지 못했다. 혹은 적어도 처음에는 그렇게 보였다. 사실 그 응답은 핑크가 깨닫기 전에 일어나기 시작했다. 핑크는 1947년 8월에 이렇게 쓰고 있다.

> 하나님께서는 그분의 기사奇事들을 신비한 방식으로 이루십니다. 그러나 그것이 우리가 근시안적인 시각으로 꾀하는 어떤 방식보다도 무한히 뛰어나지 않습니까? 과거 오랫동안 나는 하나님께서 "나의 지역을 넓히시고"(대상 4:10) 하나님의 지극히 부요한 은혜를 굶주린 영혼들과 더 많이 나눌 수 있게 해주시기를 기도했습니다. 그런데 잡지의 발행 부수가 늘어나기는커녕, 이십 년 전과 비교할 때 현저히 줄었습니다. 이 사실을 보면서 나는 당황하고 괴로워했습니다. 잡지와 관련해서 이 밖의 모든 요청은 분명하게 응답받았기 때문입니다. 최근에 와서야 비로소 이 간구도 예외 없이 응답받았다는 것을 분명히 알게 되었습니다.

그가 이어서 말하는 대로, 「성경연구」에 실린 자료가 점점 더 설교자들에게 도움이 되고 있다는 것을 알게 되었다는 것이 그에 대한 설명이었다. 한 독자는 그 효과에 대한 소식을 그에게 알린 후에 이렇게 말했다. "이것은 하나님께서 자신의 영광을 위하여 상황을 뒤집으시는 경우입니다. 우리는 목사님의 설교를 거의 기대할 수 없을 때 하나님께서 일종의 구두 설교를 대신하는 사역을 주셨다는 것을 알게 되어 기쁩니다. 목사님의 글들이 힘차게 설교되고 있으며 큰 복이 따르고 있습니다." 이에 대해 핑크는 이렇게 쓴다. "이와 같이 씨를 뿌리는 다른 사람들에게 씨를 제공하는 일에 내가 노력을 더 기울이고 있고, 많은 목회자들의 입을 통해서 내 글의 요지가 그 글을 읽지 않은 수많은 사람들에게 전달되고 있습니다. 기도로 나를 돕고 있는 사람들이, 이제는 백 명이 넘는 설교자들이 이 잡지를 받아보고 있다는 것을 알면 기뻐할 것입니다!"

사실, 「성경연구」를 읽는 설교자들을 통해서 핑크의 사역이 확장된다는 사실은 핑크가 당시 알 수 있었던 것보다 훨씬 더 의미가 컸다. 예를 들면, 그 후에 이스트런던 태버너클 교회와 다른 곳에서 영향력 있는 목회를 펼쳤던 폴 터커Paul Tucker는 마틴 로이드 존스 박사가 1945년에 그에게 조언한 내용을 이렇게 기록했다.

> 존스 박사는 내게 목회에 관해 이야기하면서, 내가 목회자로 소명을 받는다면 다음과 같이 조언하고 싶다고 말했다. 즉 "바르트나 브루너의 책들을 읽느라 시간을 낭비하지 마세요. 설교에 도움이 되는 것을 그들에게서는 아무것도 얻지 못할 것입니다. 핑크의 책을 읽으세요." 핑크의

저술들이 많이 보급되고 있지 않았던 그때, 핑크가 오늘날과 같이 거의 숭배의 대상이 되기 훨씬 전에 나는 「성경연구」를 이렇게 소개받았다. 나는 존스 박사의 조언에 감사했다.[18]

이렇게 충고할 수 있었던 것은 로이드 존스 자신이 정기적으로 「성경연구」를 읽은 결과였다. 1946년 10월 2일, 한 독자에게 쓴 편지에서 핑크는 "엡섬 다운스의 더글러스 존슨Douglas Johnson과 일링의 로이드 존스 박사"를 "당신에게 「성경연구」를 소개하는 일에 도구 노릇을 한 사람들"이라고 적고 있다. 핑크는 이들이 어떤 사람들인지 분명히 알지 못했다. 존슨 박사(1904-1991년)는 기독학생선교회Inter-Varsity의 창립자이자 영향력 있는 지도자였고, 로이드 존스 박사는 당시 잉글랜드에서 시작되고 있는 교리적 기독교를 회복하는 운동의 중심에 있는 인물이었다.[19] 4년 뒤, 그러니까 1949년에 이 웨스트민스터 교회의 목사가 잠시 우울증을 앓았을 때, "번쩍이는 빛처럼" 그에게 도움을 준 것은 우연히 읽게 된 핑크의 한 설교 말씀이었다.[20]

로이드 존스와 핑크는 개인적으로 접촉한 적이 전혀 없다.[21] 핑크가 하나님의 좀더 넓은 목적을 알기 시작한 것은 믿음으로 보면서부터였다. 그는 자신의 글을 읽는 설교자들이 자기가 죽은 뒤 이십 년이 채 안 되어 전 세계에 걸쳐 수천 명으로 늘어날 것으로 예상하지는 못했지만, 교회가 자신이 그토록 많이 보아 왔던 불신앙과 세속화의 여울물을 빠져나올 것으로 믿기 시작했다. "세대주의의 종말" 외에는 기대할 것이 아무것도 없다는 이전 견해는 사라졌고, 그 대신에 자신의 입장을 이렇게 밝힌다.

> 하나님의 정하신 때에, 곧 하나님의 심판이 애초에 목적한 일을 이루었을 때, 성령께서 정화된 기독교계로 다시 돌아오실 것이고, 하나님의 증거가 기독교계 안에서 다시 한번 확립될 것입니다.[22]

「구속주의 귀환」에서 보는 대로 지상 교회의 미래에 대한 핑크의 어두운 견해와 그 뒤의 저술에 나타난 그의 태도 사이에는 아주 현저한 차이가 있다! 예를 들면, 엘리야의 낙담에 대해 주석하면서 그는 설교자들에게 이 점을 기억하라고 권한다. 하나님의 뜻에는 "오늘뿐 아니라 내일도 들어 있습니다. 지극히 높으신 하나님께서는 어느 한 종에게만 매이시지 않습니다. 엘리야는 모든 일이 자신을 도구로 해서 이루어지게 되어 있다고 생각했습니다.……하나님께서 여러분을 배치해 두신 곳에서 여러분의 의무를 이행하십시오. 즉 묵은 땅을 갈아 젖히고 씨를 심으십시오. 여러분의 때에 열매가 맺히지 않을지 모르지만, 엘리사 같은 사람이 여러분의 뒤에 와서 추수 일을 할지는 아무도 모릅니다."[23]

다른 무엇보다도 「성경연구」의 사역은 참된 모든 증언의 살아 있는 원칙이 무엇인지를 확실히 보여준다. 즉 "기록된 바 내가 믿었으므로 말했다 한 것 같이 우리가 같은 믿음의 마음을 가졌으니 우리도 믿었으므로 또한 말하노라"(고후 4:13).

12. "이만 통의 편지"

아더 핑크는 특별히 편지 쓰기를 잘하는 사람이었다. 핑크가 1946년에 자신이 그동안 "이만 통이 족히 넘는 편지를 자필로" 썼다고 했는데, 과장이 아니었다. 이미 언급한 대로, 때로 그는 하루에 열 통이나 되는 편지를 썼는데, 이 편지들은 그냥 서둘러 쓴 메모 정도가 아니라 받는 사람의 형편에 따른 생각과 배려가 가득 담긴 몇 장의 편지였던 것이다. 그가 쓴 편지들 가운데는 반송된 것들도 많았다. 그는 호주에 있는 오랜 친구인 콜먼 부부에게 "주님께서 은혜로 계속 보내고 계시는 많은 편지들"에 대해 언급하면서 "몇 주일이 지난 후에 한번에 열여덟 통의 편지가 도착했다"고 말한다. 새해가 가까이 오자, 한 편지에서 그는 "이제 얼마 있지 않으면 1년에 단 한 차례 내게 편지를 쓰는 사람들에게서 오는 편지들로 거의 '묻힐' 지경이 될 것입니다!" 하고 말한다.

핑크가 그리스도인 교제의 원천으로서 편지 왕래를 소중히 여겼지만, 「성경연구」와 더불어 행하는 사역을 그 교제의 가장 중요한 활동으로 생각했다는 것은 의심의 여지가 없다. 매우 다양한 계층의 독자들이 읽는 문서 사역의 한계들을 인식했기 때문에, 그는 자기에게 편지를 보내는 사람 누구에게든지 좀더 직접적인 도움을 주려고 애썼다. 그가 받은 편지에 대해서는 기꺼이 답장할 뜻이 있음을 알린 적이 없지만, 「성경연구」의 정기 구독자들 가운데 많은 사람들이 핑크가 목회자의 심정을 가지고 있기 때문에 그에게 자유롭게 편지를 쓸 수 있다는 것을 알았다. 사실, 직접 속해서 다닐 수 있는 '자기 교회'를 찾지 못한 적지 않은 사람들에게 핑크는 진정으로 그들의 목회자였고, 그런 환경에 처해 있는 것으로 알고 있는 친구들에게 그는 대체로 편지 끝에 이런 말을 적어 넣었다. "하나님의 자비로 형제의 목사 된 아더 핑크 드림."

그와 편지를 주고받는 사람들 가운데 일부는 일찍이 핑크가 여러 교회에서 목회할 때 그의 봉사를 받던 사람들이었다. 그들의 수는 시간이 가면서 자연스럽게 줄었다. 그러나 그에게 편지를 보내는 사람들 가운데 훨씬 많은 수는 그가 한 번도 얼굴을 본 적이 없었다. 그들을 묶은 끈은 그리스도의 말씀에 대해 공통적으로 지닌 사랑이었다. 이따금 핑크가 그의 독자층의 다수를 형성하는 사람들에 대해 언급했는데, 그들이 또한 그와 편지를 주고받는 사람들 가운데 다수를 차지했을 것이라고 볼 수 있다. 그는 1943년에 존 컬버 John B. Culver에게 이렇게 썼다.

우리를 위해 새로운 독자를 물색하는 형제의 친절한 노력에 깊이 감사드립니다. 그런데 형제가 가장 가능성이 있는 경로를 따라 애쓰고 있는지 모르겠습니다. 오랜 경험을 통해서 볼 때, 신학교 교수와 설교자와 선교사들의 경우에 스무 명 가운데 열아홉 명은 「성경연구」를 받아들이지 않습니다. 누군가가 그들에게 「성경연구」를 특별히 선물하지 않는 한에는 말입니다. 그렇게 선물로 받은 다음에도 그들이 그 책을 대충 한 번 보는 것 이상으로 살펴볼지 의문입니다. 형제가 영적 양식에 굶주려 있는 사람들을 찾는 일은 평신도들, 그러니까 배경이 단순한 사람들에게서 찾을 경우에 성공할 가능성이 더 높을 것입니다.[1]

1943년에 그가 알고 있는 것보다 더 많은 목회자들이 「성경연구」를 읽고 있었다는 것을 뒤에 가서 알게 되었지만, 이유가 무엇이든 간에 목회자들 가운데서는 아주 적은 수만이 핑크에게 편지를 썼던 것으로 보인다. 1949년에 핑크는 「성경연구」의 또 다른 조력자에게 이렇게 썼다. "형제가 지금까지 새로운 독자를 발굴하는 데 들인 노력에 감사드립니다. 초신자들과 몸져누운 병자들이 가장 가능성 있는 독자들입니다!"

많은 독자들이 처음에는 개인적인 문제 때문에 그에게 편지를 썼던 것으로 보인다. 핑크는 편지에서 다른 사람의 사정을 언급하는 일이 좀처럼 없다. 그러나 로웰 그린에게 보낸 다음 편지를 보면 그의 편지 왕래와 그 일을 수행한 그의 마음을 얼핏 알 수 있다.

최근에 나는 대답하기 몹시 어려운 편지를 몇 통 받았습니다. 그 편지들 가운데 한 통은 이성을 무시한 채 완전히 감정에 휘둘린 한 자매에게서 온 편지입니다.……그 자매는 자신이 그때 하나님의 뜻을 행하고 있다고 생각했는데, 이제는 자기가 사탄에게 속았다는 것을 확실히 압니다. 그리고 성령의 자극과 악한 자의 충동을 어떻게 구별할 수 있는지 알고 싶어 합니다. 또 한 통은 오랜 경험이 있는 설교자에게서 온 것입니다. 이분이 신경쇠약에 걸렸는데, 결국에는 '기도로 병 고치는 사람'(마귀의 종)에게 갔다는 것입니다. 그리고 그 후로 기도의 영이 그의 안에서 꺼져 버렸고 구원의 확신이 다 사라져 버려서, 이제는 더 이상 다른 사람들에게 설교할 생각을 갖지 못한다는 것입니다. 참으로 나를 슬프게 만드는 것은, 오늘날에는 이런 불쌍한 영혼들이 유용한 조언을 듣기 위해 찾아갈 수 있는 사람들이 극히 드물어 보인다는 것입니다. 복음을 전하고 교리적이며 예언적인 설교를 할 수 있는 많은 사람이, 곤경에 처해서 어찌할 바를 모르는 사람들의 경험에 공감하고 "때에 알맞은 말"을 해주는 일에는 아주 무능한 것처럼 보입니다. 목사들이 하나님으로부터 자격을 받아 영혼의 의사가 되지 않으면, 자기의 병을 바르게 진단하여 곤경에 처한 자신을 돕지 못한 친구들에게 욥이 말했듯이, 그런 목사들은 "쓸모없는 의원"(욥 13:4)입니다. 그런데 그런 '자격'은 신학교나 성경학교에서 얻을 수 있는 것이 아닙니다![2]

핑크의 편지들, 곧 남아 있는 그의 편지들을 보면 그가 영적 지혜가 아주 많은 사람이라는 것을 알 수 있다. 그는 편지를 주고받는 다양한 사람들의 필요에 대응하는 일정한 공식을 갖고 있지 않았다. 그는 상대방이 자기에게 필요한 것들을 바르게 다 설명할 수 있다고 생각지 않는다. 그래서 풀이 죽어서 자신의 딱한 처지를 설명하고 핑크에게서 동정을 받기를 기대하는 이에게, 동정하기보다는 정신 차리라고 권하기도 한다. 그는 어떤 편지에서 이렇게 말한다. "감사하게도 우리에게는 하나님께 우리의 실패를 고백하고 다시 시작할 수 있는 길이 언제나 열려 있습니다. 지극히 낙심한 영혼에게 항상 용기를 주는 곳이 있습니다. 우리는 중보의 보좌에서 과거를 용서받는 '자비'와 현재에 도움이 되는 '은혜'를 발견할 수 있습니다(히 4:16). 실패했다는 생각 때문에 형제가 그 보좌에서 멀어지는 일이 없도록 하십시오. 그 보좌는 피가 뿌려져 있고, 죄인들의 친구인 그분이 앉아 계시며, 그곳에서 자비와 은혜를 베풀어 주십니다.…… 형제여, 나는 형제가 이 점을 명심하기를 바랍니다. 형제의 미래가 어떻게 전개되든지, 형제가 어떤 궁지에 들어가게 되든지, 그리스도는 형제의 **친구**이시며, 형제가 그리스도 자신을 이용하기를 바라시고 자신에게 자유롭고 솔직하게 대하기를 바라시며, 주께서 섭리 가운데 처하게 하신 환경이 형제에게 아무리 힘들게 보일지라도 형제에 대한 주님의 사랑과 동정과 관심을 의심하지 않기를 바라십니다."

그의 편지들에는 흔히 동정하는 말이 많이 들어 있다. 그러나 언제나 그는 동정과 함께 행동할 지침을 주고, 적절한 영적 의무들을 상기시킨다. 시드니에 있는 콜먼 부부에게 보낸 여러 편지에서 인용한 다음과 같은 문장들이 그런 예들 가운데 하나다.

> 우리에게 "네 하나님이 너의 힘을 명령하셨도다"(시 68:28)라고 알려 주시는 분의 복되신 이름으로 인사드립니다. 그분의 살아 있는 자녀마다 이 말씀이 참되다는 것을 입증하는 개인적인 증거를 받았습니다.……나는 이 말씀이 일차적으로 영적인 힘을 언급한다는 것을 의심하지 않지만, 큰 것에는 작은 것이 포함되기 때문에, 여기에서 신체적인 힘을 배제해서는 안 됩니다. 하나님께서는 또한 우리의 신체적인 힘도 "명하셨습니다." 그래서 우리는 하나님께서 지혜롭게 정하신 것을 넘어갈 수 없습니다. 나는 주님께서 자기 백성들 가운데 그토록 많은 사람을 나이 들어 약해질 때까지 세상에 남겨 두시는 한 가지 이유는, 그들이 점점 더 주님을 의지하게 만들기 위해서라고 믿습니다. 점점 더 허약해지고 나이가 들어 간다는 증거가 눈에 띈다고 해서 너무 낙심하지 마십시오. 그런 것들은 자연의 정해진 질서에 지나지 않고, 따라서 예상할 수 있는 것들입니다. 두 분이 전과 다르게 읽는 데 집중할 수 없다면, 조용히 묵상하고 기도하는 일에 더 시간을 내십시오.

C 형제가 자신의 실패에 대해 말하는 것 가운데 많은 부분이 나 자신의 경험과 겹칩니다. 하나님께서는 우리가 자신을 사랑하고 칭찬하도록 내버려 두지 않고 오히려 모든 지체를 죽이라고 말씀하셨습니다.

하나님의 사랑하시는 자녀들 가운데 많은 사람이 현재 아주 곤란한 처지에서 지내고 있습니다. 지난 몇 달 동안 매우 괴로운 몇몇 경우가 눈에 띄었습니다. 우리가 로마서 8:28의 말씀에서 위로를 얻을 수 있는 것은 실제로 믿음을 발휘하고 있을 때뿐입니다! 그냥 "하나님의 주권적인 뜻에 복종하는 것"은 충분치 않습니다. 이슬람교도도 그렇게 합니다! 마음을 평안 가운데 지키려면, "항상 범사에 감사"하려면(엡 5:20), 하나님의 선하심을 믿고, 주님의 지혜를 신뢰하는 일이 필요합니다. 나는 과거에 하나님께서 나의 구하는 것을 허락지 않으심으로 몹시 실망하게 만드셨던 여러 가지 일로 인하여 최근에 깊은 감사를 드렸습니다!

고집 센 아들에 대한 조언을 구하는 한 사람에게 그는 이같이 썼다. "형제에게는 지혜와 인내가 모두 필요할 것입니다. 아들 앞에 하나님의 거룩한 표준을 제시하도록 힘쓰면서도, 그 표준에 도달하는 것에 대해서는 아들에게 너무 많이 기대하지 않도록 하십시오. 아들은 그리스도 안에서 어린아이에 불과합니다. 형제도 '젊은이에게서 노인의 지혜를 기대할 수 없다'는 옛말을 아실 것입니다. 우리 각 사람은 자기 지식을 의지하고 마음의 욕망과 꾀를 따르는 것이 어리석다는 것을 고통스런 경험을 통해서 배울 수밖에 없었습니다. 따라서 우리 뒤를 따르는 아이들은 예외일 것이라고 생각해서는 안 됩니다. 아들의 과실을 묵인하지 않으면서도 아이의 연약함을 인내하도록 하십시오. 이것이 하나님께서 형제를 지혜롭게 훈련하시는 일일 수도 있습니다."

핑크의 편지에는 저자들에 대한 자신의 견해를 밝히는 부분이 거의 없다. 다만 읽을 책에 대해 조언을 구하는 이들에게 답변으로 이야기하는 정도가 나와 있을 뿐이다. 청교도 저자들 가운데 핑크가 좋아하는 사람들로는 매튜 헨리, 존 오웬, 토머스 맨턴, 존 플라벨John Flavel, 토머스 굿윈이 있었던 것으로 보인다. 그는 한 편지에서 이렇게 말한다. "「천로역정」은 매우 훌륭하고 유익하며 영적인 책입니다. 이 책은 형제에게 읽고 또 읽으라고 열심히 권하고 싶습니다." 또 다른 편지에서는 이렇게 말한다. "거널William Gurnall(1617-1679년, 영국 청교도 목사—옮긴이)이 지은 네 권의 저서는 매우 영적이고 유익한 책입니다. 그러나 각 부분을 천천히 묵상하면서 읽을 필요가 있습니다." 한때는 플라벨의 「섭리의 신비 Mystery of Providence」를 그 저자의 최고의 책으로 생각하다가 후에는 그 생각을 접고 친구에게 이렇게 대답한다. "자네가 플라벨의 「생명의 샘Fountain of Life」을 구했다는 소식을 들으니 기쁘네. 플라벨의 책들 가운데 내가 좋아하는 것일세. 최근에 나는 아내에게 매일 밤 한 장씩 읽어서 그 책 전체를 읽어 주었네."

핑크의 저작들에는 이 밖에도 많은 청교도 저자의 이름이 나온다. 그는 그들을 두루 열심히 연구했지만 그들에게 맹목적으로 빠지지는 않았다. 그는 기회만 있으면 존 하우John Howe를 가리켜 "청교도들 가운데 가장 건조한 사람"이라고 말한다. 또 한 편지에서는 이같이 말한다. "개인적으로 생각할 때, 하나님께서 형제가 트랩John Trapp(1601-1669년, 영국 국교회 성경주석가—옮긴이)의 주석을 보지 않고 지나가도록 인도하셨던 것 같습니다. 그가 '색다른' 말을 많이 하지만, 사실 형편없는 주석가입니다." 하나님께서 어느 한 학파의 저자들에게 모든 빛을 주시지는 않았다는 것이 그의 생각이었다. 예언에 대한 그의 입장이 변화되었음에도 불구하고, 그는 형제교회에 속한 저자들을 완전히 버리지는 않았다. 1936년에 「성경연구」에 '성화의 교리'에 대한 연재를 시작하면서 이렇게 썼다. "필자는 이 주제의 어떤 면들에 대해서는 개혁자와 청교도들보다 플리머스 형제단의 저작들이 훨씬 더 도움이 된다는 것을 발견했습니다." 그가 알고 있는 독일 저자들 가운데는 루터 교회 신자인 헹스텐버그E. W. Henstenberg가 최고였다. 스코틀랜드 사람들 가운데는 토머스 보스턴Thomas Boston의 글을 가장 많이 인용하지만, 패트릭 페어베언Patrick Fairbairn과 조지 스미턴George Smeaton, 윌리엄 커닝엄William Cunningham 같은 19세기의 스코틀랜드 자유교회 신학자들도 알았다. 존 블랙번과 주고받은 편지를 보면, 미국 남장로교회의 지도자들과 특별히 작가로서 그에게 깊은 인상을 주지 못한 톤웰J. H. Thornwell의 책들도 몇 권 가지고 있었다. 핑크는 스펄전에 대해서는 "언제나 훌륭하다"고 생각했고, 항상 그를 극구 칭찬해 마지않았다.

책에 대해 조언을 구하는 모든 이에게 그는 이렇게 말하곤 했다. "정말로 도움이 되는 책 몇 권을 철저히 흡수하는 것이 많은 평범한 책들을 대강 훑어보는 것보다 훨씬 더 중요합니다." 예를 들면, 존 컬버는 이런 권고를 받았다. "형제가 구입한 조나단 에드워즈와 존 오웬의 저작들은 정말 탁월한 책들이고, 다 읽으려면 틀림없이 몇 년은 걸릴 것입니다.[3] 형제가 이 책들을 완전히 소화하기 전에 다른 책들을 찾느라 돌아다니지 않기 바랍니다. 천천히 읽고 생각하고 소화한 책 한 권이 급하게 대강 읽은 책 스무 권만큼 가치가 있습니다." 그의 서재에 있는 책들에는 세심하게 번호를 매기고 색인을 붙여 놓았다. "나는 다른 오십 명의 저자들에게 들인 시간을 합친 것보다 열 배나 스무 배 더 많은 시간을 한두 저자에게 쏟았다"고 그는 한 친구에게 말한다.

그럼에도 불구하고 그의 독서는 상당히 폭넓었고, 자신과 의견이 일치하는 사람들의 책만 읽는 독서 습관(특별히 목회자들에게 이런 습관이 있는데)을 몹시 싫어했다. "사람이 먼저 성경의 교훈에 기초를 잘 세우지 않으면 폭넓은 독서가 위험하다"는 존 블랙번의 신념을 받아들이면서도, 그는 블랙번에게 읽는 저자의 범위를 넓히라고 권한다. 마찬가지로 또 다른 편지에서 어떤 이가 알렉산더 맥클라렌의 말을 인용하며 다소 변명하는 투로 "그가 알미니안주의자처럼 보이긴 했지만"이라는 말을 덧붙일 때, 핑크는 그에게 이렇게 답변한다. "맥클라렌은 어떤 사람처럼 아주 극단적인 알미니안주의자는 아니지만 알미니안주의자인 것은 사실입니다. 그의 책은 어떤 주제에 대해서든지 항상 읽을 만한 가치가 있지만 주의해서 읽어야 합니다. 나는 그의 저서들에서 유용한 생각들을 많이 얻었고, 그가 하나님께 크게 쓰임 받는 사람이었다는 생각을 합니다. 내가 칼빈주의자들의 저작들만 보았다면 크게 손해 보았을 것입니다."

'고' 칼빈주의high-Calvinistic 혹은 극단적 칼빈주의hyper-Calvinistic

저자들에 대해서, 핑크는 몇몇 이들에게 조심스럽지만 그들 가운데 몇 사람을 기꺼이 소개한다. 한 편지에서 피어스Samuel Eyles Pierce(1746-1829년, 영국 칼빈주의 신학자―옮긴이)에 대해 이렇게 말한다. "나는 아무에게도 이들을 거의 추천하고 싶지 않지만, 두 권으로 된 피어스의 「영적 주제들에 대한 편지들*Letters on Spiritual Subjects*」은 형제가 읽어 볼 만한 가치가 있을 것입니다. 특별히 형제가 궁핍하다고 느낄 때, 영적으로 말해서 샴페인 한 잔을 마시고 싶다고 느낄 때 읽어 볼 만할 것입니다! 그 책에는 달콤하고 귀한 것이 많이 들어 있습니다." 반면에 이제 겨우 자리를 찾아가기 시작하는 초신자가 19세기 말 '극단적' 칼빈주의자인 헌팅턴William Huntington(1745-1813년, 영국의 설교가―옮긴이)에 대한 그의 의견을 구할 때, 핑크는 아주 분명하게 말한다.

"형제가 내게 헌팅턴의 저작들 가운데 아무 책이라도 읽었는지 물으셨지요? 예, 읽었습니다. 헌팅턴의 책을 3천 페이지나 꼼꼼하게 읽었습니다. 첫째로, 나는 그의 생애 중기와 말년에 그처럼 많은 군중이 모여들어 그의 설교를 들었다는 사실을 알았을 때, 의심이 생겼습니다. 갈라디아서 1:10 말씀에 따를 때, 이것은 나쁜 표지입니다. 둘째로, 그처럼 많은 수가 그의 설교를 듣게 된 이유가 금세 분명해졌습니다. 즉 그가 사람들에게 새로운 것을 말했기(행 17:21) 때문이었습니다. 그는 설교 시간 내내 성경의 '원래' 해석이라는 것을 제시하느라 애를 썼습니다. 이런 것은 '귀가 가려운' 부류(이런 사람들이 많습니다)에게는 아주 솔깃한 얘기입니다! 셋째로, 그는 심각한 오류들을 중요한 진리에(그렇지 않았다면 아무도 그처럼 쉽게 그의 독을 삼키지 않았을 것입니다) 뒤섞어 놓았습니다. 이를테면, 그는 복음을 듣는 모든 사람에게 복음을 자유롭게 제시한다는 개념을 거부합니다. 또 그는 '회개의 의무'와 '믿음의 의무'를 부인합니다(극단적 칼빈주의자들은 구원에 있어서 하나님의 절대주권을 강조한 나머지, 하나님은 복음전도 없이도 직접 회개와 중생 사역을 통해서 선택한 사람들을 구원하실 수 있으므로 사람이 반드시 복음을 듣고 회개하고 믿어야 하는 것은 아니라고 주장한다—옮긴이). 그리고 도덕법이 그리스도인의 '생활 규범'이 아니라고 주장합니다. 이 모든 주장에서 그는 경건한 청교도들의 한결같은 가르침에서, 곧 하나님의 말씀에서 떠났습니다. 그런데 슬프게도 그의 오류들이 개즈비William Gadsby(1773-1844년, 영국 침례교회 목사—옮긴이)와 필포트J. C. Philpot(1802-1869년, 영국 침례교회 목사이자 「복음표준」지의 편집자—옮긴이)에게 환영받았고, 「복음표준The Gospel Standard」(1835년 개즈비가 처음 발행한 엄격한 침례교회The Strict Baptists 잡지—옮긴이)지를 통해서 오늘날까지 지속되고 있습니다. 내가 관찰한 이상의 세 가지 사항은 제임스 웰스James Wells에게도 그대로 적용됩니다."[4]

핑크는 그리스도인의 독서는 균형을 갖출 필요가 있다고 말하곤 했다. 여러 시대의 정통 신앙을 가진 저자들은 각기 다른 장점들이 있다. 어떤 저자들은 신앙을 객관적으로 설명하는 데 뛰어나고, 그런가 하면 어떤 저자들은 주관적인 문제를 다루는 데 아주 탁월하다. 그는 로웰 그린과 에블린 그린에게 이같이 말한다. "우리 두 사람은 로메인William Romaine(1714-1795년, 영국 국교회 목사―옮긴이)이 그리스도를 높이고 신자를 그리스도에게 사로잡히게 만든다는 점 때문에 그의 책들을 아주 즐겁게 읽었습니다. 하지만 그리스도인이 균형을 유지하기 위해서는 오웬의 책도 읽을 필요가 있습니다. 로메인의 책은 거의 복음의 꿀이라고 할 수 있고, 오웬의 저작은 소금을 좀더 칩니다. 로메인의 설교는 특별했습니다. 그의 시대에는 특별히 성도들을 율법주의와 지나친 자기반성으로부터 구원하는 데 필요한 설교였습니다."

앞에서 말했듯이, 이런 의견들은 핑크의 편지에서 적은 부분을 차지한다. 그의 분명한 관심사는 성경에서 직접적으로 일어나는 문제들을 다루는 것이다. 그가 특별히 환영하는 질문은 독자들이 성경의 진리들에 대해 도움을 원하며 물어 오는 문제들이었다. 그 진리들이 중요한 내용이고 질문자가 그 진리들의 실제적인 가치에 대해 관심이 있는 경우, 그런 질문을 환영했다. 1933년에 요한계시록 7장에 나오는 몇 구절에 대한 문제로 그에게 편지를 썼던 한 사람에게, 그는 해답을 제시하지 않고 다만 이렇게 조언한다. "나는 다니엘서와 요한계시록에 나오는 상징들로 골치를 썩이는 것보다 지극히 중요하고 실질적인 문제들에 주의를 기울이기 시작한 지 오래되었습니다. 그리고 이보다 훨씬 더 빨리 그렇게 했었더라면 좋았겠다는 생각뿐입니다." 1946년에, 팔레스타인에서 유대인의 위치에 대해 그의 견해를 묻는 또 다른 이에게 그는 이렇게 간단히 말한다. "하나님께서는 자신의 영원한 목적을 이루실 것입니다. 물론 나는 개인적으로 그 영원한 목적에 유대인들에 대한 어떤 내용이 담겨 있는지 알지 못합니다." 이런 경우들을 제외하고, 그는 어려운 문제들을 제기하는 것을 적극적으로 장려했다. 그래서 로웰 그린과 편지를 주고받기 시작한 지 얼마 되지 않은 시기인 1935년 8월에 핑크는 그에게 이렇게 쓴다.

> 지극히 높으신 하나님께서 그의 주권이라는 복된 진리를 형제에게 계시해 주기를 기뻐하셨다는 것은 정말 크게 감사할 일입니다. 그리고 이제 그분께서는 마찬가지로 중요한(그리고 마찬가지로 미움을 받고 있는) 하나님의 율법과 우리의 관계라는 진리를 그만큼 분명하게 알려 주려 하신다고 나는 믿습니다. 나는 형제가 지난해 「성경연구」에 실린 내 글을 꼼꼼하게 다시 한번 읽으면 좋겠습니다. 그 글을 읽고 생각할 때 형제에게 생기는 특정한 어려운 문제들과 반대 의견들, 혹은 그와 '반대 입장에 있는 것'으로 보이는 구절들은 어떤 것이든 종이쪽지에 메모해 두십시오. 하나님이 허락하시면, 그 문제를 명확하게 정리해서 내게 보내십시오. 그러면 하나님의 인도하심을 받아 그 점에 대해 형제를 도울 수 있도록 노력하겠습니다.

또 한번은 그에게 이런 글을 추신으로 덧붙였다.

> 답장을 쓰실 때 이 편지를 형제 앞에 놓고 시편 25:9에 대한 내 설명에 형제의 의견을 말씀해 주시기 바랍니다. 형제가 그 시편에 대한 내 설명

을 정말로 이해했는지 알고 싶습니다.

핑크의 편지들 가운데 많은 것은 사사로운 편지라기보다 성경에 대한 개인 수업이 곁들여진 고상한 통신 교육과정과 같았다. 핑크와 편지를 주고받는 사람이 그의 시간을 허비하게 하려는 악의적인 태도는 조금도 나타나지 않는다. 반면에 핑크는 모든 질문자에게 최선을 다해 답하려는 노력을 조금도 아끼지 않는다. 편지를 보낸 이들을 기꺼이 도우려는 그의 태도는 분명하다. 핑크는 맥니John T. MacNee에게 '율법'에 대한 소책자를 빌려 주고, 1939년 2-4월호 「성경연구」에 실린 '산상수훈'에 대한 글을 읽어 보라고 권하면서 이렇게 말한다. "한두 주간 동안 시간을 내어 그 글들을 완전히 소화를 하고, 한 달 안에 그 글에 대한 본인의 생각을 솔직하고 분명하게 써 보내 주십시오. '내 감정을 상하게 하면 어쩌나' 염려하실 필요는 없습니다. 어찌하든 나는 형제를 돕고 싶은 마음이 간절합니다. 주님께서 우리 각 사람에게 주의 도를 더 온전하게 가르쳐 주시기를 구합니다!" 또 다른 이에게는 이렇게 쓴다. "그저 1년에 한 차례 내게 편지를 쓰기보다는 나는 형제가 어떤 개인적인 문제나 주제든 혹은 형제가 좀더 충분한 빛을 얻고 싶은 성경의 구절들이든, 그에 관해 두세 달에 한 번씩 편지를 보내 주시면 좋겠습니다." 핑크는 어떤 부류의 이들에게 우선적으로 편지를 썼는데, 이를 두고 1945년에 한 오랜 친구에게 이렇게 말했다. "나는 지난 이삼 년 동안 사용할 수 있는 시간의 대부분을 젊은 그리스도인들에게 편지

쓰는 데 할애했습니다. 오랜 경험을 통해서 나는 사람들이 15세에서 30세 사이에 있을 때 가장 감수성이 예민하고 영향을 잘 받는다는 것을 알았기 때문입니다."

윌리엄 네이스미스William Naismith는 핑크가 인생 후년에 편지 왕래를 한 젊은이들 중의 한 사람이었다. 네이스미스(이때 그는 학생이었다)가 보내온 첫 번째 편지에 대해 핑크는 이렇게 답한다. "그렇습니다. 나는 질문 받기를 좋아합니다. 사람들에게 도움이 되기를 간절히 바라기 때문이지요. 그런데 어린아이는 내가 대답할 수 없는 질문을 많이 물을 수 있습니다." 그러나 몇 번의 편지를 통해서 이 젊은이의 인물됨을 알아본 후에 그는 네이스미스가 스스로 문제들을 생각해 보도록 하기 시작한다. 다음의 글을 보면 핑크가 개인들을 가르치는 방법이 어떠했는지를 잘 알 수 있다.

우리의 문제를 다른 사람들이 풀어 주고 우리의 어려움을 다른 사람들이 제거해 주는 것이 좋은 일이지만 그 일이 언제나 우리에게 최선인 것은 아닙니다. 형제의 질문에 계속해서 답을 하기보다는 형제가 스스로 그 문제들에 답을 해보도록 하는 것이 더 도움이 될 수도 있겠다는 생각이 듭니다. 나에게는 무엇보다 다시 하나님을 생각하도록 만들고 그의 말씀을 연구하도록 자극하는 사람이 가장 큰 도움이 됩니다. 나는 '공부하라'고 말합니다. 매일 하나님의 말씀을 읽는 사람은 많이 있지만, 성구 사전을 이용하고 하나님 말씀을 공부하는 사람이 거의 없기 때문입니다. 물론 첫 번째로 필요한 조건은 하나님을 의지하는 마음입니다(자신의 능력을 믿지 않아야 합니다). 그러나 기도는 게으름을 장려하기 위해 주신 것도 아니고 하나님께서 우리에게 주신 재능을 부지런히 사용하는 것을 대신하라고 주신 것이 아닙니다.……나는 "하나님의 선물"(엡 2:8)이 '구원'을 가리키는지 '믿음'을 가리키는지 확정할 수 있는 서너 가지 이유를 쉽게 형제에게 말해 줄 수 있지만, 그보다는 형제 스스로 그 이유들을 찾아보도록 하겠습니다. 첫째로 이 점을 형제에게 확실히 이야기합니다. 즉 헬라어 원문에는 에베소 2:8-10 말씀에 대한 흠정역 성경의 번역을 조금이라도 바꾸어야 할 것이 없고 심지어는 그 뜻을 조금이라도 완화시킬 필요조차도 없다는 것입니다. 나는 형제가 다음 주나 그 다음 주 동안 이 세 구절에 마음을 모으고 그 구절들에 있는 각 단어를 분석하고 깊이 생각해 보기를 바랍니다. 특별히 다음 질문들에 대한 답을 찾아보기 바랍니다. 첫째, 8절을 시작하는 "왜냐하면"(개역개정에는 번역되지 않았음—옮긴이)이라는 말의 정확한 의미가 무엇입니까? 형제가 그 다음 말씀을 이해하려면 먼저 이 단어의 중요성을 정당하게 생각하고 그 의미를 확실히 알아야 합니다. 둘째, 왜 8절에 "믿음으로 말미암아"라는 말이 덧붙여졌습니까? 8-9절 말씀은 이 두 마디가 없어도 문법적으로나 문맥상으로나 완전하지 않습니까? 셋째, "이것은 너희에게서 난 것이 아니요"라는 말씀에서 이것은 무엇을 가리킵니까? 넷째, 이 단어가 무엇을 가리키는지 아는 것이 "하나님의 선물"이 구원을 가리키는지 혹은 믿음을 가리키는지를 결정하는 데 어떻게 도움이 됩니까? 다섯째, 이 두 가지(구원 혹은 믿음) 가운데 어느 것이 9절 말씀에 더 일치하고 적합해 보입니까? 여섯째, 10절을 시작하는

"이는"(개역개정에는 번역되지 않았음—옮긴이)이라는 말은 8-9절과 관련해서 생각할 때 그 정확한 뜻은 무엇입니까? 일곱째, 10절 상반절은 8절의 "이것"과 "선물"에 대해 어떤 빛을 던져 줍니까? 주님의 뜻이면, 후에 형제가 "발견한 사실들을" 알려 주기 바랍니다.

남아 있는 편지 사본들 가운데 가장 주목할 만한 것은 핑크와 잉글랜드 노리치에 거주하는 해롤드 브래드쇼 Harold J. Bradshaw 사이에 주고받은 편지들이다. 1943년 2월부터 11월 사이에 이 두 사람이 쓴 편지들은, 그 원본을 보고서 베꼈을 때 대판 양지에 빽빽하게 타이핑한 것으로 48페이지에 달했다. 이 편지 왕래는 핑크가 어린 그리스도인을 대하는 방식이 아니었다. 이때는 충분한 확신이 부족해서 괴로워하는 성숙한 신자를 대했던 것이다.

브래드쇼는 1943년 1월호 「성경연구」에 두 페이지에 걸쳐 쓴 글에 관해 핑크에게 질문하면서 편지 왕래를 시작했다. 그 글에서 핑크는 믿음이 사랑으로 역사하고 마음을 정결케 하며 세상을 이기게 하지 않는 한, 그 믿음은 "구원하는" 믿음이 아니라고 했다. "구원하는 믿음은 사람의 생명을 제외한 나머지 부분을 충족시키는 별개의 한 행동이 아니고, 그보다는 사람의 생명을 만족시킬 수 있는 유일한 대상을 끊임없이 추구하면서 계속해서 활동하는 살아 있는 원칙이다"라고 핑크는 썼다.[5] 그렇다면 예수님을 믿는 믿음이 확신을 갖기에 불충분한 것이 되는가 하고 브래드쇼는 묻는다. 답장에서 핑크는 자신이 말하려는 요지는 연약한 신자들을 불안하게 만드는 것이 아니라 "말뿐인 신앙고백자들은" 열매 맺지 못하는 '믿음'을 가졌다는 사실을 드러내기 위한 것이라고 설명했다. 또한 그는 브래드쇼에게 진실한 많은 신자들이 확신을 갖지 못하는 것은 잘못된 가르침 때문이라고 한다. 브래드쇼가 그에게 후자의 견해에 대해 설명해 달라고 할 때, 핑크는 확신의 문제에 있어서 "극단적 칼빈주의자들, 플리머스 형제단, 혹은 알미니안주의자들이라고 하는 사람들이" 조언하는 수동성을 지적한다. 즉 이들이 "하나님의 전신 갑주"(엡 6:13)를 입는 것에 대해 가르칠 때 하나님 백성들에게 지침을 제시하지 못하고, 이 갑주의 여러 부분과 그 부분들을 사용하는 방법에 대해서 설명하지 못하는 점을 지적한다. 독서에 대해서는 브래드쇼에게 「성경연구」(1943년 3-4월호)에 실린 '정직한 마음'에 대한 최근의 글들을 읽어 보라고 권한다. 이 편지에는 브래드쇼의 직접적인 질문에 대해 답변하는 가운데 좀처럼 볼 수 없는 개인적인 언급이 나온다.

> 아닙니다. 슬프게도, 나는 요즘 전혀 설교를 하고 있지 않고, 지난 십 년 동안 그 거룩한 특권을 누리지 못했습니다. 수년 동안 나는 미국에서 침례교회 목사로 있었지만, 되어 가고 있는 일에 동조할 수 없었기 때문에 목회에서 물러났습니다. 그때 나는 '프리랜서'가 되어 사경회와 특별집회에서 설교하고, 오백 명에서 이천 명에 이르는 사람들에게 연설했습니다. 그러나 시간이 지나가면서, 갈수록 점점 더 사람들과 자유롭게 교제할 수 없다는 것을 느꼈고, 많은 곳에서 사람들이 내 메시지를 받아들

이지 않았습니다. 나는 호주 시드니에서 수년을 지냈고, 다시 미국으로 갔습니다. 그리고 1934년에 절망 가운데 일을 단념하고 잉글랜드로 돌아왔습니다.

브래드쇼가 이 편지 왕래의 중심 주제를 확실히 알고 있지 못하므로 핑크는 처음에 이렇게 말하면서 이 주제를 아주 길게 다룬다. "죄송한 말씀이지만 나는 형제가 당연히 중생한 사람일 것이라고 여기지 않습니다." 핑크가 볼 때, 브래드쇼는 엄격한 침례교회The Strict Baptists의 복음표준파Gospel Standard section(엄격한 침례교회들 가운데 윌리엄 개즈비가 창간한 「복음표준」지의 견해를 지지하는 사람들을 가리킨다—옮긴이)에서 자란 사람들에게서 특징적으로 나타나는 어려움을 겪고 있었다.

복음표준파의 설교를 들었거나 듣고 있는 사람들이 갖고 있는 생각들을 좀 노골적으로 말하자면 이와 같다고 할 수 있습니다. 소극적으로 말하자면, 진리를 단지 지적으로만 믿는 것은 구원하는 믿음이 아니라고 생각합니다. 적극적으로 말하자면 이런 것입니다. 나는 나의 망한 상태를 느껴야 하고, 나의 절망적인 경우를 해결하기에 그리스도께서 적합하고 충분하신 분이라는 것을 느껴야 하며, 내가 그리스도를 믿었고, 그리스도의 의로 옷 입었으며, 모든 지각에 뛰어난 평강을 마음에 소유함으로써 믿음을 확증받은 것을 느껴야 한다고 생각합니다. 어떤 강력한 설교를 듣고 있든지 혹은 방에 혼자 있을 때 그 느낌을 받는데, 아마도

"네 죄 사함을 받았느니라"(눅 5:20)고 말하는 음성과 함께 그 느낌이 올 것입니다. 그러면 나는 기뻐하며 길을 갑니다. 그러나 그 기쁨은 금방 시들해집니다. 나는 내 속에서 날뛰는, 어쩌면 돌발적인 행동으로 표출되기도 하는 죄를 느낍니다. 이제 나는 죄가 여전히 나를 '지배'하고 있는 것 때문에 몹시 근심하게 됩니다. 나는 비틀거립니다. 그러나 여전히 기도와 하나님 백성들을 만나는 데서 어느 정도 만족을 느끼기도 합니다. 그리고 스스로에게 묻습니다. 내가 중생했다면 이런 상태가 정상일 수 있는가? 나는 몹시 혼란스럽습니다. 나는 하나님의 백성들이 겪는 당혹스런 문제들, 그들의 감정상 기복, 그들이 어둠 가운데 지내는 것 등에 대해서 적지 않게 이야기하는 설교들을 읽고 듣습니다. 나는 이 사실이 적어도 부분적으로나마 나의 모순된 경험을 설명해 줄 수 있다고 생각하여 다소 위로를 받습니다. 이제 나는 내 안에 '은혜의 표지들'을 부지런히 찾는 데 많은 시간과 생각을 할애합니다. 어떤 때는(특별히 안식일에) 마음이 고조되어 내 속에서 그런 '표지들' 가운데 어떤 것을 정말로 느낄 수 있겠다는 생각이 듭니다. 그런데 또 어떤 때는(특별히 주중에) '죄악이 나를 이겼기'(시 65:3) 때문에 크게 낙심하게 되고, 이 사실을 내 속에 있다고 생각한 '은혜의 표지들'과 어떻게 조화를 시킬 줄 몰라 당황해합니다. 이렇게 내 '확신'은 시소와 같습니다. 나는 이 말이 투박하고 일반적이긴 하지만 엄격한 침례교회 교인들의 마음속의 움직임들에 대한 정당한 묘사라고 생각합니다.

이 사람의 '경험'이 (불가피하게) 그렇게 될 수밖에 없는 이유와, 그가 들었거나 듣고 있는 설교가 어떤 점에서 결함이 있는지 설명해 보도록 하겠습니다.

첫째, 복음과 구원의 방식에 대해 한쪽으로 치우친 견해만을 그에게 제시했기 때문입니다. 그리스도의 주장과 요구사항을 그에게 아무것도 혹은 거의 아무것도 말하지 않은 것입니다. 우리가 구원을 받기 위해서는 죄를 버려야 하고(사 55:7), 자신을 완전히 주님께 드리며, 그리스도를 주로 받고(골 2:6), 그의 '멍에'를 메야 하며, 기꺼이 그리고 굳은 결심으로 그리스도께서 우리를 '다스리시도록'(눅 19:14, 개역개정은 "우리의 왕 됨을"—옮긴이) 해야 합니다!

둘째, 그리스도인의 생활에 대해 한쪽으로 치우친 견해만을 그에게 제시했고, 하나님의 백성들에 대한 그리스도의 요구들에 대해서는 아무것도 혹은 거의 아무것도 얘기하지 않았기 때문입니다. 그런 '요구들'은 그리스도의 계명과 훈계들에 나와 있습니다. 그런데 그들은 그 교훈들을 깊이 생각하기보다는 대체로 곁길로 빠져서 약속만을 붙듭니다. 엄격한 침례교회 목사들은 교인들에게 그리스도인의 주된 관심사와 일은 '은혜의 표지들'을 찾고 마음의 평안과 행복한 느낌을 하나님처럼 떠받드는 것이 아니라 순종을 실천하는 것이어야 한다는 것을 가르치지 않습니다. 게다가 슬프게도 엄격한 침례교회 설교의 전반적인 경향은 그리스도인 생활의 어두운 면과 밝은 면 사이에, 혹은 그리스도인 생활의 경험적인 면과 실천적인 면 사이에 균형을 전혀 유지하지 못했습니다. 그들 가운데서 "여호와를 기뻐하는 것"이 그들의 "힘"이 된다(느 8:10)는 것에 관해, 혹은 요한이 성도들에게 편지하면서 그들의 기쁨이 "충만해질 수 있다"(요일 1:4)고 쓴 것에 관해 잘 아는 사람이 거의 없습니다. 오히려 그들은 의심과 두려움이 그리스도인들의 정상적이고 공통된 경험이라는 생각을 품도록 배웁니다. 엄격한 침례교회 교인들 가운데서 그리스도인의 생활에 관한 진리의 실천적인 면에 대해, 지체를 '죽이는' 법에 대해, '하나님의 전신 갑주'를 입는 법에 대해, 마귀에 대항하여 이기는 법에 대해, 기도의 응답을 받는 법에 대해, 충실히 열매를 맺는 포도나무의 가지가 되는 법에 대해 조금이라도 분명하게 배운 사람이 얼마나 있습니까?

셋째, 확신의 근거를 그들에게 잘못 설명했기 때문입니다. 내가 중생했고 사랑하시는 자 안에서 받아들여졌다는 확신은 '은혜의 표지들'을 발견한다는 사실이나 내 안에 있는 평안에 근거를 두어서는 안 됩니다. 그보다는 내가 하나님께서 미워하시는 것은 무엇이든지 삼가고 하나님께서 기뻐하시는 것은 무엇이든지 실천하려고 모든 힘을 다해 진심으로 성실하게 노력하고 있기 때문에 하나님의 인정하심을 받고 있다는 선한 양심의 증거에 두어야 합니다(고후 1:12 참조).

이 모든 점에서 브래드쇼는 핑크의 말이 얼마간 옳다고 인정한다. "목사님이 엄격한 침례교회에 대해 알고 계시는 점은 제가 아는 지식보다 훨씬 더 넓습니다. 그러나 저는 하나님의 백성들에 대한 그리스도의 요구를 강조하고 순종을 권하는 일에 큰 부족이 있긴 하지만, 실천적인 경건은 오늘날 '복음표준'파 교회들에서 열심히 강조하고 있는 바라고 확신합니다.……저는 지금 제 자신의 여러 가지 결함 때문에 고통을 받고 있는 것이라고 믿습니다." 그럼에도 불구하고 그는 핑크가 '순종의 실천'을 너무 높게 설정하고, 따라서 핑크가 피하려고 하는 바로 그 점, 곧 신자의 편에서 '은혜의 표지들'을 끊임없이 추구하는 데로 인도하게 될 성화에 확신의 근거를 두는 위험이 있는 것이 아니냐고 주장한다. 그는 자신의 염려가 옳다는 것을 입증하기 위해 존 오웬이 그리스도인들이 '그리스도에 대한 믿음의 많은 행동'보다 순종을 앞세우는 것에 대해 경고한 말을 인용하고, 핑크의 견해와 반대되는 것으로서 고린도후서 1:12에 대한 존 길John Gill(1697-1771년, 영국의 엄격한 침례교회 신학자―옮긴이)의 해석을 인용한다.

이 반론에 대한 핑크의 답변은 원문을 보고 타이핑해서 옮겨 적었을 때 대판 양지로 4페이지에 달한다. 여기서 핑크는 끈기 있게 문제들을 좀더 정확히 규정하고, 브래드쇼가 혼동하고 있다고 생각하는 몇 가지 점을 지적하며, 또 그에게 깊이 생각해 보고 답변하라고 몇 가지 문제를 던져 준다! 그는 브래드쇼가 심지어 그리스도인이 아닐 수도 있다는 가능성을 넌지시 비쳤는데, 그러면서도 브래드쇼에게 자신이 솔직하게 말하는 것에 화내지 말라고 부탁한다. "집배원이 무뚝뚝하고 퉁명스러울 수 있지만, 그가 형제에게 소중한 편지를 전달해 준다면 그것은 (상대적으로) 하찮은 문제입니다! 나는 '질그릇'이지 금 그릇이 아닙니다. 나는 형제가 어쩌면 바라는 것처럼 그렇게 유순하지 않을 수 있고, 심지어 거칠게까지 보일 수 있습니다. 그러나 나는 형제가 형제의 의사인 체하는 이 사람의 그런 결점들 때문에 내가 형제의 문제를 다루는 일에 편견을 갖지 않기를 바랍니다. 지금은 유다의 입맞춤과 같은 입맞춤을 요구할 때가 아니라 분명한 태도가 필요한 시기입니다."

오웬에 관해서 핑크는 이렇게 답한다.

> 형제는 내가 '그리스도에 대한 믿음의 행위들'보다 순종의 실천을 '앞세우는 것'에 대해 오웬이 엄숙하게 경고한다고 말합니다. 이 점에서 다시 한번 나는 형제가 생각이 혼동되어 있다고 봅니다. 그리스도에 대한 믿음의 행위들과 순종의 실천은 마치 하나가 다른 하나를 대신하거나 우선하는 위험이 있는 양 서로 대립하는 것처럼 생각해서는 안 됩니다. 형제는 "믿어 순종하게 한다"(롬 16:26)는 말씀을 잘 알고 있지 않습니까? 형제는 '그리스도를 믿는다는 것'에 포함된 것을 그동안 너무 제한적으로 생각하지 않았습니까? 말하자면 그것을 그리스도의 약속들을 믿는 것에 국한시키거나 아니면 어쨌든 그리스도의 인격, 은혜, 위로를 믿는 것 이상으로 더 나아갈 생각을 안 하지 않았습니까? 우리는 그리스도의 권위에 대해서도, 그의 교훈에 대해서도 '믿음을 발휘하지' 않습니까? 다윗은 "내가 주의 계명들을 믿었나이다(곧 내 것으로 삼았나이다)"(시 119:66)라고 말하지 않았습니까?

마찬가지로 길게 쓴 브래드쇼의 답장은 그가 핑크에게서 받고 있는 도움(특별히 그의 「성경연구」로부터)을 인정한다. 그러나 그는 오웬과 길의 주해를 더 따르고자 한다. 브래드쇼는 존 뉴턴John Newton의 글을 인용할 뿐 아니라 오웬과 길의 글도 인용한다. "핑크 목사님, 목사님에게서는 그런 글이 나오지 않을 것 같습니다." 그는 핑크의 접근법이, 일에 있어서 인간의 책임을 지나치게 강조하고, 우리 속에서 우리의 모든 행위를 일으키시는 분은 주님이시다는 사실, 곧 주님의 선하시고 기뻐하시는 일을 행할 뿐 아니라 행하고자 하는 마음까지도 일으키시는 분이 주님이시라는 사실은 거기에 비해 적게 강조함으로써 균형을 잃었다고 넌지시 말한다.

이에 대해 핑크는 전혀 불쾌하게 생각하지 않고 이렇게 답변한다.

나는 형제의 이전 편지들보다 마지막 편지가 더 좋습니다. 내가 5월 23일자 편지를 쓸 때 이 편지가 형제를 시험할 것이라고 생각했습니다. 그리스도인이라고 하는 사람들 가운데 열의 아홉은 그런 편지에 대해 매우 '실망하고' '감정이 상해서' 더 이상 답장을 하지 않았을 것입니다. 형제가 솔직하고 친절하게 그처럼 충분한 답장을 써준 것에 대해 대단히 감사하게 생각합니다.

형제의 비판 가운데 많은 점이 적절합니다. 나는 최근에 쓴 내 글들의 대다수가 하나님의 은혜의 작용들보다 인간의 책임 면을 더 강조함으로써 균형을 잃었다는 것을 기꺼이 인정합니다. 그리고 이 사실은 고 칼빈주의자들과 극단적 칼빈주의자들에게 보낸 내 편지들의 대부분에도 적용됩니다. 순전히 그것은 그들이(그들 가운데 많은 사람이, 그들의 생활 대부분이) 그와 정반대되는 말씀을 들어 왔기 때문입니다. 그래서 그와 반대로 그들이 적절하게 균형 잡힌 생각을 하도록 돕기 위해서는 내 편에서 그처럼 인간의 책임을 많이 강조할 필요를 느꼈기 때문입니다. 내가 지난 2년 동안 잉글랜드의 '복음표준'파 침례교회들과 미국의 '원시' 침례교회들로부터 받은 편지들을 형제가 읽을 수 있다면, 하나님께서 보잘것없는 내 노력에 복 주시기를 기뻐하셨다는 것을 인정할 것입니다. 나는 내 노력들이 보잘것없다는 것을 잘 알고 있습니다. 마찬가지로 25년 전에 미국에서 하나님의 주권에 대한 책을 출판하고(지금은 절판되었습니다) 많은 시간을 들여 그 주제에 대해 설교했을 때, 많은 사람들이 내 견해가 한쪽으로 치우쳤다고 비판했습니다. 그래서 나는 그 책 2판 서문에서 이렇게 말했습니다. "아마도 오늘날 신앙 서적의 95퍼센트는 온통 사람의 의무와 책임을 설명하는 책들일 것입니다. 사실 사람들의 책임을 설명한다고 하는 사람들은 거의 전적으로 하나님의 주권을 무시함으로써 '진리의 균형'을 잃어버린 사람들입니다. 사람의 책임을 강조하는 것은 절대적으로 옳은 일입니다. 그러나 하나님에 대해서는 어떻게 생각해야 합니까? 하나님은 아무 요구 사항도 없고 권리도 없으십니까? '진리의 균형'을 되찾으려면, 이런 책이 수백 권이 필요하고, 이 주제에 대하여 온 나라에서 수만 번의 설교가 전해져야 할 것입니다.……하나님을 너무 중시하고 사람을 너무 경시하기보다 사람을 너무 중시하고 하나님을 너무 경시할 위험이 훨씬 더 많은 것이 확실합니다." 그런데 '복음표준'파 사람들은 이와 정반대의 경우일 것입니다.

최근 들어서 내 글에 '때때로'가 아니라 자주 '율법주의적인 인상'이 나타났다는 것을 기꺼이 인정합니다. 그것은 내가 (무법적인 태도가 팽배한 오늘날에) 순종의 표준을 세우고 그 표준에 따라야 할 우리의 의무를 밝히는 일에 온통 관심을 기울이고 있었기 때문입니다. 형제가 존 뉴턴에게서 인용하는 복된 글이 내게서는 나오지 않을 것 같다고 한 말에 대해 나는 조금도 불쾌하게 생각하지 않습니다. 즉 그 모든 것은 내 편지를 받는 사람이나 내가 나서서 변호하려고 하는 사람들이 어떤 부류냐에 달려 있습니다!

이 점에서 이 토론은 목표를 절반밖에 이루지 못했다! 1943년에 세상 어디에서도 이와 같은 편지 왕래는 거의 없었을 것이다. 확신의 근거가 이들 사이에서 계속 주요 주제로 다루어진다. 브래드쇼는 하나님의 사랑에 대한 특별한 경험(그는 이 경험을 로마서 8:16의 "성령이 친히 우리의 영과 더불어 증언하신다"는 말씀과 같은 것으로 본다)이 선한 양심에서 이끌어 낸 확신보다 더 높은 확신의 근거라고 여전히 믿는다. 그래서 그는 양심으로 충분하다면 성령의 증언이 특별히 필요한 이유가 어디 있겠느냐고 묻는다. 핑크는 이 대조를 받아들이려고 하지 않았고, 그래서 고린도전서 1:12과 로마서 8:16의 의미에 대한 토론으로 이어진다. 핑크는 토머스 굿윈과 조나단 에드워즈에게서 증거 자료를 가져오고, 반면에 브래드쇼는 존 길과 필포트의 글을 사용한다. 마침내 브래드쇼가 '하나님의 백성들 대부분'의 경험이라는 것을 들먹이지만, 이런 반론을 받을 뿐이다.

나는 형제가 그처럼 많이 만났다고 하는 사람들이 '하나님의 백성들' 가운데 몇 퍼센트나 되는지 궁금합니다! 그런 것은 필포트 목사의 가르침을 깊이 받아들인 사람들과 그의 파에 속한 많은 사람들이, 아마도 그파의 대부분의 사람들이 겪는 '경험'일 것입니다. 그러나 그것은 하나님의 백성들이 일반적으로 겪는 경험과는 아주 다릅니다. 나는 개인적으로 독일, 스위스, 네덜란드, 덴마크, 스웨덴, 노르웨이, 시리아의 그리스도인들을 많이 만났고, 이들 그리스도인들 가운데 어떤 사람들에 대해서는 수년간 그들의 목사로 생활했으며, 또 그들 가운데 몇 사람들의 집에서 살았고, 또 그 외에 어떤 사람들과는 아주 친하게 지냈습니다. 물론 영국의 수많은 그리스도인들을 잘 알고 있습니다. 이들 모두 거룩한 생활을 했고, 하나님께서 사랑하시는 그리스도 안에서 자기들을 받아들이셨음에 대해 겸손하지만 흔들림 없는 확신을 가졌습니다. 나는 캐나다, 호주, 잉글랜드, 웨일스, 그리고 스코틀랜드에서뿐 아니라 미국 이쪽 끝에서 저쪽 끝에 이르기까지 미국 전역에서 말 그대로 수많은 마을과 도시에 있는 일반침례교회와 특수침례교회General and Particular Baptist churches뿐 아니라 감리교회, 퀘이커 교회Friends' Church, 장로교회, 덩커파 교회Dunkards Church(1708년 독일에서 생겨난 침례교의 한 종파. '덩커'라는 명칭은 독일어의 'tunkun'[담그다]에서 유래된 것이다—옮긴이), 연합형제교회United Brethren Church, 캠벨파 교회Campbellit들에서 한두 번이 아니라 수십 번을 설교했습니다. 그래서 나는 일반적으로 하나님의 백성들이라고 하는 사람들의 특징이 무엇인지에 대해 이론적으로나 풍문으로 들은 지식 이상의 것을 가지고 있습니다. 그래서 나는 이런 교회들의 교인들을 모두 중생한 사람으로는 결코 보지 않은 것입니다. 그래서 나는 이렇게 말할 수 있고 또 말하지 않을 수 없습니다. 즉 엄격한 침례교회의 그토록 많은 사람들의 특징으로 나타나는 의심하는 우울한 경향이, 내가 알게 된 그리스도인들에게서 결코 되풀이되지 않고, 오히려 반대로 이들 가운데 열의 아홉은 여전히 내적인 타락 때문에 괴로워하고 마음속의 죄로부터 완전한 구원을 갈망하면서도 순종의 길을 걸으며 주님을 기뻐하고 주님과의 매일의 교제를 즐겼습니다.

이상의 인용문들만을 보아서는 동일하게 훈련받은 그리스도인들인 두 사람 사이에서 진행된 토론의 철저함을 별로 알 수가 없다. 이 토론이 한 가지 해결을 보았다면, 그것은 바른 확신의 교리에 필요한 영적 진리를 판단하는 표준이 하나 이상 있다는 점에 그들이 동의한 사실에 있었다. 브래드쇼는 편지에서 핑크가 한 가지 요소만, 곧 순종하여 행하는 신자의 책임만을 강조하는 것으로 보인다고 지적했다. 이에 대해 핑크는 브래드쇼의 생각과 행동에서 훨씬 더 많이 필요한 것은 바로 이 진리라고 생각한다고 대답했다. 그러나 브래드쇼는 핑크가 「성경연구」에서 그리스도에 대한 직접적인 믿음의 위치를 포함하여 확신의 다른 측면들을 가르쳤다는 사실을 알지 못했다.

독자들은 필자가 이 책에서 언급한, 핑크가 로웰 그린에게 보낸 편지들의 숫자를 알았을 것이다. 이 편지들이 보존된 것이 이 전기를 쓰는 데 많은 도움을 주었다. 조지아에 사는 청년이었던 그린은 핑크의 「하나님의 주권」을 읽고 나서 1932년 7월에 처음으로 그에게 편지를 썼다. 그 후에 두 사람 사이에 편지 왕래가 빈번했고, 그 편지들을 보면 핑크가 도움을 주려고 하는 사람들의 모든 일에 정말 관심이 많았다는 것을 알 수 있다. 영적 상담뿐 아니라, 사업, 미래를 위한 저축, 유서를 작성할 필요, 그린이 결혼 후 집의 위치를 정하는 일에 대한 찬반양론과 같은 문제들을 다룬 매우 실제적인 조언도 있다. 그 결혼에서 핑크 내외는 로웰이 조지아의 또 다른 지역에 사는 젊은 숙녀인 에블린 소렐즈와 결혼하는 것에 특별한 관심이 있었다. 에블린 소렐즈도 우리가 앞에서 보았듯이 핑크와 편지 왕래를 하고 있었다. 1935년 4월에 한 편지가 조지아에서「성경연구」의 따뜻한 후원자로 활동하는 이 두 사람이 결혼하기로 약속했다는 소식을 가져왔을 때, 핑크는 기뻐했다. 핑크는 로웰의 소식을 듣고 답장하면서 "그동안 나는 주님께서 은혜를 베풀어 여러분이 서로에게 잘 맞는 짝이 되게 해주시기를 바라는 은밀한 소망을 품어 왔습니다" 하고 썼다.[6]

그린과 소렐즈가 1935년 여름에 결혼식을 치른 뒤에는, 에블린에게 편지를 쓰는 것은 보통 베라의 몫이었다. 가정생활을 새로 시작하는 것에 대해 조언하는 편지를 보면 이 시기에 베라의 일상생활을 언뜻 볼 수 있다.

> 나는 자매가 집안일이 시간을 꽤나 잡아먹고, 그토록 많은 젊은 아내들이 두려워하듯이 남편이 종일 밖에 나가 있는 동안 하루가 금방 지나간다는 것을 깨달아 가고 있다는 사실을 알게 되어 기쁩니다. 나는 매일 아침 하나님 말씀을 한두 장 읽고, 적절한 기도의 시간을 가지며 그 다

음에 읽은 것을 묵상하는 시간을 갖는 것이 매우 유익하다는 것을 알았습니다. 그동안 내 일상생활은 대략 이러했습니다. 가정예배를 드린 후에 나는 아침에 할 일들을 마치고, 바느질이나 외출하는 일 혹은 글 쓰는 일을 시작하기 전에, 한 시간을 온전히 혼자 조용히 지내는 시간을 갖습니다. 오후에는 좋은 어떤 책이나 「성경연구」를 읽으려고 노력합니다. 그 다음에, 저녁에는 성경을 또 한 장 읽고 기도합니다. 이렇게 내 시간은 하루 종일 할 일들로 꽉 차 있어서 게으름을 피울 시간이 없습니다.[7]

베라 핑크와 에블린 사이에 주고받은 편지가 큰 꾸러미로 남아 있는데, 이 편지들에서 베라의 매력과 영성이 잘 드러난다. 그녀의 생각은 단지 남편의 사상을 그대로 되뇌는 것이 아니다. 그녀는 자신이 직접 성경을 연구하기 좋아했고, 중요한 진리들을 단순한 문장으로 말할 줄 알았다. 다음의 인용문들을 보면 그 점을 알 수 있을 것이다.

> 나는 "우리 인생은 베 짜는 사람의 직물과 같다"는 말을 좋아합니다. 우리 인생에 너무도 잘 들어맞는 말이라고 생각하기 때문입니다. 우리는 지금 그 직물의 뒷면밖에 보지 못합니다. 베를 짜시는 분이 아직 일을 마치지 않으셨기 때문입니다. 그러나 장차 올 그날에는, 우리가 베 짜시는 분 쪽에서 그 직물을 볼 것이고, 그때는 우리의 죄와 실패가 일으킨 매듭과 지스러기를 보는 것이 아니라 그분의 아름다운 작품을 보게 될

것입니다.

선택의 교리는 성경의 다른 어떤 진리보다도 널리 그리고 심하게 핍박을 받은 진리입니다. 이 교리에 대해 적대감이 그처럼 뜨겁게 일어나는 것은 어쩌면 이 교리가 하나님께 바른 위치를 드리고 사람은 티끌 속에 앉게 하기 때문일 것입니다.

나는 당신의 믿음을 의지해서 살아갈 수 없고 당신은 내 믿음을 의지해서 살아갈 수 없습니다. 우리 각 사람은 스스로 믿음을 발휘해야 하고, 그 믿음을 사용하는 방식에 대해 각자가 책임을 집니다. 우리가 믿음을 수건에 싸서 보관한다면 주님을 기쁘시게 할 수 없습니다. 그보다는 믿음을 사용해야 하고 발휘해야 하며, 또 믿음을 사용하면 할수록 우리에게 믿음이 있다는 것을 그만큼 더 확실히 알게 될 것입니다.

모든 일에서 하나님의 손길을 보는 것은 놀라운 일입니다. 눈송이, 물고기 비늘, 사람들이 싫어하는 나방의 날개, 모든 것이 하나님의 놀라운 창조의 솜씨를 보여줍니다. 이 놀라운 일들은 너무 커서 사람의 작은 눈으로는 보지 못하고 아무리 좋은 렌즈를 끼고도 볼 수 없습니다. 피조물 각각은 수행하는 역할이 있고, 우주에서 제 위치가 있습니다.

모든 여자들에게는 살다 보면 세월이 가져오는 변화들을 견디기 힘든 때가 있습니다. 그러나 그것은 우리가 하나님의 충족하심을 다시금 입증할 수 있는 굉장한 기회입니다. 오, 하나님은 얼마나 인내심이 많으신지요! 얼마나 참을성이 많으신지요! 우리가 하나님을 의지하면 할수록 그만큼 더 하나님을 기쁘시게 합니다.

그렇습니다. 정말로, 그리스도의 오심은 영광스럽게 바라보는 미래입니다. 그러나 우리가 여기 아래에 남겨져 있는 동안에 그리스도를 거절하는 이 시대에 그리스도를 위한 증인으로 살아가는 것은 복된 특권입니다.

남편처럼 베라 핑크도 자신에 관해서는 거의 아무것도 쓰지 않았다. 그녀가 할아버지나 처녀 시절에 알았던 "나이 든 성도"의 말을 인용하는 것이 이따금 나온다. 때로 베라는 집안일들에 대해 말하기도 하고, 요리하는 것이나 건강에 관해 조언을 하기도 한다. 영국 사람이 되었지만, 미국에 대한 그녀의 애정은 변함이 없었다. "옛날 켄터키 고향에 돌아갔을 때 받았던 환대가 생각납니다. 고향은 지금도 그때와 똑같을 것입니다."

20여 년에 걸쳐 쓴 많은 편지들에서 그녀가 낙심했을 수도 있음을 넌지시 비추는 편지는 단 두 통밖에 없다. 그녀의 전반적인 어조는 밝고 만족스러워하며, 감사하고 신앙심이 깊이 묻어났다.

다른 모든 일에서와 마찬가지로 이들의 편지 왕래에서도 하나님은 복음을 더욱 아름답게 만드는 심령을 핑크와 그의 아내에게 다 같이 베풀어 주셨다.

13. 지극히 유용한 숨은 사역
1936-1946

1936년부터 1952년에 66세로 죽기까지 핑크의 생애는 잡지를 발행하는 사역에 아주 전적으로 바쳐져서, 사실상 그의 전기에서 이 기간에 대해서는 별로 쓸 것이 없다.

핑크 내외는 1936년 3월 말에 잉글랜드 남부 해안에 있는 호브에 갔을 때, 「복음표준」지에 실린 광고에서 본 숙박 시설에 한 주간 동안 묵기로 예약했다. 결과적으로, 콜번 로 31번지 위층에 있는 방들이 그들에게 아주 잘 맞아서, 두 사람은 거기에서 항구적으로 지내기로 마음먹었다. 글래스고에서 가까이에 브라이턴Brighton이 있는 이 해안 휴양지로 옮기기 전에 핑크는 로웰 그린에게 그들 부부의 기대감에 대해 이같이 썼다. "우리는 도시의 분주함과 고함소리, 먼지와 연기에서 멀리 떨어져 바다 가까이에서 지내는 이점을 누리게 될 겁니다. 우리 두 사람 모두 이런 환경을 굉장히 좋아합니다." 이런 기대는 충족되었다. 베라 핑크는 에블린 그린에게 이같이 썼다. "어떻게 이런 곳이 우리를 위해 준비되어 있었는지 놀라운 일이에요. 몇 날 며칠 동안을 찾는다고 해도 이보다 편안하고 조용한 곳을 찾을 수 없을 거예요." 1936년 말에 핑크는 연례 편지에서 독자들에게 이렇게 말했다. "외적인 환경에서는 사정이 과거 수년보다 지금이 더 좋습니다.……지난 열두 달 동안 우리 각 사람은 더할 수 없는 건강을 허락받았습니다. 부모님들이 본향으로 가신 이후로, 세상적으로 필요한 것들은 충분히 공급되었습니다. 사람들이 우리에게 보내 주는 것은 모두 「성경연구」를 발행하는 비용으로 씁니다."

핑크의 부모님은 핑크가 미국에 마지막으로 머물렀던 몇 년 동안에 모두 돌아가셨다. 여든을 넘긴 핑크의 어머니는 1930년 봄에, 그의 아버지는 1933년 8월 14일에 서비턴에서 돌아가셨다. 아버지의 죽음을 이야기하면서 핑크는 당시 한 친구에게 이렇게 쓴 적이 있었다. "근 한 달 전에 나는 사랑하는 부친이 본향으로 가셨다는 소식을 들었습니다. 부친이 85세가 넘으셨는데, 신체의 모든 기능은 마지막까지 정정하셨습니다. 딱 하루 이틀 정도 앓고(고열에 기력이 다 소진되어) 주무시는 중에 평안히 세상을 떠나셨습니다."

아버지 핑크의 재산 가운데 그들 몫으로 돌아온 유산으로 그들이 남은 생애 동안에 재정적인 근심을 덜게 되었지만, 핑크 내외는 계속해서 지극히 검소하게 생활했다. 미국에서 돌아온 후부터 남은 날 동안, 그들은 방을 딱 두 개만 세내어 살았다! 삼 년 반 동안, 콜번 로에 있는 집의 큰 거실이 「성경연구」를 발행하는 데 필요한 모든 일상적인 작업을 수행하는 장소였다. 겨울에 그들은 가스난로를 켜서 거실을 데웠고, 날씨가 몹시 추워지면 추가로 석유난로를 켰다. 베라 핑크는 이 문서 사역을 지속하는 일에서 자신의 역할에 대해 언급하는 일이 거의 없었다. 그러나 때로 편지들 가운데서 그녀는 남편의 노동의 정도에 대해 염려하는 이야기를 한다.

> 글을 쓰고, 잘못된 생각이 단 하나라도 활자화되어서 양들이 길을 잃고 푸른 목초지를 떠나 방황하지 않게 하려고 거듭거듭 그 근거를 자세히 조사하는 일에 얼마나 많은 시간의 고된 정신노동이 따르는지 아무도 모릅니다. 그 다음에는 글을 쓰는 일과는 별도로 교정 작업이 있는데, 이것은 한 사람이 꼬박 매달려서 해야 하는 일입니다. 마지막으로 신경 써야 하는 편지 왕래의 일이 있는데, 이것 역시 적지 않게 부담되는 일입니다. 사실 이렇게 핑크 목사는 정말 세 사람 몫의 일을 합니다. 바로 그런 이유 때문에 나는 남편을 돕기 위해 장부를 정리하고, 타이핑하며, 편지를 발송하는 등 할 수 있는 모든 일을 합니다.[1]

당시 이들이 집 밖을 벗어나서 할 일은 거의 없었다. 이미 말했듯이, 런던이나 다른 어디에서도 집회를 인도해 달라는 초청이 오지 않았다. 때로 그들은 산책길을 걸었고, 날씨 좋은 여름날에 사람들이 붐비면 다른 길을 걸었다. 그리고 때로 핑크는 길을 멈추고 동네 아이들과 이야기를 하곤 했다. 1936년에 호브에 도착했을 때, 그들은 이따금 가장 가까이에 있는 칼빈주의 교회인 브라이턴의 갤리드 엄격한 침례교회Galeed Strict Baptist Chapel에 갔었다. 이곳은 나이 든 포팸J. K. Popham 목사가 봉사하는 곳이었고, 두 사람이 세내어 살고 있는 집의 두 여성이 다니는 교회였다. 그러나 그 교회는 시드니에서 핑크가 벨브와 가 교회를 떠날 수밖에 없게 만든 '복음표준' 조항들을 고수하고 있었기 때문에, 그 교회에 가입할 수 있는 선택권이 그들에게 없었다. 핑크는 갤리드 교회의 예배에 '편하게' 참석하지도 못했다.[2] 포팸 목사의 설교가 여러 면에서 그의 마음에 와 닿았지만, 핑크는 그의 설교에서 숙명론 같은 분위기를 느꼈고, 그 때문에 마음이 식어 버렸다. 영적인 얘기들이 가득한, 에블린 그린에게 보낸 편지에서 베라는 큰마음 먹고 이렇게 말한다. "때로 나는 우리가 편지만을 주고받을 것이 아니라 아주 가까이 살면서 이런 귀한 사실들을 직접 이야기할 수 있었으면 좋겠어요. 여기서는 마음을 터놓고 하나님의 일들을 이야기할 수 있는 사람이 아무도 없습니다. 물론 저는 이것이 우리의 유익을 위한 것이라는 점은 확실히 알고 있지만요."[3]

핑크는 주일을 지키는 것을 고귀한 특권으로 여겼는데, 주일이면 영적인 편지를 쓰는 일에 시간을 할애하곤 했다. 싱클레어 퍼거슨은 이렇게 쓴다. "호브에 있던 핑크 집의 주일 풍경은 특이한 모습을 보여준다. 그 집 주인 여자들은 예배드리러 갈 준비를 하고 있고, 동네 교회들에서는 종소리가 울리고 있는 동안에 하나님의 말씀을 적용하는 데 비상한 능력을 갖추고 있는 이 사람은 테이블에 조용히 앉아서 온 세계에 흩어져 있는 많은 이들 중 한두 사람에게

그리스도의 비밀을 열어 설명하는 편지를 쓴다."⁴

이런 모든 상황에도 불구하고 베라 핑크는 자기들 부부가 하나님의 인도를 받고 있다는 것을 의심하지 않았다. 그녀는 에블린 그린에게 편지에서 이같이 말한다. "설교하도록 부름을 받았고 또 설교의 은사가 있는 사람에게 입을 다물고 있어야 한다는 것이 견디기 힘든 일이었지만, 우리는 그것이 최선이라는 것을 알 수 있습니다. 지금까지 글을 쓰는 데 더 많은 시간이 필요했기 때문입니다."⁵ 그러나 그녀는 남편이 거의 끝도 없이 일하는 것은 현명하지 못한 처사라는 것을 알았고, 남편이 하루가 끝나도 긴장을 풀지 못하는 마음과 불면증으로 힘들어 하는 것도 그 점 때문이라고 보았다.

세계 여기저기를 여행하면서 베라는 아이들과 친구들을 위해 우표를 모으는 버릇이 생겼다. 그리고 이제 고인이 된 킹 조지 5세에 관하여 들은 이야기가 그녀에게 한 가지 아이디어를 주었다. 왕이 몹시 지칠 때면, "우표 좀 없나" 하며 우표를 찾았다는 것이다! 베라는 그린 부인에게 말한다. "그래서 제가 핑크 목사에게 한번 우표 수집을 시작해 보라고 권했어요. 처음에는 남편이 제 말을 듣지 않았지요. 하지만 제가 끝까지 우겨서 우표 수집을 시작하도록 만들었어요. 남편이 계속해서 머리를 쓰느라 몹시 지치고 두통이 있을 때는 잠자리에 들기 전에 한 시간 동안 우표의 색깔들을 보고, 우표에 적힌 날짜를 보는 것이 남편에게 이만저만 도움이 되는 게 아닙니다. 남편은 우표 수집을 시작한 지 얼마 되지 않았기 때문에 몇 장밖에 갖고 있지 않습니다. 하지만 그 효과를 볼 때, 약을 꼭 먹지 않아도 되는 것을 보면 우표 수집이 남편에게 유익한 것이 틀림없어요." 그 후로 로웰 그린 부부는 핑크의 새 취미를 돕기 위해 우표를 보내었다!

1938년과 1939년에, 그러니까 온 세계가 히틀러와 무솔리니, 뮌헨과 체코슬로바키아의 붕괴에 대한 토론에 열을 올리고 있을 때, 핑크는 그리스도의 나라, 부드러운 마음과 선택의 교리 같은 주제에 열중해 있었다. 그렇다고 해서 핑크가 정치적인 의식이 없었던 것은 아니다. 로웰 그린에게 보낸 편지들을 보면 그가 최신 소식을 따라가고 있었다는 것을 알 수 있다. 하지만 그는 목사가 할 일은 '자라게 하는 젖인 하나님 말씀'을 공급하는 것이지 '세상의 최신 사건들이라는 물'을 주는 것이 아니라고 보았다. 예언 전달자를 자임하면서 역사를 자신들의 최신 생각을 뒷받침하는 재료로 보는 사람들만큼 그를 괴롭게 하는 이들이 없었다. "그들은 요즘 갓 회심한 사람들이 어떻게 해야 하나님을 기쁘시게 할 수 있는지에 대해서 마음을 쓰기보다는 아마겟돈 전쟁이 얼마나 빨리 일어날 것 같은가 하는 문제에 열을 올리고 있다.……이들은 생명과도 같은 거룩함을 되살리기 위해 간절히 기도하는 데 힘쓰기보다는 '로마 제국의 부흥'에 온통 마음이 쏠려 있다."

제2차 세계대전이 시작된 후에, 핑크는 "이 모든 일에 전심전력하라"(딤전 4:15)는 구절에 대해 쓰면서 이렇게 말한다.

우리 독자들 가운데 몇몇 사람은(거의 없으리라고 나는 믿습니다!) 잡지에 최근 사건들을 논평하는 글이 전혀 없고, 전쟁의 추이에 대한 언급도 없으며, 당면한 국가적 변란이 하나님의 예언의 경륜에서 차지하고 있는 위치를 밝히려는 시도가 전혀 보이지 않는 것을 보고 실망했을지도 모릅니다. 내가 그렇게 하지 않는 것은 지난 제1차 세계대전에서 그런 일을 추구했던 사람들의 어리석음에서 교훈을 얻으려고 했기 때문입니다. 그런 일은 내 영역을 완전히 벗어나는 일이라고 느꼈기 때문입니다. 그렇게 하는 것이 사람의 영혼에 아무런 영적 유익을 줄 수 없다고 보았기 때문이고, 특별히 "이 모든 일에"(하나님의 일에) "전심전력하라"는 이 말씀이 내가 그렇게 하는 것을 적극적으로 말리기 때문입니다.[6]

그러나 전쟁은 곧 핑크에게도 닥치게 되어 있었다. 1939년에 독가스 공격에 대한 '엉터리' 경보와 불필요한 대비 방송이 몇 차례 있은 후에, 1940년 여름에 공습이 본격적으로 시작되었다. 이때 호브는 독일군이 점령하고 있는 프랑스 해안을 정면으로 마주하고 있어서 많은 적군 비행기들이 곧바로 지나가는 경로가 되었다. 처음에는 마을이 조용한 해변 휴양지였기 때문에 대도시들로부터 피난 온 수많은 아이들을 받았다. 그러나 프랑스 북부 전체가 함락되었을 때는, 잉글랜드 남부 해안이 공격의 최전선이 될 것이 뻔해지자 정부가 아이들을 급히 다른 곳으로 대피시켰다. 1940년 8월이 되었을 때는 호브의 토박이 주민들 가운데서도 많은 사람이 좀더 안전한 곳으로 피신했다. 이달에 로웰 그린에게 보내는 편지에서 핑크는 이같이 말한다.

> 마을의 경보 신호는 2분간 큰 소리로 사이렌을 울려 대는 것입니다. 이때는 모든 사람이 거리를 피해 숨습니다. 공공 엄호물(땅 아래)이든지 (개인 마당에 철판을 씌워 놓았거나 흙으로 덮어 놓은) 개인 엄호물로 숨거나 그냥 집 안으로 피합니다. 우리에게는 개인적인 피신처가 없습니다. 우리는 벽돌과 시멘트로 지은 2층짜리 작고 허술한 현대식 건물에 삽니다. 우리 거처는 2층에 있기 때문에, 우리와 적군의 폭탄 사이에는 얇은 지붕밖에 없습니다. 우리 하나님의 보호하시는 손길을 생각하지 않는다면 말입니다.[7]

7월이 시작된 후로, 이웃 동네가 비행기로부터 기관총 사격을 받게 되자 야간 공습의 위험이 아주 높아져서 핑크 부부는 머리맡에 옷가지를 두고 잤다. 밤에 "경보"가 울리면, 여관집 여주인들과 함께 통풍이 잘되는 아래층 방을 사용했는데, 베라는 작은 접이식 침대를 썼고, 핑크는 밀짚 매트리스를 썼다. 7월 2일 밤에, 그들이 길 건너편에 있는 높은 굴뚝 밑으로 숨기 전에 기관총 탄알이 그들의 침실에서 약 1미터 떨어진 곳으로 스쳐 지나갔다. 조지아 주 애틀랜타에서 그린 부부가 핑크 내외에게 와서 같이 살자고 권했는데, 이 제안에 대해 그들은 매우 감사하면서도 이 같은 말로 정중히 거절했다. "어쨌든 현재로서 나는 우리가 여기에 남아 있어야 한다고 확실히 느낍니다. 첫째로는, 큰 위험 가운데서 우리를 능히 보호하실 수 있는 하나님을(시 91:1-11) 계속 증거하기 위해서입니다. 둘째로는, 우리를 이 거처로 데려오신 분이 분명히 하나님이셨다는 것입니다.……셋째로, 설령 우리가 원한다고 할지라도, 우리가 미국에 들어가는 것을 미국 정부가 허락해 주지 않을 것입니다. 나는 잉글랜드에서 태어나고 교육을 받았으며, 미국에서 '시민권'을 받지 않았습니다. 내 사랑하는 아내는 켄터키에서 나고 자랐지만, '외국인'과 결혼함으로써 미국 시민권을 잃었습니다. 우리는 형제자매의 기도를 매우 소중하게 생각합니다. 그러나 우리에 대해서 너무 염려하지는 마십시오. 우리는 하나님의 손안에 있습니다. 저는 감사하게도 '사랑의 하나님께서 적합하다고 여기시기 전에는 화살이 단 하나도 우리를 맞출 수 없다'는 것을 알기 때문에 지금까지 '주님 안에서 쉴' 수 있었다고 말씀드립니다."

핑크가 9월 15일에 다시 그린 부부에게 편지를 쓸 때는 사태가 더 악화되고 있었다. 9월 4일 이후로 호브에 스물여덟 번이나 공습경보가 울렸고, 핑크의 집 가까운 곳에 폭탄들이 떨어졌다. 한 번의 공습으로 오십여 명이 죽었다. 핑크 내외가 살던, 허술하게 지어진 그 집은 소이탄燒夷彈이나 주변의 폭발을 견딜 수 없는 것이 확실했다. 그 다음 주에, 스코틀랜드 북서부에 있는 한 친구가 다시 한번 그들 부부에게 그리로 이사 오라고 청했을 때, 그들은 이때가 4년 반 동안 즐거이 지냈던 곳을 떠나야 하는 하나님의 정하신 시간이라고 믿었다.

핑크의 장서를 줄이는 것을 포함하여(그의 책들 중 일부는 전쟁 기간 동안 안전하게 보관하기 위해 그린 부부에게 보냈다) 급하게 짐을 꾸리는 데 상당한 어려움을 겪은 후에, 두 사람은 1940년 9월 24일에 호브를 떠났다. 그리고 이것이 그들의 많은 여행에 종지부를 찍는 마지막 여행이 되었다. 이 여행의 첫 단계는 기차를 타고 런던으로 가는 것이었다. 그러나 그들의 최종 목적지는 훨씬 더 멀리 있었다. 베라 핑크는 1940년 10월 14일에 스코틀랜드 아우터헤브리디스주 노스유이스트의 로츠매디에 있는 월리스 니컬슨Wallace B. Nicolson의 목사관에서 에블린 그린에게 그들 부부의 경험을 다음과 같이 써 보냈다.

> 그동안 우리가 힘들고 괴로운 시간을 지나왔지만, 저는 돌아볼 때, 어제 하루 종일 침대에서 쉬면서 생각해 보았는데, 그런 경험에 대해 감사하지 않을 수 없습니다. 하나님의 보호하시는 능력, 곧 마음을 조용하게 진정시키는 하나님의 자비에 대해 귀중한 교훈들을 실제적으로 배웠기 때문이에요. 이 하나님의 자비로 저는 우리가 하나님의 손안에 있다는 것을 깨닫게 되었을 때 몸을 진정시키고 마음으로 기다릴 수 있었습니다. 1층 거실 바닥에 깔아 놓은 매트리스에 누워서 우리는 하늘 아버지께서 우리에게 허락해 주신 친절하고 사랑이 많은 친구들 때문에 몇 번이고 하나님께 감사를 드렸어요. 우리는 자매 부부와 다른 많은 사람들이 끊임없는 기도로 우리를 지탱해 주고 있다는 것을 알았습니다. 우리는 조용히 누워서 기다릴 수 있는 데 반해 우리와 함께 지내는 다른 불쌍한 사람들이 신경이 예민해져서 정신없이 왔다 갔다 하는 모습을 보

면서, 핑크 목사와 저는 하나님 백성들의 기도가 없었더라면 우리도 그와 똑같았을 것이라고 종종 얘기하곤 했어요.

핑크는 1940년 연례 편지에서 두 사람의 긴 여행을 다음과 같이 보고한다.

> 그 여행은 런던 시를 가로질러 가야 하는 여행이었습니다. 기차를 기다리고 있던 역 근처에 폭탄이 떨어졌으나 우리는 해를 입지 않았습니다. 글래스고까지 800킬로미터에 달하는 여행이었지만, 우리는 안전하게 글래스고에 도착했고, 필요한 모든 것을 충실히 돌봐 주는 사랑하는 사람들과 함께 한 주간을 그곳에서 쉬었습니다. 그래서 우리는 영적으로나 육신적으로나 많은 힘을 얻었습니다. 그 다음에, 다시 한번 270킬로미터에 이르는 기차 여행을 했고, 그 다음에는 열두 시간 동안 바다 여행을 했습니다. 이 기간에 귀찮은 일을 한 번도 당하지 않고 여행을 마쳤습니다. 또 다른 친절한 친구와 그의 아내의 가정에서 며칠간 사귐을 가졌고, 그 다음에 짧은 시간 배를 타고 가서 마침내 우리의 '안식처'에 안전하게 도착했습니다. 이제 우리는 전쟁의 현장에서 아주 멀리 떨어진 한 섬에 자리를 잡았습니다. 이곳에서 우리는 조용히 연구하고, 안심하고 잡지를 발행하는 일을 계속할 수 있습니다. 무엇보다 좋은 점은, 우리가 하나님의 백성들 가운데 뛰어난 몇몇 사람들과 교제를 나눌 수 있는 자리에 다시 있게 되었다는 것입니다.

이들의 새 집은 영국 제도 북서쪽 끝에 있는 루이스 섬의 스토너웨이Stornoway라는 항구이자 작은 어촌에 있었다. 이곳에서는 아일랜드의 게일어를 쓰는 사회가 비교적 고립된 환경에서 기독교 형태의 생활과 문화를 유지하고 있었다. 이들은 루이스 가 27번지에 있는 맥카이버MacIver의 집 2층에서 살았는데, 맥카이버는 29번지 건물도 소유하고 있었다. 이후로 12년 동안 핑크가 죽기 전까지 이들이 이동한 것은 루이스 가 29번지 건물로 이사한 것밖에 없었다.

1940년 11월에 노스유이스트에서 스토너웨이에 이르는 여행과 네 시간에 걸친 배 여행의 마지막 단계에 대해 이야기하면서 핑크는 콜먼 부부에게 이렇게 썼다.

> 파도가 아주 심해서 나는 뱃멀미를 몹시 했습니다. 그래서 완전히 기진맥진하여 다음 이틀 동안은 바람 빠진 타이어처럼 지냈습니다. 그러나 아내는 타고난 뱃사람처럼 전혀 고생하지 않았습니다. 나는 몸무게가 6킬로그램 정도 빠져서, 약 57킬로그램 정도 나갔는데, 학생 때 이래로 몸무게가 가장 적게 나갔습니다. 말하기 쑥스럽지만, 정확히 베라의 몸무게입니다. 아내는 체중이 오백 그램도 줄지 않았습니다. 사실 아내는 시드니를 떠났을 때보다 체중이 4.5킬로그램 정도 더 나갑니다. 우리는 스토너웨이에서 거의 2주간을 지냈는데, 여기 오느라고 겪은 모든 고생을 충분히 보상받는다는 생각이 듭니다. 모든 것이 조용하고 평화롭습니다. 우리 집 안주인은 매우 경건한 여자입니다. 아내는 안주인과 즐겁게 지냅니다.[8]

스토너웨이의 상황은 핑크에게 완전히 새로웠다. 그곳의 문화가 기독교의 영향이 깊이 배어 있지만, 핑크가 전에 알았던 어떤 것과도 달랐기 때문이다. 마을에 자유장로교회Free Presbyterian Church와 자유교회Free Church라고 하는 칼빈주의 교회가 두 군데 있었는데, 놀랍게도 그는 어느 교회에도 편하게 마음을 붙이지 못했다고 했다. 그런데 두 교회 모두 주일 아침 예배를 영어로 드리지 않았고 게일어를 주로 사용했다. 그는 블랙번에게 이렇게 전했다. "영어를 할 줄 모르는 사람들이 많고, 할 줄 아는 사람들도 게일어에 비해서 영어를 거의 외국어쯤으로 생각합니다." 이 두 교회가 오후 예배는 영어로 드렸다. 그래서 처음 석 달 동안 핑크 부부가 그 예배에 참석했던 것은 사실이다. 이 두 교회는 자기들 가운데 낯선 사람이 참석하는 것에 익숙하지 않아서 방문자를 환영하기 위한 준비가 전혀 없었고, 게다가 핑크가 볼 때 예배식 자체도 아주 냉랭했다. 사실 그것이 얼마만큼이나 스코틀랜드 고지의 문화에서 기인한 것인지는 알 수가 없다. 그곳에서는 회중들이 깊은 감동을 받아도 외적으로는 거의 반응을 보이지 않는 것처럼 보일 수 있었다. 백 년 전에 스펄전도 스코틀랜드 고지 교회의 예배식에 대한 첫인상을 "전혀 고무적이지 않았다"고 적었다.[9]

우리는 이 당시에 자유장로교회의 설교자가 누구였는지 모른다. 자유교회에서는 케네스 맥레이Kenneth MacRae 목사가 설교를 했다. 아마도 맥레이 목사는 핑크가 자유교회를 방문했을 당시 그 교회를 맡고 있지 않았을 것이다. 만일 그 설교자가 맥레이 목사였다면, 핑크가 그에게 편지하여 만날 수 있는지 묻는 일을 오래 끌지 않고 금방 끝냈을 것이기 때문이다. 두 사람의 만남은 이루어지지 않았는데, 핑크가 제안한 시간을 맥레이 목사가 맞출 수 없었다. 후에 맥레이 목사는 필자에게 이야기하면서, 자기가 그 같은 사람이 자기들 가운데 있던 것을 충분히 인식하지 못한 것을 대단히 유감스럽게 생각했다. 스토너웨이의 목사는 큰 교회에서 엄청나게 많은 일을 맡았다. 일주일에 닷새 동안 매일 3시간씩 교인을 심방했다. 루이스 섬의 다른 대부분의 사람들과 마찬가지로 스토너웨이의 목사는 핑크의 저서를 한 권도 읽지 않았다.[10] 그런데 놀라운 사실은 그가 그의 목사관으로부터 이삼백 미터밖에 떨어지지 않은 곳에 사는 사람과 한 번도 마주치지 않았다는 것이다. 핑크가 1945년 2월 14일에 "스코틀랜드 사람들은 극도로 배타적이어서 거의 대다수의 사람들이 나를 외국인처럼 보았다"고 쓴 것이 틀린 말은 아니었다. 핑크 부부는 오후 예배에 참석하는 것을 지속하지 못했다.

사람들과 어울려 지내는 것을 무척 좋아하는 스토너웨이 사람들의 입장에서 볼 때는 새로 온 사람의 생활 방식이 온통 이상하게 보였다. 핑크는 시간을 군대식으로 엄격하게 지킨 반면에, 그 사람들은 그처럼 시계에 '매여 지내는 것'을 싫어했고, 길게 이야기하는 것을 아주 좋아했다. 그들은 이 잉글랜드 사람이 매주 사람들 앞에 잠깐씩만 얼굴을 비추는 식으로 해서 도대체 무슨 일을 할 수 있을지 도무지 알 수 없었다. 아마도 '핑크 목사'보다 훨씬 더 일을 많이 했을 그들의 목사들도 그런 식으로 지내지는 않았다.

더 심각한 문제가 있었다. 이 당시 루이스 섬의 거의 모든 주민들에게는 교회 출석이 중요한 의무였다. 주민들 가운데 몇몇 사람이 읽은 청교도 서적에 "공적인 예배를 소홀히 하면서 사적인 수단들을 사용할 때 하나님께서는 사적인 수단들에 저주를 내리신다"[11]는 말이 있었다. 핑크가 정통 신앙을 가진 교회만을 찾아가려고 하기보다 이 두 교회 가운데 어느 한 교회에 완전히 가입해서 지냈더라면 좀더 환영을 받았으리라는 것은 틀림없는 사실이다. 그는 그 사실을 이해할 만큼 인간 본성을 충분히 잘 알았다. 그러나 모든 교인에게 요구되는 전통적인 교회 관습을 묵묵히 따르는 것이 53세가 된 핑크에게는 쉬운 일이 아니었다. 그는 자유교회와 자유장로교회에서 모두 사용하고 있는, 시편만 부르는 배타적인 찬송가에 반감을 갖지 않았고, 유아세례의 관행에 대해서도 마찬가지였다. 그가 볼 때 이들 관행 가운데 어느 것도 성경적이지 않았지만, 그것 때문에 반감을 갖지는 않았다.[12] 그러나 오랜 세월 동안 굳어진 교회의 기풍에 그로서는 받아들일 수 없는 요소들이 있었다. 그는 1941년 2월 24일에 친구 존 블랙번(남장로교회 목사였다)에게 이렇게 썼다. "교파주의는 그 나름의 가치가 있지만, 분파주의는 저주받을 것입니다. 그들은 우리가 자기들의 교회에 가입할 준비가 되어 있지 않다는 것을 알았기 때문에 우리와 깊은 교제를 나누는 사람이 거의 없습니다!"

핑크는 그의 생애에서 이 무렵이 되었을 때는 과거에 했던 방식대로 사람을 새로 사귀지 않았던 것이 분명하다. 그는 여전히 사람들과 따뜻한 관계를 유지할 수 있었지만, 20년대와 30년대의 경험 때문에 사람들과 교제하는 것을 다소 멀리하는 데 익숙해졌을지도 모른다. 호브에 있을 때, 그는 「성경연구」에 다음과 같은 짧막한 글을 실었다. "내게는 방문객을 받아들이는 것이 편치 않고, 이 지역을 방문할 수 있는 독자들에게 비록 공손하게 말할지라도 나를 방문하는 것을 삼가 달라고 말하는 것이 편치 않습니다. 그러나 내가 그리스도인 친구들에게서 소식을 듣는 것은 언제나 기뻐한다는 점을 알아주시기 바랍니다."[13] 어떤 사람들은 이 말을 그가 그리스도인의 교제를 필요로 하지 않았다는 뜻으로 읽는다. 그러나 핑크는 그리스도인의 교제를 다르게 보았다. 그는 자기에게 "적극적으로 활동하라"고 강권하는 호의적인 방문자들의 반복되는 조언을 듣는 데 지쳤다! 그들은 핑크가 지금까지 인도받아 온 길을 전혀 이해하지 못했다. 게다가 그에게는 전화가 없기 때문에, 방문자들이 언제나 예고 없이 찾아왔고, 그가 집에서 그처럼 조용하게 지내지만 그 나라에 있는 어느 누구에 못지않게 바쁘다는 것을 대체로 이해하지 못했다! 그래서 그는 1951년에 이같이 썼다.

이만한 분량의 그리고 이런 성격의 월간지를 만드는 데는 엄청난 시간과 노동이 들어간다는 것을 아는 사람이 거의 없습니다. 글 한 편 한 편마다 오랜 시간의 힘든 노동이 들어가 있습니다. 나는 마음에 처음 떠오르는 것들을 그냥 바로 옮겨 쓰지 않기 때문입니다. 게다가 지금까지 나온 책들의 전부를 가지고 있는 사람들 오십 명쯤과 적어도 절반 정도

가지고 있는 수백 명의 사람들에게 매년 60편의 글을 쓰고, 또 그들을 위해 새로운 글을 준비한다는 것은 하나님의 말씀이 다함이 없는 원천이 아니고서는 불가능한 일입니다. 하지만 그렇게 하려면 하나님의 보고寶庫에서 새것과 옛것을 가져오기 위해 더욱더 생각하고 연구하는 것이 필요합니다. 나는 앞에 제시한 표준을 유지하기 위해서는 일 년 내내, 밤낮으로 바쁘게 일하지 않을 수 없습니다. 나는 친구들이 이 입장을 이해해 줄 것이라고 믿고, 내가 그들을 접대하거나 여분의 편지를 쓰는 데 보낼 수 있는 시간이 천여 명의 독자들에게 전할 메시지를 준비하는 데 쓰인다는 것을 알리라고 믿습니다.

나는 사람들과 교제하지 않고 지내는 것을 원치 않고 은둔자의 생활을 하는 것도 원치 않습니다. 그러나 나는 "나 자신의 것"이 아닙니다. 나는 그리스도의 어린 양과 양들을 먹이는 일에 모든 에너지를 바칠 것을 은혜로 굳게 결심했습니다. 그런 특권과 명예를 매우 소중하게 생각하고, 그래서 그것을 침해하는 경향이 있는 것은 무엇이든지 조심합니다. 나는 주님께서 지금까지 나를 "말다툼"(시 31:20)에서 멀리하여 주시고, 내게 "화평한 집"(사 32:18)을 마련해 주신 것에 깊이 감사드립니다. 어느 누구에게도 나의 본을 따르라고 말하는 것이 아닙니다! 다른 사람들은 최전선에서 그들의 자리에 있어야 하고, 사람마다 하나님의 섭리로 어떤 위치에 서게 되든지 간에 그곳에서 자기 의무를 이행하려고 힘써야 합니다.[14]

그럼에도 불구하고, 핑크가 사람들과 교제하는 생활에서 떨어져 지낸 것이 그가 이전에 사람들로부터 받았던 거절과 관계가 있었다고 보기는 어렵다. 그는 과거의 상처를 품고 있지 않았지만 그 사실을 간단하게 언급하는 때가 있다. 1943년 6월 20일자 편지에서 로웰 그린에게 이같이 말한다.

> 내가 가까이에서 집회를 열기만 하면, 수 킬로미터씩 힘들게 와야 했음에도 불구하고 모든 집회에 참석하기를 좋아했고, 감사의 뜻을 어떻게 다 표현할 줄 몰라 하던 그 많던 사람들이 불과 한두 해 만에 냉랭하게 식어져 버려서, 오늘날에는 내가 그들 가까이에 있는 집에서 말할지도 내 말을 들으려고 하지 않았습니다.

핑크 부부는 루이스 섬으로 옮기고 나서는 더 이상 적군의 활동을 보지 못했다. 그러나 유럽과 세계의 다른 지역들을 휩쓴 전쟁이 그들 마음에는 아주 무겁게 남아 있었다. 물론 그들은 「성경연구」에 이 전쟁을 언급하는 일은 좀처럼 없었다. 그들은 공습을 받고 있는 도시들을 위해, 특별히 글래스고를 위해 간절히 중보 기도를 드렸다. 베라는 그린 부부에게 편지하면서 "거기에는 하나님의 사랑하시는 종들, 곧 하나님의 뛰어난 종들이 많이 있습니다" 하고 썼다. 군대에 들어간 많은 젊은이들이 서서히 그들과 편지 왕래를 시작했다. 이 전쟁은 잡지에도 영향을 끼쳤다. 잡지를 받아볼 수 있는 해외 국가들의 수가 열다섯 곳으로 줄었고, 이 나라들 가운데 몇몇 나라에 보내는 잡지는 언제나 도착하지 않았다. 미국으로 보낸

1941년 3-4월호「성경연구」는 모두 대서양에 가라앉고 말았다. 핑크는 그린 부부(발송된「성경연구」를 받지 못한)에게 이같이 썼다. "우리가 한데 묶은 1941년판「성경연구」를 내놓게 된다면, 거기에는 12개월분의 잡지가 모두 들어 있을 것입니다. 아마도 그때쯤에는 미국 정부가 대서양을 건너는 화물을 호송하는 일을 기꺼이 맡는 것이 자신의 의무라는 것을 좀더 분명하게 알게 될 것입니다!" 베라 핑크가 다음 편지에서 말하듯이, 그들은 "전쟁이 핑크의 군수품에 아무 영향을 끼칠 수 없을 것"이라고 확신했다. 그러나 전쟁 기간 동안 내내 이 잡지가 살아남느냐 하는 문제는 믿음의 시금석 노릇을 했다. 1942년에 (베스에 있는) 인쇄소가 폭격을 맞았고, 종이를 구하기가 갈수록 어렵게 되었다. 결국, 그처럼 적은 분량의 월간지를 인쇄하는 귀찮은 일을 기꺼이 떠맡을 인쇄업자를 찾는 것이 어려운 문제가 되었다. 1945년에는 인플레이션으로 인해 잡지를 발행하는 비용이 전쟁 전에 비해 배로 뛰었다.

핑크 부부가 사는 집의 주인인 조지 맥카이버(그는 마을에서 상점을 운영했다)가 집 뒤에 있는 꽤 넓은 땅을 경작지로 사용할 마음을 먹고, 핑크 부부에게 작물을 심어 먹도록 일부를 주게 된 것도 아마 전쟁으로 인한 부작용이었을 것이다. 핑크는 맥카이버가 처음에 땅을 파 일구는 것을 도왔고, 그 다음 일은 여자들이 맡았다. 이 일에 대해 베라 핑크는 에블린 그린에게 이같이 전한다. "맥카이버 부인과 나는 상당히 넓은 채소밭에 모종을 심었습니다. 일은 좋은 것 같아요. 핑크 목사와 나는 너무 집안에만 있어서 하루에 두세 번씩 나

가서 잡초를 뽑고 작물을 재배하는 일이 아주 즐겁습니다. 그렇게 하면 우리가 바깥 공기를 쐬고 아주 집중해서 생각하고 글 쓰는 일에서 기분 전환을 할 수 있기 때문이에요."

1945년에 제2차 세계대전이 끝났을 때, 핑크 부부는 이사 갈 생각이 전혀 없었다. 비록 고립되어 지내긴 했지만, 두 사람은 스토너웨이를 '매우 즐거운' 곳이라고 했다. 그해 2월 14일에, '개인적인 일들'에 대한 소식을 알려 달라고 하는 블랙번의 편지에 핑크는 이렇게 답했다.

정말입니다. 그런 일에 대해서는 사실 쓸거리가 하나도 없습니다. 내 시간은 전부 연구하고, 잡지에 실을 글을 준비하며, 편지 쓰는 일에 다 들어갑니다. 많은 편지들은 젊은 그리스도인들과 설교자들에게 이런저런 제언을 써서 보내는 것들입니다. 나는 일주일 가운데 엿새를 정오에서 1시까지 '물건을 사거나' 간단한 운동을 하기 위해 밖에 나갑니다. 그 외에는 서재를 떠나는 일이 없습니다.……우리에게는 라디오가 없습니다. 그래서 세상적인 읽을거리에는 하루에 10분이나 15분 정도밖에 시간을 할애하지 않습니다. 우리 집을 방문하는 사람은 아무도 없습니다. 하지만 우리는 아주 만족하고, 주님을 기뻐합니다. 나는 세상에 있는 어느 누구와도 자리를 바꾸고 싶지 않습니다(바꿀 수 있다고 하더라도). 주님은 우리에게 참으로 은혜로우셔서 넘치는 은총을 베푸셨습니다. 주님은 우리에게 「성경연구」를 계속 발행할 수 있기에 꼭 적당한 만큼(그 이상은 아니고) 독자들을 계속해서 주십니다. 재정적인 어려움은 전혀 없습니다. 우리 입맛은 아주 소박하고, 이곳에서는 생활비가 비교적 적게 듭니다. 생선은 풍성한데, 과일이 없습니다.

블랙번에게 이 편지를 보낸 지 채 두어 달이 안 되어, 한 방문객이 뜻밖에 루이스 가에 있는 핑크 부부의 현관에 도착했다. 그 사람은 해롤드 브래드쇼였다. 그가 핑크와 길게 편지를 주고받은 일을 필자가 앞 장에서 언급한 바 있다. 두 사람은 영국 제도의 정반대 끝에 살았다. 그래서 브래드쇼가 1945년에 스코틀랜드 북쪽에서 휴가를 보낼 계획을 세우지 않았더라면 결코 만나지 못했을 것이다. 그 다음에 어떤 일이 있었는지, 브래드쇼의 말을 직접 들어 보기로 하자.

나는 하나님의 이 특출한 사람을 직접 보고 이야기해야겠다는 간절한 소원을 이루어 보고 싶은 생각이 들었다. 하지만 전에 2년간이나 지속된 편지 왕래 후에는, 그 편지 왕래에서 의견이 맞지 않은 점들도 있었기 때문에 어쩌면 개인적으로 만나고 싶다고 요청하면 그가 "싫습니다" 하고 대답할지도 모른다고 생각했다. 그래서 나는 적어도 그를 만나 악수만이라도 하는 즐거움을 누릴 수 있기를 바라고 기차를 타고 인버네스를 출발했다.

저녁에 로컬쉬 카일Kyle of Lochalsh에 도착하여 밤을 지내기 위해 가까이에 있는 여관에 묵었다. 여관집 주인은 다음 날 아침에 스카이 섬에 있는 포트리Portree로 떠나는 배를 탈 수 있도록 나를 아침 일찍 깨우고 시간에 맞춰 아침식사를 제공하겠다고 약속했다. 배에 탔을 때, 한 신사가 내게 다가와서 스카이 섬에서 휴가를 보내려고 친척집에 가는 자신의 세 아이를 '돌봐 줄' 수 있겠는지 물어 왔다. 나는 그의 친척이 기다리고 있는 포트리에서 아이들을 안전하게 배에서 내려주는 것이 내 책임인 것을 알았다. 그러나 나 자신은 방문할 다음 항구인 해리스 섬에 있는 타버트Tarbert에 가려면 계속 배에 남아 있어야 했다. 내가 타버트에 도착했을 때는 비가 심하게 내리고 있었다. 그래서 스토너웨이로 가는 마차는 두 시간 동안 출발하지 않았다. 그 다음에 시작된 여행은 해리스와 루이스를 거쳐 아름다운 경치를 지나갔지만, 이슬비가 내리는데다가 앞이 잘 보이지 않아 우울한 모습을 띠었다가, 저녁 7시 20분쯤 스토너웨이에 도착했을 때는 날씨가 개었다. 나는 어렵지 않게 핑크의 집을 찾았고, 현관문을 두드렸을 때 어떤 대접을 받을지 궁금했다. 노크 소리를 듣고 문을 열어 준 사람은 핑크 부인이었다. 그녀는 내가 누구인지 밝히자 내가 그처럼 멀리서 온 것을 알고 깜짝 놀랐으며, 핑크 목사가 방문객을 좋아하지 않기 때문에 나를 보려고 할지 잘 모르겠다고 말했다! 위층에 올라가서 알아보는 동안 기다려 주겠느냐고 물었다. 그래서 급히 나는 만일 핑크 목사님이 지금 나와 이야기하고 싶은 생각이 없다면, 그냥 핑크 목사님과 악수만 하고 바로 돌아가도 좋겠다고 말했다. 그러나 그녀는 곧바로 돌아와 나에게 위층으로 올라가자고 하며 침실 겸 거실로 나를 안내했다. 그 방은 가구가 빼곡히 들어찼고, 책과 종이들이 여기저기 흩어져 있었다. 좀 작은 듯싶은 방 가운데 있는 식탁에 내가 그처럼 멀리서부터 와서 보려고 했던 그 사람이 앉아 있었다. 와이셔츠 바람에, 희끗희끗해지고 있는 머리를 가르마를 타지 않고 그대로 빗어 뒤로 넘긴 모습이었다.

나는 유쾌하게 환영을 받았고, 그의 앞에 앉았으며, 우리는 곧바로 대화를 시작했다. 핑크 부인은 옆에 앉아서 주로 조용히 들었다. 핑크 목사는 나를 보게 되어 기뻐하는 표정이 역력했고, 그래서 내 마음이 편해졌다. 우리는 논쟁적인 주제들은 입에 올리지 않았는데, 특별히 그가 내게 썼던 주제들에 대해서는 입도 뻥긋하지 않았다. 그보다는 자신이 살아온 얘기를 좀 했다. 미국과 호주의 사역에 대해서, 그리고 잉글랜드에 왔는데 결국 잉글랜드 남부 지역에서 사역할 수 있는 곳을 찾지 못했으며, 1940년대 초에 폭격에 많이 시달리다가, 멀리 북쪽에 있는 스토너웨이로 오게 되었으며, 그래서 「성경연구」를 발행하는 일을 계속할 수 있게 되었노라고 이야기했다. 그는 운동을 위해서, 그리고 신문을 보기 위해 도서관에 가려고 매일 아침 한 시간 반가량을 외출한다고 했다.

핑크 내외는 내 가정사와 하는 일에 대해서, 그리고 우연한 일들에서 어떻게 주님이 그처럼 놀랍게 나타나셨는지에 대해 관심을 보였다. 그때(이렇게 이야기한 지 약 두 시간 반 정도 지났을 무렵) 그는 갑자기 다소 사무적인 목소리로 "자, 이만하면 선생을 충분히 환영한 것 같군요!"라고 말했다. 그리고 내게 떠나기 전에 코코아 한 잔을 마시겠는지 물었다. 그러자 핑크 부인이 방을 나가더니 우리 세 사람을 위해 따끈한 코코아와 잼 스펀지케이크 몇 조각을 가져왔다. 나는 그때 핑크 목사가 음식을 놓고 하나님께 기도한 태도를 지금까지 잊을 수가 없다. 그는 손을 모으고 머리를 숙였을 때 자기가 가까이 가서 알현하는 하나님의 영광과 위엄을 엄청나게 느끼는 것 같았다. 그의 목소리의 어조와 지극히 깊은 경외심이 그때 내게 어찌나 깊은 인상을 남겼던지, 나는 두고두고 그때 일을 회상했다. 나는 그 집을 나와 한밤중에 로컬쉬 카일로 가는 배를 탔다.

브래드쇼는 핑크가 밤 10시경에 대화가 끝난 그 저녁을 즐거워했다고 믿었는데, 옳은 생각이었다. 핑크는 곧바로 콜먼 부부에게 보내는 편지에 그 방문을 언급했는데, 그 편지를 보면 브래드쇼를 방문자 이상으로 대했음을 알 수 있다.

'복음의 깃발'을 들었고, 그의 가족도 여러 세대에 걸쳐 그 같은 일을 한 사람이 있습니다. 후에는 사람들의 무감각한 상태에 불만을 품게 되었고, 하나님의 섭리로 「성경연구」와 내가 그에게 보낸 많은 편지로부터 도움을 받았던 그 사람이 7월에 우리를 방문했습니다. 멀리 노리치에서부터 왔는데, 아주 어렵고 고된 여행이었을 것입니다. 그 사람이 후에 우리에게 편지하기를 "기억력이 지속되는 한, 나는 그 저녁을 잊을 수 없을 것입니다"라고 했습니다.

또 한 사람은 미군 대위인데, 그는 멀리 독일에서부터 와서 우리와 5시간을 지내는 데 첫 휴가를 사용했습니다. 나는 이런 방문을 권하지 않습니다. 편지를 통해서 꼭 그만큼 그들을 도울 수 있다고 믿기 때문입니다. 끊임없는 연구와 묵상, 집필을 통해 최상의 결실을 얻는 데는 다른 일로 방해받지 않고 조용히 지내는 것이 필수적입니다. 물론 스코틀랜드에 있는 몇몇 친구들은 그 점을 알지 못하고, 나를 '사람 사귀는 것을 싫어하는 사람'으로 생각하는 경향이 있습니다. 그러나 주님은 내 마음과 동기를 아십니다.

1946년이 되었을 때 「성경연구」의 사역은 25년간 지속되고 있었고, 핑크 자신은 거의 7천 페이지에 달하는 글을 썼다. 그때까지 잡지에 실린 글들의 목록을 그는 아래와 같이 열거한다.

> 요한복음 72편, 출애굽기 72편, 히브리서 127편, 산상수훈 65편, 다윗의 생애 96편, 엘리야의 생애 36편, 엘리사의 생애 30편. 교리에 관한 글은 다음과 같다. 속죄에 대하여 24편, 칭의에 대하여 10편, 성화에 관하여 34편, 선택에 관하여 24편, 사람의 무능에 대하여 24편, 성도의 견인에 대하여 26편, 화목에 대하여 36편. 하나님의 언약에 대하여 50편, 적그리스도에 대하여 22편, 연합과 성찬에 대하여 25편, 세대주의에 대하여 22편, 율법에 대하여 21편, 안식일에 대하여 19편, 믿음에 대하여 18편, 확신에 대하여 14편, 말씀에서 얻는 유익에 대하여 10편.
>
> 나는 하나님의 속성에 대하여 24편의 글을 썼고, 그리스도의 영광에 대하여 41편, 성령의 인격과 사역에 대하여 65편, 마음에 대하여 10편, 영적 성장에 관하여 30편, 기도에 대하여 20편, 사도들의 기도에 대하여(지금까지) 36편을 썼다.[15]

이 장을 마치기 전에, 이 기간에 핑크에게 보낸 편지들을 얼핏 보면,「성경연구」의 사역이 이 잡지를 정기적으로 구독한 사람들에게 어떤 의미를 지녔는지 조금 알 수 있을 것이다. 1년에 한 차례, 자신이 받은 편지들 가운데서 발췌한 짧은 글들을 2페이지가량 '환영의 소식'이라는 제목 아래 잡지에 싣는 것이 핑크의 습관이었다. 편지를 보낸 사람은 보통 출신 국가로만 표시되거나 때로는 그 사람이 속해 있는 군복무 지역으로만 표시되었다. 그들의 나이, 직업, 교파는 물론 아주 다양했다. 전시戰時의 군복무 때문이든지 아니면 건전한 설교의 부재 때문이든지 간에, 그에게 편지를 쓴 사람들 가운데 많은 이들이 이 잡지를 영적 도움을 받는 주요 원천으로 생각했다. 호주 군대의 한 병사는 이렇게 쓴다. "군대에서 내가 맡은 일은 감당하기 어려울 정도로 벅찹니다. 그래서 지금까지 목사님의 잡지가 내게는 작은 예배당이라고 부를 수 있는 것이 되었습니다." 한 캐나다 병사는 "나는 목사님의 글에서 영적인 도움을 많이 받습니다"라고 말하고, 또 다른 국적의 병사는 이렇게 쓰고 있다. "우리 가운데 고립되어 지내는 병사들은「성경연구」를 고대하는데, 거기에는 우리 영혼을 위한 양식이 들어 있기 때문입니다. 우리는 거기에서 교리뿐만 아니라 책망도 듣습니다. 그 책망은 정말로 우리에게 필요한 것입니다. 나는 그런 것을 주는 다른 신앙잡지가 있는지 모르겠습니다."

많은 독자들에게「성경연구」의 사역은 그들의 삶에 중요한 부분을 차지했다. 그래서 전쟁 초기에 핑크가 잡지를 계속 발행하지 못할 수도 있다는 두려움을 표시했을 때 많은 사람들이 염려하고 기도했다. 1940년에 노스다코타에서 한 독자가 이런 편지를 보내왔다. "나는 목사님께서 성경연구의 발행을 중단할 수도 있다고 생각하신다는 것을 알고서 깊은 슬픔을 표현하지 않을 수 없습니다. 그러면 어디에서, 오, 어디에서 우리는 영적인 돌봄을 받아야 합니까? 우리는 더 이상 강단으로부터 영적인 돌봄을 받지 못합니다. 건전하고 훌륭한 강해서들이 신속히 절판되고 있습니다. 나는 몇몇 사람을 위해서라도 목사님께서 잡지를 계속 발행해 주시기를 호소하는 길밖에 없습니다." 호주와 뉴저지와 스코틀랜드에서 온 글들은 각각 다음과 같다. "저는 지금까지 십 년 동안 「성경연구」를 구독해 왔습니다. 그동안 읽은 그 잡지들로 인해서 하나님께 감사드립니다." "저는 지금도 「성경연구」를 즐겁게 읽고 있습니다. 「성경연구」 없이 어떻게 지낼 수 있을지 모르겠습니다." "「성경연구」를 계속 발행할 수 있도록 두 분 모두 오래 사시기를 바랍니다. 「성경연구」는 굶주린 많은 영혼들에게 위로를 가져다줍니다."

이 잡지가 제공하는 읽을거리는 이 밖에도 많은 면에서 독자들의 생활에 부합했다. 웨일스에 사는 한 구독자는 전쟁 기간 내내 아침에 일하러 나가기 전에 4시 반에서 5시 반까지 경건의 시간을 위해 이 잡지를 읽곤 했다! 어떤 사람들은 하루를 마감하는 시간에 읽기를 좋아했다. 한 군수품 노동자는 이렇게 썼다. "저는 전시 노역으로 하루에 14시간 반씩(주일은 제외하고) 정신없이 일하는 요즘, 하루가 끝나면 심신이 아주 지칩니다. 그래서 목사님의 유익한 영적 사역이 제 영혼에는 강장제와 같습니다." 한 미국인 부부는 이렇게 썼다. "우리는 성경 낭독과 기도와 함께 잡지의 글을 한 편 읽거나 적어도 글의 한 부분을 읽지 않고는 저녁 가정예배를 온전히 드릴 수 없습니다. 우리는 기도할 때 두 분을 잊지 않고 기억합니다." 또 한 부부는 이렇게 말한다. "목사님의 사역이 아내와 제게는 너무도 중요하다는 것을 말씀드리지 않을 수 없습니다. 저는 마치 우리가 우정으로 하나가 된 것처럼 느낍니다. 우리는 목사님을 하나님 말씀의 유능한 해설가로서뿐만 아니라 친구로서도 점점 더 알게 되었고 매우 존경하게 되었습니다. '친구'라고 말할 때, 우리는 그 말이 품고 있는 모든 의미를 다 담아서 말씀드리는 것입니다. 집배원이 목사님의 「성경연구」를 가지고 올 때 우리는 마치 목사님께서도 우리를 방문하기 위해 우리 문으로 걸어 들어오는 것처럼 느낍니다." 이런 감정에 대해 핑크는 "우리 독자들 가운데 많은 분들이 그같이 느낍니다"라고 덧붙였다.

이 잡지가 사람들에게 무엇보다 매력 있게 만든 내용의 질에 관해서는 이의가 없었다. 다음의 발췌문들을 보면 알 수 있다. "목사님의 「성경연구」는 내가 은혜의 방도들을 더 부지런히 사용하고, 내 평안에 속하는 것들을 더 간절히 구하도록 부추깁니다." "목사님의 글을 읽으면 성경을 좀더 깊고 진지하게 생각하게 됩니다." "「성경연구」가 영적 진리를 정확하게 분석하는 것이나 우리 주 예수께 대한 신앙을 따듯하게 표현하는 점에서 모두 내게 참으로 엄청난 복이 되었다는 것을 말씀드립니다." "「성경연구」를 읽는 것은 기운을 북돋우는 유익이 있습니다. 이 잡지는 다시 읽어도 새롭습니다." "저는 성경 다음으로 목사님의 「성경연구」를 즐겁게 읽습니다. 사람은 나이가 들면 정보와 다른 어떤 것을 마음에 원합니다. 마음을 감동시키는 것을 원합니다." "내게 「성경연구」는 내가 알고 있는 모든 종교 잡지를 다 모아 놓은 것보다도 가치가 있습니다." "영광은 온전히 하나님께만 속하는 것인데, 목사님은 모든 영광을 하나님께 돌립니다. 목사님은 사람을 연구하도록 북돋우고 '뜻을 깨닫게'(느 8:8) 합니다."

젊은 설교자들이 여러 면에서 도움을 받고 있었다는 것은 아주 분명하다. 많은 경우에 핑크는 그들을 도왔을 뿐만 아니라 그들의 연구 방향을 고쳐 주기도 했다. 한 "젊은 설교자"는 이렇게 썼다. "목사님께서 청교도들의 저서에서 인용한 많은 글들을 읽으면서 많은 사람들이 그 저서들의 진정한 가치를 깨닫고 있습니다." 또 한 젊은 설교자는 말했다. "목사님의 문서 사역은 내 설교에 도움을 주었을 뿐만 아니라 특별히 내 개인 생활에도 큰 도움을 주었습니다. 목사님께서 제가 성경의 실천적인 면을 다룰 수 있도록 인도해 주신 것에 정말 감사드립니다. 지금까지 읽은 다른 어떤 책에서도 목사님의 책만큼 제가 하나님의 말씀으로 그토록 훈련을 받고 철저히 조사를 받지 못했습니다."

여기에서 가장 인용할 만한 가치가 있는 발췌문은 아마도 1942년에 한 뉴질랜드 사람이 보낸 편지에서 볼 수 있을 것이다. "저는 이 「성경연구」가 오늘날 극히 소수의 사람들에게서만 가치를 인정받고 있지만 목사님께서 안식에 들어간 후에도 오래도록 많은 나라의 사람들에게 도움을 줄 것이라고 확신합니다."

핑크가 매주 그런 편지를 받은 것은 아니었다. 그러나 우리는 어째서 핑크가 "청탁받지 않은 이 증언들"이 "내가 뜨거운 감사를 드리고, 낙담케 하는 많은 일들에도 불구하고 끈기 있게 일을 계속하도록 격려하는" 원인이었다고 말하는지를 잘 알 수 있다. 그의 저술이 오랜 기간 열매를 맺은 이유를, 핑크의 독자들의 이런 평판이 다소간 설명해 주는 것이 틀림없다. 하나님께서는 믿음과 기도의 사람들을 통해서 핑크를 지지하셨다.

14. "모든 것이 다 잘되었도다"

1 9 4 6 - 1 9 5 2

전후 시기가 도래했을 때, 핑크 내외는 너무 일찍 늙어 버린 것 같았다. 이들이 잡지를 편집하고 발행한 지 25년이 되던해, 1946년 11월 15일에 베라 핑크는 에블린 그런에게 편지하면서 이렇게 적고 있다. "우리가 꼬박 한 해 동안 작은 불도 피우지 않고 지낼 수 있었던 기간은 한 주밖에 되지 않았어요." 그러나 이어서 이 말을 덧붙인다. "바다의 공기 때문에 우리는 혹독한 겨울을 겪지 않고 지냅니다. 그래서 이곳이 나이 든 부부에게는 이상적인 장소라는 생각이 들어요." 이로부터 2년 후, 핑크는 62세가 되었을 때 '연례 편지'에서 이렇게 썼다.

> 이제 나는 적어도 인생의 '황혼'이 시작되는 때에 확실히 접어들었습니다. 편집자가 첫 설교를 전한 지 40년이 지났기 때문입니다.……그때 이래로, 말로든 글로든 좋은 씨앗을 뿌리는 일은 중단 없이 지속되어 온

> 거룩한 특권이면서 또한 엄숙한 책임이었습니다. 그리고 지난 12년 동안은 오로지 글로써만 씨앗을 뿌려 왔습니다.

이런 얘기를 한다고 해서 그들의 노력의 가치가 떨어질 이유는 전혀 없을 것이다. 이 얘기는 그들이 하나님께서 맡기신 사명에 더욱더 헌신해야 하겠다고 생각하는 상황에서 나온 것이다. "하나님의 백성들이 노년을 한가하게 보내는 것은 하나님의 계시된 뜻이 아닙니다. 하나님께서 자기 백성을 젊은 날의 모든 위험과 장년의 시련에서 보호하시는 것은 그들이 그저 땅에서 빈둥거리며 지내도록 하시기 위함이 아닙니다."

그리스도인 지도자들 대부분은 나이가 60줄에 들어서면 시련의 세월을 끝내고 그들의 활동도 안정적으로 자리를 잡았다. 그러나 핑크에게는 사정이 그렇지 않았다. 잡지를 발행한 지 25년이 지난 1946년에 베라 핑크는 이렇게 적었다. "잡지를 인쇄하는 일에 관한 한, 금년이 가장 힘든 해였습니다." 종이 물량이 턱없이 부족한 점과 성의 없는 인쇄업자가 큰 문제였다. 게다가 전쟁 초기에 떨어진 잡지의 발행 부수는 조금도 회복될 기미가 보이지 않았다. 핑크는 "한편으로 가치 없는 신앙고백의 거짓됨을 드러내고 다른 한편으로는 하나님과 좀더 가까이 동행하도록 장려하는" 자신의 문서 사역이 "점점 더 사람들에게 환영받지 못하게 될까 봐" 두려웠다. "그럼에도 불구하고 자기 종에 대한 하나님의 명령은 변함이 없었다. '그들은 심히 패역한 자라. 그들이 듣든지 아니 듣든지 너는 내 말로 고할지어다'(겔 2:7). 주님께서 우리가 끝까지 주의 말씀대로 행할 수 있게 해주시기를" 구했다.¹

다음 해(1947년), 「성경연구」의 발행 부수가 실질적으로 증가하지 않았지만, 앞에서 언급한 대로 핑크는 그의 잡지가 설교자들에게 유용하다는 증거를 보고서, 하나님께서 자신의 문서 사역을 "직접적으로보다는 중간에 사람을 두어" 확대시키고 계시다고 확신하게 되었다. "기도로 우리를 돕는 사람들이, 이제는 백여 명의 설교자들이 이 잡지를 받아보고 있다는 사실을 알면 기뻐할 것입니다!"² 「성경연구」의 사역이 종국에 가까워지면서, 하나님께서 자신의 종에게 믿음이 더 굳세어지도록 복을 베푸셨고, 그래서 그가 미래에 대해 좀더 확신을 가지고 말하게 된 것이 분명하다. 그런 까닭에, 핑크는 여호수아가 길갈에 기념물로 세운 기념탑에 대해 설명하면서 이렇게 쓰고 있다. 이 기념탑은 "우리가 일어나는 다음 세대를 생각하고 대비해야 한다는 것을 가르칩니다. 이 돌기둥은 후에 이것을 본 사람들이 질문하게 하려는 분명한 의도에서 세운 것입니다. 하나님의 능력과 자비를 보이는 기사들을 후손을 위해 보존하도록 하셨습니다. 하나님께서 자기 백성을 위해 행하신 일을 그 자리에서 영원히 증언하도록 하신 것입니다. 그 돌기둥은 하나님께서 계속해서 이스라엘을 위하여 틀림없이 능력을 나타내 보이실 것이라는 보증으로 세우신 것입니다.……그래서 나는 이 잡지의 독자들이 이런 의도에서 장정裝幀하여 내놓은 책을 살 때 기쁩니다. 적어도 한 사람은 25년 전, 불신자로 지내던 때에 그의 어머니(지금은 천국에 계시는)가 우리에게 구입한 그 책들을 지금은 감사한 마음으로 읽고 있습니다. 나는 장정한 이 책들을 내가 본향으로 부름을 받아 간 오랜 후에도 많은 사람들이 읽을 것이라는 소망을 품고 있습니다."[3]

1948년 '연례 편지'에서, 핑크는 잡지의 발행 부수가 적은 것이 "여전히 우리를 가장 괴롭히는 문제"라고 말하면서도, 미래에 관한 기대감도 적고 있다. 그는 좋아하는 구절인 "너는 아침에 씨를 뿌리고 저녁에도 손을 놓지 말라"(전 11:6)는 말씀에 대해 글을 쓰면서 이렇게 이야기한다. "'씨를 뿌린다'는 비유는 시사하는 바가 많은데, 다른 무엇보다 믿음의 발휘를 암시하고 있습니다. 왜냐하면 밖으로 나타나는 것으로 볼 때, 즉각적인 결과에 관한 한 사랑의 수고가 헛된 것처럼 보이기 때문입니다. 바로 그 이유 때문에 씨를 뿌리는 것은 미래의 수확을 기대하고 수행하는 소망의 행위입니다. 씨 뿌리는 일은 하나님의 종에게 언제나 그와 같을 것입니다."

잡지 부수의 문제가 조용히 고비를 넘긴 것은 1948년이 되어서였다. 전년도 우편물 수취인 명부에서 삭제할 필요가 있는 명단을 계산해 보고 나서 핑크는 독자의 수가 오십 명이 늘었다는 것을 알았다. 1949년에 "발행 부수가 조금 더 늘었다"고 기록했고, 1950년에는 "잡지의 적은 발행 부수가 아주 현저히 개선되었다"고 말할 수 있었다. 핑크가 마지막으로 한 해를 꼬박 편집자로 수고한 1951년 '연례 편지'에서 그는 이렇게 썼다. "좀더 대중적인 종교 잡지들에 비할 때 여전히 아주 적은 수에 불과하지만, 잡지의 발행 부수가 50퍼센트나 증가되었습니다! 잡지에 나오는 글들의 성격을 감안할 때, 이것은 확실히 하나님께서 행하신 일이고, 우리 눈에 기이한 일입니다."[4]

1951년 7월 17일에 에블린 그린에게 편지를 쓰면서 베라 핑크는 이렇게 말한다.

> 우리는 금년에 새로운 독자들이 생기는 것을 보면서 많은 격려를 받았습니다. 우리가 받는 많은 편지에서 아주 흐뭇한 어조가 배어 있는 것을 봅니다. 우리가 주님을 위하여, 그리고 해외에 흩어져 있는 주님의 사랑하는 백성들을 위하여 애쓰고 있는 그 일에 주께서 복 주신 결과를 보도록 하시는 것은 주님의 지극한 은혜라고 생각합니다.

그러나 핑크 부부가 말년에 받은 은혜 속에서 감사하게 된 가장 깊은 원인은 바로 하나님께 있었다. 지난 시절에 겪었던 마음의 동요와 이따금 찾아오는 절망에 가까운 낙담은 사라졌다. 두 사람은 하나님의 섭리의 선하심을 아주 굳게 믿었고, 그래서 다음의 사실이 옳다는 것을 확신할 수 있었다.

> 이 사실이 내 마음을 편히 쉬게 할 것입니다.
> 내 하나님께서 정하시는 것이 최선이라.

그들은 믿음의 생활만이 진정으로 즐거운 인생이라는 것을 어느 때보다 분명하게 알았다. 핑크는 62세 때 이렇게 쓴다. "저자는 그리스도인으로서 지구 이곳저곳을 여행하며 40년을 살았지만, 하나님을 신뢰했는데 하나님의 약속이 자기를 실망시켰다고 말하는 사람은 단 한 명도 만나 보지 못했다는 것을 증언할 수 있습니다. 여호수아는 그의 긴 인생 마지막에 이스라엘에게 이렇게 말했습니다. '너희의 하나님 여호와께서 너희에게 대하여 말씀하신 모든 선한 말씀이 하나도 틀리지 아니하고 다 너희에게 응하여 그중에 하나도 어김이 없음을 너희 모든 사람은 마음과 뜻으로 아는 바라'(수 23:14)."[5]

찬양의 심정이 핑크에게 있었기 때문에, 이제 찬양의 어조가 「성경연구」에 점점 더 뚜렷하게 나타난다. "하나님을 찬양하고 경배하는 것이 천국에서 성도의 가장 중요한 일이 되듯이, 지상에서 성도의 활동 가운데서도 가장 고귀한 일입니다." 이 정신이 이제는 교회에 대한 그의 소망에도 영향을 미쳤다. 하나님께서는 '낙담의 영'을 벗기고 '찬양의 옷'을 입히실 수 있다. 1950년에 핑크는 하나님이 그 일을 하신다고 하며 이렇게 썼다. "교회들은 얼마 동안 죽은 상태로 지난 후에 부흥의 시기를 허락받습니다. 윗필드 때 그런 부흥을 얻었는데, 우리 시대에서도 받을 수 있습니다."[6]

우리는 스토너웨이에서 지낸 핑크의 생활의 인간적인 면에 대해 좀더 알았으면 하는 심정이 있을 것이다. 그는 호브에서 시작한 우표 수집을 계속 이어가려고 했다. 한편 맥카이버의 채소밭에서 일하는 것은 그만두어야 했지만, 자연에 대한 관심은 지속되었고, 펜실베이니아에 있는 그의 오랜 친구인 프레슬 부부에게 꽃씨들을 소포로 보내는 것이 그의 즐거움 가운데 하나였다. 그는 차를 가진 적도, 운전한 적도 없다. 그래서 그들이 그곳 섬의 경치를 보러 다녔다는 기록이 없다. 그러나 핑크는 산책하기를 좋아했다. 물론 베라는 몸이 약해진 탓으로 호브에서 했던 것과는 다르게 더 이상 남편과 함께 산책을 나갈 수 없었다. 바람의 속도는 늘 핑크에게 흥미로운 주제였다. 그는 한 편지에서 로웰 그린에게 이렇게 말한다. "나는 정말로 매섭게 부는 바람을 좋아합니다. 그래서 그렇게 바람이 부는 바다를 보면 좀 무섭기도 하지만 장엄하다는 생각이 듭니다." 그 편지에서 핑크는 최근에 바람이 시속 약 140킬로미터를 기록했을 때, 평소에 하던 산책을 그대로 "감행하지" 않을 수 없었다고 털어놓는다!

핑크 부부가 스토너웨이에서 칠 년을 살고 나서, 1948년 2월 6일에 베라는 에블린 그린에게 이렇게 편지한다.

자매가 나에게 우리가 사는 이 작은 섬에 대해 무언가 얘기를 좀 해달라고 했지요. 글쎄요, 이곳은 여러 작은 곳 가운데 하나예요. 하지만 여러 면에서 중요합니다. 이 섬은 고기잡이로 유명해요. 그래서 때로는 항구가 아이슬란드, 셰틀랜드, 노르웨이와 그 밖의 많은 곳에서 온 어선들로 꽉 들어찹니다. 그 어선들은 바람을 피하기 위해 여기에 들렀다가 좋은 생선들을 잔뜩 싣고 가지요. 기후는 정말 한결같습니다. 아주 북쪽에 있는데도 자매가 생각하는 것만큼 춥지는 않아요. 멕시코 만류가 이쪽

서해안 가까이에 흐르고 있는데, 그 때문에 섬의 기후가 그처럼 온화하고 혹독한 추위에서 보호를 받고 있는 거지요. 눈이 조금 내리고 얼음이 얼기도 하는데, 오래가지 않습니다. 비가 많이 내리고 바람이 많아요. 때로는 바람이 너무 강해서 옷이라도 벗겨 버릴 것 같이 느껴지지만, 바람 때문에 해를 입는 일은 거의 없어요. 여기가 비와 바람이 많은 섬이라는 점에서 자매도 생각할 수 있듯이 건강에 매우 좋은 곳이에요.

이곳 사람들은 신앙심이 깊습니다. 스토너웨이에는 예배당이 아홉 개가 있어요. 이곳은 미국의 큰 마을 정도 크기입니다. 주로 장로교회 예배당이고, 성공회 예배당과 형제교회 예배당이 각각 한 군데 있어요. 일곱 개의 장로교회들은 네 개의 교단으로 나뉘어 있고, 각 교단은 미국의 침례교회와 감리교회 외에는 다른 교단과는 전혀 교류를 하고 있지 않아요. 이 교회들은 모국어인 게일어로 말하고 설교합니다. 우리는 게일어를 한 마디도 모르기 때문에 외국인처럼 지낸답니다. 그러나 우리가 계속 이곳에 남아 있는 것은 고요함과 평화를 좋아하고, 우리 힘으로 일을 방해받지 않고 계속할 수 있기 때문이에요.

또 한 편지에서 베라는 이렇게 쓴다.

우리가 여기에서 사람들을 방문하지 않기 때문에 편지를 주고받는 것 외에는 사람들을 만나는 일이 거의 없습니다. 잡지 때문에 우리는 날마다 바쁘게 지냅니다. 나는 책을 꽤 많이 읽는데, 교회에 가지 않기 때문에 그렇게 하는 것이 필요하다고 생각해요. 요즘은 매튜 헨리의 책을 읽고 있는데, 정말 좋은 책이에요.

위의 글을 읽고서, 마치 그들에게 친구가 없었던 것처럼 생각해서는 안 된다. 필자는 이들 내외가 세내어 살고 있는 집의 안주인인 맥카이버 부인과 "즐겁게 지낸다"고 앞에서 말한 바 있다. 그 밖에도 핑크를 개인적으로 알게 된 사람들 가운데 제임스 맥클린James MacLean이라는 사람이 있었는데, 그는 다음과 같은 내용을 기억하여 들려주었다.

처음에 핑크 목사님은 스토너웨이에 있는 자유장로교회에서 예배를 드렸습니다. 그러나 얼마 후에 목사님은 더 이상 그 교단과 교제를 계속할 수 없겠다고 생각했지요. 그러나 목사님은 세 들어 살고 있는 집의 안주인을 포함하여 그 교회의 몇 사람과 친하게 지냈어요.

스토너웨이 마을에서 목사님은 가까운 친구들이 몇 명 있었는데, 매일 한 시간가량 마을과 방파제를 산책하며 돌아다니는 동안에 이 친구들을 만났습니다. 목사님은 이들 대부분을 일하는 곳이나 거리에서 만나 이야기했고, 사교적인 환경에서 이야기한 적은 거의 없었어요. 대화의 중심에는 언제나 성경이 있었습니다. 그리고 "이전 것이 지나갔습니까? 내일 다시 와서 형제의 답을 듣겠습니다" 하는 질문으로 토론을 시작하는 경우도 종종 있었어요. 당시의 한 친구는 이렇게 말합니다. "나는 목사님이 「성경연구」에 대해 아주 꼼꼼히 묻곤 해서 목사님을 만나기 전에는 반드시 숙제를 했던 기억이 생생해."

월요일부터 토요일까지, 아침마다 목사님이 때때로 집으로 돌아가는 길에 식료품을 사고 또 항상 청어 두 마리를 포장한 꾸러미를 들고 집으로 이어지는 큰 거리를 따라 성큼성큼 걸어가는 것을 볼 수 있었습니다. 사모님은 남편 생전에는 집 가까이에 있는 작은 상점에서 물건을 샀고, 마을 중심에 있는 상점에 가는 일이 좀처럼 없었어요. 목사님 가정은 호사스런 물건이 전혀 없었고, 그 집에서는 순무 어린잎부터 사과 껍질에 이르기까지 모든 것을 사용했어요.

목사님이 살아 있는 동안에, 사모님이 딱 한 번 우리를 방문했습니다. 그런데 목사님이 집을 떠나고 도착하는 시간을 미리 정해 놓았기 때문에 점심 차 대접을 할 수 없었어요.

루이스 섬에 아주 널리 퍼져 있는 악수하는 습관을 목사님은 좋게 생각하지 않았습니다.[7] 한번은 친구가 악수하면서 "핑크 목사님, 잘 지내세요?" 하고 인사하자, 목사님은 "나는 지금 잘 지내고 있지 못하고 붙들려 있소!" 하고 대답했어요.

목사님은 성격이 강한 분이었습니다. 딱딱하고 엄격하며 부싯돌처럼 단단한 분이었지요. 그렇지만 한번은 목사님이 우리 가게에 들어오더니 내게 읽어 보라고 편지를 한 장 건네주며 정신없이 우셨습니다. 그 편지는 당시 한센병에서 회복 중에 있던 한 선교사에게서 온 것이었어요. 오래전에 미국에 있을 때 그 사람은 핑크 목사님이 "목마르다"는 본문을 가지고 전하는 설교를 듣고 회심했습니다. 그때 핑크 목사님과 그 사람의 형이 그의 회심을 위해서 밤을 꼬박 새우며 기도했다는군요. 이 편지가 목사님께는 그가 주님께 왔고, 또 그 후에 주님을 위하여 일하고 있다는 것을 알게 해주는 첫 번째 표지였던 겁니다. 그 편지에 "목사님은 이 세상에서 제가 가장 사랑하는 친구이십니다"라고 쓰여 있었어요.

「성경연구」의 역사가 30년이 되었을 때인 1951년 12월호에 실린 '연례 편지'는 "자랑하는 자는 주 안에서 자랑하라"(고전 1:31)는 말씀에 대한 설명으로 시작했다. 그리고 핑크는 다음과 같은 말로 끝을 맺었다. "모든 것을 하나님의 주권적인 선하심에서 나온 것으로 생각해야 합니다. 곧 우리를 향한 하나님의 특별한 은총과 모든 것이 충족한 은혜, 하나님의 끊임없는 신실하심, 오래 참으심에서 나온 것으로 보아야 합니다. 우리가 의무를 수행한 때에도 우리는 '무익한 종'(눅 17:10)일 뿐입니다!" 그는 자신이 하나님의 은혜로 한 편마다 평균 4페이지에 이르는 글을 무려 2천 편이나 쓸 수 있었다고 말했다. "단순히 그 수치만 보아서는 그 글들을 준비하는 데 따른 엄청난 노고를 잘 모를 것입니다. 가사 일을 하는 가운데 그 글들을 모두 타이핑한 필자의 헌신적인 아내가 감당한 긴장을 희미하게 밖에는 알 수 없습니다. 진정으로 나는 크신 하나님을 섬깁니다. 하나님은 크게 찬양 받으실 분이십니다. 이 30년의 세월을 지나면서 편집자는 과거 20여 년 동안 단 하루도 침대에서 종일을 보낼 수 없었습니다. 우리는 필요한 건강과 힘 주시기를 오직 하나님께 구했고, 하나님께서는 한 번도 우리를 실망시킨 적이 없으셨습니다."

그러나 결코 강건하지 못한 그의 몸이 쇠약해지고 있다는 표시들이 나타났다. 베라는 남편의 몸무게가 갈수록 줄어드는 것을 알았다. 이 사실은 1952년 4월 1일에 핑크가 66회째 생일을 맞이하자마자 더 분명하게 나타나는 듯이 보였다. 이제 독자들이 더 늘어난 탓에 편지 왕래도 더 많아졌다. 처음에는 그 부담이 너무 커져서 핑크로서는 감당할 수가 없을 만큼 되었다. 1952년 5월 8일에 로웰 그린에게 보낸 마지막 편지는 "현재와 영원히 신자의 모든 것의 모든 것이 되시는 그리스도 안에서 문안합니다"라는 말로 시작해서 이 말로 끝을 맺었다. "나는 나이가 먹어 허약해진 것을 느낍니다. 그래서 부득이 편지 왕래를 상당히 많이 줄이지 않을 수 없습니다."

그가 야윈 모습으로 여전히 스토너웨이 거리를 걷는 모습을 볼 수 있었다. 그러나 제임스 맥클린은 그가 그의 상점에 들어오면 이제는 나가기 전에 앉아서 잠시 쉬어야 하는 것을 보고 염려하지 않을 수 없었다. 그의 병은 일종의 빈혈증이었는데, 이에 대해 맥클린은 이렇게 쓰고 있다. 그의 병은 "고통스러운 것이었어요. 그러나 목사님은 약이 정신을 무디게 만들어 집필 작업을 마무리 짓지 못하게 될까 봐 끝까지 약을 먹지 않았습니다." 핑크는 당시 잡지의 많은 부분을 차지하고 있는 다양한 연재 글을 부지런히 집필해 가고 있었다. 마치 칼빈이 생애 마지막 몇 달 동안 여호수아를 주석하는 일에 몰두했듯이 핑크도 그러했다. 그는 7월 초가 되었을 때 21장을 마무리 지었다. 이와 병행하여 요한일서에 대한 글을 연재하면서, 그가 펜을 내려놓기 전에 마지막으로 쓴 글은 3:1의 "보라, 아버지께서 어떠한 사랑을 우리에게 베푸셨는가"라는 말씀에 대한 것이었고, 거기에 '놀라운 은혜'라는 제목을 붙였다.

오래전에, '다윗의 생애'에 대한 집필을 끝냈을 때, 그는 이렇게 썼다. "다윗은 자신의 죽음으로 모든 것이 끝나는 것이 아님을 알았기 때문에 조용하고 평온하게 떠날 만반의 준비를 했습니다." 핑크도 이때 그같이 했다. "목사님은 벌써 자기 일을 모두 정리했고, 사모님에게 장례식과 거기에 참석할 사람들에 대해서도 지시해 놓았다"고 제임스 맥클린은 쓰고 있다. 핑크는 마지막으로 밖으로 산책을 나가(6월 15일) 항공우편 편지를 사가지고 와서, 베라에게 이 편지는 "내가 세상을 떠나면" 당신이 엘지 프레슬과 스탠리 프레슬에게 그 소식을 전하는 데 쓸 것이라고 말했다. 1952년 7월 15일에, 그는 오래전에 기쁘게 인용했던 말의 기쁨을 충만히 누리는 자리에 들어갔다.

> 그리스도와 나는 찬란한 영광 가운데서
> 영원한 복을 함께 누릴 것일세.
> 내 복은 영원히 그와 함께하는 것이고
> 그의 복은 내가 거기에 있다는 것일세.

아더 핑크의 장례식은 7월 17일에 거행된 것으로 보인다. 제임스 맥클린은 장례식에 관해 이렇게 쓰고 있다. "장례식은 간단하게 치르도록 되어 있었고, 관은 비싸지도 싸지도 않은 것이었다. 목사님이 사도행전 8:2('경건한 사람들이 스데반을 장사하고')에 근거하여 요청한 대로, 그의 친구 여덟 명이 마을 밖에 바로 붙어 있는 샌드위치 묘지Sandwick Burial Ground에 그의 유해를 안장했다. 이 일은 성경의 교훈과 모범이 그의 삶에 깊이 스며들어 있음을 보여주는 또 하나의 실례였다. 루이스 거리로 돌아와서 우리는 콜스힐Coleshill 곡조에 맞춰 시편 23편을 노래했고, 이어서 성경을 짤막하게 읽고 기도했다. 목사님 댁이 세 들어 사는 집의 주인과 핑크 부인, 내 아내, 그리고 두어 명의 여자들이 이 간단한 예배에 참석했고, 후에 목사님 댁 집의 안주인인 맥카이버 부인이 준비한 차 대접을 받았다."

핑크는 잡지에 실을 글을 몇 달 전에 준비했기 때문에 잡지의 발행을 당장에 중단해야 되는 문제는 없었다. 그래서 베라는 9월호에 "고인이 된 편집자의 마지막 날들"에 대한 소식을 다음과 같이 알렸다.

> 세상을 떠나기 몇 달 전에 나는 남편이 쇠약해지는 것을 보고 아주 많이 걱정했습니다. 내가 그 점을 이야기할 때마다, 남편은 언제나 "여보, 노인이잖아. 감사하게도 노인이 되었어. 나는 인생을 막 시작한 것이 아니라 이렇게 죽을 날이 가까이 온 것이 감사해. 나는 오늘 인생을 이제 막 시작하고 있는 젊은이들을 보면 정말 안 됐어. 양심적인 젊은이들에게는 인생이 끔찍하게 힘들 거야. 지금 시대가 참으로 어두운데, 그들 때에는 훨씬 더 어두워지겠지. 하지만 주님께서는 자기 백성들을 지키실 거야." 남편이 힘이 빠지면 몹시 지치고 탈진한 것처럼 보여서 내가 일을 더 잘할 수 있기 위해서는 쉬어야 한다고 강권하곤 하던 때가 많

았습니다. 그러면 늘 남편은 이렇게 대답했습니다. "우리는 낮 동안에 일해야 해요. 밤이 오면 아무도 일할 수가 없어요. 나는 일하고 있다가 하나님께 부름을 받고 싶어요." 남편은 늘상 하듯이 매일 아침에 잠깐 밖에 나가는 것 외에는 일을 쉬려고 하지 않았습니다. 남편은 세상을 떠나기 3주 전까지 일을 계속했습니다.

남편은 주님께서 우리를 이 루이스 섬으로 데려오신 것에 대해서, 그리고 우리를 이 집에 있게 하셔서 12년 동안 행복하게 사는 특권을 누리게 해주신 것에 대해 늘 주님께 찬양을 드렸습니다. 남편은 우리가 언제나 그랬듯이 안식일을 사랑하고 존중하는 사람들과 함께 지내는 것을 특별한 은총의 표시라고 여겼습니다. 안식일이 남편에게는 신성하고 거룩한 날이었습니다. 그는 자기처럼 그날을 존중하는 사람들을 사랑했습니다. 남편은 도시의 미친 듯이 날뛰는 군중들을 떠나서 여기 루이스 섬에서 조용하고 평화로운 가운데 연구에 몰두하고 또 그 일을 즐겼습니다. 남편이 자기는 다른 어디에 갈 마음이 조금도 없고 주님께서 자기를 영광 가운데로 부르실 때까지 이곳을 떠날 것으로 생각지도 않는다는 것을 여러 번 말했습니다.

5월 어느 날 밤에 남편이 졸도를 해서 몇 분간 정신을 차리지 못했습니다. 의식이 들자 남편은 이렇게 말했습니다. "나는 금방 영광스런 본향에 갈 것 같아. 아주 빨리 갈 거야. '내 영혼아, 여호와를 송축하라. 내 속에 있는 것들아, 다 그의 거룩한 이름을 송축하라'(시 103:1). 정말 기뻐. 내가 정말 그 시편대로 찬송을 부르는 것 같아." 남편은 내가 울고 있는 것을 보고 물었습니다. "여보, 왜 우는 거요? 당신도 내가 곧 본향으로 돌아갈 것을 기뻐할 줄 알았는데." 나는 혼자 뒤에 남게 될 것 때문에 운다고 했습니다. 나도 본향으로 돌아가는 것이 남편에게 좋다는 것을 알고 있었습니다. 그러나 남편과 헤어지는 것이 두려웠습니다. 남편이 부드럽게 말했습니다. "주님은 이 모든 날 동안에 그처럼 놀랍게 우리를 선대하셨고, 지금까지 안전하게 인도해 오셨어요. 주님께서 당신을 아주 큰 곤경에 버려두시지 않을 거요. 전심으로 주님만을 의지해요. 하나님은 결코 당신을 저버리시지 않을 거요."

그날 밤 후로, 남편은 마치 먼 여행이라도 가는 사람처럼 떠날 계획을 세우고 모든 일을 정리하기 시작했습니다. 남편은 할 일들을 내게 이야기하곤 했습니다. 무엇보다 남편은 잡지를 폐간하기 전에 내게 남기는 모든 자료를 가지고 「성경연구」를 발행하기를 원했습니다. 남편은 자기 시간이 얼마 없는 것을 알고서, 할 수 있는 대로 많은 글을 남기고, 집필 중에 있는 몇 가지 연재물을 가능한 철저하게 완성하기 위해 글 쓰는 일에 더욱 정력적으로 몰두했습니다. 남편은 "여호와는 선하시니 선을 행하도다"라는 말을 날마다 입에 달고 다녔습니다. 남편은 하나님의 주권에 대하여 글을 거의 마치지 못하고 쉬었는데, "하나님께서 선하게 여기시는 대로 내게 행하소서"라는 말을 여러 번 할 만큼 자기 뜻을 철저히 주님께 맡긴 것처럼 보였습니다. 한번은 우리가 우리의 순례 여행에서 주님께서 과거와 현재 우리를 대하신 일들에 대해 이야기하다가, 남편은 이렇게 말했습니다. "주님께서는 모든 일을 잘 하셨어(막 7:37). 여보, 몇 가지 일들이 아니라 모든 일을 잘 하셨어!"

남편이 그 다음 화요일에 세상을 떠났는데, 바로 전주 수요일 아침에 여전히 침대에 누워 있었고, 나는 방에서 집안일을 하고 있는데, 남편이 말하기 시작했습니다. "어둠이 지나가고 참빛이 벌써 비침이니라(요일 2:8). 그렇습니다. 이 빛이 점점 더 빛나 한낮의 광명에 이릅니다(잠 4:18)." 그리고 천장을 향하여 손을 들고서 말했습니다. "내 앞에는 모든 것이 영광이야. 나는 러더퍼드 목사처럼 '어둠이 한밤중이 되었어'라고 말할 수 없어. 지금까지 내 경험은 그와 전혀 달랐어. 나는 '곧 동이 트고, 영광이 임마누엘 땅에 거하도다'라고 말할 수 있어. 아직 순례 여행을 마치지 못한 당신을 뒤에 남겨 두고 어둠을 떠나게 되었어요." 나는 남편에게 "그게 당신에게 더할 수 없이 좋아요"라고 말했다. 그러자 남편은 즉시 "당신도 의심과 두려움을 버리고 온전히 주님을 의지하면 그렇게 될 수 있어" 하고 대답했습니다. 남편은 거의 종일을 의자에 앉아 아주 힘써서 글을 받아쓰게 했습니다. 어떻게 해서든지 글을 마무리 짓고 싶어 했기 때문입니다. 그러면서 자신이 글을 완성하기에는 때가 너무 늦은 것 같다고 말했습니다. 남편이 말을 멈추고 종이와 안경을 내려놓으며 "침대에 뉘어 줘" 하고 말했을 때, 딱 네 문장이 부족했습니다. 내가 어떻게 남편을 침대로 데려갔는지 모르겠습니다. 아무튼 주님의 자비로 침대로 데려갔고, 남편이 편안해질 때까지 한 시간 이상 남편을 붙들고 있다가 뉘어 줄 수 있었습니다. 몇 분간 쉰 후에 남편이 말했습니다. "당신 안경과 종이, 연필을 가지고 침대로 와요. 마지막 네 문장을 불러 줄 테니, 내가 떠나고 나면 타이핑할 수 있을 거요." 나는 네 문장을 받아썼습니다. 쓰기를 마치자 남편이 "내 일을 마쳤어요. 경주를 끝냈어요. 이제 떠날 준비가 되었어요. 정말 떠나기에 딱 좋은 시간이에요." 하고 말했습니다. 이후로 남편은 다시는 일어나지 못했지만, 여전히 즐거워하며 주님을 찬송했습니다.

그는 시편 23편을 거의 끊임없이 외우다시피 했는데, 내게도 말하고 그리스도인 간호사에게도 말했습니다. 남편이 우리에게 놀라운 일들을 많이 이야기했는데, 그 가운데 "주께서 말씀하신 그 모든 좋은 약속이 하나도 이루어지지 아니함이 없도다"(왕상 8:56)는 말씀도 있었습니다. 또 한번은 우리에게 이렇게 말하는 것을 들었습니다. "여호와께서 우리의 죄를 따라 우리를 처벌하지는 아니하시며 우리의 죄악을 따라 우리에게 그대로 갚지는 아니하셨으니"(시 103:10). 또 이런 말도 했습니다. "고달픈 밤이 내게 작정되었으나"(욥 7:3) "나는 말할 것이 없어요. 주께서는 지금까지 일생 동안 아주 놀랍게 내가 신체적인 고통을 면할 수 있게 해주셨어요." 한번은 남편이 간호사에게 "내 목자는 그 선하심이 결코 다함이 없으신 사랑의 왕이시네. 내가 그의 것이고, 주께서 영원히 나의 것이시라면 내게 부족함이 전혀 없도다"라는 아름다운 가사를 아느냐고 묻는 것을 들었습니다.

한번은 남편이 몹시 고통스러워하며 이렇게 말했습니다. "너희는 여호와의 선하심을 맛보아 알지어다. 그에게 피하는 자는 복이 있도다"(시 34:8). 절친한 친구가 간호사를 쉬게 해주고 나와 함께 있기 위해 집에 들렀습니다. 우리는 남편의 얼굴이 여러 번 밝게 빛나는 것을 보았습니다. 틀림없이 그가 영광스런 광경을 보고 있는 것이라고 생각했습니다. 그러고 나서 그가 "성경이 스스로 그 뜻을 분명히 드러내는구나" 하고 말하는 것을 들었는데, 이것이 그의 마지막 말이었습니다. 그의 마음이 무엇에 골똘해 있었는지를 알 수 있게 하는 말이었습니다. 이렇게 자신의 행로를 끝내고 일을 다 마치고서 그는 자신이 사랑하고 그토록 오랜 세월 섬긴 분과 함께 있기 위해 갔습니다. "오, 나와 함께 주님을 찬미합시다. 우리 함께 주님의 이름을 찬양합시다."[8]

「성경연구」가 단지 핑크를 기념하기만 하는 것은 아니다. 제목 자체에서 하나님의 은혜로 그가 생애에서 이룬 가장 중요한 특징이 무엇이었는지를 알 수 있다. 그는 하나님 말씀을 연구했는데, 말씀 자체의 목적을 위해서, 곧 하나님의 영광과 생활의 거룩함을 증진시키기 위해 연구했다. 인간 중심의 시대에, 곧 사람의 지혜를 높이고 하나님의 계시는 내팽개치는 때에 핑크는 하나님의 말씀을 선포했다. 핑크는 하나님의 말씀을 읽고 하나님 말씀에 대해 기도하며 하나님 말씀을 가르쳤는데, 그럴수록 하나님 말씀은 더 넓어지고 깊어지며 충만해질 뿐이라는 것을 알았다. "아무리 재능 있는 사람의 저작이라도 스무 번이나 통독하는 것은 너무나 고되고 별로 수지맞지 않는 일일 거야!" 하고 그는 말한다. 그러나 성경의 매력은 세월이 갈수록 더하기만 한다는 것을 깨달았다. 그가 잡지를 발행하면서 만난 모든 문제들 가운데서 잡지의 내용을 새롭게 채우는 일로는 전혀 어려움을 겪지 않았다. "끊임없이 연구해도 다함이 없는 하나님의 말씀이 있고, 활용할 수 있는 영적인 부요가 무한히 다양하며, 그를 가르치시는 성령께서 계시기 때문에, 그가 글 쓸 재료에서 결코 '바닥이 나지' 않은 이유를 설명할 필요가 없다."

이 외에도, 그의 생애는 하나님의 말씀이 어디까지 그리스도인의 삶을 지배할 수 있고 또 해야 하는지를 보여주는 좋은 예가 되었다. 자신이 참으로 부족한 것을 알았지만, 그가 언제나 하나님의 종으로서 바라보았던 기준은 성경의 규범이었다. 남편에 대해 간단한 평을 하면서 베라는 그의 삶의 중요한 특징에 대해 이렇게 말했다. "성경 말씀 가운데 두 구절이 일에 있어서 언제나 핑크 목사에게 지침이 되었습니다. 즉 '네 손이 일을 얻는 대로 힘을 다하여 할지어다'(전 9:10)라는 말씀과, '여호와의 일을 게을리 하는 자는 저주를 받을 것이요'(렘 48:10)라는 말씀이 그것입니다. 여호와의 일을 하도록 책임을 맡는 것은 엄숙한 일입니다."

핑크의 생애를 보면, 「천로역정」의 '진리의 용사'가 17세기에만 있는 인물이 아니라는 생각이 든다. 핑크가 모든 면에서 번연의 명성을 닮은 것은 아니다. 왜냐하면 번연에 대해서는 "그가 죽을 날이 이르렀을 때 많은 사람들이 그를 따라 강변까지 왔다"고 했기 때문이다. 핑크는 생애 대부분이 그러했듯이, 순례여행을 마치고 떠날 때도 사람들의 주목을 끌지 못했다. 그러나 진정으로 하나님 말씀에 헌신한 점에서, 그는 그의 부친이 노팅엄에서 어린 시절 평화로운 주일에 자녀들에게 읽어 줄 때 처음 들었던 바로 그 인물과 같았다.

> 큰 마음씨Great-heart가 진리의 용사Mr. Valiant-for-truth에게 말했다. "당신은 지금까지 이름에 걸맞게 행동해 왔소. 당신의 검을 보여주시겠소?"

그래서 그가 큰 마음씨에게 검을 보여주었다. 큰 마음씨가 칼을 쥐고 잠시 동안 보더니, "허어! 이것이 바로 예루살렘 검이로군요" 하고 말했다.

진리의 용사. 그렇습니다. 사람이 이 검을 사용할 줄 안다면 감히 천사와 겨룰 수도 있을 것입니다. 공격하는 방법을 알기만 한다면 아무 두려움이 없이 이 검을 사용할 수 있습니다. 이 검의 날은 결코 무디어지지 않을 것입니다. 이 검은 육신과 뼈를 자르고 혼과 영과 모든 것을 자를 것입니다.

큰 마음씨. 당신은 아주 오랫동안 싸웠는데, 지치지 않은 것이 이상하오.

진리의 용사. 나는 검이 내 손에 달라붙기까지 싸웠습니다. 마치 검이 내 팔에서 자라나온 것처럼 검과 손이 하나로 합쳐졌을 때, 피가 손가락 사이로 흘러내렸을 때, 나는 아주 용기백배하여 싸웠습니다.

프레슬 부부가 미국에서 핑크의 사망 소식을 가장 먼저 들었다. 그들은 곧 그 소식을 다른 사람들에게도 알렸다. 베라 핑크는 잠시 의사의 보호를 받고 있었다. 1952년 8월 27일에 로웰 그린과 에블린 그린 부부에게 보낸 첫 편지에서 그녀는 이렇게 썼다.

두 분의 친절한 항공우편 편지가 안전하게 전달되었습니다. 감사드립니다. 나는 "주께서 모든 것을 잘하셨도다"라는 말밖에 할 수 없습니다. 나의 사랑하는 사람은 그토록 그리스도와 함께 있고 싶어 하던 곳에서 영광 가운데 있습니다. 오, 그이는 참으로 지극한 복락 가운데 있습니다. 그가 없는 여기 아래는 너무도 허전하고 춥습니다. 이제 나는 몸에 다소 힘이 생겨서 몇 마디라도 할 수 있을 것 같습니다. 의사가 내게 그렇게 하라고 권했고, 친구들도 권했습니다. 그렇습니다. 주님께서 내게 친절한 많은 친구를 주셔서 나를 돕게 하셨습니다. 정말이지 나는 지금까지 사랑과 친절을 넘치도록 받았습니다.

핑크 부인 앞에 놓여 있는 어려운 일은 「성경연구」를 폐간하는 것이었다. 잡지 발행을 당장 중단해야 하는 문제는 없었다. 핑크가 글을 미리 써 둔 것이 아주 많이 있었기 때문이다. 여호수아와 요한일서의 연재물은 충분히 준비되어 있어서 1953년 4월까지는 계속해서 잡지를 발행할 수 있었다. 그러나 문제는 편집자가 사망한 점을 고려할 때, 충분한 수의 독자들이 다시 구독신청을 해서 한 해 더 잡지를 발행할 수 있겠느냐 하는 것이었다. 30년이 넘게 잡지를 발행해 온 그녀로서는 잡지가 '끝이 나고 폐간될 것'을 생각하니 너무 힘들었다. 에블린 그린에게 썼듯이, 그녀의 바람은 "고인이 된 편집자가 달려갈 길을 다 마쳤으므로 잡지도 당당하게 끝마칠 수 있기를" 원하는 것이었다. 그래서 결국 그녀는 이전의 글들을 다시 인쇄하고 사용하지 않은 원고를 보충해서 마지막으로 잡지를 한 해 더 발행하기로 마음먹었다. 1952년 12월 중순, 잡지 일을 하고 있는 동안에 그녀에게 오른쪽으로 머리부터 발끝까지 뇌졸중이 왔다.

'그리스도의 예표인 만나'라는 마지막 원고를 타이핑하고 나서 의자에 앉아 있었을 때 마비가 왔어요. 원고를 다 읽고 나서 종이를 테이블에 두고 일어나려고 했지만 꼼짝할 수가 없었어요. 이런 병이 발생한 데는 많은 일들이 작용했던 것이 분명합니다. 그러나 나에게는 주님께서 선하심 가운데 나를 쉬도록 침대에 눕게 하시는 것이 지극히 놀라운 일이었어요. 나는 쉴 수가 없었기 때문이에요. 주님은 내게서 모든 것, 곧 슬픔과 걱정과 허물들을 사랑하시는 손으로 거두어 가시고 내가 근심 없이 조용하고 평화로운 가운데 쉬도록 하셨지요. 나는 하나님의 영광을 위하여 능히 이렇게 말할 수 있어요. 이 병이 닥치기 전에, 주님은 며칠 동안, 특별히 앞에서 말한 그 원고를 처음부터 끝까지 읽고 있던 날 밤에 은혜를 베푸셔서, 그분의 거룩한 임재를 충만히 느낄 수 있게 하셨습니다. 이 임재가 그 뒤로 이어진 위기의 날들 동안 큰 힘과 위로가 되었어요. 육신적인 생각에는 "주의 길은 깊음 가운데 있고, 주의 발자취는 알 수가 없습니다"(시 77:19). 그러나 믿음은 "너는 나를 따르라"는 주님의 음성을 듣듯이 주님의 발자취도 감지하지요. 오, 놀랍게도 주님은 자신이 먼저 가지 않은 길을 결코 자기 백성에게 가라고 요구하시지 않습니다!

오, 주님께서 얼마나 나를 도우셨는지요! 세상에서 혼자뿐인, 상심하고 무력하며 죽을 날이 가까운 과부인 제게 주님은 친절하기 이를 데 없는 마음과 손들을 주셔서 그 주간 동안에 밤낮으로 나를 도와 「성경연구」에 대한 걱정을 덜어 주었어요. 왕이라도 의사와 간호사와 친구들로부터 내가 특권적으로 받았던, 지치지 않는 충실한 간호를 받을 수 없었을 거예요.

1953년 1월 10일에 미국에 있는 한 친구에게 베라 핑크는 이렇게 편지를 써 보냈다.

> 그동안 주님은 놀라울 정도로 자비를 베푸셔서 기이한 방식으로 나를 받쳐 주고 지지하심으로써 사별死別의 바다를 건너오게 하셨습니다. 그리고 내가 병중에 있을 때 주님은 친절하기 이를 데 없는 친구들을 일으켜서 나를 돌보고 잡지의 일을 돕도록 해주셨습니다.

베라 핑크가 다시 타이핑을 할 수 없었지만 뇌졸중에서는 상당히 회복했다. 아주 오래전 1923년 가을에 그랬던 것처럼, 다시 한번 엘지 프레슬이 그녀를 돕기 위해 대서양 건너편으로부터 와서 1953년판 잡지의 기사 수를 채우는 데 필요한 이전 잡지들의 글들을 타이핑했다.

이전의 모든 잡지처럼 마지막 권 「성경연구」도 성경으로 가득 채워질 것이었다. 이 마지막 권에는 2월호에서 한 페이지 반가량 '편지 발췌문들'이 있었는데, 거의 숨겨져 있다시피 하여 눈에 잘 띄지 않는다. 이 발췌문들 가운데 간단하게라도 다음의 글들을 인용하지 않을 수 없다.

> 그것은 보지 못했지만 우리가 사랑했던 한 친구를 잃은 것입니다.……그의 활동은 하나님 말씀의 깊은 영적 사실들을 더욱 갈망하게 된 사람들과 그가 사랑했던 주님을 자신의 증언을 통해 계속해서 영광스럽게

할 사람들에게서 오래도록 지속될 것입니다.

우리는 이스라엘의 아버지를 잃었습니다. 우리는 교회의 머리이신 그리스도께서 주신 선물로 인해서 마땅히 크게 감사하고 앞으로도 감사하게 될 것입니다. 그리고 그분의 선물을 다시 거두어 가시는 주님의 주권적인 뜻에 머리를 숙입니다.……우리는 그의 사역을 통해 주님께 복을 받았던 많은 사람들과 함께 애도하지 않을 수 없습니다.

나는 성경에 대한 그의 놀라운 지식에, 또 어떻게 그렇게 성경과 성경을 비교해서 진리가 무엇인지를 그토록 분명하게 설명할 수 있는지를 보고서 감탄한 적이 얼마나 많았는지 모릅니다.

우리 눈에는 우리 형제 핑크처럼 하나님 말씀에 대해 그처럼 깊은 통찰력을 지닌 사람이 없는 것 같고, 이 시대에 필요한 메시지를 그처럼 지칠 줄 모르고 힘써 전달했던 사람이 없는 것처럼 보입니다. 그의 죽음은 우리 마음에 아픈 공허를 남겨 놓았고, 이 빈 공간은 하나님 말씀을 중심으로 아주 오랜 기간 즐거운 교제를 나눈 터라 좀처럼 채워지기 어려울 것입니다.

당신의 사랑하는 남편의 죽음은 기독교 교회 전체에 큰 손실입니다. 그러나 주님은 자신의 종의 사역을 이 세상에서 언제 끝내야 하는지를 가장 잘 아십니다. 우리는 우리의 영적 아버지이자 세상에서 가장 친한 친구를 잃고서 고아가 된 느낌입니다.

핑크 목사님이 내게 어떤 도움이 되었는지를 다 말할 수 없습니다. 나는 장정한 「성경연구」가 여러 권 있습니다. 요즘 내게 있는 어떤 것보다도 그 책들을 읽습니다.

그가 성경을 연구함으로써 얻은 특전과 재능과 빛은 큰 복인데, 그는 오로지 그 복을 다른 사람들에게 전달하기 위해서만 살았습니다. 그는 참빛을 발견했습니다. 그가 죽어 일할 수 없을지라도, 그의 저작들은 계속 살아 있을 것입니다. 할렐루야!

「성경연구」에서 영적 양식을 기대하고 살았던 사람들의 상실감은 확실히 아주 깊었다. 엘지 프레슬은 로웰 그린과 에블린 그린에게 편지하면서 아주 많은 사람들의 상실감을 다음과 같이 표현했다. "오랫동안 우리는 20여 권의 기독교 잡지를 보아 왔는데, 어떤 것도 핑크의 해설을 따라갈 수 없습니다."

1953년 8월 1일에 베라는 그린 부부에게 다음과 같이 편지했다.

잡지와 관련해서 내 몫의 일을 마쳤어요. 그래서 나는 주님의 큰 자비로 쉴 수 있습니다. 지난 날 외롭고 슬펐지만, 하나님께서 나와 함께 계셔서 나를 도우셨고, 사랑하는 친구들이 그동안 내게 많은 친절을 베풀어 주었어요. 심지어 친절한 간호사도 여러 번 함께 있어 주었지요. 모두가 도움을 주었습니다. 내게 베푸신 하나님의 큰 돌보심으로 인해서 아무리 하나님을 찬양할지라도 부족할 거예요. 하나님께서 내게 얼마나 큰 기사들을 행하셨는지요! 주님께서 약속하신 모든 것 가운데 한 말씀도 땅에 떨어지지 않았어요. 하나님은 상처를 내실 때 치료해 주시겠다고 약속하셨으며, 하나님께서 나의 유익을 위해 사랑으로 보내시는 것을 견딜 수 있게 해주시겠다고 약속했습니다.

그해 연말이 되었을 때 잡지는 핑크 부인이 써서 보낸 마지막 연례 편지와 함께 끝을 맺었다.

이 책은 「성경연구」의 마지막호입니다. 이 잡지는 1922년에 물을 찾았지만 얻지 못하는 가난하고 궁핍한 사람들을 위한 "사랑의 수고"로서 시작되었습니다. 이 작은 사자使者가 해마다 구원과 위로의 말씀을 들고서 세상의 막다른 곳들을 찾아간 맨 처음과 그 과정을 나는 생생하게 기억합니다. 나는 약한 사람이었기 때문에 우리 부부 각각에게 그토록 소중했던 이 일을 마치는 작업이 내게 떨어지리라고는 꿈에도 생각지 못했습니다. 그러나 지극히 높으신 분께서는 내가 전혀 생각하지 않았던 일이 일어나게 함으로써 그분의 생각은 우리의 생각과 다르다는 것을 보여주셨습니다. 「성경연구」가 나오기까지는 많은 어려움과 시련들이 있었습니다. 그러나 어려움과 시련을 만났을 때마다 고르지 아니한 곳이 평탄하게 되었고(사 40:4) 굽은 데는 곧게 되어서, 사람들이 "사랑의 수고"가 그러할 것으로 생각하듯이 이 일이 즐거운 작업이 되었습니다. 모든 것이 잘 되도록 행하시는 하나님께 모든 찬송을 드립니다! 과거를 돌아볼 때, 세상을 여기저기 돌아다니는 모든 여행 가운데서도 어떻게 잡지가 단 한 호도 인쇄를 못하거나 연기된 적이 없었는지를 생각할 때 그것만큼 놀라운 일은 없습니다. 사람이 이런 일을 두고서 "이는 여호와께서 행하신 것이요 우리 눈에 기이한 바로다"(시 118:23)라는 말씀 외에 무슨 말을 할 수 있겠습니까? 나는 이 잡지를 쓰려고 했을 때 "너는 범사에 그를 인정하라"(잠 3:6)는 말씀을 마음에 두었습니다. 나는 이런 일을 맡을 만한 자격이 없습니다. 그러나 이 일이 내게 떨어졌으므로, 내가 아무리 최선을 다한다고 하더라도 표준에는 정말로 한참 못 미친다는 것을 충분히 알면서도 고인이 된 사랑하는 남편의 소원을 이루기 위해 최선을 다해 능력을 발휘하려고 애썼습니다. 내가 잡지를 마무리하는 일에서 할 수 없겠다고 느낀 일을 수행할 힘을 얻기 위해 오직 주님만을 바라보았을 때, 주님은 나의 기대를 저버리지 않으셨고, 내가 미처 생각할 수 없는 큰 기사들을 행하셨습니다. 주님은 기이한 일들을 행하시는 크신 하나님이 아니십니까? 그러면 주님께서 큰일들을 행하실 것을 기대하는 것이 마땅하지 않겠습니까? 나는 「성경연구」가 그토록 오랫동안 지속되었던 것에 대해 우리 모두 주님께 깊은 감사를 드려야 마땅하다고 생각합니다.

"너는 범사에 그를 인정하라." 즐거운 일에서처럼 힘든 일에서도 그같이 해야 합니다. 하나님의 지극히 거룩한 뜻에 온순히 머리를 조아리고 "이는 여호와이시니 선하신 대로 하실 것이니라"(삼상 3:18)고 생각하며 편히 쉬도록 해야 합니다. 모든 것을 사랑하시는 주님의 손에 거리낌 없이 맡겨야 합니다. 즉 "주신 이도 여호와시요 거두신 이도 여호와시오니 여호와의 이름이 찬송을 받으"실 것입니다(욥 1:21). 이렇게 떡을 물 위에 던지고(전 11:1), 세상에서 자신의 행로를 영광 가운데 마쳤으니, 사랑하는 남편인 고인이 된 편집자는 그 떡을 다시 찾을 것입니다. 나로서는 이 눈물 골짜기에서 약한 가운데서도, 더럽히는 것이나 속이는 것이 없는 더 나은 땅을 향하여 계속해서 나아가고자 합니다. 장차는 얼마나 영광스러울는지요! 죄 짓기를 영원히 그치다니요! 사랑하는 친구 여러분, 우리가 그토록 오랫동안 섬겨 왔던 여러분을 나는 "볼지어다. 내가 세상 끝날까지 너희와 항상 함께 있으리라 하시니라"고 약속하신 그분의 돌보심에 맡깁니다. 은혜의 보좌 앞에 가실 때 나를 기억해 주십시오. 놀라운 자비로 자매 된, 베라 핑크 씀.

베라 핑크는 남편과 사별한 후에도 십 년을 더 살았다. 그 기간에 대해 제임스 맥클린은 이렇게 썼다.

핑크 부인은 이제 시간 여유가 더 많아져서, 좀더 자유롭게 많은 친구들을 방문하기도 하고 또 많은 사람들이 그녀를 찾아가기도 했다. 이 당시에 그녀와 절친했던 친구들 가운데 한 사람은 맥레이 목사였다. 핑크 부인은 표정이 밝고 사람들에게 명랑하고 애정 어린 관심을 보이는 우아하고 자애로운 노부인이었다. 이 기간에 그녀의 수입은 그들 부부가 상속받은, 잉글랜드 어디엔가 있는 돈의 이자로부터 나왔다.

그녀는 루이스 가에 있던 그 집에 여전히 머물렀다. 두 번째 뇌출혈로 병원으로 옮겨지기 전까지 그 집에서 맥카이버 부인은 그녀를 "어머니처럼 보살폈다."

기독교계의 더 넓은 범위의 진정한 그리스도인 친구들이 핑크 부부가 루이스 섬에 있을 때 더 일찍 그들을 찾아보았더라면 좋았겠다고 생각된다. 필자가 1958년에 스토너웨이를 방문했을 때, 베라 핑크의 빛나는 신앙이 다른 교단의 그리스도인들 사이에서는 널리 알려진 이야기였다. 자유장로교회 목회자인 제임스 탈라크James Tallach 목사는 핑크가 죽은 지 두어 달밖에 안 되었을 때 스토너웨이에 도착했는데, 맥레이 목사만큼이나 그녀를 방문하기를 아주 좋아했다.[9] 필자가 병원으로 찾아가게 된 것이 바로 탈라크 목사의 제안을 듣고서였다. 병원에서는 핑크 부인의 밝은 모습을 보는 것 자체가 영적인 복이었다. 그녀는 1962년 7월 17일, 69세의 나이에 그녀 역시 "본향으로 가기" 전까지 스토너웨이 병원에서 조용하고 평온한 세월을 4년 더 보내었다.

핑크 부부가 살면서 헌신했던 사역은 정말로 진정한 의미에서 "중단되지" 않았다. 그들은 하나님의 뜻에 따라 힘써 자기 세대를 섬겼지만, 하나님께 영광을 돌렸던 그 사역이 오는 세대들을 위해서도 여전히 열매를 맺게 하는 것이 또한 하나님의 뜻이었다.

15. 교사로서의 핑크

작가로서 핑크의 특징은 그가 거의 변함없이 독자들에게서 이런저런 반응을 일으킨다는 것이다. 그의 저술들에 조금이라도 주의를 기울이는 사람들은 대부분 어느 한 편을 들지 않을 수 없다. 아무 관심도 보이지 않은 채 냉담하게 그의 책을 밀쳐 놓을 수 있을 사람은 거의 없다. 그렇게 되는 데는 적어도 세 가지 이유가 있다.

첫째로, 아더 핑크는 자기가 다루는 주제에 이론적인 흥미가 생겨서 글을 쓰지 않았고, 문필 작업을 생계의 수단으로 여기지 않았다. 그에게 글쓰기는 사역이었다. 그래서 그는 자신이 하나님의 말씀을 가르치는 직분에 속하는 권위를 가지고 글을 써야 한다고 믿었다. 일찍이 자신의 주장이 성경적이라고 확신했기 때문에, 그의 일은 "말하고 권면하며 모든 권위로 책망하는 것"(딛 2:15)이었다. 그는 분명하고 직접적으로 이야기하려고 힘썼고, 그래서 사람들에게 "그리스도와 그의 대의를 믿어 달라"고 부탁하는 것처럼 진리를 소개하는 것을 개탄했다.

둘째로, 명료하게 가르치는 핑크의 방법은 사람들이 결론을 분명하게 이해하도록 하는 데 도움이 되었다. 사람들을 깨우치는 데 성령의 활동이 반드시 필요하다는 것을 믿었지만, 그럼에도 그는 진리를 전하는 일은 효과적으로 가르치는 데 필요한 규칙들을 따라야 한다고 주장했다.

셋째로, 사람들을 그의 가르침에 헌신하든지 아니면 거절하도록 몰아가는 경향은, 그가 사람들에게 성경의 의미를 바르게 전했다고 해서 일이 끝난 것으로 생각지 않는 그의 신념과 관계가 있다. 그 바른 이해를 제대로 '사용하는 것'도 마찬가지로 중요하다고 보았다. 즉 원칙들을 알아야 하는 것은 '우리 매일의 행실을 규제하기' 위함이라는 것이다. 다시 말해 죄를 깨닫게 하고, 사람을 자극하며 위로하고 힘을 북돋우기 위해서라는 말이다. 바른 가르침은 반드시 적용을 포함한다는 것이다.

> 목회자가 하나님 말씀의 건전한 해석을 제공하기 위해 하나님 말씀의 의미를 이해하려고 노력을 아끼지 않는 것은 복음 사역자에게 지워진 의무의 한 부분일 뿐입니다. 목회자의 사역에서 마찬가지로 필요하고 힘든 또 다른 부분은 목회자가 다루는 구절마다 독자들에게 적용하고, 그 구절이 가르치는 다양한 교훈들을 지적하며, 목회자가 섬기는 회중들의 현 상태와 상황에 맞게 그 구절을 적용하는 것입니다. 그렇게 할 때 비로소 복음 사역자는 교회의 거룩한 교사께서 남기신 본을 흉내 내

게 될 것입니다. 사도들이 따랐던 그 방침을 따르게 될 것입니다. 그렇게 할 때 비로소 복음 사역자는 자신이 돌보고 있는 가난하고 시련을 겪는, 종종 아주 당혹스러워하는 교인들에게 지극히 큰 봉사를 하게 될 것입니다.[1]

어떻든 이 세 가지 사실이 핑크의 책을 읽는 사람들에게서 일어나는 아주 상이한 반응들을 설명하는 데 도움이 되지만, 그가 교사로서 때때로 받았던 비판의 정도를 충분히 설명해 주지는 못한다. 그의 사역에 적대적인 반응을 보이는 사람들이 어쨌든 불신자들만은 아니다. 철저히 성경을 따르려는 그의 확고한 태도에 공감하면서도 그의 책 중의 한 권을 읽고 나서는 더 이상 읽고 싶어 하지 않는 사람들이 있을 수도 있다. 식견 있는 몇몇 그리스도인들은 교사로서 그의 가치에 대해 매우 유보적인 생각을 갖고 있어서 어쨌든 그의 책을 추천하려고 하지 않았던 것처럼 보인다. 이런 사실들을 어떻게 평가해야 하는가?

그 비판에는 그럴 만한 이유들이 있다고 말해야 할 것이다. 주된 비판은 그의 저술들의 가치가 고르지 못하다는 것이다. 핑크의 저작을 평가할 때는 그 책이 언제 쓰였는지 아는 것이 반드시 필요하다. 그가 1930년대 이전에 쓴 책들은 대부분 오랜 가치를 지니지 못하고, 그의 초기 저작들은 대부분이 그가 원숙해졌을 때의 사고를 보이지 못한다. 핑크 자신도 친구들에게 편지하면서 자주 이 문제를 언급했다. 그는 1934년에 「구속주의 귀환」(1918)이라는 자신의 책에 대해 이야기하면서 이렇게 썼다. "이런저런 사실들에 대해 좀더 빛을 받았더라면 나는 독단적인 태도를 좀 덜 취했을 것입니다. 사색적이 되는 것은 젊은 날의 경향입니다." 1938년에는 그 점을 좀더 강하게 표현했다. 「구속주의 귀환」은 이십 년 전에 쓴 책입니다. 서문에서 진술했듯이 다른 사람들이 말한 것을 그대로 되풀이한 것에 지나지 않았습니다. 그 당시에('어린아이'였을 때) 나는 선배들이 말해 주는 것을 그대로 다 믿었습니다."[2] 마찬가지로 1943년 12월 20일에 하바흐에게 편지하면서, 그는 "내가 이십 년 전에 적그리스도에 대해서 쓴 책은 추천하고 싶지 않습니다"하고 딱 잘라 말했다.[3] 1947년에 그는 「성경연구」에 이렇게 쓰고 있다.

"만일 누구든지 무엇을 아는 줄로 생각하면 아직도 마땅히 알 것을 알지 못하는 것이요"(고전 8:2). 아무리 교육을 잘 받은 그리스도인이라도 지상의 순례여행을 마칠 때까지는 마땅히 "내가 깨닫지 못하는 것을 내게 가르치소서"(욥 34:32) 하고 기도해야 합니다. 신학자와 성경 교사조차도 학생일 뿐이어서, 그리스도 학교에 있는 그의 모든 동무들처럼 진리에 대한 지식을 점차, 곧 "여기서도 조금, 저기서도 조금"(사 28:10) 획득합니다. 그는 또한 중요한 주제를 잇달아 연구하고 그 뜻을 깨닫게 됨에 따라 천천히 발전하며, 그에 따라 이전 이해들을 수정하거나 바로잡고, 진리의 한 면에 좀더 충만한 빛을 받으면 진리의 다른 부분들에 대한 견해를 조정할 필요를 느끼게 됩니다.……해가 떠오르는 것처럼, 영적인 빛도 설교자와 듣는 사람에게 점차 밝게 비춥니다. 교인들을 먹이고 세우는 일에 하나님께 크게 쓰임을 받은 사람들이 처음 시작할 때부터 사역을 위한 모든 준비를 철저히 갖춘 것은 아닙니다. 그들은 순전히 오랜 기간의 연구 덕분으로 진리를 이해하는 데 진보를 이룬 것입니다. 영적 성장을 조금이라도 경험하는 설교자는 누구나 자신의 초기 설교들을 풋내기의 설교로 보고, 설교를 작성하는 데서 나타난 자신의 미숙함과 상대적인 무지를 깨달을 때 당연히 부끄러움을 느낄 것입니다. 왜냐하면 비록 그가 하나님의 자비로 심각한 잘못을 범하는 일은 면했을지라도, 성경을 해설하는 데서 많은 실수들이 있음을 발견하고, 그가 당시에 주장했던 견해들에 불일치와 모순된 점들이 많이 있음을 볼 것이고, 좀더 충분한 지식과 좀더 성숙한 경험을 쌓은 지금에서야 바로잡을 수 있기 때문입니다.

방금 전에 지적한 사실을 생각할 때, 왜 사람들이 어떤 하나님의 종의 후기 저작들을 초기 저작보다 좋아하는지, 그리고 그가 자기 책의 재판 혹은 삼판에 가서 최초의 진술들을 바로잡거나 적어도 수정할 필요를 느끼게 되는지를 이해할 수 있다. 이 저자도 예외가 아닌 것이 확실하다. 그가 오늘날 그의 초기 글과 저작들 가운데 일부를 고쳐 쓸 수 있다면, 그 글과 책들에서 많은 부분을 바꾸고 싶어 할 것이다. 자신의 견해와 진술을 고쳐야 한다는 것이 자존심 상하는 일일지라도, 그렇게 할 수 있게 좀더 충분한 빛을 허락해 주신 것으로 하나님께 감사하는 이유가 되기도 한다.[4]

일생 동안 핑크는 그의 초기 저작들을 재판해 달라는 요구를 받은 적이 없다. 그런 요구가 있었다면, 그는 개정 없이 재판을 내는 것을 허락하지 않았을 것이고, 어떤 책들의 경우에는 재판을 결코 허락하지 않았을 것이다. 그래서 핑크는 죽기 전에 아내에게 「성경연구」를 완전히 그대로 재판하지 말라는 뜻을 분명하게 밝혔다. 그러나 그의 이런 바람은 존중되지 못했는데, 그것은 지정 유언집행자들이 그의 책들에 대해 저작권 관리를 하지 않았기 때문이었다. 핑크는 자신이 죽고 난 뒤 이십 년이 채 못 되어 출판사들이 정말로 자기가 쓴 것은 무엇이든 찾는 일이 벌어질 것이라고는 꿈에도 생각하지 않았다. 불행스럽게도 결과는 핑크의 많은 글들이 「성경연구」의 모든 부분에서 그대로 가져와 인쇄되었고, 거의 항상 독자들에게 어떤 글이 저자의 사역의 어떤 시기에 쓰였는지를 전혀 알리지 않은 채 인쇄되었다.

몇몇 출판업자들의 이런 무책임함 때문에 오늘날 교사로서 핑크의 가치에 대해 상충된 평가들이 나오게 된 것이 확실하다. 핑크를 평가하려고 하는 사람들은 핑크의 최상의 저작들을 가지고 판단할 수 있어야 한다. 예를 들면, 1946년에서 1952년 사이에 「성경연구」에 싣기 위하여 쓴 그의 책 「여호수아의 생애와 시대*Life and Times of Joshua*」는 1920년대에 처음 출판되었던 「창세기 강해」나 「출애굽기 강해」와는 차원이 다르다. 1933-1934년에 발행된 「성경연구」에 실린 '세대주의'에 대한 그의 글들은 그 이전에 출판된 자료와 정반대되는 견해들이 들어 있다. 이 사실은 다음 장에서 논의할 그의 책「하나님의 주권」에도 해당된다.

    핑크의 저술들을 분류하는 일에 독자들을 돕기 위해 필자는 부록에 그의 모든 주요 저술들의 연대를 밝혔다.

핑크의 저술들이 고르지 못한 평가를 받는 이유를 이제 독자는 분명히 알았을 것이다. 많은 경우에 교회의 지도자들은 충분한 신학 훈련을 받은 후에 기독교 사역을 시작한 사람들이었다. 이런 과정을 통해서 그들은 생의 초기 단계에 일생 지속되는 신념을 수립했다. 신뢰할 만한 기관에서 이루어지는 그런 훈련의 이점은 크다. 반면에 핑크는 길을 찾아가기 위해서 분투노력하지 않으면 안 되었다. 그는 자신의 믿음을 확립하도록 이끌어 줄 수 있는 유능한 사람 밑에서 한 번도 배워 본 적이 없다. 그보다 그는 성경을 보며, 또 그가 서서히 발견하고 가치를 알게 된 저자들의 글을 읽으며 독학으로 배워야 했고, 또 기존의 지식을 버려야 하기도 했다. 벨처 박사가 핑크의 전기에서 지혜롭게 지적했듯이 그와 같이 독학으로 공부하는 것에는 현실적인 위험 요소들이 있고, 이런 위험 요소들이 핑크의 대부분의 초기 저술들에 명백히 나타난다.[5] 그러나 핑크는 그 부족을 알고 있었음에도, 20세기 초에 신학 교육은 일반적으로 충실한 목회를 하도록 준비시키기에는 형편없이 부족하다고 확신했다. 그의 생각은 틀리지 않았다. 당시 세계 어디에도 학생들에게 교회의 영적 궁핍에 대해 솔직하게 이야기하는 개혁주의적인 청교도 저자들의 가치를 가르쳐 주는 신학교는 거의 없었다. 만일 핑크가 정식 훈련이라는 틀을 거쳤더라면 아마도 그는 역사적인 기독교 신앙의 회복을 위한 '선구자'가 되지 못했을 것이다. 벨처 박사가 결론짓듯이, "이 저자는 하나님께서 자기 종들을 시켜 행할 일들이 다양하게 있으며, 또 핑크처럼 독학에 의한 훈련이든지 아니면 재능이 있고 자격이 충분한 성경을 믿는 사람들 밑에서 받는 훈련이든지 간에, 필요한 준비가 무엇인지 하나님이 가장 잘 아신다는 것을 깨닫고 안심했다."[6]

초기의 실수들이 핑크에게 도움이 되지 않은 것은 아니었다. 그런 실수들 때문에 그의 저술들에 큰 변화가 일어났고, 젊은 사람들에게 자기가 경험했던 함정을 피하도록 지도하려는 관심이 생겼다. 그는 부차적인 진리나 좀더 이론적인 문제들을 연구하는 것이 아니라 중요한 진리들을 연구하는 것에 지속적인 관심을 가졌다. 그래서 그는 세대주의의 전천년설을 버리고 다른 견해들을 설명하지 않았고, 그보다는 그런 문제들은 한쪽으로 치워 버렸다. 더 중요한 우선순위들이 있었던 것이다. 어떤 개념들은 단지 의논과 이론을 부추길 뿐이다. 영적인 능력과 기도, 하나님과의 교제에서 열매를 맺게 하는 것은 근본적인 진리들이다. "하나님이 택하신 자들의 믿음"은 "경건함에 속한 진리의 지식"(딛 1:1)과 결합되어야 한다. 그래서 핑크는 1947년에 이렇게 쓰고 있다.

> 정통신앙의 중심지들에서조차도 "주께 합당하게 행하여 범사에 기쁘시게 하는 것"에 대해 말하는 것을 좀처럼 들을 수가 없습니다! 주님께서

는 오늘날 신앙이 없이 강단을 차지하고 있는 많은 사람들(그리고 종교 잡지의 편집자들)에게 이제 "너희는 내게 대하여 옳은 일을 말하지 않았도다" 하고 말씀하시지 않겠습니까? 너희는 내 거룩함의 높은 요구들을 알리지 않았고, 사람들이 고백하는 "교훈을 아주 빛나게"(딛 2:10) 할 일들을 내 백성들에게 가르치지 않았다. 박하와 회향과 근채의 십일조는 드렸지만 '더 중요한 문제들'은 무시했다. 정치에 관심을 보이고 교회 정부의 형태에 대해서 논쟁하며 예언에 대해서 사색했지만 실질적인 경건은 가르치지 않았다고 말씀하시지 않겠습니까? 다른 교회들과 마찬가지로 칼빈주의 "교회들"이 영적으로 그처럼 낮은 상태에 있다는 것이 이상한 일이 아닙니다.[7]

지난 이십 년 동안 혹은 「성경연구」를 발행한 삼십 년 동안에 그는 독자들에게 계속 중요한 사실들을 제시했다. 그는 독자들을 어떤 교파의 강조점이나 신학체계를 따르게 하기보다는 그리스도인이 된다는 것이 무슨 의미인지, 어떻게 해야 하나님 말씀의 중요한 교훈대로 사는 것인지를 가르치려고 노력했다.

이런 변화와 더불어, 잡지가 진리를 상세히 설명하되 영적인 균형을 이루어야 한다는 것에 관심이 깊어져 갔다. 그래서 그는 성경을 이해할 때 국부적인 것에 머물거나 한쪽으로 치우치는 것을 피해야 하는 필요성을 끊임없이 강조한다. 그는 하나님의 주권과 인간의 책임을 함께 강조한다. 율법과 복음을 함께 강조하고, 그리스도의 의로 말미암은 값없는 칭의와 개인의 주관적인 거룩함을 함께 강조한다. 하나님께서 자기 백성을 틀림없이 보존하심과 하나님 백성들이 스스로를 지켜야 할 필요성을 함께 강조한다. 하나님께서 그리스도인들을 직접 다루심과 은혜의 수단들의 필요성을 함께 강조한다. 누구든지 이런 사실들을 조화시킬 수 있는지 묻는 사람이 있으면, 그는 기꺼이 이렇게 답변한다. "하나님의 말씀은 어린아이 같은 순전한 마음으로 받아들여야 하는 것이지, 거기에 대해서 쓸데없는 의논을 붙여서는 안 됩니다. 말씀을 전체로 받아들여야 하지, 우리 마음에 드는 부분들이나 생각에 일치하는 부분들만을 받아들여서는 안 됩니다."[8] 이 점에 대해서는 그의 칼빈주의 교회 친구들에 대해서도 예외를 두지 않았다.

> 우리는 인간의 책임에 대해서 글을 쓰거나 말하는 것의 열 배나 더 하나님의 주권에 대해 글을 쓰고 말하는 것이 하나님을 훨씬 더 영광스럽게 하는 것으로 생각할 수가 있습니다. 그러나 하나님의 종의 할 일은 믿음을 열심히 옹호하는 것뿐만 아니라 또한 그 진리를 성경에서 제시하는 대로 설명하는 것입니다. 그 진리를 명백히 부인하는 것보다 그릇되게 설명하고 왜곡하는 것이 훨씬 더 잘못이 큽니다.

핑크는 그리스도인으로 사는 문제를 다룰 때에도 그와 똑같이 한쪽으로 치우치는 태도를 피하려고 했다. 그래서 핑크는 '승리하는 그리스도인 생활'의 법칙이라는 것에 반대하면서 동시에 성경이 '영적 패배주의'에 대해서도 반대한다는 것을 항상 설명한다. 그는 이렇게 경고한다. "우리를 한쪽 극단에서 다른 쪽 극단으로 몰고 가려는 것이 사탄이 좋아하는 꾀입니다. 진리의 한 요소를 지나치게 강조하는 바람에 다른 요소를 부인하게 되어서는 안 되고, 각 요소를 그 고유한 위치에 맞게 정당하게 강조해야 합니다."

이 균형의 문제에서 우리는 교사로서 핑크를 평가할 때 중요한 요소가 되는 「성경연구」의 또 다른 특징에 주목하게 된다. 24페이지로 구성되어 있는 「성경연구」는 대부분 각각 몇 개월에 걸쳐 계속 연재되는 네 가지 주요 내용으로 채워져 있었다. 예를 들면, '하나님의 언약들 The Divine Covenants'이라는 글은 1934년 7월부터 1938년 12월까지 계속 실렸다. 이 글에 좀더 많은 지면을 할애했다면 그 글은 훨씬 더 일찍 끝났을 것이다. 그러나 그렇게 하지 않은 것은 그의 지혜로운 판단에 따른 일이었다. 핑크는 매회 발행하는 「성경연구」가 다양한 영적 음식을 제공하기를 원했다. 그래서 그는 매우 신학적인 글 옆에는 성경의 책이나 구절들에 대한 사실상 주석이나 다름없는 성경 해설의 글을 싣곤 했다(한 잡지에 구약과 신약이 함께 나오는 경우가 종종 있었다). 이것이 전부는 아니었다. 매 호마다 잡지에는 객관적이고 교리적인 진리를 설명하는 글들에서보다는 좀더 주관적인 태도로 그리스도인의 생활을 다루는, 아주 실천적이고 경험적인 연재물들이 항상 실리곤 했다. 「성경연구」에 실리는 글들의 연간 수를 보면 핑크가 이 균형을 유지하는 데 세심한 주의를 기울였다는 것이 나타난다. 그는 '화목의 교리'에 대한 연재를 시작하면서 이렇게 썼다. "진리의 객관적인 면과 주관적인 면을 교대로 신

고, 두 면을 모두 적절하게 강조하는 것이 바람직합니다."⁹

출판사들이 「성경연구」에서 자료를 모아서 낸 책들은 어떤 주제에 대하여 연재한 글들로 이루어졌다. 초기의 몇 저작들은 별 문제로 하고, 그 책들 가운데 어떤 것도 사실상 핑크가 책의 형태로 출판하기 위해 쓴 것은 없었다. 그래서 불가피하게 이 책들은 핑크가 어떻게 해서든 유지하려고 애썼던 표준에 미치지 못한다. 그는 어떤 글들은 그의 독자들 가운데 특별히 어떤 사람들에게 더 적합하고 유용하리라는 것을 알았다. 그러나 그의 다양한 연재 글에서 다룬 많은 주제들이 이제 여러 권의 책으로 출판되자, 책을 구입하는 사람이 그의 현재 영적 이해의 단계에서 볼 때 같은 주제에 대해 저자가 쓴 다른 글보다 덜 유익할 수도 있는 핑크의 가르침을 받아들일 수가 있게 되었다. 여기서 알아두어야 할 요점은 핑크에게 꽤 상이한 면이 있는데, 단지 그의 초기 저작들과 후기 저작들 사이에서만이 아니라 그가 다루었던 여러 가지 유형의 글들 사이에서도 있다는 것이다.

핑크의 저작은 대체로 말하자면, 다음 세 가지 제목으로, 곧 신학적인 것과 강해적인 것, 그리고 경험적인 혹은 신앙적인 것으로 분류할 수 있다. 물론 여기에는 겹치는 부분도 있다. 신앙 경험을 다루는 그의 저술들은 교리를 기초로 집필되었다. 그리고 좀더 신학적이거나 강해적인 글들이라고 해서 영적인 적용이 부족한 것은 아니다. 그러나 차이는 있었다. 핑크의 저작을 평가할 때 이 점을 알고 있어야 한다.

핑크가 이 모든 영역에서 한결같이 탁월했던 것은 아니다. 확실히 그가 교회의 저명한 신학자나 교리를 가르친 선생들과 어깨를 나란히 할 수 있는 것은 아니다. 교리에 관한 핑크의 글들은, 그가 종종 그렇듯이 정확하게 대중적으로 쓸 때라도, 기껏해야 종교개혁 시대와 청교도 시대에 회복된 바울 신학을 말한 것에 지나지 않는다. 그 시기의 개혁주의 사상이라도 성경에 따라 더 철저하게 생각해야 하는(프린스턴 학파의 후기 신학자들의 저작에서 그러했듯이) 경우들에서, 핑크는 대체로 과거의 이해를 따랐고, 그 때문에 손해를 본다. 그가 '언약'이라는 단어를 다루는 점을 예로 들 수 있다. 마찬가지로, 그가 삼백 년 전에는 거의 고려하지 않았던 신학적 문제를 다루는 경우에, 예를 들면 사람이 영과 육으로 이루어졌는지 아니면 영과 혼과 육으로 이루어졌는지 같은 문제에 직면할 경우에, 그는 그릇된 입장을 취할 수가 있다. 그러나 전반적으로 그의 신학은 신뢰할 수 있다. 배우는 학생은 좀더 정확히 알기 위해 다른 저자들의 이야기를 들어 보려고 하겠지만, 핑크는 대중적인 수준에서 교리적인 책 읽기를 되살리고 자극하는 일에 지극히 중요한 일을 해왔다. 20세기 저자들 가운데 핑크 외에 이 같은 말을 들을 수 있는 사람은 거의 없다.

신학에 있어서와 같이, 핑크는 주석가로서도 1급에 속하지는 않는다. 그는 꼼꼼한 주석학자가 되는 데 필요한 재능이 다소 부족했다. 그의 초기 작품인 「창세기 강해」와 「출애굽기 강해」가 재판되지 않았더라도, 그리 손해는 없었을 것이다. 그처럼 분명하게 나타나지는 않을지라도, 이 사실은 그의 「요한복음 강해」에도 적용된다. 이 책들에는 모두 좋은 글이 들어 있다. 그러나 더 나은 글은 다른 곳에서 찾아야 한다. 그의 「히브리서 강해」, 「산상수훈 강해」, 「여호수아 강해」, 「요한일서 강해」는 더 가치가 있다. 그러나 그가 종종 참고했던 옛날 저자들의 책은 그가 이 책들을 쓸 무렵에는 거의 구입할 수가 없었다. 그런데 이제는 그것이 더 이상 문제가 되지 않는다. 핑크가 헌책이라도 구하기 위해 열심히 찾았던 많은 책들이 이제는 다시 인쇄되고 있기 때문이다. 핑크의 강해서들을 읽으면 다소 현대판 '매튜 헨리'를 읽는 것처럼 느껴진다고 말하는 것은 칭찬의 말이면서 또한 비판의 이야기도 될 것이다. 그 강해서들의 부족한 점이 무엇이든지 간에, 사실 그의 책들은 그 단순성과 영성 때문에 성경을 사랑하는 사람들에게 오랫동안 즐거이 읽힐 것이다. 그의 「요한복음 강해」가 그 많은 분량에도 불구하고 1979년까지 14쇄를 기록했다는 사실은 그리스도인들이 주석가로서 핑크의 유용함에 대해 어떻게 느꼈는지를 보여주는 적지 않은 표지다!

핑크가 정말로 은사를 잘 발휘하고 거의 한결같이 사람들을 고양시키고 자극하며 많은 경우에 영감을 주는 것은, 실천적이고 신앙적인 분야에서이다. 이 분야에서 그는 아무도 의지할 필요가 없다. 그는 기도와 자기 부인, 그리스도와의 교제, 은혜 안에서 자라감과 같은 주제를 다룰 때는 자기가 "보고 들은" 것을 말한다. 회심과 영적 경험에서 하나님의 방법에 대한 그의 이해는 대가답고, 오늘날 설교자와 작가들 가운데서 아주 보기 드문 은사를 지녔음을 보여준다. 그는 영적인 어린아이와 성숙한 그리스도인에게 건전한 조언을 할 줄 알았다. 아주 다양한 곤경에 처해 있는 마음을 아는 영적 의사로서 그는 청교도처럼 말한다. 그는 번연이 말하는 "역청처럼 검은" 골짜기, 곧 "오른편에는 아주 깊은 시궁창"이 있고 왼편에는 "훌륭한 사람이라도 떨어지면 발로 딛고 설 바닥을 찾을 수 없는 지극히 위험한 수렁"이 있는 골짜기를 지나갈 수 있고, 다른 사람들이 지나가도록 도울 수 있다.[10]

목회적 능력과 분별력은 교사로서 핑크의 가장 중요한 장점이다. 그는 사람들을 돕기를 갈망한다. 에베소 장로들에게 "모든 양떼를 위하여" 삼가고 "하나님이 사신 교회를 보살피라"(행 20:28)는 바울의 말이 그의 생활의 중심에 있었다. 그런데 앞에서 본대로, 그의 사역에 있어서 모순처럼 보이는 것이 바로 이 점에 있다. 사람이 목회적 책임을 전혀 맡지 않았을 뿐만 아니라 어떤 그리스도인 회중과 생활상 거의 아무 관계도 없이 지낸 25년 동안 내내 어떻게 목회적 직무를 제대로 수행할 수 있었겠는가?

이 주제에 대해서는 이미 앞에서 언급한 바 있지만, 할 말이 좀 더 있다. 핑크가 과거에 전했던 세대주의를 버렸지만, 그 신앙이론이 교회에 대한 그의 생각에 영향을 끼쳤는데, 거기에서 그가 완전히 자유롭지 않았다고 하는 주장은 수긍이 가는 면이 있다. 앞에서 보았듯이, 1920년대에 그는 조직된 형태의 교회는 배교의 마지막 단계에 이르렀고, 그래서 곧 형벌로 하나님의 저심을 받아 눈이 멀게 될 것이라고 믿었다.[11] 참된 신자들의 휴거가 임박했다고 믿었다. "땅에 있는 하나님의 집은 황폐했다"고 말했다.[12] 그가 성취되지 않은 예언에 대한 과거의 견해들을 포기했을 때에도, 여전히 남장로교회에서 목회를 하고 있던 친구 블랙번에게 1941년에 이렇게 쓰고 있다.

> 기독교 국가에서 상황은 형제가 이제까지 알고 있는 것보다 훨씬 더 심각합니다. 형제도 알다시피, 나는 교회가 하나님의 인정을 받고 있다는 증거를 더 이상 볼 수 없다는 결론에 이른 지 십 년 이상이 되었습니다. 그 이래로, 내가 그처럼 극단적이고 우울한 견해를 수정하도록 만드는 어떤 것도 만나지 못했고, 내 주의를 끄는 모든 것은 슬프게도 그 결론이 옳다는 것을 증명했습니다.[13]

앞에서 지적했듯이, 미래의 역사에 대한 핑크의 견해가 끝까지 비관적으로 지속되지는 않았다.[14] 그러나 1930년대의 경험 때문에, 특별히 그의 가르침이 더 철저하게 성경적이 되었음에도 불구하고 그에 대한 아주 많은 사람들의 부정적인 반응을 보고서 그는 자신이 세대주의자들 가운데서 형성한 교회들에 대한 견해에서 자신의 생각이 옳다고 마음을 굳히게 되었던 것 같다. 언젠가 그는 이렇게 말한 적이 있다. "지금도 나는 세대주의자들의 관점으로 사물을 보지 않기 위해서 노력하지 않으면 안 됩니다."[15] 그에게 영향을 미친 것은 그 자신의 경험만은 아니었다. 그는 「성경연구」를 받아 보며 잡지의 가르침을 사랑하는 많은 사람들도 마찬가지로 진정한 "자기 교회"를 찾지 못해 어쩔 줄 몰라 한다는 것을 알았다. 한 독자가 호주에서 핑크에게 다음과 같이 썼는데, 그것은 많은 사람을 대신하여 한 말이다. "이제 목사님의 성경 강해의 진가를 어느 때보다도 절실하게 느낍니다. 물론 이런 식의 증거를 사람들이 받아들이려고 하지 않기 때문에 그 증거를 받아들이면 대부분의 사람들과 교제가 끊어지게 됩니다."[16] 더글러스 크레이그는 사우스 웨일스 스완지에 살았던 자기 부친에 대해 다음과 같이 이야기한다.

내가 초신자였을 때, 부친께서는 1920년대 초 핑크 목사의 「하나님의 주권」을 처음 입수하여 읽었던 일과 그 책에 대한 부친의 첫 반응에 대해 말해 주던 것이 생각난다. 이때 부친은 "형제교회"에 속해 있었고, 따라서 알미니안주의와 자유 의지를 주장하는 가르침에 깊이 빠져 있었다. 부친은 당시 「성경연구」를 보고 있지 않았다. 부친은 핑크 목사에게 편지를 써서 자신이 그 책에 대해서 생각한 바를 이야기하고, 책 내용에 "소금을 좀" 넉넉히 칠 필요가 있다고 했다. 핑크 목사는 매우 설득력 있게 답변을 했지만, 부친에게 책의 내용을 성경과 비교해 보고 주님께 빛을 주시기를 구하라고 말했다. 이 편지를 찾아 낼 수는 없지만, 한 가지 사실은 확실하다. 즉 부친께서 하나님의 개입과 자비를 통해서 핑크의 가장 강력한 후원자의 한 사람이 되었고, 이 나라 이 지역에 관한 한, 1925년부터 1950년에 이르기까지 오랜 세월 동안 복음주의 교회 권역 안에서 부친 홀로 주권적인 은혜라는 진리를 전파했다. 이 사실이 부친이 일생 동안 함께 신앙생활을 했던 '형제교회 교인들'을 몹시 화나게 만들었고, 그들은 부친을 그들의 교제에서 제명하고 '이단자'라고 불렀다. 그래서 부친은 핑크 목사가 경험했던 바로 그 입장, 곧 문이 굳게 닫히고 완전히 고립된 위치에 처하게 되었다.

그런 경험들이 핑크와 편지를 주고받은 이들 사이에서 보기 드문 일이 아니었을지라도, 교회 출석에 대한 핑크의 입장이 몇몇 인용문들이 암시하는 것처럼 그렇게 뚜렷하거나 극단적이지는 않았다. 한편으로 핑크는 때로 강력하게 분리를 주장하여, 신자는 주님께서 계시지 않는 "타락한 체제"에서 나와야 한다고 말했다. 언젠가 그는 알미니안주의 설교를 듣고 앉아 있기보다는 아예 교회에 가입하지 않는 것이 낫다고 조언하기도 했다. 다른 한편으로 그는 "불완전한 교회"에서 물러나는 것을 반대했다. "완전한 교회는 지금까지 이 세상에 없었고 앞으로도 없을 것이다."[17] 그는 "그리스도인들이 '교회'를 버려야 할 아무 이유가 없고 그리스도를 인정하고 예배하며 그리스도께 경의를 표하는, 하나님을 고백하는 사람들의 모임을 떠나야 할" 정당한 이유는 아무것도 없다고 경고한다. 그러나 이따금 「성경연구」에서 그는 생명이 없고 무능력한 것으로 판단되는 정통 교회에는 출석하지 않는 것이 낫다고 주장했다. 그 신념을 지지하기 위해 그는 "경건의 모양은 있으나 경건의 능력은 부인하니 이 같은 자들에게서 네가 돌아서라"(딤후 3:5)는 바울의 말을 인용했고, 다음과 같은 말로써 자신의 주장을 변호했다.

사람이 소위 '건전한 설교'라는 것을 들으면서, 그 자신은 아무 잘못이 없지만 설교에서 아무 유익을 얻지 못할 수가 있습니다. 요즘 '죽은 정통'이 널리 퍼져 있습니다. 그곳에서는 진리가 전파되지만 열정이 없이 전해집니다. 강단에 아무 생명이 없다면 회중석에 생명이 넘칠 수 없을 것입니다. 메시지가 하나님으로부터 신선하게 나오며 설교자의 가슴에서 따뜻하고 진실되게 나오고, 성령의 능력으로 전해지지 않는 한, 그 메시지는 듣는 사람의 마음에 도달하지 못하고, 그가 은혜 안에서 자라도록 돕지도 못할 것입니다. 기독교계에 한때는 활기 있고 상쾌하며 영혼에 유익한 설교를 들을 수 있었으나 성령을 근심시키고 소멸시켜서, 이제 그곳에 들어가는 것은 마치 시체 보관소에 들어가는 것과 같이 모든 것이 냉랭하고 기쁨이 없으며 생기가 없는 곳이 많이 있습니다. 그런 교회의 직분자들과 교인들은 딱딱하게 굳어 있는 것처럼 보이고, 그런 예배에 참석하면 열정이 식어지고 무감각하게 만드는 영향력에 감염되고 맙니다. 영혼을 하나님께로 들어 올리고 주님을 기뻐하게 만들며 감사한 마음으로 순종하도록 자극하지 못하는 설교는 영혼을 내던지고 이내 절망의 구렁텅이에 빠뜨리고 맙니다.

장차 올 그날이 되어서야 비로소 얼마나 많은 그리스도 안의 어린아이들이, 하나님 말씀의 순전한 젖을 공급하지 못하는 설교를 앉아서 듣고 있음으로 스스로 성장을 막았는지가 드러나게 될 것입니다. 오직 그날에 이르러서야 비로소 얼마나 많은 초신자가 첫 사랑의 열심과 기쁨 가운데 지내다가 예배드리러 간 곳의 냉랭함과 무감각함 때문에 실망을 하고 낙담하게 되었는지 알 수 있을 것입니다. 하나님께서 그런 설교를 듣고 있는 사람을 중생시키는 일을 좀처럼 하시지 않는다는 것이 이상한 일이 아닙니다. 그런 곳은 하나님의 어린아이들을 위한 육아실로 전혀 적합하지 않을 것입니다. 영적 쇠퇴가 바로 이 원인에서 많이 발생한 것으로 보아야 합니다. 그러므로 젊은 그리스도인이여, 여러분이 출석하는 곳이 어떤 곳인지 주의하기 바랍니다. 만일 여러분이 그리스도가 높임을 받고, 그의 임재를 느낄 수 있는 곳, 하나님의 말씀이 성령의 능력으로 전해지고 여러분의 영혼이 진정으로 양식을 먹는 곳, 갈 때와 같이 허전한 마음으로 돌아오지 않는 곳을 찾을 수 없다면, 집에 머물면서 시간을 내어 무릎을 꿇고 직접 하나님 말씀에서 양식을 받아먹으며 여러분의 영적 생명에 확실히 도움이 되는 글을 읽는 것이 훨씬 더 낫습니다.[18]

이런 말에 일리가 있기는 하지만, 거기에는 실제적인 위험도 있다. 이런 말은 많은 경우에 참된 교회일 수도 있는 곳을 떠나도록 부추기며, 또 고립되어 지내기보다는 다른 신자들과(비록 그들이 연약하고 강단에 서 있는 사람이 활기가 없을지라도) 사귐을 가져야 할 의무가 있다는 것을 알지 못하는 그리스도인에게 핑곗거리를 제공한다. 정말로 '차라리 집에 있는 것이 낫다'는 충고를 정당화할 만큼 심각한 이단적인 태도가 교회에 있는가? 디모데후서 3:5에서 "돌아서라"는 사도의 권고는 생명이 다소 부족한 신자들의 회중에 대해서 하는 말이 아니다. 그리고 정통 교회의 회중을 방문하는 사람이 그곳이 경건의 '능력'을 부인하는 곳인지 아닌지를 순전히 주관적으로 판단하는 것은 매우 위험한 일이다.

그 다음에 교회에 대한 핑크의 견해에는 옹호할 수 없는 면들이 있다. 그러나 이 분야에서 그의 견해들이 상반되는 점이 있다는 사실은 때로 그의 실수가 무엇이든 간에, 그 의견들이 배타적인 마음을 지닌 편협한 분파주의자에게서 나온 것이 아니었다는 점을 보여준다. 그는 주저하지 않고 이전의 입장으로 돌아가 기독교계의 마지막이 정말로 "임박했다"고 말했다. 1947년에 그는 기회만 있으면 독자들에게 "주님이 바로 문 앞에 계시다"는 증거들이 한 세기 전부터 주장되어 왔다는 점을 상기시킨다. 그가 교회들 "밖에서" 지내는 것에 관해 많은 이야기를 했음에도 불구하고, '분리'되어 믿는 사람들(특히 형제교회 사람들)보다는 일반 교회들이 「성경연구」에 들어있는 진리들에 더 관심을 많이 가질 수 있다는 것을 기꺼이 인정할 생각이 있었다. 이미 말했듯이, 그의 독자 또는 편지를 주고받는 이들 가운데는 교회와의 교제가 '끊어진' 사람들이 많이 있었지만, 그가 정기적으로 편지 왕래를 하는 사람들 가운데는 핑크가 개인적으로는 계속 교제할 수 없다고 생각한 교회들과 관계를 유지하는 이들도 있었다. 말년의 편지 왕래에서는 교회 출석을 단념시키려고 애쓰지 않았고, 때로는 그리스도인들에게 교회를 찾도록 주위를 둘러보라고 격려하기도 했다.

그는 형제교회 관계당국으로부터 많은 '비난'을 받았지만 그들과 교제를 유지했다. 그는 케임브리지의 학생인 윌리엄 네이스미스에게 형제교회에 대해 이렇게 쓰고 있다.

나는 케임브리지 안에 형제가 참석할 수 있을 형제교회의 '모임'이 있을 것이라고 생각합니다. 그런 모임이 없다면, 가까이에 '엄격한 특수침례교회'가 있는지 알아보고, 그 예배에 몇 번 '참석해' 보기 바랍니다. 나는 그들이 충실한 '칼빈주의자들'일지라도 그들을 지지하지 않습니다. 그러나 그 교회의 예배에 참석해 보면 형제의 시야가 넓어질 것입니다. 형제를 케임브리지 안에 있는 몇몇 '하나님의 백성'과 만나도록 주선하는 것을 주님께서 기뻐하실 것이라고 나는 믿습니다.[19]

이런 인용문을 보면 핑크가 자신의 경험을 다른 사람들에게 기준으로 삼으려고 하지 않았다는 것을 확실히 알 수 있다. 이 점은 네이스미스에게 보낸 또 다른 편지에서도 분명하게 나타난다. 네이스미스는 다양한 교회들로부터 말씀을 전하도록 초대받았을 때 그런 교회들을 돕기 위해 얼마나 자유롭게 그 초대에 응해야 하는지에 대해 핑크에게 조언을 구했었다. 핑크의 답변은 사실상 다소 개인적인 것이지만, 사람들이 그에게서 들을 것으로 예상하는 독단적인 태도가 없다.

정통 신앙을 가졌는지 의심이 되는 '교회'에서 복음을 전하는 것에 대해 물은 형제의 질문은 여러 각도에서 깊이 생각해 보아야 하는 문제입니다. 내가 그런 질문을 받았다면 기탄없이 "예, 전할 수 있습니다" 하고 말을 했을 때가 있었습니다. 하지만 오늘날은 주저되고, 나는 그것이 기도한 후에 각 사람이 스스로 판단하고 "자기 마음에 충분한 확신이 있어야" 하는 문제라고 생각하고 싶습니다. 나는 개인적으로 그런 요청을 많이 거절했는데, 그런 교회들의 강단에 서면(잠깐 동안이라도) 그 '교회'에서 행해지고 있는 바를 인정하는 꼴이 될 것이라고 느꼈기 때문입니다. 어떤 사람들은 이렇게 말할지 모릅니다. "그 교회가 그리 잘못되지 않은 것이 틀림없어. 그렇지 않다면 핑크 목사가 그 교회 강단에 서지 않았을 거야." 형제가 그 교회에 갈 경우, 성령께서 형제의 메시지를 능력으로 감싸시지 않는 한, 형제는 그냥 "허공을 치는"(고전 9:26) 일을 하게 되지 않겠습니까? 그런데 성령을 "소멸하는" 곳에서 성령님이 그렇게 하시겠습니까? 사도행전 16:6-7을 깊이 생각해 보시기 바랍니다. 그러나 다른 한편으로, 분파주의에 편을 들거나 형제가 "주께 속한 자유인"(고전 7:22)임을 부정하는 어떤 억압에 굴복함으로써 '성령을 슬프시게' 해서는 안 됩니다.[20]

그 다음에는, 핑크가 교회의 공동체 생활에서 물러나 지낸 것이 그의 가르침에 얼마나 깊이 영향을 미쳤는가 하는 문제가 남는다. 그에 대한 답변으로 두 가지 사실을 말할 수 있을 것이다.

그의 그런 태도가 때로는 그의 저술들에 너무도 뚜렷하게 나타나는 부정적이고 비판적인 요소를 조장하는 경향이 있었다. 그의 말투가 솔직하고 무뚝뚝하다는 점을 참작하고, 더 중요하게는 책망과 경고가 목사의 직무의 한 부분이라고 생각하는 그의 신념을 고려할지라도, 우리는 그가 쓸데없이 거칠게 싸잡아서 말하는 것이 아닌가 하는 의문이 드는 때가 있다. 비교적 고립된 상태로 지내고,

정상적인 교회 생활을 하도록 부추기는 증거들을 보지 못하는 가운데서 "나만 홀로 남았나이다"(왕상 18:22) 하고 생각하게 만드는 유혹이 강하게 작용했던 것으로 보인다. 바울 사도조차도 마음이 같은 형제들이 필요해서 "낙심한 자들을 위로하시는 하나님이 디도가 옴으로 우리를 위로하셨"다(고후 7:6)고 쓸 정도였다면, 핑크는 그런 교제의 부재로 말미암아 생기는 상실감을 피할 수 없었을 것이다. 그는 외로움을 뼈저리게 느꼈다. 그 외로움을 편지 왕래로 달래려고 애썼다. 그래서 때로는 어떤 사람에게는 좀더 자주 편지하라고 재촉하기도 한다. 또한 그는 한 편지에서 시인하듯이, 편지 왕래는 "사람이 직접 접촉하고 말하는 데서 느끼는 생명과 온기"가 없기 때문에 의사소통의 수단으로서는 다소간 불만족스럽다는 것을 알았다.[21]

핑크가 아침에 스토너웨이 주변을 외롭게 산책을 했을 때처럼 하늘이 너무 어두웠던 날들이 있었다. '배교한 기독교 교회'에 관한 글을 쓰는 가운데 생겼을 수도 있는 날카로운 표현들은 적어도 부분적으로는 교제가 끊어진 채 지낸 데서 생긴 것이다. 그의 저술들에 이따금 또 다른 특징이 나타나는데, 그것도 그의 고립과 관계 있는 것으로 보아야 할 것이다. 그는 동료 사역자들과 함께 일하는 데서 오는 건강한 훈련이 부족했다. 그는 대등한 사람들과 주고받는 활발한 토론의 혜택을 받지 못했다. 핑크의 어떤 견해들에 이의를 제기함으로써 유익을 줄 수 있을 만한 사람이 가까이에 전혀 없었다. 그의 아내 베라는 성경에 아주 능통한 뛰어난 그리스도인이었고, 또 핑크가 거리낌 없이 말했듯이, 그녀가 함께 하지 않았다면 그는 그 사역을 도무지 감당하지 못했을 것이다. 그러나 그녀가 더 깊은 성경적인 문제들에서 "철이 철을 날카롭게 하는"(잠 27:17) 도움을 주어 핑크의 사역에 영향을 끼치는 일을 하지 못한 것은 당연한 일이다.

그토록 오랜 기간 다른 목사와 교사들과 개인적인 교제를 전혀 나누지 못했기 때문에 핑크가 때로 개인적인 견해들을 독단적으로 표현하기가 쉬웠다. 그리고 이런 태도는 그의 저술들의 가치를 떨어뜨릴 것이다. 그는 "우리가 정직하다면, 우리 대부분은 우리 안에 교황적인 성향이 꽤 있다는 점을 인정하지 않을 수 없다. 그러므로 불관용과 무정한 마음이 참된 그리스도인들의 인품을 손상시킨 경우가 많았다는 사실은 놀랄 일이 아니다"라고 쓰고 있다.[22] 핑크는 그 악을 알았다. 그리고 그의 영성이 뛰어났기 때문에 그의 저술들에는 그런 점이 거의 보이지 않는다. 하지만 어쨌든 그런 악이 나타나는 경우에 그 잘못은 교사로서 그가 너무 멀리 혼자 떨어져 있었다는 사실과 관계가 있다.

그러나 핑크가 어떤 회중이나 교단과 일절 관계를 맺지 않고 지내게 된 것에 관해 이야기할 두 번째 사실이 있다. 그 사실이 그의 부족함을 정당화하지는 않지만 주의하여 살펴볼 가치는 있다. 왜냐하면 그의 가르침 가운데 지극히 중요한 의미를 지닌 면을 강화하기 위해 교회와의 관계를 단념했기 때문이다. 앞에서 이미 본 대로, 시드니를 떠난 후로 교회와의 관계에서 핑크가 안고 있는 문제는 하나님께서 자신을 가르치는 일로 부르셨다는 그의 확신과 관계가 있다. 그러나 가르치는 일은 그가 출석하는 그룹과 회중들 안에서는 적어도 그들의 교단적 입장을 취하지 않고서는 할 수 없는 일이었다. 형제교회, 엄격한 침례교회, 스코틀랜드 장로교회, 이들은 모두 핑크가 그들의 독특한 입장들을 따랐다면 기꺼이 그를 강단에 세웠을 것이다. 그러나 그가 그들 가운데 그들의 교단적 입장을 분명하게 지지하지 않은 채 손님으로서만 지내는 한, 그의 도움을 요청하지 않았다.

영적으로 발전한 결과로, 핑크는 1930년대에 자신이 당시의 어떤 교단에도 속하지 않는 것을 알았다. 그가 사상과 정신에서 가장 가깝게 느끼는 사람들은 이미 죽었다. 그들의 교단적 소속은 다양했다. 그들이 토머스 맨턴과 매튜 헨리 같은 장로교회 교인이든, 아니면 존 오웬과 조나단 에드워즈 같은 독립교회 사람이든, 혹은 앤드류 풀러와 스펄전 같은 침례교회 교인이든 간에, 핑크가 능력 있고 경험적이며 생기가 넘치는 기독교에 반드시 필요하다고 본 것은 그들이 공통적으로 가지고 있던 중요한 사실들이었다. 그는 이것들을 되살리려고 애썼다. 그래서 다양한 교회 그룹들이 부차적인 문제들을 과도하게 강조하고, 주로 그런 문제들에 동의하는 부류와만 교제하는 것을 보면 볼수록 그만큼 더 그는 자유로운 입장을 유지하려고 결심했던 것이다.

어떤 사람들이 교단 문제에 대해 제시한 해결책, 곧 교단은 모두 "사람이 만든 것"이고, 그래서 "주님께로" 다시 모으는 것이 필요하다는 주장은 별로 핑크의 마음을 끌지 못했다. 그는 이런 식으로 말하는 사람들은 많은 경우에 "어떤 교단보다도 분파주의적"이라고 생각했다. "이들은 그릇된 제도에서 떨어져 나왔을 뿐만 아니라 하나님 백성의 대다수로부터도 떨어져 나왔다"고 했다.[23] "교회 문제에서 부차적인 차이점은 계속 남아 있을 것이며, 양 무리의 지체들은 여기저기 많은 교회 울타리 안에 흩어져 있게 되어 있다"는 것이 그의 신념이었다.[24] 필요한 것은 부차적인 차이점들을 없애는 것이 아니라 그리스도의 나라 전체의 건강이 달려 있는 중요한 사실들을 회복하는 것이었다. 그렇게 할 때 참된 신자들이 통일성을 발견할 것이고, 서로의 교회들에서 돕는 자로 환영받을 것이다. 다음은 그의 견해를 잘 요약해서 보여준다.

> 우리는 사소한 일들, 곧 하나님의 자녀들이 필시 이 땅에서 결코 일치를 보지 못할 사소한 일들을 너무 중요하게 생각하기보다 우리 모두가 공동으로 안고 있는 중요한 문제들에 마음을 써야 합니다.……
>
> 기독교계 안에 다양한 복음주의 교단들이 있는 것에 대해서 사람들에게 어떤 책임이 돌아가든지 않든지 간에, 그 일에서 하나님의 다스리시는 손길을 잊지 않도록 해야 합니다. 과거의 지도자들이 적어도 우리만큼 하나님께 헌신했고 또 우리만큼 하나님의 말씀을 지키려고 애썼던 사람들이라고 믿어야 할 것인데, 우리는 걸핏하면 과거의 지도자들을 비판할 수가 있습니다. 그래서 우리는 하나님의 섭리를 두고 이러쿵저러쿵 이야기하지 않도록 매우 조심할 필요가 있습니다. 인간의 실

패를 통해서 하나님께서 사람들에게 맡기신 것이 무엇인지가 드러나는 것이 사실이지만, 이 점을 잊지 않아야 합니다. "만물이 주에게서 나오고 주로 말미암고 주에게로 돌아감이라. 그에게 영광이 세세에 있을지어다. 아멘"(롬 11:36). 주요한 복음주의 교단들을 임명하고 복을 주신 일에서 하나님의 인도하시는 손길과 "각종 지혜"(엡 3:10)를 알아차리지 못한다면 우리는 역사에 아주 무지하거나 역사를 피상적으로밖에 보지 못하는 사람들입니다.……현재 필자는 어떤 교단이나 제도 혹은 신앙을 고백하는 어떤 그리스도인 집단 내에 있는 작은 결점을 일일이 변호할 생각이 없습니다. 반면에 그들 모두에게서 하나님으로부터 나온 것은 무엇이든지 기꺼이 알아보고 즐거이 인정할 마음이 있습니다. 나는 어느 교회에도 속해 있지 않고 어떤 그룹의 일원도 아니지만, 주님을 사랑하고 매일의 행실을 통해서 진정으로 주님을 기쁘시게 하려는 마음을 증거하는 사람은 누구든지 그와 그리스도인의 교제를 나누고 싶습니다. 나는 어느 한 "교회"나 그룹 혹은 사람이 모든 진리를 소유하지 못한다는 것과, 사람은 나이가 들수록 다른 사람들에게 모든 점에서 성경에 대한 자기 해석을 받아들여야 한다고 요구하는 사람들을 잘 참지 못한다는 것을 알 만큼 오랫동안 살았고 또 충분한 여행을 했습니다.

우리는 분파주의자의 편협함과 세상의 '도량 넓음' 사이에서 중용을 취해야 하고, 일부러 진리를 굽히는 것과 하나님의 백성들 가운데 어떤 사람들이 비본질적인 일들에서 나와 다르기 때문에 그들을 외면하는 것 사이에 중용의 길을 택해야 합니다. 음식들 가운데 내가 좋아하는 방식으로 요리되지 않은 것이 있다고 해서 식사 자체를 거부해야 하겠습니까? 주 안에 있는 형제가 내가 좋아하는 구호를 정확히 발음할 수 없다고 해서 그와 교제하기를 거절해야 하겠습니까? "평안의 매는 줄로 성령이 하나 되게 하신 것을 힘써 지키라"는 말씀 바로 앞에 "사랑 가운데서 서로 용납하라"(엡 4:2-3)는 말씀이 나오는 것이 이유가 없는 것이 아닙니다. 내 속에 내 형제가 나에 대해 "참아야" 하는 것이 더 많지는 않다 할지라도, 나를 불쾌하게 하는 것이 그에게 있는 것만큼은 있습니다. 매우 훌륭한 그리스도인인 매튜 헨리가 말했듯이 "더 중요한 사실들에 뜻을 같이할 것을 생각하면 사소한 일들에 대한 모든 불화가 사라질 것입니다."[25]

「성경연구」의 곳곳에는 이런 취지의 글들이 많이 있다. '모든 성도들에 대한 사랑'이라는 제목 아래 핑크는 아담스E. Adams의 이런 말을 여러 번 인용한다.

"우리를 따르지 않는"(막 9:38) 그리스도인들을 어떻게 생각해야 하느냐고 초신자가 물을 수 있습니다. 글쎄요, 마음이 넓은 사도 바울은 그들을 어떻게 보겠습니까? 그들이 하나님의 자녀가 아닙니까? 생각은 다를지라도 마음은 같을 수 있고, 우리가 아무것도 보지 못하는 곳에서 하나님은 좋은 점을 보십니다. 이 사람들이 여러분보다 빛을 덜 받았다고 생각한다면, 그들의 궁핍함은 여러분의 도움을 요구하는 것입니다. 그리고 잘 믿지 못하겠지만, 그들이 여러분에게 무엇인가를 가르칠 수 있습니다! 여러분은 그들을 의심의 눈초리나 경멸의 눈초리로 보지 않도록 조심해야 합니다. 여러분도 그들과 똑같이 혈과 육으로 지음을 받았고, 동일한 은혜가 여러분에게서와 같이 그들 안에서도 작용하고 있습니다. 하나님은 장소보다 사람을 사랑하십니다.

그룹마다 혹은 사상 학파마다 그 나름의 강조점이 있고, 때로는 그 나름의 독특한 어법이 있습니다. 신앙적인 표현에 너무 집착하지 않도록 하십시오. 같은 진리를 얼마든지 다른 방식으로 표현할 수 있습니다. 진리가 우리에게 어떤 경로를 통해서 오든지 간에 우리는 모든 진리를 환영하는 법을 배워야 합니다. 그리고 그리스도의 선물은 그의 모든 백성을 위한 것입니다.[26]

이 인용한 말에 핑크는 다음과 같은 말을 덧붙인다.

위의 글은 몇몇 극단주의자들이 마음에 새겨야 할 진리의 한 면을 강조합니다. "그릇 행하는 사람들"과 함께 행하기를 거절하는 것과 우리가 좋아하는 구호를 모두 발음하지 못하는 사람과 교제하기를 사양하는 것 사이에 중용의 길이 있습니다.

같은 주제에 대하여 다른 곳에서 그는 다음과 같은 스펄전의 말을 인용한다. "교회들이 서로 뜻을 같이하려면, 자기 교단에 속하지 않은 목사를 강단에 세워서는 안 된다는 규칙을 만들어서는 안 됩니다. 여러분이 우리와 의견이 다른 사람은 내 강단에 세우지 않겠다는 결정을 내렸다면, 나는 유감스럽게 생각할 것입니다." 계속해서 핑크는 이렇게 말한다. "그리스도의 그 명예로운 종은 마음에 하나님의 사랑을 너무 많이 품고 있어서 신앙이 건전하고 행실이 단정한 포도원의 다른 일꾼들에게 자기 강단을 금할 수 없었습니다. 하나님께 크게 쓰임을 받은 그 고귀한 사람은 때로 분파주의자의 생각들보다 훨씬 더 고귀한 기준을 적용했습니다. 슬프게도 이 점이나 다른 어떤 점에서 그와 견줄 만한 사람은 거의 없습니다! 사람이 주님의 좁은 길을 굳게 지키면서도 마음이 편협하고 좁아지지 않을 수 있다는 점을 지적할 필요가 있습니다. 사람이 하나님께 충성한다고 해서 하나님의 종들에게 무정하게 행동할 필요는 없습니다. 자기들의 특정한 제복을 입지 않은 사람들에게는 일절 강단을 허용하지 않는 교회들은 성령을 슬프시게 하고 있으며, 많은 경우에 자기들에게 정말로 필요한 도움을 놓치고 있는 것입니다. 성령의 하나 되게 하심을 무시하는 사람은 반드시 손해를 보게 되어 있습니다."[27]

이 점은 핑크의 가르침에 있어서 매우 중요하기 때문에 다음 두 글을 더 인용해 보는 것이 바람직할 것이다.

신앙의 기본적인 진리들에 관해서 지적인 일치가 있는 곳에서조차, 경건한 사람들은 그들의 교회적인 견해와 상당히 의견이 달랐습니다.……한편으로 우리는 물리적인 영역과 사회적인 영역에서 그랬듯이 교회의 영역에도 아주 다양한 유형들을 섭리 가운데 배정하신 분의 지혜를 칭송해야 합니다. 물론 이것은 우리가 따라야 할 규칙은 아니고 칭송해야 할 주제입니다. 그러나 다른 한편으로 같은 기초 위에 서 있다는 점에서 연합되어 있고, 성경의 기본적인 모든 진리들에서 의견이 일치하는 사람들이 부수적인 차이점들을 너무 강조한 나머지 상호 간에 사랑과 인내를 발휘하지 못하고, 그리스도의 공통된 대의를 진척시키기 위해 각자의 분야에서 협력하여 일하기보다는 쓸데없는 논쟁과 무정한 비난으로 서로를 괴롭히는 일이 너무 많다는 사실을 개탄하지 않을 수 없습니다.[28]

편협과 당파심, 불관용의 정신은 마음이 좁고 영적으로 미숙함을 나타내는 표지입니다. 그리스도의 학교에 처음 들어갈 때, 우리 대부분은 같은 가족 내의 식구들 사이에는 차이점이 거의 없을 것으로 생각했습니다. 그러나 그 식구들을 광범위하게 앎으로써 우리는 더 많은 것을 배웠습니다. 왜냐하면 우리는 그들의 생각이 그들의 지방 사투리 이상으로 그들의 얼굴과 기질만큼이나 가지각색이고, 전체적으로는 같으면서도 많은 점들에서 의견과 정서가 상당히 다르다는 것을 발견했기 때문입니다. 하나님의 모든 백성들이 하나님에 대해서 배우지만, 그들은 '부분적으로' 알 뿐이고, 또 이 사람이 아는 '부분'을 저 사람은 모를 수가 있습니다. 모든 성도에게 성령께서 내주하시지만, 성령께서 성도들 안에서 획일적으로 활동하시지 않고 똑같은 은사들을 주시지도 않습니다(고전 12:8-11). 이렇게 해서 "사랑 가운데서 서로 용납하는"(엡 4:2) 기회가 우리에게 제공되는 것입니다. 그러므로 한마디 말 때문에 사람의 마음을 상하게 하거나 나와 의견이 다른 사람들을 멸시하지 않도록 해야 합니다. 은혜 안에서 성장했다는 증거는, 내가 당연히 요구할 수 있는 것이라고 주장하는 개인적인 판단과 자유의 권한을 다른 사람들에게도 주는 온순함과 관용의 정신에서 나타납니다. 일반적으로 그리스도인은 "본질적인 것에는 일치를, 비본질적인 것에는 자유를, 그리고 이 모든 것에 사랑을"이라는 격언에 동의할 것입니다.[29]

앞에서 지적했듯이, 이렇게 말한다고 해서 핑크가 부차적인 차이점들을 깨끗이 잊어버렸다는 뜻은 아니다. 그런 태도를 갖는 것이 그에게는 불가능했을 것이다. 왜냐하면 그런 차이점들이 성경의 문제와 관련이 있고, 그의 모든 사고의 주요 원칙은 모든 일에서 하나님 말씀의 최고 우위성에 절대적으로 복종해야 한다는 것이었기 때문이다. "여러분과 하나님 말씀 사이에 어떤 영향력이 개입하지 않도록 조심하십시오.······모든 분파주의의 시작은 사람에게 굴복하는 데 있습니다. 즉 인간의 권위가 하나님의 권위를 대신하는 것입니다."[30] 부차적인 일들에서도 그리스도인은 "하나님의 계시된 뜻으로 나타나는 것에 규제를 받아야" 한다. 그러나 서로 인내해야 하는 의무는 다른 사람들이 자신의 판단과 양심에 따라 그 일을 하도록 두어야 한다는 것을 의미한다. "각각 자기 마음으로 확정할지니라"(롬 14:5). "여러분이 자신의 의무라고 확신하는 것을 이행하고, 다른 사람들도 그와 같이 하도록 놓아두십시오. 그같이 함으로써 개인의 권한들이 보존되고, 공동체의 평화가 증진됩니다."[31] 핑크는 인내가 필요한 영역의 본보기로 '크리스마스'나 '부활절'을 지키는 문제를 예로 드는데, 이 절기들을 어떤 그리스도인들은 지키고 어떤 그리스도인들은 지키지 않는다. "교제를 지속하려면 많은 아량이 필요합니다."[32]

필자는 하나님께서 핑크가 이렇게 성경적 보편성을 강조하고, 그리스도인들 사이에서 회복해야 할 필요성이 아주 절박한 진리들을 구별할 것을 강조하도록 인도하셨다고 믿는다. 앞에서 이야기했듯이, 그는 걸어온 굴곡진 외로운 길 때문에 오히려 이런 점을 강조하게 되었다. 그는 그 기간에 다른 사람들처럼 성경에 충실하면서 한 교회나 교단을 섬겼을 수도 있었다. 그런데 그렇게 하기보다 하나님의 인도로 그는 어떤 한 분파의 성격을 전혀 나타내지 않기로 결심하고 발행하는 작은 잡지를 가지고, "불필요하게 사람의 감정을 상하게 할 것은 무엇이든지 피하고, 전체적으로 더 넓은 사역에 헌신하여 하나님 백성들 가운데서 '가장 확실하게 믿는 것들'만 다루려고 노력했다(이따금 예외적인 경우가 있지만)."[33]

그가 스코틀랜드 헤브리디스 제도의 외딴곳에서 사람들이 모르는 가운데 죽었을 때, 이 정책의 충분한 의도를 사람들은 몰랐다. 아더 핑크가 새로운 세대의 지도적인 선생들 가운데 한 사람이 된 것은 겨우 새로운 시대가 동트기 시작했을 때, 곧 하나님 말씀에 대한 더 깊은 갈망이 영어권 세계에서 다시 나타나기 시작했을 때였다. 그는 그토록 많은 사람들이 자기들 교회의 환경에서 발견하는 것보다 더 넓고 웅대하며 더 근본적인 것을 보도록 고무시키는 일을 했다. 사람들이 그에게 귀를 기울인 것은 그가 침례 교인이나 장로 교인이었기 때문이 아니라, 그들의 마음에 성경에 대한 새로운 열심과 사랑을 불러일으킨 열정을 그의 말에서 발견했기 때문이다. 하나님의 은혜로운 섭리에 의해 핑크의 책들은 이제, 그를 이해하지 못한 세대의 냉대 때문에 그가 교회와 교단에서 잠잠히 지낼 수밖에 없던 시절에 그의 사역이 끼쳤던 것보다 훨씬 더 광대한 영향을 끼치고 있다.

언젠가 한 친구가 그에게 이같이 썼다. "목사님의 인생은 정말 경이롭습니다. 목사님이 공중 설교 사역에 대해 입을 닫고 지내야 한다는 것이 참으로 신비한 일입니다" 그런데 반세기 후에, 우리는 그런 섭리의 의미를 조금 더 보고 하나님께 감사드릴 수가 있다. 필자는 벨처 박사가 그의 핑크 전기의 마지막에서 진술한 견해에 전적으로 동의하지 않을 수 없다.

> 필자는 자신이 아더 핑크 같은 사람의 신발 끈을 묶기에도 합당치 못하다고 느낀다. 핑크에 대한 오랜 연구를 시작할 때도 그에 대한 존경심이 없었던 것은 아니지만 저자에 대해 그런 확신을 갖지는 않았다. 그러나 필자가 그 사람을 알고, 그의 많은 저술을 통해서 그의 심장을 알게 된 지금, 바로 그것이 이 저자에 대해 갖는 확신이다.[34]

16. 「하나님의 주권」에 대한 핑크의 견해

앞에서 보았듯이, 핑크가 공중 사역을 하고자 애썼던 시기에 특별히 고립되어 지낸 것은 바로 그가 알미니안주의적인 신앙에 반대하는 영역에서였다. 그의 책 「하나님의 주권」(1918년)은 그에게 문을 닫히게 하는 데 결정적인 역할을 했다. 그러나 그의 사후에, 그의 저술들로부터 적지 않은 도움을 받아 칼빈주의 신학에 대한 믿음의 대대적인 부흥이 일어났을 때, 그의 저술들이 많은 사람들에게 그토록 호소력 있게 받아들여졌던 것은 하나님의 은혜가 주권적이라는 사실의 재발견과 그리스도의 구속 사역이 실패할 수 없다는 확실성 때문이었다. 대단한 반전이 일어난 것이다. 한때 그토록 널리 무시당했던 진리가 사람의 마음을 끌었고, 핑크의 생전에 인기 있던 기독교 저자들은 사라져 보이지 않았으며, 그의 책이 널리 읽히게 되었다.

1982년에 존더반 출판사 Zondervan Publishing House는 해마다 「요한

복음 강해」를 1,500부에서 2,000부가량을 꾸준히 판매한다고 했다. 그 시기에 베이커 출판사Baker Book House는 핑크의 책을 22권 출판했고, 모두 합해서 거의 35만 부가량을 판매했다.[1] 진리의 깃발 출판사The Banner of Truth가 출판한 「엘리야의 생애」와 「말씀에서 얻는 유익Profiting from the Word」도 같은 성공을 거두었다. 그러나 그의 모든 책들 가운데서 젊은 세대의 사고 방향을 바꾸는 일에 「하나님의 주권」만큼 큰 영향을 끼친 것은 없었다. 진리의 깃발 출판사에서 1961년에 이 책의 재판을 냈고, 외국어로 번역한 것들 외에도 지금까지 이 책을 17만 7천부 이상을 판매했다.

핑크는 칼빈주의자라는 호칭을 쓰지 않았고, 사람들에게 그리스도인이 되기 위해 칼빈주의자가 되라고 요구하지도 않았다. 그러나 그는 보통 칼빈주의라는 이름과 관련된 진리들이 매우 중요한 진리들이라고 믿었고, 그 이유를 설명해 주는 것이 다른 어떤 것보다 「하나님의 주권」이라는 그의 책이다. 그러나 1961년에 진리의 깃발 출판사가 개정해서 출판한 것은 1918년의 초판본과 같지 않다. 여기에는 설명이 필요하다. 이 1918년판을 핑크가 1921년에 개정했다는 사실은 이미 앞에서 언급한 바 있다.[2] 그 다음에 핑크는 1929년 켄터키 주 모튼스 갭Morton's Gap에 있을 때 또 한번 개정했다. 이 개정판 서문에 핑크는 이렇게 썼다. "지난 십 년 동안 하나님께서는 그의 말씀의 어떤 부분들에 대해 내게 빛을 더 비추어 주시기를 기뻐하셨습니다. 나는 성경의 다른 말씀들을 설명하는 일을 개선하는 데 이 빛을 사용하려고 노력했습니다. 그러나 어떤 교리도 바꾸거나 수정할 필요가 없다는 것을 알게 되어 정말 감사하게 생각합니다."[3] 독자는 다음에 이어지는 글에 나오는 연대들을 마음에 간직할 필요가 있다.

핑크가 1929년에 그 책을 얼마나 바꾸었는지 우리는 알 수 없다. 그 후로 이 3판이 다시 많이 인쇄되었지만, 1918년판이나 1921년판을 입수해서 비교해 볼 수 없기 때문이다. 그러나 확실한 것은, 핑크가 1929년 후에 다시 이 책을 개정했다면, 칼빈주의 신앙에 대한 그의 이해가 성숙한 정도만큼 변화가 있었을 것이다. 1930년대 이후로 극단적 칼빈주의에 대한 그의 언급은 매우 두드러지고 비판적인 어조가 강했다.[4] 극단적 칼빈주의의 특징은, 구원을 얻도록 그리스도를 믿는 것이 복음을 듣는 사람들의 책임이 아니라고 가르치는 것이다. 그러나 핑크는 1929년판 「하나님의 주권」에서 인간의 책임에 대한 자신의 가르침이 결점이 있다는 것을 알게 되었다.

부분적으로 당시 그의 결점은 용어상의 혼란과 관계가 있었다. 이 혼란이 그의 전체적인 주장을 위태롭게 했다. 기독교 신학에서 인간의 책임은 사람이 자유로운 도덕적 행위자라는 것, 다시 말해 인간은 자발적인 선택권을 빼앗긴 기계가 아니라는 것을 의미한다고 사람들은 거의 보편적으로 믿어 왔다. 그런데 1929년에 핑크는 '자유로운 도덕적 행위'를 부정했다.[5] 자유로운 도덕적 행위가 인간의 타락으로 말미암아 파괴되었다고 믿는 그 기초에 근거해서 부정했던 것 같다. 그는 이렇게 썼다. "엄밀히 말해서, 이 세상에서 살았던 사람들 가운데 손상되지 않은 완전한 책임을 부여받은 사람은 둘밖에 없다. 그들은 첫 번째 아담과 마지막 아담이다". 이런 진술은 "자연적인 사람은 '자유로운 도덕적 행위자'가 아니기" 때문에 그 외의 모든 사람에게서 책임이 벗겨지지는 않을지라도 죄가 줄어들었다는 것을 불가피하게 암시하게 된다. 핑크가 이렇게 말한 것은, 사람의 타락한 본성 때문에 사람이 영적으로 죽고 무능력해져서 하나님의 은혜가 없으면 하나님께 순종할 수 없다는 성경의 진리를 보호하기 위해서였다. 그러나 어떤 개혁주의 신앙고백도 자유로운 행위와 자발적인 선택의 중지라는 관점에서 사람의 무능력을 설명하려고 한 적이 없었다. 개혁주의 교리가 다른 신학적 교리들과 다른 것은 무엇이 선택을 결정하느냐는 것에 대해서이다.[6]

그렇게 말한다고 해서 1929년에는 핑크가 사람들이 하나님께 책임이 있다는 것을 설명할 필요성을 몰랐다는 뜻이 아니다. 반대로, 1929년판 책에 보존되어 있는 '하나님의 주권과 인간의 책임'에 대한 장에서 그의 목적은 "어떻게 죄인이 할 수 없는 것을 하지 않은 것에 대해 책임을 질 수 있는가"라는 문제를 해결하는 것이었다. 그런데 이 문제를 다루면서 그는 '신학상의 고르디우스의 매듭Gordian knot'(알렉산더 대왕이 칼로 끊어 버렸다고 하는 프리기아 국왕의 고르디우스의 매듭으로, 대담한 방법을 써야만 풀 수 있는 문제를 말함―옮긴이)을 끊어 버릴 수 있다고 믿는 이론을 제출했다. 즉 "성경은 자연적인 무능력과 도덕적 무능력을 분명하게 구별한다"는 것이었다. 이 구별을 사용한다면, 맹인 바디매오는 '자연적인 무능력'이 있었다고, 곧 볼 수 있는 능력이 없었다고 말할 수 있을 것이다.

그리고 이것은 일반적으로 도덕적으로 '무능력'한 사람들과 다르다. 도덕적 무능력은 타고난 기능들의 결핍에 있는 것이 아니라 사람들의 타락한 마음에 있다. "죄인은 자연적인 능력을 지니고 있다. 그리고 사람이 하나님께 책임을 지게 만드는 것은 바로 이것이다"라고 핑크는 주장했다.

그래서 회심하지 않은 사람은 '자연적인 능력'을 갖고서 해야 할 일, 말하자면 성경을 읽는다든지, 은혜의 방도를 사용한다든지, 자신의 무능력에 대해 하나님께 부르짖는다든지 등의 일을 하지 않은 것에 대해 책임을 질 것이다. "사람의 책임이라는 사실은 사람의 자연적인 능력에 기초를 두고 있다". 이 주장은 결국 하나님께서 사람들이 할 수 없는 것을 하라고, 곧 그리스도에 대하여 믿으라고 요구하시지 않는다는 것이고, 따라서 책임의 문제가 해결되었다고 생각했다. 그런데 핑크 자신이 다음과 같이 지나가는 말을 하는 가운데 자신의 주장과 모순되는 진술을 한다. "복음을 듣는 죄인마다 믿으라는 '명령을 받는다'(요일 3:23). 그러므로 모든 죄인은 회개하고 믿을 책임이 있다."

핑크가 1929년 개정판에 이 마지막 인용문을 삽입할 때 그것이 사람의 책임은 '자연적 능력'에 달려 있다는 초기의 진술과 반대된다는 것을 생각지 못했을 수 있다. 결국 '고르디우스의 매듭'이 끊어지지 않은 것은 확실하다. 능력에 대한 자신의 초기 설명을 1929년판에 그대로 두었다는 것이 다소 이상하다. 이 일이 있기 불과 2년 전, 그가 처음으로 극단적 칼빈주의를 접촉하는 가운데 「성경연구」에

'복음 책임'이라는 제목의 글을 썼다는 점을 생각할 때 그렇다. 이 글에서 그가 하나님은 사람들에게 그들의 '자연적 능력' 안에 있는 것만을 사람들에게 행하도록 요구한다는 이론을 완전히 버렸는데, 잘한 일이다.[7] 그는 이렇게 썼다.

> 회심하지 않은 사람은 죽었습니다. 그리고 그것으로 문제는 끝납니다. 즉 사람들은 아무 책임을 질 수 없다고 말하는 사람들이 있습니다. 이것은 명백히 틀린 생각입니다.……극단적 칼빈주의자는 이렇게 묻기를 좋아합니다. "분별 있는 사람이라면 공동묘지에 가서 무덤에 있는 사람들에게 나오라고 명령하겠는가! 그렇다면, 죄로 죽은 사람은 반응할 수 없는데, 어째서 그에게 그리스도에게 오라고 요구하는가?" 그런 질문은 그것을 말하는 사람의 무지함을 무심코 드러낼 뿐입니다. 공동묘지에 있는 시체는 자연적인 사람에 대한 적합한 유추가 아닙니다. 공동묘지에 있는 시체는 악을 행할 수 없습니다! 시체는 그리스도를 "멸시하고 버릴"(사 53:3) 수 없으며, "성령을 거스를"(행 7:51) 수 없고, "복음에 복종하지" 않을(살후 1:8) 수 없습니다. 그러나 자연적인 사람은 이런 일들을 할 수 있고, 합니다!……하나님께서는 사람들에게 그들이 하나님께 내놓을 수 없는 것을 요구하십니다. 우리는 그 점을 이해하지 못할 수 있습니다. 그러나 그것이 사실입니다.……복음에는 복음을 듣는 모든 사람, 곧 복음이 가서 순종하라고 말하는 모든 사람에 대한 하나님의 부르심과 명령이 들어 있습니다.[8]

이 주제에 대해 후에 쓴 글들에서 핑크는 책임에 대한 그의 성숙한 견해는 1929년판 본문에 나오는 것과 같지 않다고 확실히 말한다. 1940년에 출판된 '인간 무능력의 교리'에 대한 글들에서 그는 자유 의지와 자유 행위를 모두 강조할 필요가 있다고 서슴없이 말한다. 자연적인 무능력과 도덕적 무능력에 대한 구분은 사라졌다.[9] 그는 인간의 자유 행위와 만물에 대한 하나님의 통제가 모두 성경적 사실들이라는 것을 깨닫게 된 것이다. "이 진리를 거부하려고 하지 않는다면 우리는 이 두 가지 사실을 믿어야 합니다. 즉 하나님께서는 일어나는 모든 일의 운명을 미리 정하셨다는 것과, 하나님께서는 사람의 악에 대해 결코 비난받을 만한 일을 하시지 않으며, 그 악의 범죄성은 전적으로 사람에게 있다는 것입니다. 하나님의 정하신 뜻은 결코 사람의 도덕적 행위를 침해하지 않습니다. 하나님의 정하신 뜻은 사람의 의지를 강제하지 않고 방해하지도 않기 때문입니다." "하나님께서 인류를 대하시는 모든 일에서, 하나님은 자신의 고귀한 주권을 발휘하시되, 결코 사람들의 도덕적 자유 행위를 파괴하시지 않습니다. 이 사실들은 사람의 유한한 지성에는 설명할 수 없는 깊은 신비로 보일 수 있지만, 그럼에도 불구하고 그것은 실제 사실들입니다." "타락은 결국 사람의 자유 의지, 곧 도덕적 기능인 사람의 의지력의 상실을 가져왔습니다."[10]

이 견해는 회심에 대한 성경적 가르침을 바르게 이해하는 데 반드시 필요한 것이다. 1929년판 「하나님의 주권」에서 여전히 그는 마치 회심에서 인간의 의지를 발휘할 필요성을 인정하는 것은 은혜의 필요를 부인하는 것이 되는 것처럼 썼다. 그래서 하나님께서 순종을 '강제하고' '강요하는' 것으로 말했다. 그는 "그리스도를 영접하거나 거절하는 것이 사람의 의지에" 속해 있다는 생각에서 갑자기 멈춰 섰다. 그는 여호수아가 이스라엘에게 "너희가 섬길 자를 오늘 택하라"(수 24:15)고 말했다는 반론을 예상하고, 그에 대해 "하나님을 찾는 자도 없다"는 로마서 3:11의 말씀을 인용하여 답변하려고 했다. "하나님의 말씀은 결코 모순되는 말을 하지 않기" 때문에 마치 여호수아서의 본문이 말하는 내용을 그대로 의미할 수 없는 것처럼 이야기했다.[11]

이상의 입장과 일치되게, 복음이 개인들에게 받아들일 것을 요구하는 좋은 소식이라는 진리가 1929년판에는 없었다. 극단적 칼빈주의자들과 같이, 여전히 그는 복음의 초대가 그리스도를 "제공하는 것"이라는 생각을 거부하고자 했다. "복음은 복음전도 행상인들이 퍼트리고 다니는 '제공'이 아닙니다." 그보다, 복음은 첫째로 증거와 증언으로 제출하는 것으로, 곧 "단순한 초대가 아니라 선포"라고 생각했다. "하나님께서는" 복음 설교가 "택함받지 않은 자들의 귀에도 들리게 하시지만" 복음 설교는 택함받은 자들이 듣고 믿음에 이르게 할 사실들을 진술하는 것이라고 생각했다.

그러나 1929년판이 출판되었을 때에도 핑크의 생각은 발전하고 있었다. 어쩌면 그가 1929년판에 보여주었던 수정은 그전 해에 이루어졌을 것이다. 아무튼 1929년 「성경연구」에 실린 '그리스도를 영접함'에 대하여 쓴 글에서 그는 어떤 의미에서 '그리스도를 영접하라'는 요구를 정당화할 수 있고, 또 복음을 듣는 모든 사람에게 구주를 '받으라'고 확실히 명령할 수 있다고 말했다. 즉 "주께서 자녀들이 자기에게 오려고 하지 않았기 때문에 예루살렘에 대해 우셨다고 우리 구주에 대해 기록되었습니다. 주님은 결코 무정한 운명론자가 아니셨습니다. 대사도는 이방인들에 대해 이렇게 썼습니다. '우리는 주의 두려우심을 알므로 사람들을 권면하노라'(고후 5:11). 형제 설교자여, 당신은 이렇게 합니까?"[12]

1936년이 되었을 때 핑크는 극단적인 칼빈주의의 오류에 대해, 그리고 특별히 극단적 칼빈주의가 복음을 듣는 모든 사람이 반드시 구원을 얻도록 그리스도를 믿어야 하는 의무를 부인하는 점에 대해 충분히 그리고 날카롭게 이야기한다.[13] 이제 그는 과거에 그랬듯이 여러 가지로 설명하기보다 존 뉴턴의 경고를 인용하는 것으로 그친다.

> 우리가 성경의 계획과 방법을 항상 마음에 새기고 성경의 모든 부분에 주의하지 않으면, '일관성'을 유지하려는 마음이 우리의 정서를 속박하고 우리의 유용성을 크게 방해할 수 있다. 우리는 사람의 자유의 성격에 대해 그리고 사람 마음에 대한 하나님의 행위에 대해 멋진 추론을 폄으로써 자칫 청중들을 혼란스럽게 할 수가 있다. 그런 정교한 주장들은 피하는 것이 더 낫다.[14]

이것은 인간 책임의 문제는 "간단하고 만족스런 결론을 내릴 수 있는" 것이라는 이전의 확신과는 사뭇 다른 태도다. 대신에 이제 그는 이렇게 경고했다. "우리가 인간의 추론을 의지하면, 중생하지 않은 사람들에게 하나님께로 돌이키고 그리스도께 오라고 권하는 것은 아무 쓸데없는 일이라는 결론에 필연적으로 이르게 될 것입니다.……하나님의 일들은 사람의 이성으로 다 헤아릴 수 없습니다."[15]

1930년대가 되었을 때, 핑크는 어떻게 극단적 칼빈주의가 열정적인 복음 설교를 억제하는지를 더욱 분명하게 알게 되었다. 극단적 칼빈주의는 "복음이 구원받지 못한 사람들에게 하나님과 화목하라고 요구한다는 것이나 하나님께서 죄인들에게 그들의 죄를 사함받기 위해서 무엇인가를 요구하신다는 것을 단호하게 부인했다."[16] 반면에 참된 설교는 듣는 모든 사람에게 복음에 반응하라고 권하지 않을 수 없다. "복음전도자의 메시지는 그리스도를 복음으로 권할 때 그를 영접하고 믿는 모든 사람에게는 그리스도 안에서 구원이 있다는 것입니다.……하나님께서는 죄인과 기꺼이 친밀하게 지내려고 하십니다. 그러나 죄인이 하나님과 친밀하게 지낼 조건을 따를 때까지는 친밀하게 대하시지 않을 것입니다."[17] "그리스도를 믿는 자들에게는 복음 안에서 생명이 제공됩니다. 율법 아래에서는 타락한 사람들이 생명을 얻을 수 없습니다. 생명은 복음 안에서 값없는 선물로 제공됩니다."[18]

그는 한 친구에게 이렇게 쓴다. "복음은 공기처럼 값없이 주어집니다. 디모데전서 1:15 말씀은 사형수 감방에 있는 살인자에게 만일 그가 그리스도를 영접하려고 한다면 그를 구원하실 구주가 계시다고 말할 수 있을 충분한 보증을 제공합니다.……죄인은 누구나 초대하여 믿으라고 명령하는 근거는 하나님의 택하심이 아니고 그리스도의 대속도 아닙니다. 그 근거는 죄인이 값없이 제공되는 복음을 받아야 할 구체적인 필요성입니다. 복음은 그리스도께서 죄인들이 그냥 죄인으로('택함받은 죄인'이 아니라) 있을 때 죄인들을 위하여 죽으셨다는 것이고, 따라서 죄인들에게 책임 있는 반응을 보이라고 말하는 것입니다."[19]

이 모든 글을 보고, 그 밖에 입수할 수 있는 많은 인용문을 보면, 핑크의 이해가 1929년 후에 어떻게 발전했는지 알 수 있다. 그 시기 후에, 그는 자신이 잘못 생각했던 것을 분명하게 비판했다. "너무나 많은 칼빈주의자들이 알미니안주의자들의 자유 의지론을 열심히 부인하는 가운데 사람의 도덕적 행위도 부인했다."[20] 그는 그리스도인이 하나님의 주권을 믿는 일에서 어떤 모순도 더 이상 보지 못했고, 그래서 이렇게 노래했다.

오, 주님을 내 구주, 내 하나님으로
선택한 행복한 날이여!

앞에서 언급한, 브래드쇼와의 편지 왕래에서도 핑크는 "복음을 모든 사람에게 차별 없이 제공해야 한다"는 것을 부인하는 복음표준문서에 반대하여 '제공한다'는 말을 강력하게 변호한다.[21] 그는 브래드쇼에게 이렇게 썼다.

나는 29개조가 마음에 들지 않습니다. 정말 의미가 없는 것이라고 생각합니다. 복음을 전파한다는 뜻으로 사용된 헬라어(유앙겔리조)는 '기쁜 소식을 알린다'는 의미입니다. 그런데 '기쁜 소식'이 죄인들이 받을 만한("모든 사람이 받을 만한", 딤전 1:15) 충분한 구주를 제시하지 않는 한, 거기에 어떤 기쁜 소식이 있을 수 있으며, 그것은 단지 한번 '제안하는 것' 외에 무엇이겠습니까? 다시 말하지만, 사람에게 제공된 것이 없었다면, 사람이 거절하는 일을 할 수 있겠습니까? 그런데 이사야 53:3 말씀은 유대인들이 그리스도를 '버렸다'고 비난합니다. 마태복음 21:42과 요한복음 12:48도 보십시오.[22]

위에서 인용한 바 있는, 1936년에 쓴 '믿음의 의무'에 대한 글들에서 핑크는 자신이 생각을 바꾸게 된 연유에 대해 다소 알려 준다. 성경을 조사했을 뿐 아니라 그는 이때까지 개혁자들과 청교도들의 글을 더 많이 읽었으며, 그렇게 하는 과정에서 이 주제에 대해 18세기의 어떤 저자들이 '그들에 앞서 살았던 하나님의 뛰어난 많은 성도들'의 가르침에서 벗어났다는 결론에 이른 것이다. 이 사실을 입증하기 위해 핑크는 "하나님의 자비가 믿는 자들과 믿지 않는 자들에게 다 같이 제공된다"는 칼빈의 말부터 시작해서 인용문을 길게 제시한다.

18세기의 변절은 존 길과, 그 밖에 오거스터스 토플래디Augustus Toplady와 윌리엄 헌팅턴에게 영향을 끼친 사람들과 함께 시작되었다고 핑크는 믿었다. 19세기의 많은 엄격한 침례교회들과 독립교회들이 채택한 그 사고가 특별히 헌팅턴에게서 시작된 것으로 본다.

> 개인적으로, 나는 개즈비와 후에는 필포트가 개혁자들과 청교도들이 거의 한결같이 밟아 왔던 그 길을 굳게 지키기보다 윌리엄 헌팅턴의 오류를 따랐다는 사실을 종종 슬퍼했다.[23]

그는 "이스라엘 족속아, 너희가 어찌하여 죽고자 하느냐"(겔 18:31)는 말씀에 토대를 둔 비非칼빈주의자의 이 말에 답변하기 위해 1929년판 「하나님의 주권」에서 아직 오거스터스 토플래디의 말을 의지했다. 하나님께서 파멸한 사람들의 운명에 대해 슬퍼하셨다는 인상을 어떻게 해서든 주지 않기 위해, 토플래디는(존 길을 따라서) 그 본문에 대해 이렇게 썼다. "사실 여기서 언급하는 '죽음'은 영적인 죽음이 아니고 영원한 죽음도 아니다.……이 선지자가 말하려고 한 죽음은 정치적인 죽음, 곧 민족의 번영과 평안과 안전의 소멸을 가리킨다."[24] 그것은 핑크가 말년에 가진 생각이 아니었다. 핑크는 특별히 존 길이 고린도후서 5:20에 나오는 바울의 말, 곧 "그러므로 우리가 그리스도를 대신하여 사신이 되어 하나님이 우리를 통하여 너희를 권면하시는 것 같이 그리스도를 대신하여 간청하노니 너희는 하나님과 화목하라"는 말씀을 잘못 해석했다고 비판했다.[25] 이 진술은 정확히 바울이 말한 그대로를 뜻한다는 것이다!

이와 같이 핑크의 생각은 분명히 성숙했다. 그리고 이 사실을 생각할 때 우리는 자연스럽게 한 가지 교훈을 깨닫지 않을 수 없다.

즉 그가 자신의 가르침 때문에 만났던 모든 반대가 진리가 사람을 화나게 만들기 때문은 아니었다는 것이다. 핑크가 말년에 지녔던 좀더 균형을 이룬 이해를 초기에도 가졌다면 은혜의 교리에 대한 그의 열심이 좀더 효과를 발휘했을 것이 확실하다. 우리는 어떻게 서른두 살 때 그가 택함받지 못한 자들은 "필연적으로 멸망에 이르도록 창조되었다"는 신념을 헤렌딘에게 강조했는지를 앞에서 살펴본 바 있다.[26] 헤렌딘이 그 주장을 수용하지 않은 것은 아주 옳은 일이었다. 마찬가지로 후에 핑크는 1921년에 복음이 '제공'인가 하는 문제에 대해 에일서 마셜과 치렀다고 말한 "긴 전투"도 전혀 다르게 이해했다.[27] 그때는 핑크가 "지나침이 파멸의 원인"이라는 리처드 백스터Richard Baxter의 격언을 배우지 못했었다. 후에 그는 신자들이 진리를 가장 잘 받아들일 수 있는 것은 진리를 성경의 비율대로 소개하는 것이라고 아주 분명하게 확언하게 되었다.

이 모든 사실을 볼 때, 어째서 핑크가 1929년 이후에 그의 책 「하나님의 주권」을 개정하지 않았는가 하는 문제가 발생한다. 아마도 여러 가지 이유가 있을 것이다. 첫째로, 그 책에 대한 수요가 없었다. 재판이 늘어난 것은 그의 사후에 된 일이었다. 둘째로, 헤렌딘이 저작권을 요구했고, 핑크는 더 이상 그와 교제하지 않았다. 헤렌딘이 1929년판을 재발행하게 된 것은 핑크가 죽기 삼 년 전, 1949년에 이르러서야 된 일이었다. 이때 헤렌딘은 저자에 대해 전혀 언급하지 않은 채 자신이 서문을 써서 책을 출판했다. 핑크가 「성경연구」에서 재판된 이 책을 구입할 수 있는 점에 대해 전혀 언급하지 않았다는 것은 의미심장한 일일 것이다.

핑크의 사상에서 알고 있는 변화들을 고려할 때, 1957년에 출판을 시작한(핑크가 죽은 지 5년 되었을 때) 진리의 깃발 출판사가 취할 수 있는 길은 1929년판 본문을 개정하느냐 아니면 그의 「하나님의 주권」을 영국에서 출판하지 않고 놔두느냐 하는 것뿐이었다. 1929년판을 다시 인쇄한다면 유감스럽게 미국에서 계속되었듯이, 위에서 진술한 문제들에 대한 핑크의 최종적인 신념들을 잘못 전하게 될 것이다. 더 나쁜 일은, 개정하지 않은 1929년판을 본 많은 사람들은 핑크가 성경적 가르침에 정말로 위험한 요소라고 깨달은 그 극단적 칼빈주의를 이 책이 강조하는 것으로 생각하는 일일 것이다. 그가 이루기 위해 힘쓰고 기도했던 주권적 은혜의 가르침이 부활하는 것은 복음전도자의 열정에 의해 이루어질 것이다.

지금까지 필자가 핑크의 「하나님의 주권」을 비평했는데, 그것은 이 주제를 다루는 그의 근본적인 원칙에 이의를 제기하려는 것이 아니다. 하나님은 주권자이시다. 모든 신자가 구원을 얻는 것은 주권적인 하나님의 은혜 때문이다. 하나님은 택하신 자들을 불가항력적인 특별한 사랑으로 사랑하신다. 이 진리를 변호하기 위해 핑크는 하나님께서 모든 사람에게 동정을 보이고 아무도 멸망시키지 않으시려고 한다는 더 넓은 사랑의 주장을 그의 책에서 부정했다. 그러나 칼빈부터 스펄전에 이르기까지 많은 칼빈주의자들은, 하나님은 주권자이시다는 것과 하나님은 모든 사람을 사랑하신다는 것을 모두 믿었다.[28] 알미니안주의 신앙을 가진 그리스도인들은 하나님께서 모든 사람들에게 하나님의 이름으로 진실한 구원을 제공하라고 명령하시고, 이 제공을 사람이 거절할 수 있다고 믿는다. 성경적인 칼빈주의자는 같은 사실을 믿지만 또한 그 이상의 사실을 믿는다. 모든 사람이 다 그 제공을 거절하지 않는 것은 하나님께서 그 가운데 어떤 사람들을 구원에 이르도록 선택하셨기 때문이고, 또 어떤 사람들에 대해서는 하나님께서 "그의 자비로운 간청에도 불구하고 그들이 스스로 멸망하는 것을 허용하신다."[29]

1929년판에서는 핑크가 좀더 폭넓은 이 이해를 수용할 수 있는 여지가 전혀 없었다. 성경이 그리스도께서 "그를 사랑하셨다"(막 10:21)고 말하는 젊은 부자 관원을 다루면서 핑크는 이렇게 주장했다. "그를 사랑하셨다"는 말씀은, 우리가 그 청년에 대해서 마지막으로 그가 "재물이 많은 고로 이 말씀으로 인하여 슬픈 기색을 띠고 근심하며 가니라"는 말을 들을지라도 그 사람이 '하나님의 택하신 자들 가운데 한 사람'이었다는 것을 의미할 뿐이라고 주장했다. 그렇게 해석할 수 있는 유일한 근거는 본문이 그 청년 관원이 예수께 '왔다'고 말하며, 그러므로 "내게 오는 자는 내가 결코 내쫓지 아니하리라"(요 6:37)는 약속이 그에게 적용된다는 것이었다.[30]

그 후에 우리는 핑크가 그런 방식으로 본문을 다루는 태도에서 벗어나는 것을 보았다. 그는 과거에 에스겔 33:11, 마태복음 23:37, 누가복음 19:41과 같은 본문들을 극단적 칼빈주의 입장에서 해석한 것들을 부인했다. 말년에 가서 하나님의 자비에 대한 그의 견해들은 확실히 확장되었다. 그래서 "나는 악인이 죽는 것을 기뻐하지 아니하노라"(겔 33:11)는 말씀을 인용할 때, 예레미야애가 3:33("주께서 인생으로 고생하게 하시며 근심하게 하심은 본심이 아니시로다")을 덧붙이며, 이렇게 말한다. "우리는 심판이 '그의 비상한 일이고……그의 기이한 행위'(사 28:21)라는 말을 듣습니다. 왜냐하면 심판은 하나님의 자비로운 행사와 다르게 하나님의 마음에 드는 것이 아니기 때문입니다."[31] 핑크는 그리스도께서 예루살렘에서 파멸할 자들을 위하여 우셨는데, 그들에 대한 그리스도의 동정은 하나님의 동정이라기보다는 단지 인간적인 동정이었다고 더 이상 믿지 않았다. 그는 앞에서 본 대로 이렇게까지 말했다. "하나님은 기꺼이 죄인과 친선(우호) 조약을 맺으려 하십니다."

그러나 핑크는 1929년판에서 진술한 신념, 곧 하나님 안에 있는 사랑은 오직 택하신 자들에 대한 사랑뿐이라는 신념은 결코 취소하지 않았다. 진리의 깃발 출판사에서 출판한 1961년판 「하나님의 주권」의 개정자들은 이 점에서 핑크라면 허용하지 않았을 것에 손을 댔다. 이들의 개정과 생략 때문에 하나님의 사랑은 언제나 배타적인 관점에서 이해해야 한다는 그의 입장이 사라져 버린 것이다.

사람을 중심에 놓는 설교가 그처럼 널리 행해지고 있던 시기에 글을 쓰면서, 핑크의 큰 관심사는 하나님께서 사람을 구원할 수 있기 전에 죄인의 동의를 무력하게 기다리고 계시지 않다는 것을 보여주는 것이었다. 그는 하나님에 대한 그처럼 빈곤한 견해를 대체 사람들이 받아들일 수 있다는 것에 분개했다. 그는 '하나님의 사랑'을 관대하게 소개하는 것이 어떻게 교회에서 사람을 구속하고 지키며 영광에 이르도록 구원하는 '위대한 사랑'을 말살하는지를 보았다. 핑크에게 주권적인 은혜는 하나의 관념이 아니었다. 그것은 과거 그의 전 존재에 대한 유일한 설명이었고, 그가 장차 이르기를 소망하는 모든 것에 대한 유일한 설명이었다. 1908년에 마음으로 노래하기 시작한 이 찬송을 그는 영원히 부르기 원했다.

나사렛 예수 앞에
서서 놀라네.
멸망할 부정한 이 죄인을
어찌 주께서 사랑하실 수 있는지.

기이하고 놀랍도다!
나 영원히 찬송하리라.
기이하고 놀랍도다.
내 구주의 사랑하심이.

부록 1.
아더 핑크의 원고

다음의 자료는 에든버러에 있는 진리의 깃발 출판사의 문서고에 있는 것이다.

노트

1. **작은 가제식 노트.** 115페이지까지 숫자가 매겨져 있으며, 27페이지는 1913년에 작성된 것임을 알 수 있다. 그 앞의 페이지들은 그 이전에 작성된 것이며 '삶과 죽음에 대한 바울의 평가'(빌 1:21)에 대한 설교 노트가 맨 앞에 나온다. 다른 설교 노트 외에도 복음서들, 성막의 가구, 성취되지 않은 예언, '성경에 나오는 숫자의 의미'(핑크가 생의 후반에 가서 연구하기를 단념한 주제이다)에 대해 조사한 내용들이 들어 있다.

2. **제본한 노트.** 디마이판(17.5×22.5인치) 크기의 검은 가죽으로 제본한 것으로, 핑크가 세 번째 목회 시기(1915년)에 쓰기 시작했고, 스파턴버그를 떠난(1920년) 후에는 더 이상 쓰지 않은 것 같다. 전부 594쪽에 이

르고, 쓰지 않은 면이 100쪽이 조금 넘는다. 내용은 '성도들에게 전한 설교'(11-269쪽)와 복음전도 메시지(290-509쪽)로 나뉜다.

3. 페이지가 매겨지지 않은 가제식 노트. 중생에 대한 설교 개요가 적혀 있는 첫 페이지는 아마도 남아 있는 그의 육필 원고 가운데 가장 일찍 쓴 원고일 것이다. 이 원고는 그 다음에 나오는 "복음서들에 대한 연구"(1921년에 「왜 사복음서인가 Why Four Gospels?」라는 제목으로 출판되었다)와는 필적과 잉크에서 뚜렷이 차이가 난다. 다른 페이지들에는 교리에 대한 다양한 강연들과 하나님의 주권에 대한 설교들이 있다. 하나님의 주권에 대한 설교들은 핑크가 스파턴버그에서 전한 것으로, 그 주제에 대한 책의 골자를 이루었다.

이 밖에도 은혜, 성경연구, 예표론, 예언에 대한 강연들이 있고, 다른 책에서와 같이 이 책에서도 핑크가 그리스도의 부활에 대한 설교를 강조했다는 점이 눈에 띈다.

낱장 원고

강연의 초고와 개요를 적은 낱장들이 많이 있다. 이 원고들 대부분이 1920년대부터 적은 것으로 보이는데, 받은 편지의 뒷면에 쓴 것들도 있다. 이 원고들에는 방대한 시리즈의 '로마서 강의'가 들어 있고, 사도행전 1-10장과 요한계시록 일부에 대해서 쓴 원고 27페이지가 들어 있다. 이후 시기의 원고들이 없는 것은 틀림없이 핑크가 이후로는 더 이상 설교를 위해 새로운 자료를 준비하지 않았다는 사실과 관계가 있을 것이다. 그의 모든 저술은 「성경연구」를 위한 것이었고, 출판된 뒤에는 원고를 보관하지 않았을 것이다.

편지

원본이나 복사본의 편지들이 있다. 핑크가 편지를 보낸 사람들의 명단과 날짜가 적힌 현존하는 편지들의 기간은 아래와 같다. 핑크는 자신이 쓴 편지들을 복사해 둔 적이 없다. 따라서 여기 목록에 실은 편지들은 소장하고 있는 사람들이 필자에게 보내온 것들뿐이다. 이 모든 편지는 핑크의 편지 왕래의 작은 부분에 지나지 않는다.

로웰 그린 부부Lowell and Evelyn Green 1932-1952년

월리스 니컬슨Wallace B. Nicolsen 1934년

A. V. 길비Gilbey 1951년

잭 그린Jack Green 1949-1951년

존 맥니John T. MacNee 1943-1947년

존 블랙번John C. Blackburn 1929-1945년

존 컬버John B. Culver 1942-1948년

폴리Mrs Foley 1939-1941년

호레이스 콜먼 부부Mr and Mrs Horace Coleman 1929-1943년

부록 2.

설교 노트_ "복음을 부끄러워하지 아니하노니"(롬 1:16)[1]

서론

1. 주 예수님 단 한분을 제외하고, 사도 바울이 역사상 가장 위대하고 가장 성공한 설교자라는 사실은 의심의 여지가 없었다. 그는 어느 누구보다도 많은 지역을 돌아다녔고 많은 고초를 겪었으며 위대한 영웅적인 행위를 보였고 영혼을 구원하고 교회를 세우는 일에 큰 성공을 거두었다.

2. 우리는 이 사실을 어떻게 설명할 수 있는가? 이런 일들이 어떻게 일어났는지 설명할 수 있는가? 그의 성공의 비결은 무엇이었는가?
   1) 국적에 있어서 그는 다른 어떤 사람보다도 미움과 멸시를 받았고 현재도 받고 있는 종족에 속했다.
   2) 인격적인 면에서 호감을 주거나 매력적인 인물이 아니었다. 신약성경을 보면 그가 약하고 말이 시원치 않은 사람이었다는 것을 알 수 있다. (고전 2:3, 고후 10:1, 10)
   3) 설교에서 그는 웅변가가 아니었고, 말을 심하게 더듬었던 것 같다.(고

후 10:10, 행 17:18)

이 사람의 성공은 그의 메시지, 곧 그가 전한 복음과 복음의 능력에 대한 그의 변함없는 확신에 있었다.

3. 적어도 어느 정도는 나 자신도 이 본문 말씀처럼 이야기할 수 있다.

진심으로 나는 그렇게 말할 수 있다. 내가 복음을 부끄러워하지 않는 이유들을 말하겠다.

I. 복음의 유일무이함 때문에 복음을 부끄러워하지 않는다.

모든 영역의 문헌에서 그리고 인간의 모든 창작물에서 복음과 같은 것은 없다. 복음만이 우뚝 장엄하게 서 있다. 불을 켠 초와 한낮의 해가 비추는 것을 비교할 수 없듯이, 복음은 아름다움과 광휘에 있어서 인간 지성의 모든 고안물을 뛰어넘는다. 복음의 유일무이함을 구성하고 있는 세 요소를 살펴보자.

1. 복음은 그 원천과 기원에서 유일무이하다.

   1) 이 영광스런 복음, 곧 성경에 알려졌고 하나님의 종들이 선포하는 이 구원의 기쁜 소식은 고대나 현대의 어떤 교회의 고안물이 아니다. 복음은 기독교 교회가 처음으로 세워지기 전부터 이미 있었다. 복음은 교회를 존재하도록 만든 수단이며 도구였다. 그렇다! 교회가 복음을 만들어 낸 것이 아니라 복음이 교회를 만들어 냈다.

   2) 지금 지상의 알려진 모든 나라에서 전파되며, 또 수많은 죄인들을 성

도로 변화시킨 이 복음은 사도들의 마음에서 생겨나지 않았다. 사도들도 우리와 같은 지극히 죄 많고 약한 존재였다. 대부분 사도들은 배우지 못한 무식한 어부들이었다. 이들은 복음을 고안해 내지 않았고 자신들의 구주와 선생님으로부터 받았을 뿐이다.

3) 복음은 어떤 한 사람이나 많은 사람들이 생각해 낸 것이 아니며, 하늘의 천사들이 고안한 것도 아니다. 그것이 그리스도의 복음이다. 하나님의 아들, 그리스도께서 복음의 창시자이시다. 그래서 나는 복음의 그 유일무이함 때문에, 곧 그 원천의 유일무이성 때문에 복음을 부끄러워하지 않는다고 말한다.

2. 복음은 그 성격에서 유일무이하다.

이 사실은 복음을 다른 것들과 대조해 보면 가장 잘 알 수 있다. 우리가 무엇을 가지고 복음과 비교할 수 있겠는가? 사람들이 높게 평가하는 것들을 잠시 보고, 그 다음에 그것을 복음과 비교해 보자!

1) 인간의 철학. 인생의 신비와 문제들을 설명하려고 애쓰지만, 철학이 그것들을 설명하지 못한다.

2) 시. 사물을 그림처럼 표현하고, 사람의 상상력과 감정에 호소한다.

3) 과학. 하나님께서 사람을 위하여 준비해 놓으신 것들을 활용하고 자연의 힘들이 조화를 이루도록 한다.

4) 명성. 사람이 세상사에서 높은 지위를 차지할 수 있게 한다.

5) 물질적 부. 그것을 소유한 자들에게 이생의 것을 얻도록 만든다.

이제 이것들과 그리스도의 복음을 대조해 보자.

1) 복음은 철학이 해결할 수 없는 문제들, 곧 내가 구원을 받으려면 어떻게 해야 하는지와 같은 문제들을 설명한다.

2) 시로써는 도무지 표현할 수 없고 생생하게 묘사할 수도 없는 것을 그리스도의 복음은 다른 모든 것을 뛰어넘어 사람 마음에 호소한다.

3) 복음은 인간의 어떤 과학으로도 제공할 수 없는 능력, 곧 죄로부터 구원하는 능력을 제공한다.

4) 복음은 하나님의 가족 안에 한자리를 마련해 주고 믿는 사람들을 만왕의 아들들로 삼아 준다. 이것은 비하면 인간의 모든 명성은 하찮은 것이다.

5) 복음은 돈으로 그 가치를 평가할 수 없는 영원한 유산을 물려받도록 한다. 성격에 있어서 유일무이하고, 장엄함과 영광에 있어서 독보적이다.

3. 복음은 그 단순성에서 유일무이하고, 인간이 만든 모든 체계와 조직과도 다르다.

수학을 이해하려면 수년 동안 공부하는 것이 필요하다. 그러나 복음은 아주 단순해서 교육받지 못한 사람도 이해할 수 있다.

어린아이는 천문학의 신비들을 헤아릴 수 없지만, 복음을 믿어서 자기 영혼을 구원할 수 있다.

미개한 이교도들이 형이상학의 문제들에 능통할 수 없지만 그리스도의 단순한 복음은 납득할 수 있다.

복음의 큰 특징과 아름다움은 그 단순성이며, 이 점에서 유일무이하다. 그처럼 쉬운 용어로 그처럼 많은 것을 얻을 수 있게 하는 것에 대해

들어 본 사람이 있는가? 복음의 단순성이야말로 복음의 신성성을 보여주는 결정적인 증거이다. 사람이 복음을 고안해 냈다면 아주 어렵게 만들어서 겨우 한두 사람이나 그것을 이해했을 것이다. 하나님 말씀에서 제시하고 있는 복음은 얼마나 다른지 모른다. "오호라, 너희 목마른 자들아"(사 55:1). 마 11:28("수고하고 무거운 짐 진 자들아"). 이 세 가지 사항을 하나하나 생각해 보라.

Ⅱ. 복음의 능력 때문에 복음을 부끄러워하지 않는다.

1. 처음 전파되는 몇 세기 동안에 만난 장애들을 극복한 복음의 능력

복음이 직면했던 난관들을 생각해 보자. 빠르게 이동할 수 있는 수송 수단이 없고, 인쇄된 성경이 없었으며, 선교회로부터 아무 보장도 받지 못했고, 본국에 남아서 기도해 주는 교회도 없었으며, 그들을 자극하는 성공 사례도 없었다. 도처에서 무자비한 광신적인 행위와 반대에 직면했다.

복음이 거둔 성공과 승리를 생각해 보자. 한 세대 만에 복음이 당시에 알려진 세상의 모든 지역에 전달되었다. 이교도들이 거꾸러지고 우상숭배가 무너졌으며, 수많은 사람들이 회심하고 도처에 교회가 섰다.

여기에 사용된 수단들을 생각해 보자. 이러한 성공은 우수한 복음전도자에 의해 성취된 것이 아니다.[2] 설교자들은 교육받지 못한 어부들이었다. 이 승리는 사람의 힘으로 얻은 것이 아니라 '성령의 검'으로써 얻은 것이다. 또한 황제의 칙령으로 얻은 것이 아니라 복음의 능력으로 성취한 것이다.

2. 적과 시간의 공격에도 살아남은 복음의 능력

일찍이 복음을 완전히 없애 버리려고 온갖 일이 시도되었으나 성공하지 못했다. 기독교 역사 19세기 동안에 그 동시대 인물들 대부분이 죽은 지 오래되었지만 복음은 여전히 살아 있다. 20세기에도 복음은 시대에 뒤진 것이 아니라 새롭고 신선하며 적합하다. 어떻게 해서 이런 일들이 일어나는가? 복음이 하나님의 능력이 아니고서는 어떻게 그런 일이 있을 수 있겠는가?

3. 사람들을 지옥에서 구원하고 그들의 삶을 변화시키는 복음의 능력

"구원을 주시는 하나님의 능력"

'구원'이라는 말은 구출되어야 할 위험이 있음을 의미하고 함축한다. 오늘날은 이런 사실에 대해서 거의 듣지 못한다. "임박한 진노를 피하라"(마 3:6). 이런 말씀은 시대에 뒤진 메시지로 생각한다.

사람의 삶을 변화시키는 복음의 능력에 대한 예들. 바울, 번연, 쉬 목사 Pastor Hsi(1836-1896년, 유교학자였으나 회심 후에 중국 선교에 헌신한 중국 기독교 지도자—옮긴이).

4. 회심자를 붙들어 주는 복음의 능력

이에 대한 생생한 예들이 있다. 기독교 시대 초기 회심자들은 로마의 투기장에서 믿음을 배반하기를 거부했다. 중세 시대에 그리스도인들은 스미스필드에서 신앙을 바꾸기를 거부했다.

오늘날 회심한 이교도들이 친척들과 관계가 끊어지고 심하게 핍박을 받지만 여전히 그리스도께 충성한다.

이런 영웅적인 행위를 일으키는 원인이 무엇인가? 복음은 '하나님의 능력'이다.

Ⅲ. 복음이 주는 복 때문에 복음을 부끄러워하지 않는다.

1. 죄의 용서 2. 마음과 양심의 평안 3. 영생 4. 우리의 필요한 모든 것을 매일 때맞춰 공급하심 5. 궁극적으로 그리스도를 닮고 영원히 영광 가운데 그리스도와 함께 거함

적용

1. 초청 - "모든 믿는 자"에게 해당됨.
   모두가 구주를 필요로 하기 때문에 복음은 모든 시대, 모든 민족, 모든 개인에게 적합하다.
2. 제한 - "믿는 모든 자"로 제한됨. 믿지 않고는 어느 누구도 은혜를 받지 못한다.
   그리스도인 부모에게 태어나고 양육 받으며 주일학교에서 배웠고, 복음 설교를 듣는 자리에 앉아 있을지라도 믿지 않는 한 아무 유익도 얻을 수 없다. 유추에 의해서 설명함.
3. 내 것으로 삼음. "믿는다는 것"은 "받는다는 것"을 의미한다. 요 1:12.
4. 권고. 막 8:38.

부록 3.
핑크의 주요 저술 목록[1]

1922년 이후에 출판된 핑크의 책들은 모두 「성경연구」에 처음 실린 글들이었다. 아래 목록의 왼쪽 세로줄에 적힌 연대는 잡지에 발표된 기간이고, 오른쪽은 책의 형태로 출판된 연대를 보여준다. 때로 출판사들은 핑크가 연재 글에 달았던 원래 제목을 사용하지 않았다. 새로운 제목이 사용되었을 때는 그 제목을 괄호로 표시했다. 필자가 알고 있는 한, 1981년까지 책으로 출판되지 않은 글들은, 그 제목을 이탤릭체로 표시하지 않았다. 어떤 경우에는 일부분만 출판된 글들도 있었다. 그렇게 된 경우를 일일이 다 자세히 기록할 수는 없었다. 이 저술 목록을 작성하기 위해서, 핑크가 글을 많이 쓴 것들을 그의 주요 저술로 규정했다. 낱개의 글들과 짧은 연재 글(이들 가운데 많은 글이 여러 시기에 걸쳐 소책자의 형태로 인쇄되었다)은 목록에 싣지 않고, 책의 형태로 출판된 것들만 실었다.

최초의 인쇄		현대의 출판
1914?	「성경의 신적 영감The Divine Inspiration of the Bible」, Bible Truth Depot(I. C. Herendeen).	Guardian Press, 1976; 「아더 핑크의 걸작 The Best of A. W. Pink」, Baker, 1978, 1979 에도 들어 있다.
1918	「구속주의 귀환The Redeemer's Return」, Bible Truth Depot.	Klock and Klock(이 책에 나오는 강한 세대주의적인 사상은 저자의 성숙한 신념과 반대되는 것이므로, 이 글을 출판한 것은 무책임한 일이다).
1918	「하나님의 주권The Sovereignty of God」, Bible Truth Depot.	Baker; Banner of Truth(개정판) 1961.
1919	「가상칠언The Seven Sayings of the Saviour on the Corss」, Bible Truth Depot.	Reiner, 15th printing, 1979; 「아더 핑크의 걸작」, Baker, 1978, 1979에도 들어 있다.
1921	「왜 사복음서인가?Why Four Gospels?」	Word of Truth Publications, Canton, Georgia, 1977.
1922	「창세기 강해Gleanings in Genesis」, "Our Hope", 1922.	Moody Press, 17th printing, 1979(핑크가 초기에 지녔던 세대주의 사상에 영향을 받았고, 형제교회 저자들의 견해에 많이 의존되어 있다).
1922	「성경연구Studies in the Scriptures」Vol. 1(1953년 12월까지 월간과 연간판이 발행되었다).	
1922-23	「적그리스도The Antichrist」	Bible Truth Depot 1923, Klock and Klock 1979(위에 나오는 「구속주의 귀환」에 대한 견해를 보라).
1924-29	「출애굽기 강해Gleanings in Exodus」	Moddy Press, n.d.(위에 나오는 「창세기 강해」에 대한 견해를 보라).

1922-27	「요한복음 강해Exposition of the Gospel of John」, 헤렌딘이 처음에 여러 권으로 나누어서 출판했고, 1929년에 3권을 출판했다. 이때 마지막 4권도 출판하기로 약속되어 있었다.	Zondervan, 1 vol. ed., 1968; 14th printing, 1979(「창세기 강해」와 「출애굽기 강해」에 대한 견해를 보라. 핑크가 처음에 낸 세 강해서들 가운데 이 책이 가장 탁월하다).
1927-28	「마태복음 13장의 비유Parables of Matthew 13」	Calvary Baptist Church, Covington, Kentucky (「예언적 비유들Prophetic Parables」), n.d., c. 1978(위에 나오는 「구속주의 귀환」에 대한 견해를 보라).
1928-38	「히브리서 강해Exposition of Hebrews」	Baker, 3 vols, 1954, 10th edition(1 vol.), 1979.
1929	'아브라함의 생애The Life of Abraham'	
1930-31	「그리스도의 대속The Satisfaction ('Atonement') of Christ」	Reiner, 1969.
1930-31	「하나님의 속성The Attributes of God」	Moody Press, 1975, 1977(「하나님에 대한 단상Gleanings in the Godhead」, 그리스도의 인격에 대한 글들과 함께 실렸다), Guardian Press, 1975, 「아더 핑크의 걸작」, Baker, 1978-89에도 실렸다.
1930-32	「말씀에서 얻는 유익Profiting from the Word」	Banner of Truth, 1970.
1931	「중생Regeneration」	Baker, 1975(「구원의 교리The Doctrine of Salvation」, 「회개Repentance」와 「그리스도께 옴Coming to Christ」에 대한 글들이 함께 실렸다).
1931	「회개Repentance」	Baker, 1975(위와 같다).
1931-32	「우리 구속자 하나님의 영광Glroies of God Our Redeemer」	Moody Press, 1975, 1977(「하나님에 대한 단상」, 「하나님의 속성」이 함께 실렸다).

1932-39	「다윗의 생애*The Life of David*」	Zondervan, 1958; Reiner, 2 vols. in 1, 1977.
1932	「구원하는 믿음*Saving Faith*」	Reiner, n.d.
1932-33	'확신Assurance'	
1933	「그리스도께 옴*Coming to Christ*」	Baker, 1975(「구원의 교리」, 위의 글 참조).
1933	'마음의 일Heart Work'	Guardian Press에서 1974, 1975년에 부분 출판(「실천적 기독교 신앙*Practical Christianity*」, 다양한 글들의 모음집이다. 같은 책이 이전에 「핑크의 주옥같은 글*Pink's Jewels*」이라는 제목으로 출판되었다).
1933-34	「세대주의*Dispensationalism*」	
1933-37	「성령*The Holy Spirit*」	Guardian Press, 1970, 4th printing 1975.
1934	「칭의의 교리*The Doctrine of Justification*」	Baker, 1974(「선택의 교리*The Doctrine of Election*」가 함께 실렸다).
1934-38	「하나님의 언약들*The Divine Covenants*」	Baker, 1975.
1935-37	「성화의 교리*The Doctrine of Sanctification*」	부분 출판. Reiner, 1966.
1935-37	「연합과 친교*Union and Communion*」	Baker, 1971; Guardian Press, 1976.
1938-40	「선택의 교리*The Doctrine of Election*」	Baker, 1974(「칭의의 교리」가 함께실렸다).
1938	「주님의 기도*The Lord's Prayer*」	Baker, 1979(「팔복*Beatitudes*」과 함께 출판).
1938-43	「산상수훈*The Sermon on the Mount*」	1950, Bible Truth Depot; 11th printing, Baker and Evangelical Press, 1977.

1939-40	'거룩한 안식일The Holy Sabbath'	
1940-42	「엘리야의 생애The Life of Elijah」	Bible Truth Depot, 1956; Banner of Truth, 1963.
1940-42	「인간의 무능력에 대한 교리The Doctrine of Man's Impotency」	Moody Press, 1969, 5th printing, 1976(「성경에 대한 단상Gleanings from the Scriptures」, 「인간의 전적 타락Man's Total Depravity」가 함께 출판, 아래의 글 참조).
1940	'하나님의 공의The Justice of God'	
1941	「십계명The Ten Commandments」	Reiner, n.d., 「아더 핑크의 걸작」, Baker, 1978, 1979에도 들어 있다.
1942-44	「성도들의 인내에 대한 교리The Doctrine of the Saints' Perseverance」	Guardian and Baker, 1972, 1975, 1979(「영원한 안전Eternal Security」).
1943-45	「엘리사의 생애」	Moody Press, 1972(「엘리사에 대한 단상Gleanings from Elisha」).
1944-49	「사도들의 기도The Prayers of the Apostles」	부분 출판, Moody Press, 1967(「바울에 대한 단상Gleanings from Paul」).
1944-46	「영적 성장 혹은 그리스도인의 진보Spiritual Growth or Christian Progress」	Baker and Evangelical Press, 1971, 1977.
1944-46	「화목의 교리The Doctrine of Reconciliation」	Grand Rapids의 여러 출판사들이 연합하여 출판, n.d.
1945-53	「여호수아의 시대와 생애The Life and Times of Joshua」(22장까지)	Moody Press, 1964, 13th printing, 1979(「여호수아서 강해Gleanings in Joshua」).

1946 (& 1948)	'하나님의 최선을 즐김Enjoying God's Best'	부분 출판. Guardian Press, 1974, 1975 (「실천적 기독교 신앙」, 위의 해당 내용 참조).
1947-49	「계시에 대한 교리The Doctrine of Revelation」	Baker, 1975, 1977.
1947	'위대한 변화The Great Change'	부분 출판. Guardian Press, 1974, 1975(「실천적 기독교 신앙」, 위의 해당 내용 참조).
1949	'영광스런 시내Glorious Sinai'	
1949-50	「성경의 신적 영감Divine Inspiration of the Scriptures」	Guardian Press, 1976.
1950-53	「요한일서 강해Exposition of 1 John」(3:1까지)	Grand Rapids의 여러 출판사들이 연합하여 출판, n.d.
1950-52	「인간 부패에 대한 교리The Doctrine of Human Depravity」	Moody Press, 1969, 5th printing, 1976(「성경에 대한 단상」, 「인간의 무능력에 대한 교리」가 함께 실렸다).
1950-52	「성경의 해석The Interpretation of the Scriptures」	Baker, 1972, 1977.
1952	「금욕에 대한 교훈The Doctrine of Mortification」	Guardian Press 1974, 1975(「실천적 기독교 신앙」).
1953 (12월)	「성경연구」 마지막호	

그 밖의 책들

「그리스도인의 위로Comfort for Christians」, Reiner, 1966.
(짧은 설교와 글들을 모아서 출판했다)
「스파턴버그에서 온 편지들Letters from Spartanburg」
Richbarry Press, 1993(p. 13을 보라).
「한 순회 설교자의 편지Letters of an Itinerant Preacher」, 1920-1921,
Richbarry Press, 1944(pp. 59-61을 보라).
「핑크의 편지들Letters of A. W. Pink」, Banner of Truth, 1978.
(친구들과 왕래한 편지들 가운데 주로 출판되지 않은 44통의 편지)
「젊은 목사에게 보낸 편지들Letters to a Young Pastor」,
Grandville Protestant Reformed Church, 1993(p. 27을 보라).

주

증보판 서문

1. Rory Shiner, *The Briefing*(Matthias Media, 2003. 10), p. 5.
2. 「성경연구*Studies in the Scriptures*」, 1947, p. 229.
3. A. W. Pink, *Spiritual Growth or Christian Progress*(Grand Rapids: Baker, 1971), p. 34. 그가 자신에 대한 기록을 남기는 것에 관심을 갖지 않았던 또 한 가지 이유는 이것이었다. "나는 자신의 특별한 회심과 그리스도인으로서의 생활 역정을 남들에게 이야기해 주어야 할 중요한 것이라고 생각할 만큼 그리 자만심이 강하지 않습니다."
4. 이안 해밀턴Ian Hamilton이 그 질문에 깜짝 놀라서 그 사람이 A. W. 핑크를 말하는 것인지 물었다.
5. 그러나 티모시 라슨Timothy A. Larsen이 편집한 *Biographical Dictionary of Evangelicals*(Downers Gorve, IL: IVP, 2003)에는 그에 대한 항목이 있다.

1장 영매가 그리스도인이 되다

1. J. C. Ryle, *Expository Thoughts on Luke*, 2권(1877, 2쇄, Edinburgh: Banner of Truth, 1997), p. 325. (「존 라일 사복음서 강해 3, 4」 기독문서선교회)
2. 「성경연구」, 1944, p. 387.
3. 「성경연구」, 1931, p. 140.

4. 핑크는 후에 「성경연구」 1939, 1940에 '거룩한 안식일'에 대한 글을 길게 연재했다.
5. 「성경연구」, 1926, p. 16.
6. *Letters of A. W. Pink* (Edinburgh: Banner of Truth, 1978), p. 62.
7. 필자는 페이지를 꺼웠다 뺐다 할 수 있는 핑크의 노트에 적힌 글을 지금 인용하고 있다. 이 노트에는 손으로 쓴 설교와 연설 개요들(첫 번째 설교는 빌 1:21에서 본 '삶과 죽음에 대한 바울의 평가'에 대한 것이다)이 109쪽에 달하고, 각각 '강신술', '심령술', '신지학'이라는 제목이 붙은 페이지가 3쪽 있다. 내가 인용한 글은 이 설교와 연설 개요들 가운데 두 번째 개요에서 가져온 것인데, 세 번째 부분인 신지학과 마찬가지로 1913년경에 쓴 것으로 추정할 수 있다. 이 세 글 가운데 다른 페이지에 다른 잉크로 쓰여 있는 두 번째 글은 다른 것보다 더 일찍 쓴 것이다. 이때 핑크는 아직 그 운동을 '심령술'(후에 핑크는 이 명칭이 적합한 이름이라고 믿었다)이 아니라 '강신술'이라고 불렀다.
8. Mrs. Howard Taylor, *Guinness of Honan* (London: CIM, 1930), pp. 77-78. 중국 의료 선교사였던 윗필드 기네스(1869-1927년)는 후에 악한 영들의 힘에 대해 더 많은 증거를 얻고자 했다.
9. C. S. Lewis, *Surprised by Joy* (Glasgow: Collins/Fontana, 1977), p. 142. (「예기치 않은 기쁨」 홍성사)
10. 노트에 적힌 '강신술'에 대한 연설. 핑크가 1908년에 회심했기 때문에, '5년 전'이라고 말한 것으로 추정해 보면, 이 말을 쓴 때는 1913년이다.
11. 노트에 적힌 '심령술'에 대한 연설.
12. 신지학회와 그와 유사한 운동들이 성경적 기독교에 대해 품은 반감은 오래 계속되었다. 호주의 정치 지도자들과 교회 지도자들이 참석한, 멜버른에서 열린 '종교와 문화적 다양성'에 대한 한 회의에서 "기독교 근본주의자들이 아주 맹렬한 공격을 받았다"고 보도되었다. 같은 기사는 블라바츠키 부인을 "신지학회의 창시자로 에큐메니컬 운동 추진하는 배후 세력"이라고 불렀다. *National Focus* (Nanango, Queensland, 1998. 7).
13. Pink, *Letters from Spartanburg*, ed. Richard P. Belcher (Columbia, SC: Richbarry Press, 1993), p. 69.
14. *Letters of A. W. Pink*, pp. 23-24와 벨처 박사가 인용한 *Gleanings in Exodus* (Chicago: Moody Press, n.d.), p. 128, 또한 *Arthur W. Pink: Born to Write* (Columbia, SC: Richbarry

Press, 1982), p. 27를 보라. 핑크는 신앙생활을 시작한 후로 이런 식으로 성경을 읽고 공부하는 습관을 십 년 동안 유지했다고 말한다.
15. 「성경연구」, 1948, p. 285. 2장의 주 7을 보라.
16. *Letters of A. W. Pink*, p. 120.
17. 회중교회들에서 일어난 정통신앙의 쇠퇴에 관해 자세히 알고 싶으면, 풀 코너E. J. Poole-Connor의 *Evangelicalism in England*(London: FIEC, 1951), p. 256을 보라. 존 그랜트John W. Grant의 *Free Churchmanship in England 1840-1940*(London: Independent Press, 1955)을 보라.
18. 1940년 3월 12일자 블랙번에게 보낸 편지. 달리 언급하지 않는 한, 이 페이지에 인용된 편지들은 모두 출판되지 않은 원본에서 인용한 것이다. 블랙번(1889-1959년)은 미국 남장로교회 목사로서 할아버지 존 지라도John L. Girardeau의 신앙을 견지했다.
19. 1945년 2월 14일자 블랙번에게 보낸 편지.
20. David Marquand, *Ramsay MacDonald*(London: Jonathan Cape, 1977), p. 58.
21. 필자는 *The Forgotten Spurgeon*(Edinburg: Banner of Truth, 1978), pp. 217ff.에서 딕슨의 사역을 다른 관점에서 조금 다르게 기술했다.
22. 1940년 3월 12일자 블랙번에게 보낸 편지.
23. 윌버 스미스가 *Before I Forget*(Chicago: Moody Press, 1971)에서 인용. 스미스는 1913년에 학생으로 무디 성경학교에 가서 1년을 머물렀다.
24. "또 한 명의 개척자가 떠나갔다", *Silverton Standard*, 1910. 8. 13.
25. 「성경연구」, 1947, pp. 19-20.
26. 원본에는 많은 단어가 약어로 쓰였다. 몇몇 경우에 그 의미가 너무 불분명한 단어들은 생략했다. 이탤릭체로 표시된 것은 빨간색 잉크로 쓴 부분이다.
27. 핑크는 이 설교를 '약간 수정하여' 월간지 「성경연구」, 1943, pp. 114-119에 실었다.
28. 「성경연구」, 1937, p. 31.
29. 「성경연구」, 1944, p. 284.

2장 신임 설교자

1. 이 시기에 실버턴에는 침례교회의 신학을 주장하는 사람이 없었기 때문에, 교회가 유아세례에 대해 침례교회의 입장을 지닌 목사에게 계속 목회해 달라고 요구했을 것으

로 보이지 않는다.
2. 「성경연구」, 1934, p. 23.
3. LA 성경학교에 문의해 본 결과, 학교에는 과거 이 시기의 기록이 없는 것으로 밝혀졌다.
4. 「성경연구」, 1947, pp. 19-20.
5. *Letters to a Young Pastor*(Grandville, Mich.: Grandville Protestant Reformed Church, 1993), p. 15. 핑크의 책이 처음 출판된 때가 언제인지는 확실히 알 수 없다.
6. 이처럼 20킬로미터 이상 떨어진 두 교회를 담임하는 '두 교회 목회'에 대해서는 즉시 답변할 수 없는 문제들이 발생한다. 우리는 핑크가 매 주일 두 교회에서 설교했는지 아니면 주일을 번갈아 가며 설교했는지 혹은 두 지역 중간쯤 어딘가에 있는 한 건물을 두 교회가 공동으로 사용했는지 알지 못한다.
7. 바로 이 제목은 핑크가 1908년 노팅엄에서 전한 설교로 볼 수 있을 것이다(1장 주 15를 보라). 그러나 부록 2에 포함된 개요를 보면 그때 전한 것으로 생각할 수 없다. 핑크는 설교 개요를 개정하고 다시 쓰는 경우가 많았다.
8. 예외적인 경우로 요한복음 강해가 있는데, 이것은 핑크가 목회 초년 시절에 평일 성경공부반에서 가르쳤던 것으로 보인다.
9. 1943년 9월 5일자 H. J. 브래드쇼에게 보낸 편지.
10. 필자가 '2월경'이라고 추론하는 것은, 이 고별 설교가 신년 설교 후에 성도들에게 일곱 번째로 전한 설교였다는 사실 때문이다. 그러나 이 일곱 편의 설교들 가운데 어떤 것들은 주 중의 집회에서 전한 것이었을 수도 있고, 아니면 앞에서 말한 대로 핑크가 이 설교들을 격주로 전했을 수도 있다.
11. 1936년에 에블린 그린에게 보낸 편지.

3장 스파턴버그

1. 1940년 2월 18일자 로웰 그린 부부에게 보낸 편지.
2. 1939년 1월 22일자 블랙번에게 보낸 편지.
3. *The Fundamentals*(Chicago: Testimony Publishing, n.d), vol. 4, p. 105.
4. 「우리의 소망 *Our Hope*」은 1894년에 창간되어 1957년까지 발행되었다. 데이비드 라우쉬David A. Rausch가 지은 *Arno C. Gaebelein, 1861-1945*(New York: Edwin

Mellen Press, 1983)을 보라.

5. Ernest R. Sandeen, *The Roots of Fundamentalism: British and American Millenarianism 1800-1930*(Chicago: University of Chicago Press, 1970), p. 221.

6. *Letters from Spartanburg*, p. 55. 스파턴버그 시절에 쓴 핑크의 편지들에서 인용한 이후의 모든 글은 다 여기에서 인용했다.

7. E. Schuler English, *H. A. Ironside: Ordained of the Lord*(Grand Rapids: Zondervan, 1956), p. 133.

8. 1936년 10월에 쓴 편지에서 핑크는 이렇게 말한다. "조나단 에드워즈"의 저술들은 매우 엄중하다. 그래서 약 25년 전에 그 책들이 내게는 큰 축복이었다. 그의 책 *Religious Affections*은 에드워즈가 쓴 최고의 책들 가운데 하나이다. (「신앙감정론」 부흥과개혁사)

9. *Letters from Spartanburg*, pp. 13-14.

10. 이 점과 이와 비슷한 점들에 대한 평은 뒤에 가서 다루겠다.

11. Pink, *The Sovereignty of God*(Swengel, PA: Bible Truth Depot, 1959), p. 257. (「아더 핑크의 하나님의 주권」 요단출판사) 이 책은 1918년, 1921년, 1922년에 각각 인쇄되었다. 1959년에 인쇄된 책은 1929년판을 재발행한 것이었다. 필자는 아직까지 이 책의 초판이나 재판을 입수하지 못했다. 그러나 인용한 문장은 1918년의 핑크의 생각을 나타내고 있는 것이 분명하다.

12. 핑크는 스파턴버그에서 요한복음을 연속적으로 강해했는데, 아마도 목요일 밤에 했을 것이다.

13. 1917년에 설교한 "경건한 생활에 대한 초대"의 개요를 적은 설교 노트에서 인용. 이것은 핑크의 세 번째 목회 기간 중인 1916년 초에 처음 전한 설교를 개정한 것이다.

14. *Arthur W. Pink: Born to Write*, pp. 43-46. 벨쳐 박사는 자신의 의견에 대해 중요한 세 가지 이유를 제시한다. 첫째, 사교성의 부족. 둘째, 재치와 따듯한 감성의 부족. 셋째, 설교 시간. 그의 긴 설교가 사경회 같은 데서는 받아들일 수 있지만 일반 교인들의 수준에서는 받아들이기 어렵다. 핑크가 두 번째 면에서 실패하긴 했지만, 후에 다른 사람들에게 한 조언을 보면 그가 그 일로 인해 더 큰 지혜를 얻게 되었다는 것을 알 수 있다.

15. 「성경연구」, 1927, p. 167.

16. 이것은 1881년 뉴욕의 로버트 카터Robert Carter가 네 권으로 다시 인쇄한 우스터

판Worcester edition 에드워즈 저작일 것이다.
17. 예를 들면, 그는 1944년에 로버트 하바흐Robert Harbach에게 이렇게 말했다. "나는 오웬의 책은 천천히 읽으라고 충고해주고 싶습니다.……당신의 영적 생활이 좀더 성숙했을 때, 여유가 있다면, 십 년에 걸쳐 그의 책을 읽는 것이 더 도움이 될 것입니다." *Letters to a Young Pastor*, p. 9.
18. 오늘날에는 그런 의학적 용어를 찾아볼 수 없다. 통상적으로 "스트레스"가 좀더 적합한 용어일 것이다.
19. 이 설교와 함께, 1915년의 설교 노트에 적기 시작한 '성도들에 전한 설교'는 끝부분에 이르고 있다. 이 외에 설교가 열네 편밖에 더 없는데, 모두 창세기 1-17장에 대한 것이다. 다만 마지막 설교가 예외인데, 이 설교는 요한복음 6:44에 대한 것으로 "그리스도께 가는 것에 포함되고 따르는 일은 무엇인가"라는 제목이 붙어 있다. 1920년 2월 말까지 아마도 주일과 평일에 복음전도 설교를 하면서 이 설교들도 전했을 것이다.

4장 캘리포니아의 천막 집회

1. 이 무렵 헤렌딘에게 보낸 편지들을 보면, 핑크는 가든 그로브에서 가진 '옛 친구들' 모임에 대해서 이야기하지만, 그곳이 자신이 한때 목회하던 곳이었다는 암시는 보이지 않는다. 벨처 박사가 편집한 *Letters of an Itinerant Preacher* (Columbia, SC: Richbarry Press, 1944), pp. 7-12.
2. *Letters of an Itinerant Preacher*, pp. 7-8. 이 시기에 핑크가 태평양 연안에서 보낸 편지들은 모두 이 자료에서 나왔다. 「하나님의 주권」에 대한 작업을 '시작한다'는 말은 1921년에 이 책을 다시 인쇄하기 전에 책의 교정을 하겠다는 이야기이다. 그의 책이 있는 장소를 지나가는 말로 언급한 사실에서 우리는 스웬젤에 핑크 부부를 위한 집이 지어져 있었다는 것을 확실히 알 수 있다. 이후의 편지들을 보면, 핑크는 그 밖의 물건들도 요청했고, 그 물건들을 어디에서 찾을 수 있는지를 헤렌딘에게 알려 줄 수 있었다. 이를테면, "작은 창고방 벽에 걸려 있는 작은 편지통이라든지 아니면 내가 식탁 위에 놓고 온 물건들 가운데 있다"든지 라는 식으로 말했다. '작은 창고방'은 서너 평짜리 방 네 개를 짓겠다는 계획을 조금 바꾼 결과로 생긴 것이었다. 핑크의 서재 겸 도서관인 거실은 다섯 평 정도의 크기였고, 두 평 정도밖에 안 되는 작은 방이 딸려

있었다.
3. *Letters of an Itinerant Preacher*, p. 18에 나오는 1920년 8월 30일자 헤렌딘에게 보낸 편지.
4. 같은 책, pp. 44. 핑크가 나이가 좀더 들었더라면 아이언사이드의 관점에서 차이점을 더 잘 이해했을지도 모른다. 그랬다면 틀림없이 그는 "우리 모두 안에 교황의 성향이 있다"는 사실에 동의했을 것이다. 아이언사이드의 전기를 쓴 슐러 잉글리쉬Schuler English는 이 사건들을 전혀 언급하지 않는다. 이 전기가 쓰인 1950년대 초에 핑크는 하잘것없는 사람이었기 때문일 것이다.
5. 1월 29일에 톰슨은 에일서 마셜을 천막 집회에서 설교하도록 초청했다. 마셜은 곧 오클랜드를 떠나기로 되어 있었다.
6. *Letters of an Itinerant Preacher*, p. 50. 핑크가 보기에 "이미 전부터 준비된" 한 사람이 물었다. "거듭나지 않은 사람들은 하나님께서 믿는 사람들의 경우와 다르게 그들 속에서 강력하게 역사하시지 않았기 때문에 저주받은 것입니까?" 설교자는 그에게 이렇게 대답했다. "그렇지 않습니다. 그들은 의식적으로, 고의로 그리스도를 거절했기 때문에 저주받은 것입니다."
7. 4월 11일에 그는 이렇게 적었다. "마지막 한 주 전에 나는 일곱 번 설교했고, 마지막 주에는 여덟 번 했다. 이번 여행에서 지금까지 모두 77번 말씀을 전했다."
8. 톰슨이 연사로서 핑크의 능력을 높게 평가했을 수 있지만, 그의 칼빈주의 신학의 어떤 면들에 대해서는 여전히 납득하지 못했던 것은 확실하다. "어느 날 톰슨은 하나님의 주권 교리를 아주 강력하게 지지하며 편을 들다가도 다음 날은 내가 '너무 취미 생활에 몰두한다'느니 어쩌니 하며 비판을 한다"고 핑크는 썼다(1921년 3월 18일). "내가 어떤 전제를 말하고 결론을 내리기 위해 '그러므로'라고 말하자마자 톰슨은 손사래를 치며 '그건 이론이야' 하고 말한다. 내가 성경을 인용할 때는, '맞아, 나도 알고 있어. 하지만 다른 면에서 보면 이런 점이 있어' 하고 대답하면서 다른 성경 구절을 인용하는데, 많은 경우에 우리가 토론하고 있는 것과 전혀 상관이 없는 구절이었다.……내 책 전반에 대해서(그는 내 책 전체를 읽지 않았다. 자기는 서재 있는 어떤 책도 끝까지 다 읽은 적이 없다고 한다) 그는 내 책이 하나님의 백성들을 분열시키기 때문에 틀림없이 잘못된 점이 있을 것이라고 말한다"(1921년 4월 21일). 이 책 뒤에 가면 알게 되겠지만, 이때 톰슨의 생각에는 핑크가 인정할 수 있었던 것보다 더 일리가 있었다.

5장 저술가와 여행자

1. 프레슬 부부가 전한 것으로 인용한 모든 글은 1970년대 우리를 위해 쓴 개인적인 편지들에서 따온 것이다.
2. 핑크의 아내가 쓴 짧은 자서전적 글인 'Our Semi-Jubilee Letter', 「성경연구」, 1946, p. 283.
3. 같은 책, p. 182. 1918년 7월에는 핑크의 「하나님의 주권」이 아직 원고 상태에 있었지만, 버드는 유기遺棄에 대한 핑크의 가르침에 대해 비판적인 입장에 있었다(같은 책, p. 30).
4. 이 점을 경시해서는 안 된다. 곧잘 우울증에 빠졌던 스펄전은 이렇게 썼다. "오래 앉아 있는 습관은 체질적으로 사람을 의기소침하게 만드는 경향이 있다. 한 자세로 오래 앉아 열심히 책을 보거나 글을 쓰는 일은 그 자체로 아주 부담스러운 것이다. 이뿐 아니라 방은 환기가 잘 안 되고, 몸은 오랫동안 근육 운동을 하지 않은 채 지내며, 마음에는 걱정거리를 담고 있다면, 우리는 절망으로 펄펄 끓는 가마솥을 떠안는 요소들을 갖추고 있는 셈이다." 'The Minister's Fainting Fits', *Lectures to My Students, First Series*(London: Passmore and Alabaster, 1887). (「목회자 후보생들에게」 크리스찬다이제스트)
5. 조지 애딜(1857-1945년)은 *Australian Dictionary of Evangelical Biography*(Sidney: Evangelical History Association, 1994)에서 '복음전도자이자 복지사업가'로 표시하고 있는 주목할 만한 사람이었다. "애딜의 중요성은 그가 시작한 여러 가지 사업과 그가 맡았던 다양한 프로그램, 그리고 긴 생애 동안 그 사업과 프로그램을 추진해 오면서 보인 에너지에 있다."
6. 「성경연구」, 1925, p. 121.
7. 「성경연구」, p. 144.

6장 호주: 뒤섞인 반응

1. 'The Early Life of A. W. Pink', 「오늘의 종교 개혁*Reformation Today*」 1977년 8-10월호, p. 6에서 인용. 이것은 연재 기고문들 가운데 첫 번째 글이었고, 나머지는 레이 르빅Ray Levick이 쓴 것이다. 「오늘의 종교개혁」은 핑크에 대한 전기적인 글을 실은 첫 번째 잡지였고, 이 잡지의 편집장은 에롤 헐스Errol Hulse였다. 이때 이 잡지는 진리의

깃발 출판사와 함께 핑크의 책들을 처음으로 영국에 선보이는 데 중요한 역할을 했다.

2. 「성경연구」, 1925, p. 216.
3. 「성경연구」, 1925, p. 213.
4. 「성경연구」, 1926, p. 115.
5. 「성경연구」, 1926, p. 39.
6. 「성경연구」, 1926, p. 94.
7. 「성경연구」, 1925, p. 192.
8. 「성경연구」, 1925, p. 217.
9. 「성경연구」, 1926, p. 118. 이 시기에 전한 선택의 교리에 대한 설교에 대한 이후의 평을 알려면, 1938년판 「성경연구」, p. 26을 보라.
10. 「성경연구」, 1927, p. 120.
11. 이 강연은 1926년판 「성경연구」, pp. 159-163에 전문이 실려 있다.
12. 「성경연구」, 1926, p. 163.
13. 프레슬 부부가 제공한, 색이 바랜 기다란 신문지 조각에서 이 글을 인용하는데, 신문의 이름은 보이지 않았다.
14. 1925년 9월 29일자 「호주 침례교회 The Australian Baptist」, 그리고 1926년판 「성경연구」, p. 163에 나와 있다. 여기에는 핑크가 덧붙인 다음의 진술도 들어 있다. "나는 이 사실이 '저는 자의 다리는 힘없이 달렸나니'(잠 26:7)라는 성경의 선언에 대해 참으로 엄숙하고 생생한 예를 보여주고 있다는 점만을 지적하고, 그 사실에 대해 아무 얘기도 하지 않겠습니다."
15. 「성경연구」, 1926, p. 111-112.
16. 「성경연구」, 1925, p. 25.
17. 「성경연구」, 1926, p. 117.

7장 호주: 두 교회의 목회

1. 1926년 3월쯤에는 남반구에 있는 시드니에서는 여름이 서서히 가을로 접어들곤 했다.
2. 「성경연구」, 1943, p. 47.
3. 「성경연구」, 1927, p. 166.

4. 「성경연구」, 1927, p. 163.
5. 「성경연구」, 1927, p. 163.
6. 이 진술은 중요한 의미를 지닌다. 이 진술을 보면, 핑크가 영국에서 침례교회들 사이에 오래도록 논쟁되어 온 일에 느닷없이 관심을 보이게 된 연유를 알 수 있다. 나는 *Spurgeon v. Hyper-Calvinism: The Battle for Gospel Preaching* (Edingburgh: Banner of Truth, 1995)에서 이 점에 대해 썼다.
7. 이 조항들은 엄격한 침례교회의 "복음표준"국에서 승인한 조항들이다. 이 조항들은 다음과 같이 선언한다. "우리는 자연적인 상태에 있는 사람에게 하나님을 믿으라거나 하나님께로 돌이키라고 권고해야 한다는 교리를 거부한다." 그리고 "오늘날 목사들이 회심하지 않은 사람들에게 설교하거나 신자와 불신자가 섞여 있는 회중 모두에게 차별 없이 회개하고 그리스도를 믿고 영접하여 구원을 얻으라고 요구하는 것은 피조물의 능력을 넌지시 인정하는 것이고 제한적 속죄의 교리를 부인하는 것이다"(Articles of Faith and Rules for the Government of Strict Baptist Churches, London, 1907, 26조와 33조). 라이드 교회와 스미스필드 교회의 의무 규례the trust deeds에서는 이 조항들을 '복음표준' 신앙개조에 분명히 밝히지 않았다는 것이 후에 확인되었다. 스미스필드 교회의 경우에는 처음의 이들 조항이 1895년에 '폐지되었는데', 이때 복음표준 조항들이 삽입되었다. 이것은 이들 교회의 1857년 의무 규례에서는 인정하지 않는 결정이었다. 적극적이고 복음주의적인 오늘날(2004년)의 스미스필드 교회라면 핑크의 입장을 지지했을 것이다.
8. 핑크가 후에 하바흐에게 편지를 쓸 때쯤에는 이 점에 대해 좀더 현명한 판단을 했다. "나는 형제가 교회 이외의 기타 종교단체들에 대해 깊이 생각하거나 문제를 삼는 일에 지혜롭게 처신한다고 생각지 않습니다.……형제의 주장이 옳다고 해도, 그런 단체들에 대해 후원을 보류하는 것 외에 형제가 할 수 있는 것은 아무것도 없습니다.……사실 '교회'는 하나님께서 정하신 유일한 매체입니다. 그것은 절대적으로 사실입니다. 그런데 모든 교파들이 정도의 차이가 있지만 어떤 사실들에서 저마다 성경적 규범에서 벗어났습니다." 1947년 11월 10일자 편지, *Letters to a Young Pastor*, p. 35.
9. 「오늘의 종교개혁」, 1972년 8-10월호, p. 8.
10. 「성경연구」, 1946, p. 283.

8장 할 일이 없는 설교자

1. 「성경연구」, 1927, p. 281.
2. 「성경연구」, 1928, p. 19.
3. 「성경연구」, 1929, p. 52.
4. 1950년 5월 21일자 윌리엄 네이스미스에게 보낸 편지. 이 문제에 대한 좀더 충분한 그의 확신은 1937년판 「성경연구」 354쪽에 실려 있다. 이 글이 *An Exposition of Hebrews*(Grand Rapids: Baker, 1954)에 다시 실렸는데, vol. 3, 1954, pp. 334 이하에 나온다. (「히브리서 강해」 청교도신앙사)
5. 「성경연구」, 1978, p. 215.
6. 1928년 11월 24일자 시턴에서 보낸 편지.
7. 「성경연구」, 1929, p. 71.
8. 「성경연구」, 1929, p. 163.
9. 「오늘의 종교개혁」, 1977년 11-12월호, pp. 9-10에서 인용.
10. 같은 책. 신문을 안 읽었다고 한 핑크의 말은 신문을 읽어서는 안 된다는 뜻이 아니다. 켄터키 시골에는 적합한 신문이 배달되지 않았던 것이다.
11. 「성경연구」, 1929, p. 144.
12. 「성경연구」, 1931, p. 286.
13. 「성경연구」, 1933, p. 278.
14. 4장 '캘리포니아의 천막 집회' 마지막 부분을 보라.
15. 「오늘의 종교개혁」, 1977년 3-4월호, p. 20에서 래이 르빅이 인용.
16. 같은 책, p. 21.
17. 「성경연구」, 1931, pp. 46-47.
18. 1934년 6월 3일자 로웰 그린에게 보낸 편지.

9장 섭리의 비밀

1. 1931년 3월 30일.
2. 「성경연구」, 1935, p. 31.
3. 「성경연구」, 1946, p. 156. 혹은 *Gleanings in Joshua*, p. 60.
4. 「성경연구」, 1950, p. 179. 혹은 *Gleanings in Joshua*, p 283.

5. 1935년 3월 24일자 로웰 그린에게 보낸 편지.

6. 1931년 4월 19일.

7. 「성경연구」, 1950, p. 167.

8. 1940년 2월 18일자 로웰 그린에게 보낸 편지.

9. 「성경연구」, 1932, p. 286. 1925년 12월호 「성경연구」부터 핑크는 보통 해마다 잡지에 개인 소식을 간단하게 실었다. 1932년부터는 이 개인 소식을 매해 12월호에 연례 편지로 실었다.

10. *Letters of A. W. Pink*, pp. 43-45.

11. 「성경연구」, 1934, p. 215.

12. *Letters of A. W. Pink*, p. 49.

13. *Exposition of the Sermon on the Mount* (Darlington: Evangelical Press, 1977), p. 184. (「산상수훈강해」 크리스찬다이제스트)

14. 「성경연구」, 1935. 3, pp. 71-72. 또한 핑크의 「히브리서 강해 *Exposition of Hebrews*」 (Grand Rapids: Baker, 1954), vol 3, pp. 18-79에서 인용.

15. 「성경연구」, 1936. 12, pp. 18-79. 핑크가 저술한 「엘리야의 생애 *The Life of Elijah*」 (Edinburgh: Banner of Truth, 1976), p. 212. "우리가 엘리야의 안달하고 투정 부리는 태도를 옳다고 변호할 수는 없지만, 나는 로뎀 나무 아래 앉아 있던 그에게 확실히 공감할 수 있습니다. 그는 종종 그곳에서 자신의 본모습을 보았기 때문입니다."

16. 「성경연구」, 1935, p. 19.

17. 1935년 3월 24일자 로웰 그린에게 보낸 편지.

18. 1935년 5월 10일자 에블린 소렐즈에게 보낸 편지.

19. *Letters of A. W. Pink*, p. 72. 이 조처가 좀더 밝은 시기의 스코틀랜드 장로교회와는 매우 달랐다는 것을 맥체인의 "다른 교단의 형제들과의 교제에 대한 서한"에서 볼 수 있다. 이 서한은 「맥체인의 회상과 유고 *Memoir and Remains of R. M. M'Cheyne*」 (Andrew Bonar, 1966), p. 605 이하에 나온다. 1944년에 로버트 맥켄지 Robert MacKenzie 자신이 자유장로교회 교단을 떠나지 않으면 안 되었다. 핑크는 1935년 6월 24일자 프레슬 부부에게 보낸 편지에 이렇게 썼다. "참으로 불쌍한 기독교 국가입니다. 얼마나 한심한 상태에 있는지 모릅니다! 그것이 한편으로 거짓 교리가 아니거나 다른 한편으로 세속적인 태도가 아니라면, 그것은 파벌주의입니다. 그리고 파벌주의는 거짓 교리나 세속적인 태도만큼이나 확실하게 성령을 슬프시게 하거나 소

멸하는 일을 합니다."
20. 「성경연구」, 1935, p. 382.
21. 「성경연구」, 1936, pp. 28-30. 본래 핑크는 폴커크에서 "적그리스도"에 대해 강연해 달라는 부탁을 받았다. 그는 프레슬 부부에게 "나는 그 사람들이 예언서 외에는 어떤 주제도 받아들이지 않는다고 확고하게 말하는 것을 듣고서 감사하다는 말과 함께 정중히 사양했다"고 말한다. 이것은 핑크가 부차적인 문제들에 대한 논쟁에 말려드는 것을 원하지 않는다는 것을 보여주는 예이다. 그 뒤에 폴커크의 형제교회에서 핑크에게 성경에 대해 강연해주기를 요청한 것을 보면 자신들의 태도를 재고했던 것이 분명하다.
22. 「성경연구」, 1936, p. 87.
23. 「성경연구」, 1936, pp. 141-145.
24. 3월 1일에 이 사실을 존 블랙번에게 알리면서 핑크는 이렇게 썼다. "이곳에 와서 나는 런던에 있는 사람들에게 나를 추천하는 편지를 써주고 있는 유력한 사람들을 몇 명 만나게 되었습니다. 주님께서 일하시는 방식은 참으로 기묘합니다!"

10장 핑크의 고립에 대한 해석

1. Iain H. Murray, *D. Martyn Lloyd-Jones: The Fight of Faith, 1939-1981* (Edinburgh: Banner of Truth, 1990), p. 232. (「로이드 존스 평전 2, 3」 부흥과개혁사」)
2. 이 연수는 핑크가 「다윗의 생애*The Life of David*」(Swengel, Pa.: Reiner Publications), vol. 1, p. 43과 다른 곳에서 제시하는 수치이다.
3. 위의 책 pp. 109-116을 보라.
4. Belcher, *Arthur W. Pink*, pp. 43-45.
5. John G. Ridley, 자비의 이정표들*Milestones of Mercy* (Sydney: Christian Press, 1957), p. 183. 리들리의 경우(1896-1976년), 이 시기에 "설교하는 일이 거의 없었던 것"은 그의 약한 건강 때문이었다.
6. 「타임」지에 쓴 글을 풀 코너가 인용, *Evangelism in England* (London: FIFC, 1951), p. 251.
7. N. B. Stonehouse, *J. Gresham Machen* (Grand Rapids: Eerdmans, 1955), p. 310. 워필드는 자기 교단인 미국 장로교회에 대해 이야기하면서 메이첸에게 "썩은 나무는 쪼

갤 수 없다"고 말했다. 좀더 최근에 기독교 신앙을 구성하는 것에 대해 다른 견해를 가지고 있는 프린스턴 신학교의 한 교수가 워필드에 대해 다음과 같이 비판적으로 이야기했다. "워필드는 아주 박학다식하고 동시대의 누구보다 뛰어난 사람이지만 자신이 정한 좁은 울타리 안에 있는 성경적이고 신학적이며 교회적인 사실들이 무너지고 분해되며 사라질까 봐 몹시 두려워하는 것 같았다." Hugh Thomson Kerr, 「프린스턴 신학회보Princeton Seminary Bulleti」, xxv, 1, New Series 2004.

8. 1936년 9월 6일자 에블린 그린에게 보낸 편지.
9. 「성경연구」, 1935년 12월호, p. 381.
10. 1939년 3월 19일.
11. 「성경연구」, 1931, p. 188. 40여 년 전에 댑니R. L. Dabney(1820-1898년, 미국 남장로교회 신학자―옮긴이)는 바로 이 악에 대해 거듭 경고한 바 있었다. 그는 "제단 초청" 즉 결신決信을 위해 공중 앞으로 나오도록 초청하는 방식이 그 결과를 볼 때 옳은 것이라는 주장에 답하면서 그런 변명은 모두 맞지 않는 두 가지 사실을 옳은 것으로 가정하고 있다고 했다. "한 가지는, 뒤에 가서 보았을 때 흥분상태에서 나온 가짜 열매들이라고 밝혀진 다수의 사람들이 전보다 더 나빠지지 않았다는 것이다. 그리고 다른 한 가지는, 참된 열매인 소수의 사람들은 이런 수단이 없었다면 모을 수 없었으리라는 것이다." 전자에 대해 이야기하면서 그는 이렇게 쓰고 있다. "겉치레로 회심하고 교회에 들어와서 계속 형식적이고 생명 없는 종교인으로 지내며, 습관과 확고한 자신감, 자기 의에 눈이 멀어서 자신들의 실제 상태를 보지 못하는 그 많은 사람들에 대해서는 어떻게 말을 할 것인가?"(Discussions, vol. 1, 1890, 1967년 재판본, pp. 571-573). 또 이렇게 쓰고 있다. "이런 경솔한 방법들에 숨어 있는 악은 막대하다. 미국에서 신앙 경험의 기준과 전형이 그 방법들에 의해 널리 퍼졌는데, 그것은 교황제의 나라들에 유행하고 있는 방법들만큼이나 철저히 비성경적이고 거짓된 것이다.……나는 이 방법들이 제일의 원인, 곧 근본 원인이라고 생각한다. 이것이 우리 종교의 거룩한 생활과 원칙, 도덕, 교회 권징의 평균 기준을 떨어트렸고, 결국에는 이 때문에 우리 종교가 일반인의 양심에 실제적으로 미치는 힘을 거의 상실하게 된 것이다"(Discussions, vol. 3, 1892, pp. 468-474). 칼빈주의자라고 자처하는 많은 사람들은 댑니와 의견을 달리하여 그 방법들에 위험이 있다고 거의 보지 않았다. 예를 들면, 브리드David R. Breed는 「프린스턴 신학 평론The Princeton Theological Review」, 1903, pp. 227 이하에서) 무디와 무디 방식Moodyism을 구별하는데, '무디

방식'은 '과거의 것'이라고 말했다. 1930년대가 되었을 때, 이런 방식의 복음전도의 해악은 절정에 달했다.

12. 「성경연구」, 1934, p. 37.

13. 「성경연구」, 1931, p. 46.

14. 「성경연구」, 1931, p. 191.

15. 「산상수훈*Sermon on the Mount*」(Welwyn, Herts: Evangelical Press, 1977), pp. 341-342. 핑크는 의롭다함을 얻는 데 선한 행실이 반드시 필요한 것은 아니라고 주장하지만, '하나님을 영화롭게 하고 그의 은혜를 찬미하는 것'을 포함하여, 선한 행실이 필요한 성경적인 이유를 많이 제시한다(p. 348).

16. '성도의 견인의 교리', 「성경연구」, 1947, p. 61.

17. A. W. Tozer, *Renewed Day by Day* (Harrisburg, PA: Christian Publications, 1980), 12월 2일. 이 사실을 수년 전에 말하고 글로도 썼다.

18. 「성경연구」, 1942, p. 27(혹은 「산상수훈 강해*Exposition of the Sermon on the Mount*」, ch. 20).

19. 1941년 8월 10일.

20. *Letters of A. W. Pink*, p. 58에 나오는 1934년 12월 2일자 로웰 그린에게 보낸 편지.

21. 조지 달러는 스코필와 그레이의 동료인 헬드먼Haldeman(1845-1933년)을 두고 "예언에 대한 신중한 학자이자 저술가"라고 설명했다(「미국의 근본주의의 역사 *History of Fundamentalism in America*」, Greenville, SC, Bob Jones University Press, 1973, p. 326). 헬드먼은 나중에 뉴욕에서 목회할 때 주일 저녁마다 그리스도 재림의 어떤 면에 대해서 설교했는데, 당시 예배당 건물의 보수가 필요했지만 보수에 필요한 재정이 충분하지 않자 교인들에게 공사비를 지불하기 전에 그리스도께서 오실 것이니 예배당 수리를 추진하자고 권했다고 한다!

22. 「성경연구」, 1933, p. 39.

23. 「성경연구」, 1943년 6월호, p. 134.

24. 캠벨 모건 박사가 웨스트민스터 교회 예배당 목사실에서 막 설교하기 직전에 미리 로이드 존스 박사에게 "오늘 밤 회중들이 얼마나 불어나는지 잘 지켜보게" 하고 말했던 것이 아마도 1930년대 말이었을 것이다. 존스 박사가 그 이유를 묻자 모건의 대답이 이러했다. "내가 예언적인 주제에 대해서 말씀을 전할 것이라고 알려지면, 예언의 문제를 전혀 다루지 않아도 언제나 회중의 수가 현저히 늘었네." D. M.

Lloyd-Jones, *The Church and the Last Things* (Wheaton: Crossway, 1998), p. 95.

25. 같은 책, p. 108. 이름이 언급된 두 사람은 러시아 연방과 독일을 나타낸다고들 했다. 물론 그 해석은 "독일이 1941년에 러시아를 공격했을 때 그리 맞는 것 같지 않아 보였다!"

26. O. T. Allis, *Prophecy and the Church* (Philadelphia: Presbyterian and Reformed, 1945), p. 15.

27. *Letters of A. W. Pink*, p. 40.

28. A. W. Tozer, *Keys to the Deeper Life* (Grand Rapids: Zondervan, 1957), pp. 13-17.

29. 초기의 저작들에서 핑크는 '하나님 나라'와 '교회'를 세대주의적으로 구분하는 것을 받아들였음이 분명하다. "천년왕국을 가장 충분히 고려하는 것이 구약이고, 그에 반하여 교회는 신약 계시의 주제이다. 게다가 우리는 천년왕국은 하나님의 나라가 땅에서 계시되는 시기이며, 반면에 교회는 천상의 창조물이고 따라서 하늘의 시민권과 운명을 지니고 있다"는 것을 기억해야 한다(「구속주의 귀환*The Redeemer's Return*」, 1918, p. 362). 그러나 이 입장의 논리는, 말하자면, '하나님 나라'에 있는 자들은 교회에 속하지 않는다는 것이고, 교회는 율법을 생활 규범으로 받지 않는다는 것인데, 핑크는 「성경연구」 발행 초기부터 이를 반대했다(예를 들면, 1924, p. 3, p. 43; 1925, p. 142 등). 그는 구약과 신약이 구원을 다른 방식으로 제시했다는 사상을 받아들인 적이 없다.

30. "아직 나 자신의 입장을 분명하게 알리지 못했다." 이 말은 성취되지 않은 예언에 대한 또 다른 이해를 상세히 설명하는 것을 가리킨다. 그는 위에서 말했듯이 이미 세대주의를 반대하는 글을 써 오고 있었다. 블랙번에게 보낸 또 다른 편지에서 그는 이렇게 말했다. "나는 패트릭 페어베인의 두 책, 곧 예표론에 대한 책과 예언에 대한 책에서 상당한 도움을 얻고 있습니다." 핑크는 이후로 성경연구에서 예언이라는 주제를 더 이상 다루지 않았다.

31. 「성경연구」, 1935, p. 94.

32. 「성경연구」, 1938, p. 381.

33. 「성경연구」, 1936, p. 14. *Letters of A. W. Pink*, p. 56에서 젊은 유아세례론자에 대해 느낀 그의 소감을 또한 보라. 핑크는 로웰 그린에게 46통의 편지를 보내고 나서야 겨우 세례의 주제에 대해서 말을 꺼냈다.

34. 「성경연구」, 1936, p. 119.

11장 "우리가 믿었으므로 또한 말하노라"

1. 「성경연구」, 1929, p. 169. 핑크는 이 책을 '십 년간'의 기도와 열심히 연구한 '결과물'이라고 말했다. 그의 다른 초기 저작들처럼 이 책도 세대주의에 의해, 그리고 여러 곳에서 형제회 저술가들에게 지나치게 의존함으로 인해 내용이 손상되고 말았다.
2. 1936년 10월 4일.
3. 1937년 1월 3일.
4. 「성경연구」, 1927, p. 265.
5. 「성경연구」, 1946, p. 284.
6. 「성경연구」, 1937, p. 21.
7. 1939년 6월 25일.
8. 1941년 7월 21일.
9. 「성경연구」, 1945, p. 285.
10. 「성경연구」, 1948, p. 275. "어느 그리스도인도 항상 승리만 거두는 일생을 살지는 못합니다. 그리스도인 치고 자신의 열망들을 온전히 실현하는 사람은 없습니다. '완전한 날'은 아직 시작되지 않았습니다." 「성경연구」, 1935, p. 31.
11. 「성경연구」, 1939, p. 10.
12. 「오늘의 종교개혁」에서 인용. 1977년 7-8월호, p. 32.
13. 「성경연구」, 1936, pp. 213-214.
14. 「성경연구」, 1941, p. 140.
15. 1932년 7월 21일자 콜먼 부부에게 보낸 편지.
16. 다른 사람들에게 분명하게 말하는 데 익숙해 있었기 때문에 핑크는 다른 사람들이 그렇게 솔직하게 말할 때 화를 내지 않았다. 예를 들면, 켄터키에서 일어난 한 사건을 기억하고 얘기한 점을 들 수 있다. 1929년에 핑크를 비판적이라고 여기며 좋아하지 않는 한 사람이 어느 날 길에서 그를 만나 "핑크 목사님, 목사님은 꼭 바리새인 같습니다" 하고 말했다. 그런 비난을 받고서도 그는 화를 내지 않고 그저 "그럴지도 모르겠군요" 하고 대답했다.
17. 「성경연구」, 1933, pp. 14-15. 이 글은 세대주의에 대한 18편에 이르는 핑크의 글의 서문에서 발췌한 것이다.
18. Lloyd-Jones, *The Fight of Faith*, p. 137. (「로이드 존스 평전 2, 3」 부흥과개혁사)
19. 세인트 올번스의 주교인 존 테일러는 1991년 12월 11일자 「인디펜던트*The*

Independent」지에 실린 사망기사에서 존슨에 대해 이렇게 말했다. "그가 기독교계에서 비교적 덜 알려졌고 외부 세계에서는 사실상 거의 알려져 있지 않지만 최근 20세기의 교회를 형성하는 데 중요한 역할을 했다."

20. Lloyd-Jones, *The Fight of Faith*, p. 209.
21. 로이드 존스가 「성경연구」를 받아 보도록 일을 주선한 사람은 로이드 존스가 시무하는 웨스트민스터 교회의 집사들 가운데 한 사람인 길비A. V. Gilbey였을 수 있다. 길비에게 보내는 편지에서 핑크는 언젠가 그에게 「성경연구」를 즐거이 구독하는 "존스"가 설교자 마틴 로이드 존스인지 물었다. 핑크는 이렇게 해서 그 사람이 바로 그 로이드 존스인 줄 알게 되었다.
22. 「성경연구」, 1943, p. 215. 이전에 핑크는 누가 되었든 교계에서 좀더 넓게 활동하는 사람은 매우 의심스런 눈초리로 보았었다. 그러나 이제는 그런 사람들을 돕기를 바라는 새로운 소망을 품었다. 그는 1948년 8월에 로웰 그린에게 이렇게 썼다. "형제가 이제 목사가 되기 위해 준비하고 있는 훌륭한 젊은이들과 적은 사례금을 받고 봉사하는 시골 교회의 젊은 목사들, 곧 「성경연구」를 환영할 것으로 보이는 이런 사람들을 10여 명 찾을 수 있는지 알아보기 위해 기도하고 생각하며 조사해주기를 부탁드립니다."
23. 「성경연구」, 1942, p. 84. 혹은 *Elijah*(London: Banner of Truth, 1963), p. 242.

12장 "이만 통의 편지"

1. *Letters of A. W. Pink*, p. 118.
2. 1939년 7월 10일.
3. 그러나 핑크가 젊은 그리스도인들에게 처음에 청교도들의 책을 보라고 권하면서도 오웬의 책부터 읽으라고 조언하지 않았다는 점에 주목할 필요가 있다.
4. 1947년 5월 맥니에게 보낸 편지. 핑크는 필포트를 두루 잘 알고 있었고, 한번은 그의 글을 시인하며 인용했다. 그는 필포트가 편집을 맡은 잡지 「복음표준The Gospel Standard」지를 20여 권 이상 꼼꼼하게 읽었다.
5. 「성경연구」, 1943, p. 5.
6. 로웰 그린은 1901년에서 1981년까지 살았다. 필자는 그가 그리스도의 빛나는 증인이라는 것을 아는 특권을 받았다. 그 증인인 에블린 그린(1910년 출생)은 고령으로

오늘날까지(2004년 5월) 살아 있다. 한편 이 두 사람의 아들인 데이비드 그린David Green은 뉴잉글랜드의 목사들 가운데서 존경받는 지도자이다.
7. 1935년 10월 13일.

13장 지극히 유용한 숨은 사역

1. 1939년 6월 25일자 에블린 그린에게 보낸 편지.
2. 핑크가 들을 수 있었더라면 브라이턴 웨스트 가에 있는 태버너클 교회의 벤자민 워버튼의 설교가 훨씬 더 마음에 맞았을 것이다. 그러나 워버튼은 1938년이 되어서야 그 교회를 섬기기 시작했다.
3. 1939년 10월 30일.
4. 이 글은 퍼거슨 박사가 1978년에 「핑크의 편지들Letters of A. W. Pink」을 교정하면서 쓰고 있었던 핑크의 생애에 대한 초고에서 인용한 것이다.
5. 1938년 2월 6일.
6. 「성경연구」, 1940, p. 285.
7. 1940년 8월 18일.
8. 핑크가 전쟁과 관련된 이야기는 조심했음에도 불구하고, 검열관은 최종적으로 시드니에 도착한 편지를 여섯 곳이나 가위질을 했다.
9. C. H. Spurgeon, *Autobiography, Vol. 2, The Full Harvest* (Edingburgh: Banner of Truth, 1973), p. 253.
10. 어쩌면 맥레이 목사가 읽은 핑크의 첫 번째 책이 「하나님의 주권」(London: Banner of Truth, 1961)이었을지 모른다. 이 책은 저자가 죽은 지 십 년이 지나서 출판된 것이다. 1963년에 내게 보낸 사적인 편지에서 맥레이 목사는 그 책에 관해 이렇게 말했다. "이 책에서는 점잔을 빼며 말하는 것이 전혀 없습니다. 그럴지라도 저자에게서는 극단적 칼빈주의로 흐르는 어떤 경향도 볼 수 없습니다. 교리 면에서나 실천적인 면에서 모두 이 책은 확실히 성경적이고 유익하며, 읽으면 틀림없이 도움을 받을 것입니다. 기도에 대해 쓴 장이 특별히 좋습니다." 이때 필자는 「케네스 맥레이의 일지: 기독교 사역 오십 년에 대한 기록 Diary of Kenneth A. MacRae: A Record of Fifty Years in the Christian Ministry」(Edinburgh: Banner of Truth, 1980)이라는 책의 편집을 맡고 있었다.

11. Richard Sibbes, *Works, Vol. 3*(reprinted ed., Banner of Truth, 1981), p. 511.
12. "개인적으로, 나는 시편을 부르기를 좋아합니다. 그러나 '사람이 지은 찬송가'를 공공연히 비난하는 사람들의 견해에는 동의하지 않습니다." 「젊은 목사에게 보낸 편지들*Letters to a Young Pastor*」, pp. 28-29.
13. 「성경연구」, 1938, p. 383.
14. 「성경연구」, 1951, pp. 285-286.
15. 「성경연구」, 1946, p. 285.

14장 "모든 것이 다 잘되었도다"

1. 「성경연구」, 1946, pp. 1-8.
2. 「성경연구」, 1947, p. 190. 위의 책 p. 210을 보라.
3. 「성경연구」, 1947, p. 228.
4. 「성경연구」, 1951, p. 286. 이때는 재정적으로도 흑자였다. 그래서 핑크는 자신이 쓸 증정본을 남기지 않고 삼위일체성서공회와 성서기증선교회 「복음표준」지에 보냈다.
5. 「성경연구」, 1948, p. 184.
6. 「성경연구」, 1950, p. 239.
7. 루이스 섬에서 행해진 이 "습관"이 다른 곳에서도 통상적으로 행해진 것이 아니었다. 루이스 섬에서는 오랜 친구들끼리도 저녁에 헤어지면서 잘 자라고 인사하고 나서 보통 다음 날 아침에도 악수를 했다.
8. 「성경연구」, 1952년 9월호.
9. Fraser Tallach, Fraser: Not a private Matter(Edinburgh: Banner of Truth, 2003).

15장 교사로서의 핑크

1. *Gleanings in Joshua*, 1964, p. 310.
2. 1938년 1월 17일자 로웰 그린에게 보낸 편지.
3. *Letters to a Young Pastor*, p. 6.
4. 「성경연구」, 1947, p. 19.
5. Belcher, *Arthur W. Pink*, 4장, "초기 사역과 연구."

6. 같은 책, p. 33.
7. 「성경연구」, 1947, pp. 53-4. 사실 이 말이 나오는 연재물을 다시 인쇄한 무디 출판사 책에는 이 인용문 전체가 빠졌다. 참조. *Gleanings from Paul, Studies in the prayer of the Apostles*, 1967, p. 237. 그럼에도 이 책은 편집자의 수정이 이루어졌다는 사실을 전혀 알리지 않고 있다.
8. 「성경연구」, 1947, p. 267. 그는 다른 곳에서 "오류란 곡해된 진리, 왜곡된 진리, 균형이 잡히지 않은 진리이다"(성경연구, 1932, p. 54)고 말한다.
9. 「성경연구」, 1944, p. 61.
10. *The Pilgrim's Progress*(Edinburgh: Banner of Truth, 1977), pp. 66-67.
11. *The Sovereignty of God*, 1929, p. 154.
12. 「성경연구」, 1931, p. 143.
13. 1941년 2월 24일. 이 글은 제2차 세계대전 중 가장 어두운 시기에 쓴 것이다.
14. 「성경연구」, p. 212-213.
15. *Divine Covenants*(Grand Rapids: Baker, 1973), p. 79. 벨처 박사가 인용.
16. 「성경연구」, 1948, p. 190.
17. 「성경연구」, 1932, p. 70.
18. 「성경연구」, 1945, pp. 259-260.
19. 1951년 1월 29일.
20. 1950년 2월 19일.
21. 1943년 7월 17일자 브래드쇼에게 보낸 편지.
22. 「성경연구」, 1950, p. 117.
23. 「성경연구」, 1929, p. 59.
24. 「성경연구」, 1945, p. 287.
25. 「성경연구」, 1935, pp. 94-95.
26. 「성경연구」, 1937, p. 255.
27. 「성경연구」, 1941, pp. 118-119.
28. 「성경연구」, 1937, p. 32. 혹은 *Exposition of Hebrews*, vol. 3, pp. 325-326.
29. *Spiritual Growth or Christian Progress*, 193.
30. 「성경연구」, 1950, p. 164.
31. 같은 책, p. 140. 이 두 인용문은 '개인적인 판단'에 대한 글들에서 가져온 것이다.

32. *Gleanings from Paul*, pp. 23-31. (「바울의 기도 연구」 생명의말씀사)

33. 「성경연구」, 1941, p. 285.

34. Belcher, *Arthur W. Pink*, p. 118.

16장 「하나님의 주권」에 대한 핑크의 견해

1. 이 수치는 벨처 박사의 *Arthur W. Pink*에서 따온 것이다.

2. 위의 책 p. 61을 보라.

3. 「하나님의 주권」에 나오는 3판 서문.

4. "극단적 칼빈주의자의 균형이 잡히지 않은 가르침은 지극히 위험한 무기력한 상태를 일으켰습니다. 그들은 그 점을 깨닫지 못했지만 '방관자'들에게는 분명하게 보였습니다. 하나님의 뜻을 과도하게 생각하는 사람들은 자기도 모르는 사이에 숙명론의 무기력함에 빠질 위험이 있습니다." 「성경연구」, 1948, p. 134.

5. 여기와 다음에 나오는 인용문들은 모두 1929년판 본문을 그대로 유지하고 있는 1959년에 인쇄한 「하나님의 주권」에서 따온 것이다. 1959년판이 이후로 재발행되었는데, 후에 1984년 그랜드 래피즈의 베이커 출판사가 다르게 페이지를 매겨서 발행했다. 베이커 출판사의 "14판" 「하나님의 주권」이 1995년에 출판되었다.

6. *Collected Writings of John Murray* (Edinburgh: Banner of Truth, 1977), vol. 2, pp. 60-66에 나오는 "자유 행위Free Agency"에 대한 존 머레이의 견해를 보라. 머레이가 말하듯이, 자유 행위라고 말할 때, 사람들이 도덕적이고 종교적인 존재라는 조건을 사전에 설정하지 않은 채 인간의 의지가 선한 의지나 악한 의지를 발휘할 수 있다는 것을 의미하지 않는다. (「존 머레이의 조직신학」 크리스챤다이제스트)

7. 하지A. A. Hodge가 자연적 능력과 도덕적 능력을 구분하려는 시도는 성경적인 근거가 전혀 없다고 쓰듯이, "그것은 본질적으로 모호하고 오해를 일으키기 쉽고 혼란스럽게 만드는 생각이다." *Outlines of Theology* (reprinted Edinburgh: Banner of Truth, 1972), p. 341. 핑크는 이 이론을 조나단 에드워즈나 앤드류 풀러의 저술에서 입수했다.

8. 「성경연구」, 1927, pp. 260-261. 이 인용문을 보면, 핑크가 「하나님의 주권」을 개정할 때 충분한 시간을 들이지 않았음이 나타난다.

9. 「성경연구」, 1940, pp. 158-160. 혹은 *Gleanings from the Scriptures: Man's Total*

Depravity, 1969, Moody Press, pp. 238-242. '의지의 자유'라는 표현이 한 가지 이상의 의미로 이해되어 왔다는 점을 기억해야 한다. (「인간의 전적 타락」 청교도신앙사) 면밀한 진술에 대해서는 The Westminster Confession of Faith 9장을 보라.

10. 「성경연구」, 1951, pp. 206, 166. 이 책 15-18쪽에 나오는 소중한 단평들을 보라.

11. 그렇지만 1929년판 본문에 모순되는 점이 있는데, 이는 한 곳에서 그가 인간 의지의 자유와 하나님의 은혜의 확실한 효력을 결합해서 이야기하기 때문이다.

12. 「성경연구」, 1929, p. 144.

13. 「성경연구」, 1936, p. 156. 이 인용문은 "믿음의 의무"를 변호하는 두 편의 글 가운데 한 군데서 따온 것이다.

14. 같은 책, pp. 93-94.

15. 같은 책, p. 253. 1929년판 178, 198쪽 본문에 나오는 「하나님의 주권」과 비교해 보라. 위와 같은 경고는 핑크의 말기 편지들에 끊임없이 반복된다. 1953년판 「성경연구」 92-96쪽에 나오는 '추론을 거부함'이라는 글을 보라. 핑크는 1944년에 한 친구에게 이런 의견을 말했다. "인간의 책임과 무능력이라는 주제는 지극히 심오하고 여러 면이 결부된 것이다." Letters to a Young Pastor, p. 9.

16. 「성경연구」, 1946, p. 20.

17. 같은 책, p. 281.

18. 「성경연구」, 1947, p. 203. 핑크가 '율법 아래'라는 말을 할 때 '구약 아래'라는 뜻으로 쓰는 것이 아니다.

19. 1949년 11월 16일자 윌리엄 네이스미스에게 보낸 편지.

20. 「성경연구」, 1947, p. 138.

21. What Gospel Standard Baptists Believe: a Commentary on the Gospel Standard Articles of Faith, J. H. Gosden(reprinted., Chippenham: Gospel Standard Societies, 1993)을 보라. "오늘날의 사역자들은 회심하지 않은 사람들에게 설교하거나 여러 부류가 섞여 있는 회중의 모든 사람들에게 무차별적으로 구원을 얻도록 회개하고 믿고 그리스도를 받아들이라고 요구해서는 안 된다"고 저자는 말한다.

22. 1943년 9월 5일.

23. 「성경연구」, 1936, p. 94. 핑크가 볼 때 같은 방식으로 판단을 그르친 다른 사람들은 조셉 아이언스와 제임스 웰스였다(「성경연구」, 1946, p. 66). 필자는 Spurgeon v. Hyper-Calvinism: The Battle for Gospel Preaching(Edinburgh: Banner of Truth. 1995)

에서도 이 주제에 대하여 쓴 바 있다. 스펄전은 핑크가 좋아하는 저자들 가운데 한 사람이었다. 핑크는 1949년 7월 12일에 한 친구에게 이렇게 썼다. "스펄전은 단순하지만 건전하고 유익하며 교훈적입니다." "아마도 청교도 시대 이래로 하나님께서 자기 백성에게 주신 가장 귀한 선물일 것입니다"(「성경연구」, 1943, p. 183).

24. *The Sovereignty of God*(1929년 재판), p. 125.
25. 「성경연구」, 1946, p. 23. 길Gill은 본문을 구원에 적용하기보다는 바울이 성도들에게 "하나님의 섭리에 복종하고 하나님의 권징과 규례에 순종하라"고 권하고 있는 것이라고 믿었다.
26. 위의 책 45쪽을 보라. 이 점에 대해서도, 1929년판 「하나님의 주권」의 본문은 전혀 만족스럽지 못하다. 핑크는 파멸에 이르는 책임은 사람에게 있다고 말한다. 그러나 택함받지 못한 자들은 하나님께서 "객관적으로 하나님의 영원한 뜻에 따라 멸망에 적합하도록 지은" 자들이라는 평을 포함하여, 그 밖의 진술들은 위에서 언급한 인용문과 같다. 로마서 9장의 관련 구절에 대해 존 머레이는 다음과 같이 말하는데, 확실히 옳다. "주요 사상은 진노의 그릇에 주어지는 멸망은 그들의 상태에 대해 그들에게 적합하게 내려지는 것이라는 사실이다. 그들이 이 세상에서 어떤 존재들이었다는 것과 그들이 받는 멸망 사이에 정확한 일치가 있다." *The Epistle to the Romans*(Grand Rapids: Eerdmans, 1965), vol. 2, p. 36.
27. 위의 책 66쪽을 보라.
28. 예를 들면, 칼빈의 *Sermons on Deuteronomy*(reprinted, Edinburgh: Banner of Truth, 1987), p. 167를 보라.(「신명기 강해」 서로사랑)
29. R. C. Reed, *The Gospel as Taught by Calvin*(Grand Rapids: Baker, 1979), p. 122.
30. *The Sovereignty of God*(1929년 재판), p. 247n.
31. 「성경연구」, 1951, p. 108.

부록 2 설교 노트

1. 이것은 핑크가 1908년 회심한 후에 전한 첫 번째 설교의 본문이었다. 다음에 나오는 본문 내용은 그가 스물여덟 혹은 스물아홉 살이었던 1915년에 적기 시작한 그의 노트에 들어 있는 복음전도 설교들 가운데 첫 번째 것이다. 원래 노트에서는 설교 전체가 약 13.6cm × 20.6cm 크기의 두 페이지에 들어 있다. 나는 노트에 적힌 내용을

베끼면서 그의 많은 약어들을 채워 넣었고, 그가 빨간색 잉크로 쓴 것은 볼드체로 표시했다.
2. 이 세 단어에 대해 핑크가 쓴 약어는 'supr. hum evis'이다. 따라서 필자가 핑크가 생각한 단어를 잘못 이해했을 수도 있다.

부록 3 핑크의 주요 저술 목록

1. 451쪽에 나오는 것을 제외하고, 핑크의 이 저술 목록은 1981년 이후 최신 것으로 수정되지 않았다. 이제 핑크의 저술들은 대부분 「아더 핑크 모음집*The Arthur Pink Collection*」이라는 CD-ROM으로 구입해서 볼 수 있다(구입처: Ages Software, P.O. Box 216, Rio, WI 53960, USA, www. ageslibrary.com). 그리고 핑크의 많은 저술들을 www.pbministries.org 같은 인터넷 웹사이트에서 찾아볼 수 있다.

찾아보기

ㄱ

가든 그로브(Garden Grove, Calif.) 48, 89, 458 주1
갈릴리 침례교회(Galilee Baptist Church, Denver) 120
강신술(Spiritualism) 25-27, 454 주7, 주10
개인적인 판단(Private judgment) 473 주31
「검과 흙손」(*The Sword and the Trowel*) 18
게일어(Gaelic language) 330-331, 356
결단의 요청(Decisionism) 237
곤경에 직면함(Facing Difficulties) 119, 412
교리적 설교(Doctrinal preaching) 128-129, 136, 401
균형 있는 독서(Balance in reading) 296
그레셤 메이첸(J. Gresham Machen) 234
그윈 루이스(Gwynne Lewis) 91
극단적 칼빈주의(Hyper-Calvinism) 138, 149-150, 229, 294-296, 303, 310, 417, 419-420, 422-424, 429-430, 471 주10, 474 주4

근본주의(Fundamentalism) 66-67, 69, 74, 96, 193, 236-240, 242, 244, 248-250, 260, 454 주12, 467 주21
글래스고 성경학교(The Glasgow Bible Training Institute) 234
글래스고(Glasgow, Scotland) 215-218, 220-221, 223, 256, 319, 329, 336
글렌데일(Glendale, Calif.) 190-191, 198
글렌홀덴(Glenholden, Galif.) 202
기도(Prayer) 198-201, 207-209, 267, 280, 392
「기독교 강요」(*Institutes*) 173
「기독교 순교사화」(*Book of Martyrs*) 21-22
기독청년회(YMCA)
  시드니 애쉬필드 기독청년회 137
  켄터키 스파턴버그 기독청년회 75-76

찾아보기 479

ㄴ

낙담에 대한 답변(Answer to Discouragement) 209-214
노리치(Norwich) 179, 302, 342
노스유이스트(North Uist) 328-330
노스사이드 침례교회(Northside Baptist Church, Spartanburg, Ky.) 59, 65, 75, 87
노팅엄(Nottingham) 368, 456 주7
녹스(John Knox) 217
뉴욕(New York) 36, 67, 180, 202, 207, 260, 457 주16, 467 주21
뉴질랜드(New Zealand) 234, 347

ㄷ

더글러스 존슨(Douglas Johnson) 282
더글러스 크레이그(Douglas Craig) 14, 395
데이비드 그린(David Green, 로웰 그린의 아들) 471 주6
데이비드 마퀀드(David Marquand) 455 주20
데이비드 브리드(David R. Breed) 466 주11
덴버(Denver, Colo.) 96, 119-120
독케비 형제(Brother Dockaby) 163, 167
D. L. 무디(Moody) 35, 133, 248, 466 주11

ㄹ

라이드 엄격한 침례교회(Ryde Strict Baptist Church, Sydney) 153, 157-160, 462 주7
랄프 어스킨(Ralph Erskine) 106
런던(London) 27, 34 50, 128, 171, 174-176, 179, 217, 223-224, 262, 321, 328-329, 465 주24
레이 르빅(Ray Levick) 13, 460 주1, 463 주15
로데릭 맥켄지(Roderick MacKenzie) 218-219
로버트 루이스 스티븐슨(R. L. Stevenson) 123
로버트 세실(Robert Cecil) 17
로버트 하바흐(R. Harbach) 458 주17
로버트 할데인(Robert Haldane) 69
로스앤젤레스 성경학교(Bible Institute of Los Angeles, BIOLA) 48, 91, 456 주3
로스앤젤레스(Los Angeles, Calif.) 91, 94, 190-193, 197
로웰 그린 부부(Mr and Mrs Lowell Green) 14, 296, 315, 319, 324, 369, 374, 435, 456 주1
로컬쉬 카일(Kyle of Lochalsh) 339, 342
로키 산맥 사경회(Rocky Mountains Bible Conference) 119
「루시퍼」(*Lucifer*) 24, 27
루이스 섬(Isle of Lewis) 330, 332-333, 336, 358, 363, 378, 472 주7
리버사이드(Riverside, Calif.) 91-92
리버풀(Liverpool) 18, 178
리처드 백스터(Richard Baxter) 428
리처드 벨처(Richard P. Belcher) 9-10, 79, 230, 385-386, 413, 454 주14, 457 주14, 458 주1, 473 주15, 474 주1
리처드 십스(Richard Sibbes) 472 주11
리처즈 부부(Mr and Mrs Richards) 103, 191

ㅁ
마담 기용(Madame Guyon) 276
마틴 로이드 존스(D. M. Lloyd-Jones) 215, 228-229, 249-250, 281-282, 465 주1, 467 주24, 469 주18, 470 주21
매튜 헨리(Matthew Henry) 225, 292, 356, 392, 404, 407
맥카이버(Mr and Mrs G. MacIver) 330, 337, 354
모르몬교도(Mormons) 122
모턴스 갭(Morton's Gap, Ky.) 59, 180-182, 186-187, 191, 416
무디 기념교회(Moody Memorial Church) 37
무디 성경학교(Moody Bible Institute) 35-38, 68, 90, 105, 243, 455 주23
믿음(Faith) 69, 166, 208, 242, 268, 283, 301, 309, 353
밀몬트(Millmont, Pa.) 202-203, 205

ㅂ
반율법주의(Antinominaism) 243
버케스빌(Burkesville, Ky.) 50-51, 57-59, 70
버클리(Berkeley, Calif.) 121
베라 E. 러셀(Vera E. Russell) 58
  또한 '베라 핑크'를 보라.
베라 핑크(Vera E. Pink, 핑크의 아내)
  초기 생애와 결혼 58-63
  남아 있는 첫 번째 편지 85
  이후의 편지 왕래는 '로웰 그린 부부', '찰스 프레슬 부부', '호레이스 콜먼 부부'를 보라.
  집안일 86
  지진에 대한 설명 192-193
  「성경연구」 발행을 위한 작업 145, 203, 320, 370
  핑크의 마지막 발병과 죽음에 대한 설명 362-367
  베라 핑크의 말년 370-378
벤자민 워버튼(Benjamin A. Warburton) 471 주2
벤자민 워필드(Benjamin, B. Warfield) 234, 465 주7
벨브와 가 침례교회(Belvoir Street Baptist Church) 143-149, 153-155, 157-160, 167, 229, 322
보스턴(Boston, Mass.) 38, 84
보울링 그린(Bowling Green, Ky.) 58-59
「복음표준」(The Gospel Standard) 296, 304, 319, 470 주4, 472 주4
복음전도, 복음주의(Evangelism) 37, 51, 70, 77, 89, 102, 128, 132, 140, 148, 222, 238, 253, 296, 405, 422
복음전도협회(Evangelization Society, NSW) 119
복음표준 엄격한 침례교회(Gospel Standard Strict Baptists) 229, 304, 307, 311, 462 주7
  또한 '엄격한 침례교회'를 보라.
분파주의(Denominationalism) 167, 174, 253, 256-257, 333, 401, 411

찾아보기 481

브라이턴(Brighton) 319, 321, 471 주2
브루클린(Brooklyn, N.Y.) 90
비다 맥컬리(Vida McAulay) 163-165
빅토리아 여왕(Queen Victoria) 17, 21, 234

ㅅ

사경회(Bible Conferences) 66, 68, 89, 109, 119, 128-129, 134, 180, 221, 236, 250, 303, 457 주14
사모아(Samoa) 122
삼위일체성서공회(Trinitarian Bible Society) 163, 472 주4
새뮤얼 러더퍼드(Samuel Rutherford) 276, 365
새뮤얼 앵거스(Samuel Angus) 135
새뮤얼 피어스(Samuel E. Pierce) 295
샌프란시스코(San Francisco, Calif.) 92, 121
생키의 찬송과 독창곡들(Sankey's Songs and Solos) 162
생활 규범으로서 율법(Law as rule of life) 243, 248, 387
서머 힐(Summer Hill, Sydney) 153, 161, 165
서부 서적회사(Western Book and Tract Co.) 68, 96-97
서비턴(Surbiton) 175, 217, 320
선택(Election) 53, 70, 129-133, 142, 151, 165, 230, 296, 317, 417, 430
성경 진리 보관소 출판사(Bible Truth Depot)
 클리블랜드 성경 진리 보관소 출판사 188
 스웬젤 성경 진리 보관소 출판사 65, 70, 94, 105, 260-261
「성경연구」(Studies in the Scriptures, 책 전체에서 언급)
 창간호(1922. 1) 106
 폐간호(1953. 12) 375
성공회 사람들(Anglicans) 135, 232
성령의 역사, 성령의 활동(Work of the Holy Spirit) 29, 162, 197, 312, 343, 380, 397
성취되지 않은 예언(Unfulfilled Prophecy) 53, 69, 81, 166, 223, 245, 251, 394, 433
성화, 거룩한 생활(Sanctification) 48, 76, 241-242, 274, 293, 308, 313, 343
세계대전(Great War) 50, 66, 113, 325
세대주의(Dispensationalism) 67, 244-248, 250-251, 253, 255, 282, 343, 384, 386, 393-394, 446, 468 주30, 469 주1, 주17
세례(Baptism) 162, 229, 256, 333
세일 해리슨(L. Sale-Harrison) 128, 130
슐러 잉글리쉬(E. Schuler English) 459 주4
스미스필드 엄격한 침례교회(Smithfield Strict Baptist Church, Sydney) 153, 157-160, 462 주7
스웬젤(Swengel, Pa.) 65, 72, 94-95, 105, 110-112, 119, 202, 260, 458 주2
스코츠빌(Scottsville, Ky.) 58-59
스코틀랜드 자유교회(Free Church of Scotland) 293
스코틀랜드 자유장로교회(Free Presbyterian Church of Scotland) 209, 404, 464 주19

스코필드 관주성경(Scofield Reference Bible) 38, 67, 248

스토너웨이(Stornoway, Isle of Lewis) 330-332, 338, 340-341, 354-357, 360, 378, 402

스파턴버그(Spartanburg, Ky.) 47, 58-59, 65-88, 111, 119, 433-434, 456-457

「스파턴버그에서 보낸 편지」(*Letters from Spartanburg*) 9, 451, 457 주6

스펄전 목회자 대학(Spurgeon's Pastors' College, London) 128

스프루스 가 침례교회(Spruce Street Baptist Church, Philadelphia) 109

시드니(Sydney) 13-14, 118, 124-128, 134-135, 139, 143-148, 154, 161, 163, 168-169, 174, 186, 190-191, 201, 204, 217, 229, 231-232, 263, 289, 304, 322, 330, 403, 461 주1, 471 주8

시슬리(Dr Sisley) 120

시애틀(Seattle, Wash.) 92, 102-103, 191

시카고(Chicago) 35-37, 39, 49, 90, 92, 96, 199, 237

시턴(Seaton, Devon) 175-178, 186, 463 주6

「신앙감정론」(*Religious Affections*) 457 주8

신지학(Theosophy) 24-25, 27-30, 454 주7

「실버턴 스탠더드」(*Silverton Standard*) 39, 43, 45

실버턴(Silverton, Colo.) 37-39, 43-45, 47-48, 229, 455 주1

싱클레어 퍼거슨(Sinclair B. Ferguson) 14, 322

C. I. 스코필드(Scofield) 248

C. S. 루이스(Lewis) 28

ㅇ

아그네스 루이즈 핑크(Agnes Louise Pink, 핑크의 여동생) 20, 49

아그네스 헌트(Agnes Ann Hunt, 핑크의 어머니) 20

아더 핑크(Arthur Walkington Pink, 1886-1952)

초기 생애 17-23, 49

신지학에 빠지다 24-31

회심 29, 31

첫 번째 설교 33

무디 성경학교에 다니다 35-37

실버턴에서의 사역 38-46

캘리포니아 시절 47-49

켄터키 시절 50-59

베라 헌트와 결혼하다 58

스파턴버그에서의 사역 65-88

스웬젤로 이사하다 87

캘리포니아에서의 천막 사역 92-102

「성경연구」 발행을 시작하다 106

호주에서의 사역 125-170

영국에서 지낸 시기(1928) 171-179

미국에서 지낸 시기(1928-1934) 180-207

영국에서 지낸 시기(1934) 207-215

스코틀랜드에서 지낸 시기(1935) 215-223
영국에서 지낸 시기(1936-1940) 223, 320-329
스토너웨이에 정착하다 330
핑크의 죽음 361
핑크의 성품 78-81, 114-117, 227-232, 358
핑크의 고립 227-258
핑크의 편지 왕래
　「스파턴버그에서 보낸 편지」,「핑크의 편지들」,「한 순회 설교자의 편지」,「젊은 목사에게 보낸 편지들」, 그리고 '존 블랙번', '콜먼 부부', '로웰 그린 부부' 같은 주요 편지 왕래자들과 관련된 부분을 보라.
핑크의 저술들(부록 3 참조)
　「적그리스도」(The Antichrist) 251, 343, 446
　「다윗의 생애」(The Life of David) 270, 343, 364, 448, 465 주2, 주3
　「하나님의 언약들」(Divine Covenants) 389, 448
　「성경의 신적 영감」(Divine Inspiration of the Bible) 49, 53, 65, 446, 450
　「엘리야의 생애」(The Life of Elijah) 77, 270, 343, 416, 449, 464 주15
　「바울에 대한 단상」(Gleanings from Paul) 449
　「성경에 대한 단상」(Gleanings from the Scriptures) 449-450
　「출애굽기 강해」(Gleanings in Exodus) 117, 134, 384, 391, 446-447
　「창세기 강해」(Gleanings in Genesis) 74, 99, 105, 260, 384, 391, 446-447
　「하나님의 신성」(Godhood of God) 82
　「요한복음 강해」(Exposition of Gospel of John) 60, 106, 134, 260, 392, 447
　「히브리서 강해」(Exposition of Hebrews) 270, 392, 447, 463 주4, 464 주14
　「여호수아의 생애와 시대」(Life and Times of Joshua) 384
　「말씀에서 얻는 유익」(Profiting from the Word) 343, 416, 447
　「구속주의 귀환」(Redeemer's Return) 69, 82, 251, 283, 381-382, 446-447, 468 주29
　「산상수훈」(Sermon on the Mount) 270, 299, 343, 392, 448, 464 주13, 467 주15, 주18
　「가상칠언」(Seven Sayings of the Saviour on the Cross) 82, 109, 446
　「하나님의 주권」(The Sovereignty of God) 71, 73-74, 83-84, 92, 95, 188, 311, 314, 385, 395, 415-432, 446, 457 주11, 458 주2, 460 주3, 471 주10, 473 주11, 476 주24, 주30
　「영적 성장」(Spiritual Growth) 343, 449
여러 저자들에 대한 견해 81, 262, 292-296
아르노 게블린(Arno C. Gaebelein) 67-69, 74, 84-85, 91, 99, 260

아이작 헬드먼(Issac M. Haldeman) 246, 467 주21

아피아 섬(Isle of Apia) 123

안식일(Sabbath) 21-22, 144, 182, 199, 201, 209, 217-218, 305, 343, 363, 449, 454 주4

알렉산더 맥클라렌(Alexander Maclaren) 294

알미니안주의(Arminianism) 148, 236-237, 240, 243, 395-396, 415, 429

애니 베산트(Annie Besant) 25, 27-28, 30

애쉬빌(Asheville, N. C.) 68

애쉬필드 태버나클 침례교회(Ashfield Baptist Tabernacle) 128, 133, 137, 148, 172

애쉬필드(Ashfield, Sydney) 128-129, 134, 138-140, 232

애틀랜타(Atlanta, Ga.) 326

앤드류 보나(Andrew Bonar) 106

앤드류 풀러(Andrew Fuller) 106, 404, 474 주7

앨런 맥커렐(Alan McKerrell) 14, 127, 165

앨투나(Altoona, Pa.) 181, 201

엄격한 침례교회(Strict Baptist)
  호주 엄격한 침례교회 144, 147, 151, 154
  영국 엄격한 침례교회 143, 210, 296, 304-308, 322, 400, 404, 426, 462 주7
  또한 '복음표준 엄격한 침례교회'를 보라.

에드워드 7세(Edward VII) 23

에롤 헐스(Erroll Hulse) 460 주1

에블린 소렐즈(Evelyn Sorrells, 로웰 그린과 결혼) 218, 268, 315, 317, 319, 322-323, 328, 337, 349, 353, 355, 370, 456 주11, 464 주18, 466 주8, 471 주1, 주6

에빗(Mrs Ebbett) 161

에일서 마셜(Alesor Marshall) 98, 428, 459 주5

영국성서공회(British and Foreign Bible Society) 163

영문 밖으로('Outside the camp') 172

영원한 안전(Eternal Security) 240, 244, 449

영원한 형벌(Eternal punishment) 179

「영적 주제들에 대한 편지들」(Letters on Spiritual Subjects) 295

「오늘의 종교개혁」(Reformation Today) 13, 460 주1, 462 주9, 463 주9, 주15, 469 주12

오렌지(Orange, Calif.) 89

오스왈드 앨리스(O. T. Allis) 250

오클랜드(Oakland, Calif.) 68, 92-97, 101, 120, 459 주5

옥스퍼드(Oxford) 34, 285

올버니(Albany, Ky.) 50-51, 70

요크(York, Pa.) 14, 119, 181, 201, 205

「우리의 소망」(Our Hope) 67, 69, 74, 90, 99, 121, 456 주4

월리스 니킬슨(Wallace B. Nicolson) 209, 213, 274, 328, 435

웨스트민스터 교회 예배당(Westminster Chapel) 467 주24

윈스턴 부부(Mr and Mrs Winstone) 207

윌리엄 개즈비(William Gadsby) 296, 304, 427
윌리엄 거널(William Gurnall) 292
윌리엄 네이스미스(William Naismith) 300, 399-400, 463 주4, 475 주19
윌리엄 로메인(William Romaine) 297
윌리엄 에반스(William Evans) 36
윌리엄 커닝엄(William Cunningham) 293
윌리엄 헌팅턴(William Huntington) 295, 426-427
윌버 스미스(Wilbur M. Smith) 455 주23
윗필드 기네스(G. Whitfield Guinness) 25-26, 454 주8
이스라엘과 유대인(Israel and the Jews) 244-246, 249, 257, 297, 373, 422
인간의 책임(Human Responsibility) 137-138, 151, 156-159, 310, 387-388, 417-418, 475 주15
인버네스(Inverness) 219, 339
A. C. 딕슨(Dixon) 37, 237, 455 주21
A. J. 고든(Gordon) 84
A. V. 길비(Gilbey) 435, 470 주21
A. W. 토저(Tozer) 242, 250
E. 아담스(Adams) 407
E. R. 샌딘(Sandeen) 457 주5
E. W. 헹스텐버그(Hengstenberg) 293
H. A. 아이언사이드(Ironside) 67-68, 96-99, 459 주4
I. C. 헤렌딘(Herendeen) 48, 65-66, 68-72, 74, 76-83, 85-87, 89, 92-95, 98-99, 101-102, 105-106, 109-112, 121, 146, 188, 202, 260-261, 428, 447, 458 주1, 주2, 459 주3
R. J. 캠벨(Campbell) 34
R. L. 댑니(Dabney) 466 주11
R. M. 맥체인(M'Cheyne) 163, 464 주19

ㅈ

장로교회 교인들(Presbyterians) 220, 404
잭 그린(Jack Green) 435
전천년주의(Premillennialism) 244, 252, 254
「젊은 목사에게 보낸 편지들」(Letters to a Young Pastor) 451, 472 주12
제2차 세계대전(Second World War) 266, 324, 338, 473 주13
제단 초청(Altar calls) 466 주11
제임스 그레이(James M. Gray) 36
제임스 맥클린(James MacLean) 357, 360-361, 377
제임스 웰스(James Wells) 296, 475 주23
제임스 탈라크(James Tallach) 378
조나단 에드워즈(Jonathan Edwards) 69, 81, 106, 293, 312, 404, 457 주8, 458 주16, 474 주7
조셉 아이언스(Joseph Irons) 475 주23
조지 달러(George Dollar) 467 주21
조지 스미턴(George Smeaton) 293
조지 애딜(George Ardill) 119, 125, 161, 231, 460 주5
조지 윗필드(George Whitefield) 354
존 G. 리들리(John G. Ridley) 232, 465 주5

존 T. 맥니(John T. MacNee) 299, 435, 470 주4
존 길(John Gill) 308, 312, 426-427
존 뉴턴(John Newton) 309, 312, 423
존 번연(John Bunyan) 21-22, 276, 368, 393, 442
존 브라운(John Brown) 106
존 블랙번(John C. Blackburn) 37, 197, 220, 245, 252, 264, 293-294, 331, 333, 338-339, 394, 435, 455 주18, 주22, 456 주2, 465 주24, 468 주30
존 오웬(John Owen) 82, 134, 262, 292-293, 297, 308-309, 404, 458 주17, 470 주3
존 칼빈(John Calvin) 173
존 컬버(John B. Culver) 286, 293, 435
존 폭스(John Foxe) 21-22
존 플라벨(John Flavel) 292
존더반 출판사(Zondervan Publishing House) 415
「주일학교 수업 도우미」(Helps on the Sunday School Lesson) 188
지진(Earthquake, Los Angeles [1930]) 193
진리의 균형(Balance of the truth) 151, 159, 311
진리의 깃발 출판사(Banner of Truth Trust) 416, 429, 431, 433
진리의 용사(Mr Valiant-for-Truth) 368-369
J. C. 라일(Ryle) 18, 234, 453 주1
J. C. 필포트(Philpot) 296, 312, 427, 470 주4
J. H. 톤웰(Thornwell) 293
J. K. 포팸(Popham) 322

ㅊ

찰스 스펄전(C. H. Spurgeon) 18-19, 35, 37, 55, 106, 131, 135-136, 203, 233-235, 237, 293, 331, 401, 408, 429, 460 주4, 476 주23
찰스 캠벨(Charles Campbell) 106
찰스 프레슬 부부(Mr and Mrs Charles Pressel) 14, 29, 109, 113-116, 119, 181, 201-202, 205-206, 220, 231, 264, 355, 361, 369, 460 주1, 461 주3, 464 주19, 465 주21
「천로역정」(The Pilgrim's Progress) 21-22, 278, 292, 368
천막 사역(Tent Ministry) 96
청교도들과 그들의 저서(Puritans and their writings) 81-82, 131, 134, 217, 235, 252, 261, 271, 292, 296, 333, 347, 385, 426-427, 470 주3
첼트넘(Cheltenham) 175-176, 207, 209, 216, 274
침례교 목회자 동우회(Baptist Ministers' Fraternal, NSW) 137-139
침례교연합교회(Baptist Union) 229, 232-233

ㅋ

칼빈주의(Calvinism) 53, 69, 76, 98, 131, 138, 140, 143, 187, 229-230, 294-295, 321, 331, 387-388, 415-419, 423-424, 429-430, 459 주8, 471 주10
캐나다(Canada) 265, 313, 344
캠벨 모건(G. Campbell Morgan) 34, 467 주24
케네스 맥레이(Kenneth A. MacRae) 331-332, 377-378, 471 주10
「케네스 맥레이의 일지」(*Diary of Kenneth MacRae*) 471 주10
케임브리지(Cambridge) 11, 25, 399-400
클루 블랙(Cleugh Black) 134
클리블랜드(Cleveland, Ohio) 110, 202

ㅌ

토머스 굿윈(Thomas Goodwin) 81-82, 262, 292, 312
토머스 맨턴(Thomas Manton) 81, 262, 292, 404
토머스 보스턴(Thomas Boston) 293
토머스와 아그네스 핑크(Thomas and Agnes Ann Pink, 핑크의 부모) 19-20
토플래디(A. M. Toplady) 426-427
톰슨 형제(Brother Thompson) 92-100, 102, 459 주5, 주8
T. R. 글로버(Glover) 233

ㅍ

팡고팡고(Pango Pango) 122-123
패트릭 페어베인(Patrick Fairbairn) 468 주30
포트리(Portree, Skye) 339-340
폴 터커(Paul Tucker) 281
폴리(Mrs Foley) 435
폴커크(Falkirk) 221, 465 주21
프랭크 핑크(Frank Pink, 핑크의 남동생) 20, 23, 175
프리맨틀(Fremantle) 169
프린스턴 신학교(Princeton Theological Seminary) 234, 466 주7
플리머스 형제회(Plymouth Brethren) '형제회'를 보라.
플리머스(Plymouth) 194
피츠버그(Pittsburgh, Pa.) 199, 201
필라델피아(Philadelphia) 109, 111-112, 114-115, 119, 201, 206
필립 마우로(Philip Mauro) 67-69, 250
「핑크의 편지들」(*Letters of A. W. Pink*) 15, 451, 467 주20, 468 주33, 471 주4

ㅎ

하나님의 사랑(Love of God) 211-212, 278, 312, 409, 431
하나님의 주권(The Sovereignty of God) 70-71, 76-77, 97, 129, 135, 137-138, 149, 176, 235, 311, 364, 387-388, 425, 428, 434, 459 주8
하와이(Hawaii) 121

하워드 테일러(Mrs Howard Taylor) 454 주8
하워드 포프(Howard Pope) 37
「한 순회 설교자의 편지」(Letters of an Itinerant Preacher) 9, 451
해롤드 브래드쇼(Harold J. Bradshaw) 302-304, 307-309, 312, 314, 339, 342, 425, 456 주9, 473 주21
해리스 섬(Isle of Harris) 340
헌터 부부(Mr and Mrs Hunter) 201-202
헤브리디스(Hebrides) 328, 412
헬레나 블라바츠키(Helena Blavatsky) 24-25, 454 주12
형제회, 형제교회(Brethren, Brethren Assemblies) 96-97, 99, 106, 111-112, 135, 173, 176-177, 194, 221-224, 229, 248, 257, 293, 313, 356, 395-396, 399-400, 404, 446, 465 주21, 469 주1
호레이스 콜먼 부부(Mr and Mrs Horace Coleman) 169, 174-175, 178, 181-182, 184, 186, 190-191, 193, 201-202, 204, 213, 219, 224, 231, 243, 274, 278, 285, 330, 342, 435, 469 주15
호브(Hove) 223, 234, 266, 319, 321-322, 325, 327-328, 334, 354-355
「호주 복음전도자 전기 사전」(Australian Dictionary of Evangelical Biography) 460 주5
호주 원주민들(Aborigines) 163
「호주 침례교회」(The Australian Baptist) 139, 461 주14
호주(Australia) 10, 14, 118-119, 123, 125-170, 180, 201, 227, 229-231, 265-266, 270, 285, 304, 313, 341, 344-345, 395, 454 주12
확신(Assurance) 302, 305, 307, 312-313
회개(Repentance) 70, 151, 166
회중교회주의(Congregationalism) 33-34, 37-39, 44, 46-47, 455 주17

n ack? of Gos bec? of its Uniqueness – Unique in Char: incompar: sol grand & glory.
spel is Unique in its Simplicity & ...... to all men have seps for........
rch to und. Maths yrs of study are nec. but Gos. so simp unlearned ch & ....
child cannot fathom mys of action ... can feel & save? of its soul.
uncir? heathen is new sheaf the prob? of metaphy? but can grasp simp Gos of Xt.
d beauty of Gos. is its Simplicty & in this Unique. Who ever heard of 1 being able see so much
easy terms? The Simplicity of the Gos. is conclusive proof of its Divinity.
had made the Gos. he w? made it so diff. only few sch? w? been able to und. it!
th Gos as presented in the W. "Ho ew. 1 that thirsteth" Matt 11:28. Ennum 3 items

II Because of the Power of the Gospel

Power to overcome Obstacles in the first centuries.
d the diffs faced: no means of rapid transport?n, no printed B?, no quar? for Missy Soc?, no
at home beh? them, no prev. tri? to spur them on, but w. were faced with rel? fanati?n & perse?.
d the succ? & viet? won: In 1 gen?n Gos. carr? to all parts of the kn. E: back of
ndom broken, idol overthrown; thous? converted Ch?s est?d everywhere.
d the means employed: This succ. not achieved by any hum wis – preachers uneducat?n: not won by force of arms but by Sword of Sp. Not by imperial edict but by Gos.
Power to survive the Assaults of its enem?s & of Time. $\rightarrow$ power
Early ages ev. poss. attempt was made to exter. Gos. but unsuc? ly thro the 19 cent?
era Gos. has survived tho' most of its contemp?bary since dead. In 20th cent?
out of date, but new fresh appro? Why these thp? How ap? Gos. is the pow? of God
Power to save men fr. Hell & transform their lives. Ex.
ord "salvation" denotes & implies a danger to be del? from.
very little of it in these days: "Flee fr. the wrath to come" effete message
ns of its power to transform: Paul, Bunyan, Pastor Pshe. Ex – power
Power to hold its Converts
strikingly ill?d. Ex. Early converts in Rom. arena refused to apostasise
estant Xtians in middle ages at Smithfields refused to recant
ited heathen today cast off by rel? & bitterly perse? remain true to Xt.
That is the cause of this heroism? Ex – Gos. is the Power of God

III Because of the Blessings which the Gospel bestows

iveness of sins. 2 Peace of heart & conscience. 3 Eternal life
ly provis?n for all our need in time. 5 Ultimately being made like Xt.
iving with Him for ever in Glory.

cation:
Invitation – to "everyone that believeth"
is suit for all Ages, Nationalities, Indivs? because all need a Sav?r
Limitation – to "everyone that believeth" none else benefit
ve been born of & reared by Xtn parents, taught in S. S.s & sit und preachg of Gos.
nless bel. profits noth? – prove by analogy.
opriation "believing" means "receiving" John 1:12 4 Exhortation Mark 1:35

Mark 8

Not Ashamed of the Gospel. Rom 1:16

Intro "
1. With the one exception of the Ld J, the ap P. was beyond doubt the greatest preacher
   ever. He cov'd more gr'd, overcame greater diffic, endured mo
   displayed greater heroism & met with larger suc. in the salv of souls of any of them
2. How do we ac. for this. What is the explan'n of these thgs? What was the Sec of him
   1) In nationality he belonged to a race wh was & is more hated & despised than any oth
   2) In personality neither prepossessing nor attract. Fr. the N.T. we learn that in outw'd
      he was mean & despicable — 1 Cor 2:3, 2 Cor 10:1, 10
   3) In delivery he was no orator but prob. stamm'd & stutt'd — 2 Cor 10:10, Acts 17:18
   The succ of this man lay in his mess, in the Gos he preached & his abs. conf. in its pow
   3) In some meas. at least I can make the tx my own.
   Truthfully I can say tx, & I'll give my reasons why. I'm not ash'd of the Gos. bec

I Because of the Uniqueness of the Gospel.

In the whole realm of lit. & in all the product'ns of man there is nothg like the Gos.
It stands alone in its sol. grandeur. As there is no pos. compar'n bet'n a lighted cand & shing of s
sun. So Gos surpasses in its beauty & brill'y all creat'ns of hum mind. Consid 3 elements

1 The Gospel is Unique in its Source or Origin

1) This glor'o Gos. this glad tidgs of salv'n made kn in Sc & wh God is ser'g proclaim is not the inven
   anc'nt or mod. It existed bef the 1st Xtn Ch was founded. It was the means & instit'n wh brought
   exist. No! the Ch did not create the Gos. the Gos. created the Church
2) This Gos wh is now preached to us. kn nat'ns on E & wh has transformed mill's of sin'rs into saints
   born in minds of ap's. Ap's were frail most sinful creat. like we are. For the most part were un
   learned fishermen who did not conceive the Gos. but who received it fr. lips of their Sav'r &
3) The Gos was not invented by any man or numb of men. nor was it devised by the angels of H
   of H. The Son of God is its Author. So I say I'm not ash'd of Gos bec its Uniqness — Unique in its S

2 The Gospel is Unique in its Character

This is best seen by contrasting it with oth thgs. What can we compare with the G
Look for a mom't. at some of the thgs highly esteemed among men & then contrast the
1) Human Philosophy — wh endeav to explain the myst & prob's of life tho no 2 syst. agree
2) "   Poetry —   " paints word pict's & appeals to the imag'n & emotions.
3) "   Science —   " utilizes God's prov'n for man & harnesses the forces of Nat
4) "   Fame wh enables a man to occupy a prom't posit'n in affairs of the W.
5) Material wealth wh secures for its possessors the thgs of this life

Now contrast these different thgs with the Gospel of Christ

1) The Gos explains a prob wh no hum phil can solve — What must I do to be saved?
2) "   paints a pict no poet so'er. even of dreamers of Engl'd & wh makes an appeal to heart & so
3) "   supplies a power wh no hum sc. can provide — pow of del fr. sin
4) "   gives place in fam of God & makes those who bel sons of King. besides wh all hum fam
5) "   secures an eter inher wh cannot be valued in dollars & cents